DIE GORBATSCHOW-STRATEGIE

TATJANA SASLAWSKAJA

DIE GORBATSCHOW-STRATEGIE

Wirtschafts- und Sozialpolitik in der UdSSR

Orac

Aus dem Russischen übersetzt von Agnes Ploteny

ISBN 3-7015-0172-6

Lizenzausgabe mit freundlicher Genehmigung der Allunionsagentur für Urheberrechte (WAAP) der UdSSR, Moskau
Lektorat: Barbara Köszegi
Satz: Druckerei Robitschek & Co., Wien
Druck und Bindearbeiten: Wiener Verlag, Himberg bei Wien

INHALT

EINLEITUNG 7

ERSTES KAPITEL: VON STALIN BIS TSCHERNENKO:
DIE LEBENSBEDINGUNGEN IN DER SOWJETUNION 1945–1985 35
Stalins Schreckensherrschaft 39
Tauwetter: Ein Volk atmet auf 48
Die harten Jahre der Stagnation 60

ZWEITES KAPITEL: DIE WIRTSCHAFTLICHE UMGESTALTUNG . 73
Die sowjetische Gesellschaft am Vorabend der Reform 74
Die sowjetische Wirtschaft am Vorabend der Reform 91
Die Prinzipien der wirtschaftlichen Umgestaltung 109
Die sozialen Konsequenzen 126

DRITTES KAPITEL: DIE SOZIALE REVOLUTION 139
Die Zielsetzungen der neuen Sozialpolitik 140
„Jeder nach seinen Fähigkeiten. . ." 156
„. . . jedem nach seiner Leistung" 171
Die Entwicklung des Verbrauchermarktes 192
Die neuen Aufgaben des Sozialstaates 204

VIERTES KAPITEL: DIE STRATEGIE DER PERESTROIKA 223
Die Hindernisse auf dem Weg zum Sozialismus 224
Gewinner und Verlierer der Perestroika 238
Verfechter, neutrale Beobachter und Gegner der
Perestroika 265
Das strategische Konzept 281

FÜNFTES KAPITEL: POLITISCHE ERFOLGSGARANTIEN 295
Demokratisierung und Transparenz 296
Umstrukturierung der politischen Institutionen 308

Einleitung

Dieses Buch ist der Umgestaltung in der UdSSR gewidmet. Das Interesse der westlichen Leser an diesem Prozeß kommt nicht von ungefähr. Das Wort „Perestroika“ ertönt heute in fast allen Sprachen der Welt; die gesamte Menschheit verfolgt mit gespannter Aufmerksamkeit die Vorgänge in der Sowjetunion. Es ist kaum eine Übertreibung zu behaupten, daß von ihrem Ausgang nicht nur das historische Schicksal unseres Landes, sondern in vielfacher Hinsicht auch die Zukunft der gesamten internationalen Gemeinschaft abhängt. „Perestroika“ beinhaltet so tiefgreifende und radikale Umwälzungen im wirtschaftlichen, politischen und sozialen Bereich der sowjetischen Gesellschaft, daß sie die Bezeichnung „Revolution“ verdienen. Die Perestroika eröffnet einerseits die Hoffnung auf ein neues, gerechteres und glücklicheres Leben und stellt uns auf der anderen Seite vor Probleme von einer bisher ungekannten Komplexität. Sie ermöglicht und fordert gleichzeitig eine aktive politische Betätigung des Volkes, die Lösung einer Vielzahl heikler Probleme, die lebenswichtige Interessen der Menschen berühren.

Bevor ich aber diesen Problemen auf den Grund gehe, möchte ich mich dem Leser kurz vorstellen und von meiner Einstellung zur Perestroika erzählen, da in der westlichen Literatur einige Unwahrheiten über mich kursieren.
Durch Ironie des Schicksals wurde ich bereits einige Jahre, bevor das Wort „Perestroika“ zum ersten Mal ausgesprochen wurde, zu ihrer Befürworterin und zur Gesinnungsgenossin Gorbatschows, noch lange, bevor dieser Generalsekretär der KPdSU wurde und sein politisches Programm veröffentlichte. Nach Beendigung der Universität arbeitete ich dreißig Jahre lang in den wirtschaftswissenschaftlichen Instituten der Sowjetischen Akademie der Wissenschaften, zuerst in Moskau und später in Nowosibirsk. Ich befaßte mich mit den sozioökonomischen Problemen des ländlichen Raums in der Sowjetunion, unterrichtete Studenten und Dokto-

randen, verfaßte Aufsätze und Bücher, erwarb akademische Grade. 1968 wurde ich zum Korrespondierenden und 1981 zum Vollmitglied der Sowjetischen Akademie der Wissenschaften gewählt. Dies war kein geringer Erfolg, wenn man bedenkt, daß unter den 220 Akademiemitgliedern nur fünf Frauen waren. Ich war häufig im Ausland, nahm an internationalen Konferenzen und Kongressen teil und unterhielt wissenschaftliche Verbindungen mit den Spezialisten verschiedener Länder. Außerhalb der UdSSR war mein Name jedoch höchstens etwa hundert Fachleuten ein Begriff. Mit der Zeit weitete sich mein Interessenshorizont aus; aber die Probleme, mit denen ich mich beschäftigte, fanden nicht nur keine praktische Lösung, sondern verschärften sich vielmehr. Dies veranlaßte mich dazu, ein viel allgemeineres und vielschichtigeres Gebiet zu erforschen, nämlich den sozialen Entwicklungsmechanismus des sowjetischen Agrarsektors. Die theoretische Ausarbeitung des Forschungsprojektes erforderte zwei Jahre in Kollektivarbeit. Ende 1982 beschlossen die Autoren, das Projekt im Kreise hochqualifizierter Wirtschaftswissenschafter, Juristen und Soziologen, die sich mit ähnlichen Problemen beschäftigten, zur Diskussion zu bringen. Zur Vordiskussion wurde das Projekt an zehn akademische Institute ausgesandt, während ich einen etwas knapperen Bericht verfaßte, in dem die Grundideen des Projektes zusammengefaßt wurden. Der Bericht wurde vervielfältigt und verteilt und rief lebhafte, konstruktive Diskussionen hervor. Debatten und Gespräche verlängerten sich bis in die Nacht hinein, wurden in Hotelzimmern oder -hallen oder in den Wohnungen der Mitarbeiter fortgesetzt. Wer den Bericht, von dem nur eine geringe Stückzahl gedruckt und nach einer eigenen Liste verteilt worden war, nicht bekommen hatte, schrieb ihn mit der Hand ab.
Als die Seminarteilnehmer wieder nach Hause gefahren waren, fotokopierten einige von ihnen den Bericht und gaben ihn weiter. Zwei Exemplare gerieten — zufällig oder absichtlich — in die Hände von Korrespondenten ausländischer Zeitungen (allerdings ohne Angabe des Titels und der Autorin) und wurde in der westlichen Presse unter dem Titel „Nowosibirsker Manifest" veröffentlicht (vgl. Seite 70f.). Und so stand ich, im 57. Lebensjahr und nach 33 Jahren wissenschaftlicher Tätigkeit, für mich völlig unerwartet von einem Tag auf den anderen im Blickpunkt der breitesten Weltöffentlichkeit. Am erstaunlichsten dabei war, daß dieses so plötzlich erwachte Interesse von Dauer war und in den letzten fünf Jahren kaum nachließ, sondern eher zunahm.

Das „Nowosibirsker Manifest“ gilt heute als die „erste Schwalbe“ der Perestroika, die sich in den noch kalten Winterhimmel aufschwang. Die Ideen, die ich 1983 aussprach, sind tatsächlich den Reformgedanken Michail Gorbatschows sehr nahe. Selbstverständlich nicht deswegen, weil einer von uns dem anderen etwas abgeschaut hätte, sondern deswegen, weil wir beinahe gleichzeitig an derselben Universität studierten, uns beide mit der Ökonomie der Landwirtschaft beschäftigten und die Wege zu ihrer Effizienzsteigerung vor allem im menschlichen Faktor, d.h. in der Überwindung der Entfremdung zwischen Arbeitskraft und geleisteter Arbeit, suchten. Unser erstes persönliches Zusammentreffen fand im April 1982 statt, als Michail Gorbatschow Politbüro-Mitglied und ZK-Sekretär für Landwirtschaft und ich Vollmitglied der Sowjetischen Akademie der Wissenschaften in der Abteilung Wirtschaftswissenschaften war. Mir scheint, daß wir einander rasch als Gesinnungsgenossen in den wichtigsten und grundlegenden Punkten erkannten.

In der westlichen Presse werde ich manchmal als „persönliche Beraterin Gorbatschows“ bezeichnet. Aber das ist unrichtig. In den über sechs Jahren, die seit unserer ersten Begegnung vergangen sind, haben wir uns nicht öfter als fünf- oder sechsmal getroffen, und immer in Gegenwart anderer Personen. Nichtsdestoweniger stehen unsere Ansichten in den meisten Schlüsselfragen der Perestroika nach wie vor in Einklang. Selbstverständlich verfolge ich die Aussagen Gorbatschows über sozioökonomische Fragen mit großer Aufmerksamkeit, und mir scheint, daß auch er meine Äußerungen nicht unbeachtet läßt — und dies ist bereits von ziemlich großer Bedeutung. Denn im Zuge einer radikalen Umgestaltung steigen die Anforderungen an die Wissenschaften, die die gesellschaftliche Entwicklung erforschen, um ein Vielfaches. Die Trial-and-error-Methode ist hier nicht nur wirkungslos, sondern auch unmöglich. Sowohl über die vergangenen Geschichtsabschnitte als auch über das Wesentliche der heutigen Entwicklungsetappe, über die langfristigen Ziele der Gesellschaft und über die Wege, auf denen diese erreicht werden können, werden wissenschaftlich fundierte Anschauungen benötigt. Deswegen erscheint die Einstellung Gorbatschows und seiner nächsten Umgebung, die eine enge Zusammenarbeit mit der Wissenschaft sowie Vertrauen und Aufmerksamkeit gegenüber den Wissenschaftern anstreben, als die einzig richtige.

Leider entspricht der aktuelle Stand der sowjetischen Wissenschaften dem Niveau der erhobenen Anforderungen nicht. Geschichte, politische Ökonomie, Recht, Soziologie und Politologie halten einstweilen noch keine Antworten auf die meisten der an sie gerichteten Fragen bereit und können daher zur Verwirklichung der Perestroika nicht mit genügend Effizienz beitragen. Es ist dies ein völlig normales Resultat von jahrzehntelangem bürokratischem Wissenschaftsmanagement. Es ist kein Geheimnis, daß die Parteileitung über lange Zeit hinweg die Wissenschafter in die Rolle ehrfürchtiger Kommentatoren bereits gefaßter Beschlüsse drängte. Kreative Fragestellungen, neue Ideen oder die originelle Behandlung wissenschaftlicher Probleme wurden nicht gefördert, sondern bestraft, u.a. durch administrative Maßnahmen. Die Veröffentlichung von Forschungsergebnissen wurde umso unwahrscheinlicher, je kühner und neuartiger sie waren. Es herrschte Durchschnittlichkeit, während begabte Wissenschafter im Schatten bleiben mußten und zweitrangige Arbeiten erledigten, um nur ihren Lebensunterhalt zu verdienen.

Zur Gänze konnte natürlich keine Bürokratie die Tätigkeit schöpferisch denkender Wissenschafter unterbinden. Diese führten selbständig Forschungsarbeiten durch, in der Annahme, daß man mit der Zeit von der Wissenschaft ganz sicher keine rosigen Märchen über das allgemeine Wohlergehen und Glück fordern würde, sondern „die Wahrheit, die ganze Wahrheit und nichts als die Wahrheit“. Jetzt, da diese Zeit anbricht, beginnt man, Arbeiten zu veröffentlichen, die auf grundlegend neuen Ansätzen beruhen und zu neuen Ergebnissen führen. Die öffentliche Meinung braucht eine gewisse Zeit, um sich mit den neuen Ideen, die einander oft widersprechen, auseinanderzusetzen, sich diese anzueignen, mit den früher bekannten Wahrheiten in Einklang zu bringen und in das Gesamtweltbild einzugliedern.

Aber als wesentlich erscheinen natürlich jene Forschungsarbeiten, die unmittelbar auf die Ausarbeitung eines ganzheitlichen Konzepts der Perestroika als einer spezifischen Entwicklungsetappe der sowjetischen Gesellschaft ausgerichtet sind. Bei den Aufgaben, die noch vor uns liegen, muß die öffentliche Meinung heute mitarbeiten, an der Vorbereitung neuer Beschlüsse teilnehmen, Strategie und Taktik der Perestroika begründen und ihren tatsächlichen Verlauf verfolgen. Aufgabe der Gesellschaftswissenschafter ist es, rechtzeitig Widersprüche und Schwierigkeiten aufzuzeigen, die in der Praxis begangenen Fehler aufzudecken und deren rasche Berichtigung zu veranlassen.

Unerläßliche Bedingung für die konstruktive Entwicklung der Wissenschaft ist die ungebundene Diskussion beliebiger, brisanter Fragen. Auch wenn dies im Prinzip trivial scheint, wird in der UdSSR um ein Klima der Diskussionsfreiheit noch gerungen. Und zwar nicht nur gegen die Verwaltung, sondern auch gegen die Trägheit der Wissenschafter selbst, die innere Befangenheit ihres Denkens, die zur Gewohnheit gewordene Selbstzensur, die Macht der ideologischen Dogmen und gegen die Empfänglichkeit gegenüber verschiedenen Weisungen „von oben". Damit sich unsere Gesellschaftswissenschaft frei entwickeln kann, bedarf es vor allem einer neuen Generation von Wissenschaftern, die nicht mit unserer schweren Erfahrung vorbelastet sind. Aber darauf zu warten, bis diese entsteht, ist unmöglich. Deswegen müssen wir bei uns selbst beginnen und um die Befreiung unserer eigenen Gedanken ringen. Dies versuche ich auch zu tun, indem ich über die Probleme, denen dieses Buch gewidmet ist, reflektiere.

„Perestroika" ist ein Begriff, der in den meisten Ländern durch eine unübersetzte Transkription wiedergegeben wird. Einige meiner westlichen Freunde behaupten, dieser Begriff beinhalte für sie bis jetzt noch eine gewisse geheimnisvolle Komponente, da es keine genaue Definition von ihm gebe. Ich werde in der Folge versuchen, diesen Begriff genauer zu umreißen, möchte ihn aber zunächst durch eine Analogie erklären. Stellen Sie sich eine siegreiche Armee vor, die ihren Gegner auf einer gut ausgebauten Straße verfolgt. Schon hat man sich an den Weg gewöhnt, herrscht in den Einheiten Ordnung und gute Stimmung in Erwartung des nahen endgültigen Sieges. Nun bemerkt aber ein neu hinzugekommener Befehlshaber, der sich über die Lage der Dinge informiert hat, daß die Armee in eine falsche Richtung marschiert. Was tun? In derselben Richtung weiterzugehen, hieße, den Kampf zu verlieren; dennoch ist es alles andere als leicht, das voranschreitende Heer plötzlich zum Stehen zu bringen, geschweige denn, es auf einen weit abgelegenen Weg umzuleiten. Es ist nicht möglich, einfach allen Einheiten den Befehl zu erteilen, eine 90°-Wendung auszuführen und in einer neuen Richtung, in der es nicht einmal einen Weg gibt, weiterzugehen. Unser Befehlshaber wird also seinen Stab versammeln und einen auf eine bestimmte Frist ausgelegten Plan zur

Durchführung der Operation ausarbeiten müssen. Womit wird der Stab aber beginnen?
Zuallererst muß er die Lage aller Kampfeinheiten, ihren Zustand und ihre technische und psychologische Bereitschaft zur Ausführung des Befehls genau ermitteln. Weiters wird es nötig sein, das zu durchquerende Gelände im Detail zu überprüfen, erst im Anschluß daran kann das konkrete Ziel der Operation ausformuliert werden. So kann je nach der festgestellten Lage beschlossen werden, entweder den Feind weiter zu verfolgen, oder ihm zuvorzukommen und ihm an einer für die Entwicklung von Kampfhandlungen geeigneten Stelle den Weg abzuschneiden, oder auch an die Ausgangsstellung zurückzukehren, dringende Maßnahmen zur Verteidigung zu treffen oder was auch sonst immer. Dem festgesetzten Ziel entsprechend muß ein passender Weg ausgewählt werden, dabei darf aber auf keinen Fall ein neuerlicher Irrtum passieren. Deswegen ist es unerläßlich, die gewählte Methode gewissenhaft auf ihre Richtigkeit zu überprüfen.
Militärische Probleme stehen mir fern; dennoch glaube ich, daß der Plan der beschriebenen Operation auch auf eine dementsprechende Organisation im Hinterland, den folgerichtigen Truppenbewegungsablauf, die Kontaktmöglichkeiten untereinander, die Nächtigungs- und Ernährungsbedingungen und auf die medizinische Versorgung der Verletzten eingehen müßte. Ein besonderes Augenmerk wäre dabei auf die Herstellung sicherer Verbindungsmöglichkeiten, den beidseitigen, ununterbrochenen Informationsaustausch zwischen Kommando und Einheiten und auf die Möglichkeit, sich im Stab jederzeit über das gesamte Geschehen in der Armee Übersicht verschaffen zu können, zu lenken.
Wichtig erscheint es auch, die Soldaten, die auf ein rasches Zusammentreffen mit dem fliehenden Feind und den nahen Endsieg eingestellt waren, auf die Notwendigkeit des Richtungswechsels psychologisch vorzubereiten. Angesichts des Befehls, von der sicheren, gewohnten Straße in ein undurchdringliches Gelände abzuschwenken, werden die einen verstehen, daß sie einem Irrtum des früheren Kommandanten zum Opfer gefallen sind, die anderen aber werden die Kompetenz des neuen in Frage stellen. In der Folge kann es zu Befehlsverweigerungen kommen, die die ganze Operation zu vereiteln drohen. Es versteht sich von selbst, daß Menschen alles andere als Maschinen sind, die auf Knopfdruck mit dem gewünschten Verhaltensmuster reagieren. Inhalt und Effizienz ihrer Tätigkeit hängen davon ab, ob sie den Sinn einer Vor-

schrift verstanden haben, ob sie sich mit der zu erledigenden Angelegenheit identifizieren können oder sich ihr entfremdet fühlen. Es muß also gründliche Aufklärungsarbeit geleistet, den Leuten der Beweis erbracht werden, daß nicht der bisherige, sondern der neu definierte Kurs zum gesteckten Ziel führt. In erster Linie sind davon die Soldaten zu überzeugen, da sie die größten Unannehmlichkeiten am eigenen Leib zu spüren bekommen. Sind sie sich einmal über die Notwendigkeit und Richtigkeit der Operation im klaren, ist der Erfolg gewiß.

Und noch etwas: Die sorgfältige Vorbereitung und die durchdachte Durchführung der Truppenverlegung brauchen eine bestimmte Zeit, in der die Leute mit gewissen Schwierigkeiten konfrontiert sein werden. Es ist wichtig, diesen Zeitraum im voraus festzustellen und die Betroffenen davon in Kenntnis zu setzen. Verspricht man, der Durchbruch zu einer neuen, bequemen Route werde eine Woche dauern, und zieht sich dieser dann drei Wochen hin, kann der Mut der Armee sinken. Hier sind präzise und nüchterne Rechnungen und anschließend die strenge Erfüllung der Versprechen notwendig.

Dem Leser ist natürlich klar, daß ich mit der Truppenverlegung in Wirklichkeit die jähe Kursänderung einer ungleich größeren und komplexeren sozialen Gemeinschaft, nämlich der heutigen sowjetischen Gesellschaft meine. In der Tat verstehe ich unter der Perestroika dieses äußerst komplizierte und bedeutende Steuermanöver, das darauf abzielt, dem im Laufe der Geschichte entstandenen Kurs der gesellschaftlichen Entwicklung eine ausschlaggebende Wendung zu geben. Eine Weichenstellung, der Übergang von einem Weg der gesellschaftlichen Entwicklung auf einen grundlegend anderen — das ist in meinen Augen der soziale Inhalt der Perestroika. Sie werden mich fragen, von welchem Weg auf welchen anderen? Diese Frage stellen sich auch die Sowjetbürger immer häufiger, auch in der Presse taucht sie mit immer größerer Dringlichkeit auf und fordert eine klare Antwort. Die meine lautet: von dem Weg, der vom Sozialismus wegführte — zu dessen Entartung, zur Verleugnung der sozialistischen Prinzipien und Werte —, auf den Weg, der zum wahren Sozialismus führt — nicht auf dem Papier, sondern in Wirklichkeit.

Seit April 1985 ist, historisch gesehen, nur wenig Zeit vergangen, gemessen an einem Menschenleben aber ist das keine geringe Zeitspanne. In dieser Zeit ist der Begriff „Perestroika“ in das Leben von zig Millionen Menschen eingetreten. Nach und nach taucht er in Zeitungen und Fernsehsendungen auf, wird in der U-Bahn oder in Geschäften ausgesprochen, fällt in Diskussionen im Familienkreis oder am Arbeitsplatz. Bedeutet der Begriff aber für alle das gleiche? Soziologische Studien zeigen, daß dem nicht so ist. Als Antwort auf die Frage, was die Perestroika eigentlich sei, greifen die meisten entweder auf gut Glück einzelne Kennzeichen der gegenwärtigen Periode heraus oder nennen konkrete Parteilosungen (wie z.B. Steigerung der Produktionseffizienz, Demokratisierung der Gesellschaft u.a.). Aber das soziale Wesen der vorgehenden Veränderungen zu definieren — dazu sind sie nicht in der Lage.

Eine der Ursachen für eine so undeutliche Vorstellung vom Wesen der Perestroika liegt darin, daß die Ansichten der Politiker und Wissenschafter selbst innerhalb von drei Jahren mehrere Entwicklungsphasen durchlaufen haben.

Zunächst fixierte man sich als Ziel die Beschleunigung der sozioökonomischen Entwicklung, was in der Praxis mit einer noch rascheren Verschwendung natürlicher, betrieblicher und menschlicher Ressourcen und mit einer zusätzlichen Verschärfung der Widersprüche verbunden gewesen wäre. Gleichzeitig erschien diese Zielsetzung aber als ziemlich natürlich.

Dennoch verstand man ihre extreme Beschränktheit sehr rasch. Es wurde klar, daß die Beschleunigung des Wirtschaftswachstums eine Veränderung der sozialen Wirtschaftsmechanismen, eine Aktivierung der sozialen Wirtschaftsfaktoren und die Überwindung der Entfremdung zwischen Arbeitskräften einerseits und Produktionsmitteln und Arbeitsergebnissen andererseits notwendig machte. Dadurch gewann die offizielle Vorstellung von den Zielen und dem Inhalt der geplanten Umstrukturierungen entscheidend an Tiefenschärfe. Man schloß auf die Notwendigkeit einer *radikalen Wirtschaftsreform*, die es ermöglichte, nicht nur den Produktionszuwachs zu steigern, sondern auch die Wirtschaft rationeller, flexibler, moderner und feinfühliger gegenüber dem wissenschaftlich-technischen Fortschritt zu gestalten. Zur grundlegenden Tendenz der Reform erhob man die *Umstrukturierung des Wirtschaftsmechanismus*, die Umstellung von administrativen und befehlsorientierten auf ökonomisch fundierte Managementmethoden, die Entwicklung automatischer, mit Marktbeziehungen verbundener Regulatoren. Damit war man dem Verständnis der anstehenden Aufgaben, unter anderem auch ihrer sozialen Aspekte, einen großen Schritt nähergekommen. Gleichzeitig aber stellte man zu diesem

Zeitpunkt den Kurs, den die sowjetische Gesellschaft im Laufe der letzten Jahrzehnte verfolgt hatte, noch nicht in Frage.
Der nächste Schritt war, daß man sich der Notwendigkeit bewußt wurde, nicht nur die ökonomischen, sondern alle damit verbundenen *gesellschaftlichen Beziehungen* (soziale, rechtliche u.a.) *grundlegend zu verändern*. Es erschien dies als Konsequenz der Erkenntnis, daß die wirtschaftliche und die soziale Seite der gesellschaftlichen Beziehungen untrennbar miteinander verbunden sind. Man gewann Klarheit insbesondere darüber, daß die soziale Gesellschaftsstruktur in erster Linie durch das Wirtschaftssystem gebildet wird, die Wurzeln des wirtschaftlichen Verhaltens der Menschen aber normalerweise in die Sphäre der Beziehungen zwischen sozialen Schichten und Gruppen zurückreichen. Jede ernstliche Veränderung der Wirtschaftsmechanismen ruft dementsprechende Verschiebungen im Sozialgefüge hervor: Entstehen und Anwachsen gewisser Schichten, Abnahme und Verschwinden anderer, Veränderung der wechselseitigen Beziehungen. Aus diesem Grund muß eine radikale Wirtschaftsreform naturgemäß in eine umfassendere und breiter angelegte Reform, die die qualitativen sozialen Merkmale der Gesellschaft berührt, eingebunden werden.
Diese Erkenntnis erforderte eine neuerliche Präzisierung der Ansichten bezüglich Wesen und Zielen der Perestroika. Wissenschafter und Politiker formulierten Losungen zur Entwicklung und Vervollkommnung des Sozialismus, zur Konsolidierung der sozialen Gerechtigkeit und zur Demokratisierung des gesellschaftlichen Lebens, allerdings blieben sie etwas vereinzelt und unsystematisch und waren in kein Gesamtkonzept eingegliedert. Es war indessen unerläßlich, das grundlegende Wesen der geplanten gesellschaftlichen Umstrukturierung freizulegen und festzustellen, welche Eigenschaft durch welche andere abgelöst werden sollte und inwiefern die Perestroika und die Entwicklung des Sozialismus miteinander zu tun hatten.

Die Perestroika ging unterdessen langsamer und mit größeren Schwierigkeiten voran, als man zuerst erwartet hatte. Sie wurde einerseits mit dem Konservatismus und der Trägheit der Arbeitskräfte und auf der anderen Seite mit dem bewußten Widerstand des Partei- und Staatsapparates, der an der Beibehaltung der hergebrachten Ordnung interessiert war, konfrontiert. Die Schwierigkeiten der Perestroika zeigten sich in der Inkonsequenz und Widersprüchlichkeit der neu verabschiedeten Gesetze, in den zahlreichen Ausführungsbestimmungen, die häufig die ursprüngliche Absicht der Gesetzgeber entstellte, in der halbherzigen Ausführung der zentral gefaßten Beschlüsse vor Ort und in der Beibehaltung administrativer und befehlsbetonter Verwaltungsmethoden in der Wirtschaft und in anderen Bereichen des gesellschaftlichen Lebens. Am wichtigsten aber war die Tatsache, daß die Telefonanrufe aus den Büros der Partei- und Staatsfunktionäre weiterhin (und das dauert bis zum heutigen Tag an) sowohl über die Geschäftsgebarung und die Vorteile der Betriebe als auch über die sozialen Interessen der Arbeitskräfte entschieden. Nach und nach wurde offenbar, daß die sozioökonomische Reform unter Beibehaltung des bisherigen politischen Machtsystems keine positiven Ergebnisse zeitigen konnte und daß der Schlüssel zu ihrem Erfolg nicht in der Wirtschaft, sondern im Bereich der Parteiführung von Gesellschaft und Volkswirtschaft lag. Deswegen setzt der Erfolg der sozialen und wirtschaftlichen Umgestaltung eine radikale Veränderung der grundlegenden politischen Strukturen voraus, ebenso wie eine Umverteilung der Macht zwischen soziopolitischen Institutionen und Verwaltungsorganisationen und somit auch zwischen den sozialen Gruppen.

Unter diesen Bedingungen formulierte und begründete Michail Gorbatschow den Gedanken, daß die in der UdSSR durchgeführte Umstrukturierung der Gesellschaftsbeziehungen aufgrund ihrer Komplexität und der Tragweite ihrer Konsequenzen eine *soziale Revolution* darstellt. Dabei geht aus dem Kontext der Äußerungen des Generalsekretärs der KPdSU klar hervor, daß er den Begriff „Revolution“ nicht als Metapher, um die Radikalität der Veränderungen zu unterstreichen, sondern im wahrsten Sinn des Wortes verwendet. Diese Idee erscheint als qualitative Wende in der Entwicklung der Ansichten über das soziale Wesen der Perestroika. Die Politiker und Wissenschafter haben sie dennoch bisher nicht aufgegriffen: trotz seiner grundlegenden Neuheit blieb dieser Gedanke von der Presse so gut wie unbemerkt. Dieser Umstand ist offensichtlich kein Zufall. Die meisten Menschen sind zur Aufnahme dieses Gedankens nicht bereit und vermeiden dieses Thema lieber, da sie nicht über ausreichende Argumente pro oder contra verfügen. Daher werden die aktuellen Veränderungen in der Presse und in der wissenschaftlichen Literatur meistens als „Perestroika“ bezeichnet (ohne daß dieser Ausdruck erklärt wird), manchmal auch als Reform und nur in Ausnahmefällen als Revolution. Dies wirft eine ganze Reihe schwerwiegender Fragen auf: Was berechtigt erstens dazu, die Perestroika nicht als Reform, sondern als Revolution zu bezeichnen? Zweitens, erscheint die Perestroika jetzt schon als Revolution oder handelt es sich dabei nur um eine Qualität, die sie eventuell erwerben wird? Worin besteht drittens die soziale Bedeutung dieser Revolution, den Interessen welcher gesellschaftlicher Gruppen ist sie förderlich und welchen wirkt sie entgegen? Und viertens, kann ein revolutionärer Strukturwandel in der Gesellschaft auf friedlichem Wege vollzogen werden oder besteht die Wahrscheinlichkeit, daß er gewalttätige Formen annimmt?

In der sowjetischen Literatur werden die genannten Fragen nicht nur nicht beantwortet, sondern nicht einmal einer breiten Diskussion zugeführt. In den meisten der Perestroika gewidmeten Arbeiten werden sie umgangen. Aus meiner Sicht sind sie lebenswichtig und bedürfen einer offenen Diskussion.

Revolution und Reform sind bekanntlich zwei grundverschiedene Dinge. Reformen, selbst die radikalsten, werden für gewöhnlich von oben durchgeführt, wenn auch unter dem Druck von unten. Sie berühren die grundlegenden Punkte des Machtsystems nicht, verändern nicht dessen Charakter, sondern modernisieren und passen lediglich die veralteten Verwaltungs- und Sozialstrukturen an die neuen gesellschaftlichen Bedingungen und Erfordernisse an. Als Beispiel kann in Rußland die Reform von 1861 genannt werden, die die Leibeigenschaft aufhob und den Grundstein zur Entwicklung kapitalistischer Beziehungen legte, die Stolypin-Reform von 1906/1907, die das russische Agrarsystem tiefgreifend modifizierte, die Kossygin-Reform von 1965, in der erstmalig die Umstellung von administrativ-autoritären auf ökonomische Managementmethoden gefordert wurde. In keinem der angeführten Fälle setzte man sich die Veränderung der politischen Machtstrukturen zum Ziel. Im Gegenteil, die sozioökonomischen Reformen sollten das bestehende Machtsystem festigen.

Im Gegensatz dazu steht bei einer Revolution die Frage der Macht im Mittelpunkt. Deswegen wird sie meist von unten gemacht, ausgehend von den fortschrittlichen gesellschaftlichen Gruppen, die den Widerstand jener brechen, die auf der Seite der Macht stehen, sowie der sie unterstützenden Konservativen und Reaktionäre. So stürzte die Februarrevolution von 1917 die autokratische Herrschaft des Zaren und seiner Umgebung und führte an Stelle der Monarchie eine bürgerlich-demokratische Republik ein. Die Gro-

ße Sozialistische Oktoberrevolution hingegen brachte das Proletariat im Verein mit der Bauernschaft an die Macht.
Die aktuelle Lage in der UdSSR hat wenig mit der von 1917 gemein. Es herrscht keine „revolutionäre Situation", in der, um mit Lenin zu sprechen, man „oben" nicht mehr auf althergebrachte Weise herrschen kann und sich „unten" nicht mehr unterwerfen will. Deswegen spiegelt der Ausdruck „soziale Revolution", wie mir scheint, keinen aktuellen Zustand der Gesellschaft, sondern jene Richtung wider, in der sich die Perestroika in Zukunft entfalten muß; er bezeichnet jene verborgenen soziopolitischen Kräfte, die in ihr ruhen.

Ich habe bereits angemerkt, daß die Perestroika, indem sie im klassischen Rahmen der Reform bleibt, „zu kämpfen hat" und die angestrebten Ziele nicht erreicht. In der Praxis wird keine umfassende und radikale, sondern eine widersprüchliche, halbherzige, beschränkte Reform durchgeführt, die sich am bewußten und konsequenten Widerstand allmächtiger staatlicher Monopole, nämlich der Ministerien und Behörden, stößt. Beispiele dafür sind zur Genüge vorhanden. Das Sowjetische Ministerium für Wasserhaushalt, dessen Tätigkeit hauptsächlich im Bau kostspieliger und umweltfeindlicher Kanäle besteht, wurde in den letzten Jahren von der Presse unerbittlich ins Kreuzfeuer der Kritik genommen. In den Zeitungen werden pausenlos Vorwürfe gegen das Ministerium erhoben; seine Tätigkeit ruft den Unmut der Bevölkerung hervor; die öffentliche Meinung fordert seine Auflösung und die Umleitung seiner enormen Kapazitäten in den Straßenbau oder andere nützliche Projekte. Das Ministerium jedoch, mit den zwei Millionen ihm untergebenen Mitarbeitern, „begräbt" weiterhin zig Milliarden Rubel öffentlicher Gelder in der Erde mit der einzigen Begründung, daß dies ihm selbst nützlich sei. Und die Öffentlichkeit kann nichts dagegen tun.
Die Branchenministerien unterbinden die Umstellung der Betriebe auf Selbstfinanzierung und Selbstverwaltung, indem sie ihre Pläne mit obligatorischen staatlichen Aufträgen überladen. Das Ministerium für Post-, Fernmelde- und Rundfunkwesen hat 1988 die Abonnements mehrerer Dutzend beliebter Zeitungen und Zeitschriften eingeschränkt, wobei es sich in erster Linie um Publikationen handelt, die beim Volk als Sprachrohre der Perestroika gelten. Eineinhalb Monate nach Beginn der Subskriptionsfrist konnten nur 27% der Abonnementwünsche für die Zeitschrift Ogonjok

erfüllt werden, für die Zeitschrift Snamja 39%, Nowy Mir 45% und für Literaturnaja Gaseta und Druschba Narodow 49%. Die empfindlichen Abonnement-Einschränkungen, die der Glasnost-Politik widersprachen, riefen bei der Bevölkerung einen Sturm der Empörung und eine Flut von Briefen an verschiedene Instanzen, Zeitungen und Zeitschriften hervor. Dennoch bedurfte es eines mehr als zweimonatigen angespannten Tauziehens, damit die Beschränkungen wieder aufgehoben wurden.

Die angeführten Beispiele zeigen zur Genüge, daß der Spielraum einer Reform, die ausschließlich von oben durchgeführt wird, zur Lösung der offenen Probleme zu klein ist. Die Realisierung hochgesteckter gesellschaftlicher Ziele erfordert die entsprechenden Mittel. Insbesondere kann das, was auf dem Reformweg nicht erreichbar ist, über den radikaleren revolutionären Weg, der mit einer Umstrukturierung des politischen Systems verbunden ist, erlangt werden.

Die konkreten Tendenzen einer derartigen Umstrukturierung wurden auf der 19. Gesamtsowjetischen Parteikonferenz festgelegt, anschließend verfeinert, von der breiten Masse der Werktätigen diskutiert und anläßlich der außerordentlichen Tagung des Obersten Sowjets der UdSSR im Dezember 1988 in konkrete Beschlüsse umgesetzt. Bei dieser Tagung wurden auch die Staatsgesetze über Veränderungen und Zusätze zur Verfassung der UdSSR und über die Wahlen der Volksabgeordneten der UdSSR verabschiedet. Damit wurden die ersten praktischen Schritte zur Verwirklichung des detaillierten Demokratisierungsprogramms der sowjetischen Gesellschaft getan. Dieses Programm beinhaltet die präzise und konsequente Abgrenzung der Funktionen zwischen Partei- und Staatsorganen, weiters die Umwandlung der Sowjets in demokratisch gewählte Repräsentativorgane, die über alle grundlegenden Fragen des gesellschaftlichen Lebens entscheiden. Die Parteiorgane sollen von den Funktionen der direkten Steuerung der Gesellschaft entlastet werden und ihre Anstrengungen auf die Ausarbeitung politischer und ideologischer Fragen konzentrieren. Schließlich wird auch ein radikaler Strukturwandel in Richtung Demokratisierung in der Partei und im Sowjetsystem (den Räten) gefordert.

Die geplante politische Umstrukturierung bedeutet, daß ein großer Teil der Machtbefugnisse und Verfügungsgewalt von den Parteiorganen an die Sowjets, von den zentralen Machtträgern an die Teilrepubliken und lokalen Machtträger und von den Exekutiv- an die

Repräsentativorgane übergehen wird. In sozialer Hinsicht bedeutet dies die Übergabe politischer Macht aus den Händen einer relativ kleinen, privilegierten und bürokratisierten Schicht von Nomenklatura-Funktionären in die Hände des Volkes, das seine Abgeordneten demokratisch wählt und deren Tätigkeit kontrolliert. Die soziopolitische Grundidee dieser Veränderungen drückt sich im wieder aktuell gewordenen Schlagwort der Oktoberrevolution aus: „Alle Macht den Räten!"

Die überwältigende Mehrheit der Revolutionen ist entweder von einem national-befreienden oder von einem sozial-klassenorientierten Charakter geprägt. In diesem Zusammenhang stellt sich die Frage, ob die Schicht der Nomenklatura-Funktionäre im Partei- und Staatsapparat der UdSSR die Eigenschaften einer sozialen Klasse besitzt. Ich erinnere daran, daß Lenin unter Klassen umfangreiche Personengruppen verstand, die sich durch ihre Beziehung zu den Produktionsmitteln, durch ihre Rolle in der Organisation der gesellschaftlichen Arbeit und durch das Ausmaß und die Art des Anteils am gesellschaftlichen Reichtum unterscheiden und in einem Ausbeutungsverhältnis zueinander stehen. Die sowjetische Gesellschaftswissenschaft hat lange Zeit hindurch behauptet, daß die Oktoberrevolution ein für allemal mit der Ausbeutung des Menschen durch den Menschen Schluß gemacht hätte und daß heute alle Schichten der Gesellschaft durch kameradschaftliche Zusammenarbeit und gegenseitige Hilfe miteinander verbunden seien. Derart augenfällige Tatsachen aber wie die alljährliche Abführung von zig Milliarden Rubel aus dem ländlichen Raum zur Entwicklung der Städte, die lächerlich niedrige Entlohnung geistiger im Vergleich zu körperlicher Arbeit, die immer tiefer werdende Kluft zwischen dem Wohlstandsniveau der Regierenden und der Regierten: solchen Erscheinungen wurde nicht Rechnung getragen.

Doch das gesellschaftliche Bewußtsein registrierte sehr wohl die Phänomene, vor denen die Wissenschaft die Augen verschloß. Entgegen den Behauptungen der offiziellen Ideologie traten im Kollektivbewußtsein als sozial gegensätzliche Gruppen nicht Arbeiter und Kolchosbauern oder körperlich bzw. geistig Arbeitende auf, sondern Regierende und Regierte, Vorgesetzte und die breite Masse der Arbeitskräfte. Mit anderen Worten, Gruppen, die sich vor allem durch ihre Situation im politischen Machtsystem und im Verteilungssystem des gesellschaftlichen Produkts unterschieden, und dementsprechend auch durch die Lebensweise, den Bekanntenkreis, die Wertvorstellungen und Interessen. Bereits in den siebziger Jahren, als wir soziologische Studien in Sibirien durchführten, stellten wir fest, daß sich die Tendenz zur sozialen Absonderung von „Vorgesetzten“ und „einfachen Arbeitskräften“ auf beiden Seiten bemerkbar machte. Sowohl die Arbeiter als auch die Vorgesetzten verwendeten für gewöhnlich das Wörtchen „sie“, wenn sie jeweils über die andere Gruppe sprachen. Dies zeugte von einer gegenseitigen Entfremdung: sowohl zwischen den Arbeitskräften und der Macht als auch zwischen den Vertretern der Macht und jenen, deren Tätigkeit sie leiten sollten. Dabei entstand das Klassenbewußtsein, wie mir scheint, bei den Regierten rascher als bei den Regierenden, da letztere stärker unter dem Einfluß der offiziellen Ideologie standen. Doch auch bei der Nomenklatura-Schicht konnte die Tendenz zur stärkeren sozialen Abschottung ziemlich deutlich verfolgt werden.

Die gemeinhin akzeptierte, immer wiederkehrende und fest im Bewußtsein verankerte Vorstellung, daß unsere Gesellschaft die wirtschaftliche Ausbeutung der einen Gruppen durch die anderen in all ihren Formen völlig überwunden hätte, war einer richtigen Beurteilung der tatsächlichen Verhältnisse hinderlich. Allerdings haben wir seit Beginn der Perestroika- und Glasnostperiode mehr Wahres über die Vergangenheit und die Gegenwart unserer Gesellschaft erfahren als in all den Jahren zuvor. Vor den Augen des Volkes entstand ein Bild, in dem die herrschende Schicht die Reichtümer des Volkes schamlos plünderte, in dem skandalöse Affären geschahen, Dienstpositionen systematisch zur persönlichen Bereicherung und Anhäufung von Millionenvermögen in der Familie ausgenützt und ungerechtfertigte und ungesetzliche Privilegien beansprucht wurden. Dabei stützte sich der soziale Mechanismus dieser „Tätigkeit“ in erster Linie auf die Verflechtung des Partei- und Staatsapparates mit den Machern der sogenannten „Schattenwirtschaft“ und mit den kriminellen Milieus. Da sich die Gruppen aus Schattenwirtschaft und herrschenden Kreisen einzig und allein auf Kosten des Konsumtionsfonds der Werktätigen bereicherten und somit ein Absinken des Lebensstandards letzterer bewirkten, kann dieses System schwerlich anders denn als Ausbeutung bezeichnet werden. Aus diesen Ausführungen geht hervor, daß die sozial entstellte, nicht selten auch mit der organisierten Verbrecherwelt verschmolzene Schicht der Partei- und Staats-Nomenklatura zweifellos die Tendenz zur Verwandlung in eine herrschende und die übrige Bevölkerung ausbeutende Klasse aufwies.

Die Perestroika setzte dieser Tendenz ein Ende und machte diese Entwicklung bis zu einem gewissen Grad wieder rückgängig. Die eingefleischten Mafiosi, Schmiergeldempfänger und Veruntreuer wurden teilweise und werden weiterhin aufgedeckt und verurteilt, aus der Partei ausgeschlossen und der strafrechtlichen Verfolgung übergeben. Der Teil des Vermögens, den zu verstecken sie keine Zeit mehr hatten oder nicht für nötig hielten, wird vom Staat konfisziert. Bereits fünf Jahre dauern nunmehr die Ermittlungen in der Baumwollaffäre von Usbekistan, in die Hunderte von leitenden Staats- und Parteifunktionären verwickelt sind. Die Privilegien der Funktionäre werden systematisch eingeschränkt und aufgehoben; auch die speziellen Kanäle für die Versorgung mit Lebensmitteln und anderen Waren werden aufgelöst. Ein Teil der Sanatorien und Erholungsheime, die bisher der Nomenklatura vorbehalten waren, werden nun als Rehabilitationszentren für Afghanistan-Soldaten zur Verfügung gestellt oder Gewerkschaften zur Verwaltung übergeben. Auch zur Überwindung der psychologischen Kluft zwischen den führenden Mitarbeitern des Apparates und der Bevölkerung werden Maßnahmen ergriffen: die neue, in der Perestroika entstandene Generation von Führungskräften trifft sich regelmäßig mit den Arbeitskräften, beteiligt sich an Meetings über brisante Probleme und sucht systematisch den Dialog mit den Menschen.
Diese Maßnahmen sind von hervorragender Bedeutung, reichen jedoch zur radikalen Veränderung der Situation nicht aus: die politische Macht muß nicht nur verbal, sondern de facto an die Repräsentativorgane der Werktätigen übergehen, damit die Funktionäre die soziale Position einnehmen, die ihrer tatsächlich wichtigen, doch nicht dominierenden Rolle in der Gesellschaft entspricht. Aus meiner Sicht würde eine Veränderung der realen Machtstruktur in diesem Sinne eine wahre soziale Revolution bedeuten.

Wenn man bedenkt, daß unsere Gesellschaft zwei bürgerlich-demokratische und eine sozialistische Revolution durchlebt hat, so wird offenbar, daß unter den aktuellen Bedingungen die Rede nur von einer zweiten sozialistischen Revolution sein kann. Das klingt zwar ungewöhnlich, hat aber im Grunde in der gegebenen Situation nichts Außergewöhnliches an sich. Denn der Übergang von der feudalen zur bourgeoisen Gesellschaftsstruktur hat sich über viele Jahrzehnte hingezogen; und es hat in einer Reihe von Ländern mehrere bürgerliche Revolutionen gegeben. Der soziale Klas-

senkampf ist nicht einfach. Nicht immer erringen die revolutionären Klassen den Sieg — manchmal müssen sie auch Niederlagen hinnehmen. In solchen Fällen sammeln sie eine Zeitlang neue Kräfte und gehen dann wieder in die Offensive, um Veränderungen zu bewirken und der gesellschaftlichen Entwicklung den nötigen Raum zu schaffen. So gesehen ist eine zweite sozialistische Revolution, die das in der ersten Revolution Begonnene vollendet, historisch nicht nur möglich, sondern auch gerechtfertigt.
Um jedoch die Perestroika (zumindest der Grundidee nach) als zweite sozialistische Revolution bezeichnen zu können, muß der historische Weg, den unsere Gesellschaft bisher durchlaufen hat, einer tiefgehenden Analyse unterzogen werden. Es muß Klarheit darüber bestehen, in welchen Perioden diese Gesellschaft sich sozialistischen Zielen näherte und wann sie sozialistische Errungenschaften wieder aufgab. Die sowjetischen Geschichtswissenschafter arbeiten aktiv an einer Beantwortung dieser Frage. Gemeinsam mit Wirtschaftswissenschaftern und Soziologen erörtern sie die soziale Natur der verschiedenen Entwicklungsetappen der Sowjetunion, wie z.B. den Kriegskommunismus, die Neue Ökonomische Politik, den Stalin-Terror, die Tauwetterperiode unter Chruschtschow oder die „Stagnation“ unter Breschnew. Man debattiert auch über den historischen Standort, den Punkt auf einer „Skala der sozialistischen Entwicklung“, den unsere Gesellschaft heute einnimmt. Die meisten Historiker sind sich darin einig, daß in der UdSSR in der zweiten Hälfte der zwanziger Jahre ein konterrevolutionärer Umschwung stattfand, der den begonnenen Aufbau des Sozialismus unterbrach und die sozialistischen Beziehungen entstellte. In der von Massenrepressionen und der Vernichtung von Millionen Menschenleben geprägten Stalinismus-Periode war der Aufruf zu sozialistischen Zielen und Werten ein wirkungsvolles Mittel, um das Verhalten der Arbeitskräfte zu steuern, spielte aber eine reine Alibi-Rolle, was das eigentliche Wesen des Regimes betraf. Das kurze Tauwetter unter Chruschtschow war ein ungeschickter und inkonsequenter Versuch, das Land auf den Weg zum Aufbau des Sozialismus zurückzuführen. Historisch gesehen mangelte es dieser Etappe an der nötigen Vorbereitung; sie hatte keine großen Erfolgschancen, obwohl man zugeben muß, daß es ohne sie auch keine heutige Perestroika gäbe. In der darauffolgenden Stagnationsperiode kehrte man ins alte Fahrwasser der Entstellung des Sozialismus zurück. Die propagandistischen Behauptungen, daß in der Mitte der siebziger Jahre in der UdSSR eine „Ausgereif-

te sozialistische Gesellschaft“ geschaffen wurde, entsprachen ebensowenig der Wirklichkeit wie die Stalinsche These, daß die Konstruktion des Sozialismus in der Mitte der dreißiger Jahre zu situieren sei.
Die 1985 eingeleitete Perestroika stellt den zweiten und entscheidenden Versuch dar, die sowjetische Gesellschaft auf den Weg zur Entwicklung des Sozialismus zurückzuführen, von dem sie bereits relativ weit abgewichen war. Genau deswegen muß die Perestroika, wenn sie die gestellten Aufgaben lösen soll, sich zu einer zweiten sozialistischen Revolution entwickeln.

Ist es nun aber wirklich so offensichtlich, daß die geplanten und realisierten Veränderungen einen sozialistischen Charakter tragen? In den großen Hörsälen, im Briefwechsel mit Lesern und manchmal auch in der Presse wird man mit zwei Arten von Auffassungen zu diesem Thema konfrontiert. Die eine wird gewöhnlich von Menschen vertreten, die der traditionellen Ideologie treu bleiben, die andere von Intellektuellen, die nicht geneigt sind, ohne ausreichende Beweise irgendwelche Behauptungen hinzunehmen.
Die Vertreter der ersten Gruppe glauben oft, daß die Realisierung der Perestroika-Ideen in Wirklichkeit keiner Annäherung, sondern einer Entfernung der Gesellschaft vom Weg des Sozialismus gleichkommt. Dabei berufen sie sich auf Aussagen von Marx und Engels bezüglich der Unvereinbarkeit von Sozialismus und Markt, der bourgeoisen Natur des Kleinunternehmertums usw. Es wird behauptet, daß die angestrebte Erhöhung der ökonomischen Produktionseffizienz und die Verstärkung materieller Anreize zur Arbeit sozialistischen Werten, wie z.B. soziale Gleichheit der Gesellschaftsmitglieder und Schaffung sozialer Garantien für Personen mit eingeschränkten Arbeitsmöglichkeiten, entgegengesetzt wären. Die Einführung neuer Produktionsstrukturen, wie Kollektiv- oder Familienleistungsvertrag, Verpachtung staatlicher Betriebe an Gruppen von Mitarbeitern, käme der Privatisierung des gesellschaftlichen Eigentums an Produktionsmitteln und somit auch einer Lossagung vom Sozialismus gleich.
Was die Intellektuellen betrifft, so sind ihre Überlegungen etwa folgende: Wenn unsere Gesellschaft schon zweimal vom Weg des Sozialismus abgewichen ist, ohne es bemerkt zu haben, gibt es dann eine Garantie dafür, daß uns nicht nach einiger Zeit jemand erklärt, die Perestroika sei ein Irrtum gewesen und der wahre Weg zum Sozialismus weise in die entgegengesetzte Richtung?

Derartige Überlegungen kann man nicht von der Hand weisen: sie verdienen Beachtung und eine Antwort. Denn allein die Tatsache, daß an der Richtigkeit des offiziellen Standpunktes Zweifel ausgesprochen werden, ist etwas Neues, das indirekt die Entwicklung der Perestroika und der Transparenz und das wachsende Interesse an den Ergebnissen dieser Prozesse bestätigt. Doch um den sozialistischen Charakter der Perestroika unter Beweis zu stellen, muß diese zentrale Frage geklärt werden: Was ist der Sozialismus eigentlich?

Bis vor einigen Jahren war jeder sowjetische Student in der Lage, diese Frage zu beantworten. „Unter Sozialismus versteht man die Macht der Werktätigen, das gesellschaftliche Eigentum an Produktionsmitteln, die planmäßige Steuerung der Volkswirtschaft. Er bedeutet das Fehlen von Ausbeutung und Arbeitslosigkeit, einen streng regulierten und abgegrenzten Markt, die Verteilung der Einkünfte nach Quantität und Qualität der erbrachten Leistung und ein System vielfältiger sozialer Garantien. Auf dieser Grundlage geht er mit einer entwickelten Lebensweise der Menschen einher und bietet die geeigneten Bedingungen zur allseitigen Entfaltung jeder Persönlichkeit." So lautete in etwa die Definition des Sozialismus in den meisten Lehrbüchern der Gesellschaftswissenschaft. Unter den neu eingetretenen Bedingungen wird sie jedoch unbefriedigend, da die zielgerichteten, eigentlichen Merkmale, die die Fortschrittlichkeit und die soziale Attraktivität des Sozialismus ausmachen, darin nicht von den funktionellen, uneigentlichen Merkmalen, die der Erlangung der Zielcharakteristika dienen, getrennt werden.

Unter den heutigen Bedingungen werden aber jene wesentlichen Merkmale des Sozialismus in den Vordergrund gestellt, für die unsere Väter und Großväter auf den Schlachtfeldern des Bürgerkriegs kämpften und die aus dem Sozialismus eine progressivere Gesellschaftsform als den Kapitalismus machen. Die wichtigste und allgemeinste dieser Eigenschaften besteht darin, daß der Sozialismus nicht auf Gewinnmaximierung oder Beschleunigung der wirtschaftlichen Entwicklung, sondern auf die Optimierung des Wohlbefindens und des Wohlstandes und auf die persönliche Entfaltung der Menschen ausgerichtet ist. In diesem Zusammenhang muß darauf hingewiesen werden, daß Lenin den Sozialismus nicht nur — unabhängig von seinen sozialen Eigenschaften — als planmäßige Organisation der gesellschaftlichen Produktion betrachtete. Er betonte, daß die planmäßige Organisation der sozialistischen

Produktion unbedingt auf die Sicherung des uneingeschränkten Wohlstandes und der freien, allseitigen Entwicklung der Gesellschaftsmitglieder abzielen müsse. „Nur der Sozialismus“, so meinte Lenin, „bietet die Möglichkeit, auf authentische Weise die gesellschaftliche Produktion und die Güterverteilung wissenschaftlichen Überlegungen darüber unterzuordnen, wie das Leben aller Werktätigen am leichtesten, d.h. die Möglichkeit des Wohlstandes bietend, gestaltet werden kann.“

Ohne Anspruch auf eine erschöpfenden Aufzählung würde ich als wesentliche (inhärente) Merkmale des Sozialismus folgende anführen:

— Fehlen von Ausbeutung gesellschaftlicher Gruppen durch andere in jeglichen nennenswerten Ausmaßen; Minimierung nicht erarbeiteter Einkünfte, konsequente und gerechte Verteilung der Einkünfte und Konsumgüter je nach Leistung;

— Systematisches Wohlstandswachstum bei der Bevölkerung und Überwindung der Armut;

— Politische Macht der Werktätigen; Möglichkeit zur freien Kundgebung und Verteidigung der Interessen aller gesellschaftlichen Gruppen; hohes Demokratisierungsniveau; weitgehende Entwicklung aller Formen von Selbstverwaltung;

— Politische und kulturelle Gleichberechtigung der Nationen, Überwindung von Chauvinismus bei großen und von Nationalismus bei kleinen Nationen; internationalistischer Charakter der Beziehungen zwischen den Völkern;

— Solidität und Vielfalt der Menschenrechte; strenge Befolgung der Gesetze, gerechte und unbestechliche Rechtssprechung;

— hohes Moralniveau, Humanität der gesellschaftlichen Beziehungen, Schaffung geeigneter Bedingungen zur Entfaltung der menschlichen Persönlichkeit.

Verstärken sich im Laufe der gesellschaftlichen Entwicklung diese Züge, so kann man berechtigterweise von der Konsolidierung des Sozialismus sprechen. Werden sie aber abgeschwächt oder durch entgegengesetzte Eigenschaften ersetzt, so entwickelt sich der Sozialismus nicht weiter, sondern wird zersetzt und entstellt.

Wie sind nun aber solche allgemein anerkannten Merkmale des Sozialismus, wie gesellschaftliches Eigentum an Produktionsmitteln, Vorherrschen der Planwirtschaft über den Markt u.ä., zu behandeln? Ich nehme an, daß sie nicht an und für sich wichtig sind, sondern in dem Ausmaß, wie sie der Verwirklichung der wesentlichen

Eigenschaften des Sozialismus dienen. Ohne Abschaffung (oder zumindest Beschränkung) des Privateigentums an Produktionsmitteln kann die Ausbeutung nicht ausgemerzt werden. Aus diesem Grund ist die Vergesellschaftung der Produktionsmittel eine unerläßliche Vorbedingung zum Sozialismus. Es darf aber die Vorbedingung oder Voraussetzung dafür, daß irgendeine Erscheinung auftritt, nicht mit dieser Erscheinung selbst verwechselt werden. Deswegen erscheint das gesellschaftliche (oder genauer: staatliche) Eigentum an Produktionsmitteln an und für sich bei weitem nicht als Garantie für den Aufbau des Sozialismus. Es schließt leider weder Armut aus, noch Ausgrenzung der Arbeitskräfte aus dem aktiven politischen Leben, und nicht einmal die massive Vernichtung von Menschenleben. Daraus geht hervor, daß der Sozialismus in der Sowjetunion noch lange nicht aufgebaut ist. Diesbezüglich teile ich voll und ganz die Ansichten J. N. Afanassjews, die dieser unter dem Titel „Antwort dem Historiker" in der Prawda vom 18. Juli 1988 zum Ausdruck gebracht hat.

Die heute von der Parteiführung definierten Aufgaben beziehen sich zur Gänze auf die eigentlichen Merkmale des Sozialismus. Dies ist der wichtigste Beweis für den sozialistischen Charakter der Perestroika. Doch Perestroika bedeutet nicht Vollendung der Konstruktion des Sozialismus: dieser Prozeß wird länger, wahrscheinlich mehrere Jahrzehnte dauern. Der Sinn der Perestroika besteht, so meine Auffassung, darin, daß die Gesellschaft auf einen Weg geführt wird, der zum sozialistischen „Tempel" führt. Perestroika, das ist jene Umgruppierung der gesellschaftlichen Kräfte, jene Umverteilung der Macht, des gesellschaftlichen Reichtums, der Rechte und Freiheiten zwischen den gesellschaftlichen Schichten und Gruppen, die, ohne selbst den Aufbau des Sozialismus zu bedeuten, die dafür notwendigen Voraussetzungen schafft. Eine so verstandene Perestroika trägt wahrhaft revolutionären Charakter. Das Ungewöhnliche dabei ist, daß die Revolution von oben, auf Initiative der herrschenden Partei, durchgeführt wird. Dies entschärft bis zu einem gewissen Grad den Konflikt zwischen jenen, die die Macht übernehmen, und jenen, die sie abgeben. Die oberste Machtinstanz behält ihre Machtbefugnisse und Verfügungsgewalt bei; es ändert sich lediglich die Situation der mittleren und unteren Glieder des Apparats. Allerdings ist die Initiative von oben zwar willkommen, doch als Bedingung für revolutionäre Veränderungen unzureichend. Ohne kräftige Unterstützung von unten können

diese Veränderungen nicht über die Grenzen der Reform hinausgehen.
Folglich ist die Ausweitung der Perestroika zu einer sozialen Revolution an die aktive Teilnahme der breiten Masse gebunden. Kommt es so weit, daß die sozialen Kräfte sich allmählich konsolidieren und organisieren, ihre Interessen klarer erkennen und aktiver verteidigen, dann wird die endgültige Wirkung der Perestroika vor allem von der Position der zahlenmäßig stärksten gesellschaftlichen Gruppen bestimmt werden, von deren aktiver und bewußter Tätigkeit und von ihrer unerschütterlichen Entschlossenheit, bis ans Ende zu gehen. Wenn diese Entschlossenheit vorhanden ist, wird jeglicher Versuch der Politiker, vom eingeschlagenen Kurs abzuweichen und zu den früheren Verwaltungsmethoden zurückzukehren, den politischen Widerstand der Massen hervorrufen, womit die Irreversibilität des Wandels besiegelt sein wird. Ich glaube, daß die von Chruschtschow begonnene Reform in erster Linie deswegen nicht gelang, weil sie eine „Kabinettreform“ war und sich nicht zu einer sozialen Revolution entwickeln und auf die breite Masse stützen konnte.
Wie kann aber eine politische Aktivität beim Volk erreicht werden, wenn dieses jahrzehntelang im Geiste des Schreckens, des Gehorsams, der gedankenlosen Ausführung der von oben erteilten Weisungen erzogen wurde? Das gesamte gesellschaftliche Leben war durch und durch von Heuchelei geprägt. Deswegen entfremdeten sich die denkfreudigsten, energischesten Menschen den gesellschaftlichen Werten, zogen sich ins Privatleben zurück, verlegten sich auf die Anhäufung materieller Güter, suchten positive Impressionen, unternahmen Auslandsreisen etc. Heute muß unsere Gesellschaft dafür büßen, daß sie die Doppelmoral so lange hinnahm. Ein nicht unbeträchtlicher Teil der Arbeitskräfte, denen offenbar die reale Möglichkeit zur Teilnahme am öffentlichen Leben geboten wird, beeilt sich absolut nicht, diese Möglichkeit zu nützen. Im Laufe ihres Lebens haben sie einige verlockende Versprechen, die sich nie erfüllten, zu hören bekommen, eine Vielzahl von Veränderungen, die keine wesentlichen Verbesserungen hervorriefen, erlebt. Ja, und auch jetzt verbessert sich ihre Lage nicht. In vielen Gebieten sinkt der Wohlstand der Bevölkerung eher ab, und damit legt sich auch die ursprüngliche Begeisterung. Man sagt sich: „Abwarten und weitersehen“.
So entsteht ein Teufelskreis: Um die Wirksamkeit der Perestroika zu erhöhen, muß die Bevölkerung aktiver in sie einbezogen wer-

den. Dafür müssen sich die Menschen aber in der Praxis davon überzeugen, daß die Perestroika eine Verbesserung ihrer Lage mit sich bringt. Ob es aus diesem Teufelskreis einen Ausweg gibt? Ich glaube, er besteht in der Demokratisierung der gesellschaftlichen Beziehungen, in der Entwicklung von Transparenz und Offenheit im öffentlichen Leben, in der Bereitstellung aller Arten von Information für die Bevölkerung, in der gemeinsamen Erörterung brisanter Themen mit Hilfe von Presse und Fernsehen und in der Enthüllung aller „Geheimnisse“ aus dem Verwaltungsmilieu, die für das Volk von Interesse sind.
Mag die Transparenz auch noch nicht lückenlos sein, so verstärkt sie sich doch, vertieft sich und erfaßt neue Gebiete. Das, worüber man vor einem Jahr noch nicht nachzudenken bereit war, wird heute bereits in Lehrsälen und in der Presse diskutiert. Dies zieht eine politische Aktivierung der Massen nach sich. Tausende informeller Organisationen, Bewegungen, Vereinigungen, von denen viele auch politisch gefärbt sind, entstehen und werden tätig. In den baltischen Sowjetrepubliken, der RSFSR, in Moskau, Leningrad und einer Reihe anderer russischer Städte werden Volksfronten zur Förderung der Perestroika geschaffen, die detaillierte Programme ausarbeiten. Politische Meetings, Straßenmärsche und Demonstrationen finden in einer noch nie dagewesenen Häufigkeit und Massivität statt. Früher verdrängte nationale, ökologische und soziale Probleme werden auf breiter Basis diskutiert. Im Kampf um die Kundgebung ihrer Interessen greifen manche Gruppen zu extremen Mitteln, wie Streiks, politisch motivierte Hungerstreiks oder manchmal sogar Selbstverbrennungen. All diese Phänomene zeugen vom erwachenden soziopolitischen Selbstbewußtsein der Massen und von ihrem Wunsch nach selbständiger Betätigung und der direkten Beteiligung an den Veränderungen des öffentlichen Lebens.

Die meisten gesellschaftlichen Bewegungen zur Unterstützung der Perestroika sind radikaler eingestellt als die Regierung. Sie kritisieren die Aktivität der Machtinhaber „von links“, bezichtigen sie der unzureichenden Konsequenz und Vollständigkeit der unternommenen Reformen, und gleichen so bis zu einem bestimmten Grad die konservative Kritik „von rechts“ aus. Obwohl diese Bewegungen mehrheitlich erst ihre ersten Schritte tun, stellen sie bereits eine Kraft dar, die man nicht außer acht lassen darf. Ihre systematische zahlenmäßige Zunahme, ihre soziopolitische Reifung und die Festigkeit ihrer grundlegenden Positionen zeugen davon, daß die breite, progressive Öffentlichkeit ab einem bestimmten Punkt nicht nur die Initiative der politischen Führung der Perestroika übernehmen, sondern in dieser Hinsicht möglicherweise auch übers Ziel schießen kann. In diesem Fall ist es Aufgabe der politischen Führung, erstens, theoretisch und praktisch eine allgemeine Perestroika-Strategie auszuarbeiten, zweitens, diese Strategie mit Hilfe rechtlicher und politischer Instrumente (Gesetze, Beschlüsse u.a.) zu verwirklichen, und drittens, mit den gesellschaftlichen Bewegungen einen lebensnahen, interessierten Dialog zu unterhalten, ihre Integration und Zusammenarbeit zu fördern und im Falle von akuten sozialen Konflikten zwischen Gruppen mit unterschiedlichen Interessen die Schiedsrichterrolle zu übernehmen.

Es stellt sich nun die Frage, ob der Übergang von einer Perestroika „von oben“ zu einer sozialen Revolution „von unten“ nicht eine starke Verschärfung der sozialen Spannungen und der Konflikte zwischen den gesellschaftlichen Gruppen oder gar den Einsatz von Gewalt herbeiführen wird. Birgt nicht schon das Wort „Revolution“ selbst diese Gefahr? Ich glaube nicht. Die Geschichte kennt nicht nur blutige, sondern auch friedliche Revolutionen. Die Februarrevolution von 1917 zum Beispiel verlief unblutig, da zu diesem Zeitpunkt der Zarismus jede solide soziale Stütze in der Gesellschaft verloren hatte. Meines Erachtens ist keine der großen gesellschaftlichen Gruppen daran interessiert, daß die Perestroika, die ihr Leben demokratisieren und verbessern soll, gewalttätige Formen annimmt. Zu frisch ist noch im Gedächtnis des Volkes die Erinnerung an das früher vergossene Blut. Die zweite sozialistische Revolution in der UdSSR darf nur friedlich sein. Für den Realismus dieser Forderung sprechen mehrere Faktoren. Zum einen ist eine bewaffnete Machtergreifung durch die progressiven Kräfte deswegen nicht notwendig, weil die Initiative zu den revolutionären politischen Umstrukturierungen von oben ausgeht. Zweitens ist die unbegründete Konzentration von Macht, Rechten und Privilegien in den Händen der Nomenklatura verfassungswidrig, so daß die Aufgabe der Revolution darin besteht, die politische Praxis mit der Verfassung in Einklang zu bringen und mit Gesetzen zu untermauern. Drittens hat die Nomenklatura-Schicht nicht die Unterstützung des Volkes; und wenn dieses eine entschlossene Haltung annimmt, so wird die Nomenklatura zum Nachgeben gezwungen sein. In Anlehnung an das Lenin-Zitat könnte man etwa sagen, daß „der Vereinigung von politischer Führung und fortschrittlichen Schichten des Volkes keine Bürokratie standhält". Natürlich darf das Risiko heftiger sozialer, politischer und nationaler Konflikte unter den heutigen Bedingungen auch nicht unterschätzt werden. Das Anwachsen der sozialen Spannungen ist in der Tat unübersehbar. Die Krisenherde befinden sich nicht nur in den baltischen und transkaukasischen Republiken, sondern auch in einer Reihe russischer Großstädte wie Swerdlowsk, Kasan, Ufa oder Irkutsk. Hier haben gleich die ersten Schritte zur Demokratisierung, die sich in der Ausweitung von Transparenz, Menschenrechten und Freiheit ausdrückten, nicht nur demokratische, sondern auch chauvinistische, nationalistische, antisozialistische und sogar faschistische Bewegungen ins Leben gerufen. Die Anführer dieser Bewegungen rufen ihre Gesinnungsgenossen nicht nur zur Gewalt auf, sondern wenden sie auch selbst an und fügen so der Perestroika, mit der ihr Auftauchen in Zusammenhang gebracht wird, einen immensen moralischen Schaden zu. Dies bezieht sich auf die berüchtigte Gesellschaft „Pamjat", die in ihren Flugblättern die russische Bevölkerung gegen Juden geradezu aufhetzt, auf nationalistische Gruppen, die in Sumgait agieren und an der Ermordung mehrerer Dutzend Armenier schuldig sind, auf halbkriminelle Jugendbanden in Kasan, die sich gewaltsam an Kindern und Jugendlichen auslassen u.a. Die Entwicklung derartiger Organisationen und Bewegungen ist mit dem Geist in der Flasche vergleichbar, der, einmal freigelassen, eine große Gefahr darstellen kann.

Als Ursachen für diese Erscheinungen sind meines Erachtens geringe politische Kultiviertheit und das Fehlen gewachsener demokratischer Traditionen anzuführen, sowie ungenügende Reife des von zahlreichen Vorurteilen und Dogmen verzerrten gesellschaftlichen Bewußtseins, fehlende und inkompetente öffentliche Meinung hinsichtlich vieler Fragen und geringe moralische Ansprüche der Gesellschaft. Auf diesen letzten Faktor möchte ich näher eingehen. Jahrelang herrschte in der Sowjetunion Heuchelei und Doppelmoral. Die „ideellen" Aufrufe an die Werktätigen gingen von jenen aus, die an sich selbst ganz andere moralische Maßstäbe anlegten. Unter diesen Bedingungen nahmen auch die Protesthaltungen häufig unmoralische und ungesetzliche Formen an, so etwa die weitverbreiteten Prinzipien: „Wenn die Vorgesetzten klauen, dann klauen wir auch" oder „Wenn sie nur so tun, als ob sie uns bezahlten, dann tun wir auch nur so, als ob wir arbeiteten" etc.

Die geistige Zersetzung drang außerordentlich tief ins gesellschaftliche Bewußtsein ein. Die Grenzen zwischen Gut und Böse, zwischen Barmherzigkeit und Härte, Menschlichkeit und Entfremdung wurden verwischt. Um diese Erscheinungen auszumerzen, ist nicht nur viel Zeit, sondern sind auch große Anstrengungen nötig. Einstweilen müssen wir aber von dem ausgehen, was da ist. Das bedeutet erstens, daß Partei und Staat die Tätigkeit der verschiedenen gesellschaftlichen Bewegungen und vor allem die Wahrung ihres verfassungstreuen Charakters kontrollieren müssen. Und zweitens, daß eine Politik notwendig ist, die einen Kompromiß zwischen der Entwicklung der politischen Aktivität der Massen einerseits und der Wahrung der öffentlichen Ordnung im weitesten Sinne des Wortes andererseits gewährleistet.

Die Perestroika ist eine lebenswichtige Chance für unser Volk. Aber die mit ihr verbundenen Aufgaben sind außerordentlich schwierig und ihr Weg ist mit Hindernissen übersät. Aus der Lösung von Problemen entstehen neue, oft komplexere Schwierigkeiten. Die Umsetzung der Perestroika in die Wirklichkeit erfordert ein sorgfältig ausgearbeitetes politisches, strategisches und taktisches Konzept, zu dessen Ausarbeitung aber die Zeit fehlt; es muß vielmehr unterwegs auf die Beine gestellt werden. Die Situation ist alles andere als leicht, vor allem wenn man ihre rasche Dynamik berücksichtigt. Aber ohne Einsatz kann es auch keinen Gewinn geben.

In der UdSSR und im Ausland befassen sich Hunderte von Spezialisten, Wirtschaftswissenschafter, Juristen, Historiker, Soziologen, mit den Problemen der Perestroika. Mich persönlich interessieren jene Aspekte, die sich an der Schnittstelle zwischen dem wirtschaftlichen und dem sozialen Bereich des öffentlichen Lebens situieren. Dazu gehören zum Beispiel folgende Fragen:

— In welchen wichtigen Merkmalen (Formen des politischen Handelns und der Wirtschafts- und Sozialpolitik, Wohlstandsniveau der Bevölkerung, Art der sozialen Widersprüche, Zustand des gesellschaftlichen Bewußtseins) haben sich die Entwicklungsetappen der sowjetischen Gesellschaft vor der Perestroika voneinander unterschieden?

— Welche sozioökonomische Prozesse haben die Perestroika objektiv vorbereitet und sie notwendig und unumgänglich gemacht?

— Inwiefern bestehen zwischen dem bisherigen und dem neuen Wirtschaftsmanagement soziale Unterschiede; wie beeinflußt diese

wirtschaftliche Umstellung die Situation der verschiedenen gesellschaftlichen Gruppen?
— Welcher Art sind die wahrscheinlichen sozialen Konsequenzen der wirtschaftlichen Umstrukturierung; welche sozialen Probleme werden daraus erwachsen und wie ist diesen zu begegnen?
— Worin besteht das neue Verständnis der Sozialpolitik, ihrer Funktionen, Ziele und Mittel; welche konkreten Probleme sind Gegenstand dieser Politik; wie werden sie gelöst bzw. sollen sie gelöst werden?
— Wie wird die Lösung aktueller wirtschaftlicher Probleme mit der angestrebten Konsolidierung der sozialen Gerechtigkeit verbunden? Worin besteht das Prinzip der sozialen Gerechtigkeit, insbesondere im spezifischen Kontext des Sozialismus, und in welcher Bedeutung kann von „sozialistischer Gerechtigkeit" gesprochen werden?
— Wie ändern sich im Zusammenhang mit der Perestroika die Politik der Einkommensverteilung, die Methoden zur Regulierung des Verbrauchermarktes, das System der sozialen Garantien? Bringt die Perestroika irgendetwas Neues zur Lösung dieser „ewigen" Fragen?
— Wie sind derzeit die sozialen Kräfte um die Perestroika verteilt: welche Kreise unterstützen sie, welche widersetzen sich ihrer Durchführung und warum?
— Welche soziale Strategie kann eingesetzt werden, damit die Perestroika wirkungsvoller wird, sich der Kreis ihrer Anhänger vergrößert und der ihrer Gegner verringert?

Diese und andere damit zusammenhängende Fragen werden in den folgenden fünf Kapiteln behandelt. Das erste ist ein kurzer Exkurs in die Perioden der sowjetischen Geschichte, in denen für die Perestroika der Weg bereitet wurde. Der Schwerpunkt wird dabei nicht auf historische Fakten gelegt, sondern auf meine persönliche Sicht jener gesellschaftlichen Entwicklungsetappen, an denen ich selbst bewußt teilnehmen konnte.

Im zweiten Kapitel werde ich auf die sozialen Aspekte der sowjetischen Wirtschaftsreform eingehen, das bisherige Wirtschaftsmanagement beschreiben und die Gründe für seine Ineffizienz offenlegen. Mein wichtigstes Anliegen in diesem Kapitel ist es, die sozialen Inhalte der ökonomischen Veränderungen und ihre möglichen sozialen Konsequenzen aufzudecken.

Das dritte Kapitel ist der mit der Perestroika assoziierten Sozialpolitik gewidmet. Grundidee der neuen Sozialpolitik ist die Konsolidierung der sozialistischen Gerechtigkeit. Ich versuche zu zeigen, was dies in Hinblick auf Beschäftigungssituation, Bildungswesen, Einkommensverteilung, Wohnungsfrage, Organisation des Verbrauchermarktes u.ä. bedeutet.

Im vierten Kapitel wird die Perestroika als sozialer Prozeß dargestellt, an dem Gruppen mit verschiedenen, u.a. auch entgegengesetzten Interessen teilnehmen. Welche Arten von Einstellungen zur Perestroika in welchen gesellschaftlichen Gruppen vorherrschen, durch welche Besonderheiten in der Lage dieser Gruppen sie bestimmt werden, welche politische Varianten zur Verhaltenssteuerung der Bevölkerung in Frage kommen — diese Fragen sollen hier erörtert werden.

Das fünfte Kapitel ist der Demokratisierung des politischen Lebens als wesentlicher Garantie für die Irreversibilität der aktuellen positiven Veränderungen gewidmet. Entwicklung der Transparenz, Umstrukturierung der politischen Institutionen und andere Demokratisierungstendenzen sollen hier auf ihren konkreten Inhalt hin beleuchtet werden. Es wird über die in jeder Richtung erreichten Veränderungen sowie die noch offenen Fragen Bilanz gezogen.

Die gesamte Palette der sozialen Probleme zu behandeln, die im Zusammenhang mit der Perestroika auftauchen werden, würde natürlich den Rahmen eines Buches sprengen — und auch ich wäre damit überfordert. Das Ziel des vorliegenden Werkes ist viel bescheidener: ich möchte dem westlichen Leser offen meine Auffassung über die bedeutenden und vielversprechenden Vorgänge in der UdSSR mitteilen.

Erstes Kapitel:

Von Stalin bis Tschernenko: Die Lebensbedingungen in der Sowjetunion 1945—1985

Ein kleiner Exkurs in die verschiedenen Entwicklungsetappen der sowjetischen Gesellschaft wird die vorgehenden Veränderungen leichter verständlich machen. Denn von der Umstrukturierung betroffen sind Institutionen, Einrichtungen und gesellschaftliche Verhaltensmuster, die sich im Laufe von Jahrzehnten herausgebildet haben. Diese Zeit hat das politische Machtsystem, das wirtschaftliche Verwaltungsinstrumentarium und die soziale Struktur, aber auch die heute lebenden Menschen — ihre Bedürfnisse, ihre Denkensart, ihre Wert- und Moralvorstellungen geprägt. Ja, vielleicht besteht das Kernproblem des gesellschaftlichen Strukturwandels in der Sowjetunion gerade darin, daß die neuen Beziehungen von denselben Leuten entworfen werden müssen, die zuvor sehr wenige Veränderungen gekannt haben.
In diesem Kapitel versuche ich, meine eigenen Erfahrungen zu verallgemeinern: einerseits vom wissenschaftlichen Standpunkt der Soziologin aus, und andererseits aus der Sicht eines Menschen, der an sich und den ihm Nahestehenden viele Probleme seiner Gesellschaft erfahren hat und noch erfährt. Diese Erfahrung möchte ich so darstellen, daß sich besonders das Verhältnis der sowjetischen Gesellschaft zur offiziellen Idee vom Aufbau und der Konsolidierung des Sozialismus in verschiedenen Zeiträumen erhellt.
Zu diesem Zweck ist vor allem einmal abzuklären, was der Sozialismus eigentlich ist, und anschließend sind Kriterien zu definieren, mit denen die Tendenz der aktuellen Vorgänge beurteilt werden kann. In einer ersten Näherung würde ich den Sozialismus als ein System gesellschaftlicher Beziehungen definieren, das politische Unterdrückung und Manipulation ebenso wie wirtschaftliche Ausbeutung gesellschaftlicher Gruppen durch andere ausschließt, das alle Aspekte der gesellschaftlichen Entwicklung von der Befriedigung der Bedürfnisse und Bestrebungen der Menschen abhängig macht und das den Mitgliedern aller gesellschaftlichen Gruppen die Möglichkeit bietet, sich zu entwickeln und ihre Kräfte, Fähigkeiten, Kenntnisse und Fertigkeiten praktisch einzusetzen, ebenso wie das Recht, von der Gesellschaft materielle, soziale und geistige Güter nach Quantität und Qualität der aufgewendeten Arbeit zu erhalten.
Geht man von einer solchen Definition aus, so lassen sich für Fortschritt und Solidität des Sozialismus folgende Kriterien festhalten:

1. Beseitigung nicht nur der direkten, sondern auch der indirekten Formen wirtschaftlicher Ausbeutung jedweder sozialer Gruppen,

und folglich Eliminierung aller Möglichkeiten, nicht an Arbeit gebundenes (d. h. ausbeuterisches) Einkommen zu erwerben; weiters Aufstellung von (gemäß der öffentlichen Meinung) gerechteren Proportionen für die Entlohnung qualitativ unterschiedlicher Arbeit sowie Konsolidierung des direkten Zusammenhangs zwischen dem Ausmaß der Arbeit und dem Ausmaß der Bedürfnisse aller gesellschaftlichen Gruppen.

2. Sicherstellung einer Entwicklung der politischen Institutionen, die die Repräsentation aller gesellschaftlichen Gruppen in den Machtstrukturen gewährleistet und der Realisierung ihrer Interessen Rechnung trägt; vorrangige Stellung der repräsentierenden Organe gegenüber den ausführenden und die genaue Aufteilung der Rechte zwischen staatlichen, parteilichen und wirtschaftlichen Verwaltungsorganen.

3. Gewährleistung der wirtschaftlichen, sozialen und politischen Gleichheit der Nationen, Erweiterung des Mitspracherechts der Republiken bei Entscheidungen, die sie selbst betreffen, Entwicklung der wechselseitigen wirtschaftlichen und sozialen Hilfeleistung zwischen Nationen und Völkerschaften in der UdSSR, rationelle Arbeitsteilung zwischen ihnen, kreative Wechselwirkung der nationalen Kulturen, aufrichtige gegenseitige Achtung und Freundschaft zwischen den Völkern. Überwindung negativer Erscheinungen wie Chauvinismus, Nationalismus, Antisemitismus etc.

4. Erhöhte Empfänglichkeit der Gesellschaft gegenüber sozialen Problemen, z.B. völlige Befriedigung ihrer Bedürfnisse, geeignete Bedingungen für die Entfaltung und Förderung der Fähigkeiten bei Kindern und Jugendlichen und für eine gründliche Ausbildung der Jugend; Intensivierung der Wohnraumschaffung und Errichtung öffentlicher Bauten, Einkommenszunahme und Wohlstand, Förderung des körperlich-geistigen Gesundheitswesens, Forcierung von Bildung und Kultur, moralische und sittliche Festigung der Bevölkerung[1].

---

[1] Als Kriterien nenne ich hier bewußt nicht Faktoren wie nationale Sicherheit, wissenschaftlich-technischen Fortschritt, reibungslos funktionierende Wirtschaft, ökologisches Gleichgewicht etc. Solche Probleme können von Gesellschaften verschiedener soziopolitischer Prägung gelöst werden. Die aufgezählten Faktoren entsprechen bestenfalls den Voraussetzungen, niemals aber den Ergebnissen einer konsequent durchgeführten sozialistischen Politik.

Diese Kriterien können als „Kompaß“ angesehen werden, mit dem sich feststellen läßt, ob eine bestimmte Gesellschaft sich in sozialistischen Bahnen bewegt, diesbezüglich auf der Stelle tritt oder bereits errungene Stellungen wieder aufgibt.
Betrachtet man aus diesem Blickwinkel die sowjetische Geschichte seit dem Zweiten Weltkrieg, können drei wichtige Etappen unterschieden werden: der Stalinismus (1945—1952), die Tauwetterperiode (1953—1967) und die Restalinisierung oder Stagnation (1968—1984), wie sie gemeinhin genannt wird. Diese Perioden unterscheiden sich hinsichtlich der Organisation des politischen Lebens, der Wirtschafts- und Sozialpolitik, des Niveaus und der Dynamik des Lebensstandards, der verschiedenen sozialen Widersprüche und der gesellschaftlichen Bewußtseinsbildung. Ich werde in der Folge versuchen, ihre Merkmale kurz zu charakterisieren.

Stalins Schreckensherrschaft

Der Krieg hatte 1418 Tage, fast vier Jahre lang gedauert. Durch militärische Verluste, Umsiedlung der Einwohner besetzter Gebiete nach Deutschland und den Untergang der Zivilbevölkerung verlor das Land 27 Millionen Menschen. Doch in einem ungeheuer schweren Kampf hielt das Volk stand und errang den Sieg. Ein Leben in Frieden stand bevor. Ich war 18 Jahre alt, studierte das zweite Jahr an der Universität und teilte die Gefühle des Volkes: Schmerz über nicht wiedergutzumachende Verluste (in der Bombardierung Moskaus verlor ich die geliebte Mutter) und Hoffnung auf ein leichteres Leben.

Das Leben war indessen sehr schwer: Lebensmittel waren rationiert, und in den meisten Haushalten nagte man am Hungertuch. Um mich zu ernähren, mußte ich das Studium mit der Arbeit an einem Universitätslaboratorium vertauschen. Alle hofften aber auf eine rasche Wiederherstellung der Wirtschaft und waren bereit, mit persönlicher Arbeit dazu beizutragen. Die Tragödien der dreißiger Jahre und des unglücklichen Kriegsbeginns verloren an Bedeutung, wurden von den Leuten mit objektiven Entwicklungsschwierigkeiten des Landes in Zusammenhang gebracht, mit der kritischen internationalen Lage und den notwendigen Kriegsvorbereitungen. Sie dachten, das Vergangene könne sich nicht wiederholen.

Der Stolz über den errungenen Sieg machte Stalins Autorität fast grenzenlos. Er stellte sich als wesentlichen oder gar als einzigen Erringer des Sieges dar, als Führer, Vater und Lehrer des Volkes, dem wir die besten Seiten unseres Lebens zu verdanken hätten.

Das wirtschaftliche Verwaltungssystem blieb genauso streng zentralisiert wie während des Krieges. Der den Betrieben auferlegte Plan hatte Gesetzeskraft; Nichterfüllung wurde politisch und strafrechtlich verfolgt. In den Unternehmen und Behörden herrschte drakonische Arbeits- und Produktionsdisziplin. Zuspätkommen bei der Arbeit, Überziehen der Mittagspause, ganz zu schweigen von den Versuchen, irgendwelche Produktionsabfälle mit nach Hause zu nehmen, wurden mit Gefängnis oder Besserungsarbeit geahndet.

Indessen ging der wirtschaftliche Wiederaufbau nach dem Krieg relativ rasch voran, was im Prinzip die Lebensbedingungen der Leute hätte verbessern können. Diese Möglichkeit wurde aber vom

Staat nur spärlich genutzt. Die Presse wurde zum Sprachrohr der Propaganda darüber gemacht, daß alle Anstrengungen auf den Aufschwung der Industrie konzentriert und der Gürtel weiterhin enger geschnallt werden müßte. Man muß zugeben, daß diese Forderungen bei der Jugend auf ein relativ großes Verständnis stießen. Ewig hungrig, schlecht gekleidet und beschuht, waren wir bereit, geduldig die Unannehmlichkeiten unseres Lebens zu ertragen und die Befriedigung der dringendsten persönlichen Bedürfnisse auf eine Zeit zu verschieben, in der die Probleme der Allgemeinheit gelöst sein würden.

Treibende Kräfte in der Wirtschaft waren einerseits die Überzeugung der Leute selbst, daß die Wirtschaft so schnell wie möglich wieder aufgebaut werden müsse, andererseits die Angst vor der Bestrafung für ein Abweichen von den vorgeschriebenen Normen. Die Mehrheit der wirtschaftlichen Führungskräfte lebte weiter wie im Kriegszustand, arbeitete 14—15 Stunden pro Tag in der Bemühung, das Plansoll um jeden Preis zu erfüllen. Die festgesetzte Dauer der Arbeitswoche — 48 Stunden in sechs Tagen — wurde in Wirklichkeit um vieles überschritten. Laut Zahlen des Statistischen Zentralamtes wurden trotz aller Schwierigkeiten die Planvorgaben zu 100% und mehr erreicht, wodurch diese noch gesetzmäßiger, noch unantastbarer erschienen und die im Staat herrschende Ordnung dementsprechend untermauert wurde. Erst einige Jahrzehnte später erfuhren die, die noch am Leben waren, wie diese zuversichtlichen Statistiken entstanden waren: Stalin hatte sie persönlich mit seinem Rotstift korrigiert.

Der Lebensstandard blieb für die meisten äußerst niedrig. Seit dem Krieg war ein Großteil der persönlichen Habe verkommen, verloren oder zerstört, die Lebensmittelvorräte waren aufgegessen, die Kleider zerschlissen und die Möbel für Brennstoff weggegeben. Gravierend war insbesondere die Wohnungssituation. Der Vorkriegsbestand war größtenteils zerstört und der Rest baufällig geworden. Der Wohnbau erreichte nur ein beschränktes Ausmaß; gebaut wurde hauptsächlich in den befreiten Okkupationsgebieten. Die Bevölkerung wurde in der Folge auf kleinstem Raum zusammengedrängt, was oft mit unhygienischen Lebensbedingungen verbunden war. Das öffentliche Bauwesen geriet noch weiter ins Hintertreffen und war hauptsächlich auf den Wiederaufbau und die Renovierung der Schulen beschränkt.

Natürlich ging es nicht allen Bevölkerungsgruppen gleich schlecht. Am ärmsten waren die Kolchosbauern, da sie im gesellschaftlichen

Produktionssektor fast nichts verdienten. Die zu Stalins Zeiten gültigen Agrarpreise reichten oft nicht einmal zur Abdeckung der Kosten, die durch die Lieferung der Kolchosprodukte zu den Sammelpunkten entstanden, so daß diese dem Staat unentgeltlich überlassen wurden. Insofern wurde den Kolchosen jegliche Investitionsbasis entzogen, ebenso die Mittel zur Entlohnung ihrer Mitglieder. Die Haupteinnahmequelle der Kolchosfamilie war die individuelle Landwirtschaft, die mit einem kleinen Fleckchen Erde und einigen Tieren betrieben wurde. Dennoch wurde diese geduldete Nebenerwerbswirtschaft so hoch besteuert, daß die Familien vielfach fast ihr gesamtes Einkommen wieder abliefern mußten.

Im Jahre 1951, als ich den Jahresgesamtbericht der Kolchosen eines kirgisischen Gebiets durchsah, fiel mir auf, daß die Kolchosbauern im Durchschnitt für einen Arbeitstag eine Kopeke erhielten, was im Jahr etwa zwei alte Rubel ausmachte. Das entspricht etwa 20 heutigen Kopeken — der Preis von 1 kg Brot. Auf meine befremdete Frage, wovon die Kolchosniki denn lebten, erklärte man mir, daß die meisten Familien kleine Schaf- und Ziegenherden besäßen, die sie undeklarierterweise in den Bergen weideten. So wurde ich, die Absolventin einer Universität, in der man mir die Vorteile der sozialistischen Verteilung nach der Arbeitsleistung beigebracht hatte, zum ersten Mal mit der Realität der fast unentgeltlichen Arbeit einer gesellschaftlichen Klasse, die ungefähr 40% der Bevölkerung stellt, konfrontiert[2].

Die den Kolchosen abgepreßten Mittel wurden für den Wiederaufbau der Industrie und die Entwicklung der Städte verwendet. Das Leben auf dem Land war weitaus schwieriger als in der Stadt, doch das Verlassen einer Kolchose und der Umzug in die Stadt waren nur mit Erlaubnis der Kolchosnikversammlung möglich, der von der Erteilung solcher Genehmigungen abgeraten wurde. Zusätzlich waren Übersiedlungen innerhalb des Landes an den Besitz eines Passes geknüpft, der die Identität der Inhaber bescheinigte. Die Mehrheit der Kolchosbauern hatte jedoch keinen Paß, wodurch ihre Situation schier ausweglos wurde: auf dem Lande konnten sie kaum überleben, der Umzug in die Stadt war ihnen aber verwehrt.

Den Arbeitern in der Stadt ging es etwas besser als den Bauern. Sie erhielten einen zwar niedrigen, doch konstanten Lohn, Waren über Rationierungskarten, eine bessere medizinische Versorgung

[2] Das war für mein Schicksal ausschlaggebend: Die Arbeitsentlohnung für Kolchosbauern beschäftigte mich noch 15 Jahre lang — bis 1966.

und bessere Schulbildung. Andererseits mußten sie sehr hart und länger als in den Kolchosen arbeiten und waren aufgrund der fehlenden individuellen Betriebe schlechter ernährt. Die Lohnzunahme der Industriearbeiter war äußerst gering, außerdem wurden alljährlich Staatsanleihen emittiert, die die Bevölkerung um ein bis zwei Monatsgehälter brachten.

Die privilegierteste Schicht der sowjetischen Nachkriegsgesellschaft bestand aus hohen Offizieren und Generälen, führenden Partei- und Staatsfunktionären, Betriebsleitern, Professoren, Schriftstellern, Komponisten, Filmproduzenten etc. Die materielle Situation dieser Gruppe war um ein Vielfaches besser als die der breiten Masse. Ihre Vertreter verfügten über komfortable Wohnungen und Wochenendhäuser, Dienstwagen mit Chauffeur, ein hohes Einkommen, eigene Krankenhäuser, Sanatorien und Erholungsheime. Lebensmittel und Gebrauchsgüter bekamen sie unabhängig vom staatlichen Einzelhandel über ein spezielles Versorgungsnetz. Diese Staats- und Parteielite gab es in der UdSSR sicher auch schon vor dem Krieg, nur war das Volk kaum darüber informiert. In der Nachkriegszeit wuchs diese „soziale Elite" zahlenmäßig wesentlich an und hob sich zudem stärker von den anderen sozialen Gruppierungen ab. Deswegen würde ich die Bildung einer deutlich ausgeprägten gesellschaftlichen Elite in den Nachkriegsjahren situieren.

Damit entstand auch eine neue soziale Situation. Erstens konnte die zu starke Diskrepanz zwischen Lebensstandard und -weise der Elite bzw. der übrigen Bevölkerung schwerlich durch den Qualitätsunterschied in der Arbeit gerechtfertigt werden. Zweitens waren die Privilegierten aufgrund ihres eigenen Versorgungsnetzes für Qualitätswaren zu erniedrigten Preisen kaum von der wirtschaftlichen, politischen und kulturellen Entwicklung abhängig. Selbst wenn sich die Lebensbedingungen des Volkes verschlechterten, konnten die Personen, die dafür in erster Linie verantwortlich waren, ihren Platz an der Sonne behalten.

Aber in der Praxis wurde der Lebensstandard der Leute, wenn auch nur zögernd, angehoben. Gleich in den ersten Nachkriegsjahren wurde der zu Kriegsende eingeführte sogenannte freie Handel erweitert, das heißt, man konnte ohne Rationierungskarten kaufen, aber zu empfindlich erhöhten Preisen. Der Einkauf in den „freien" Kaufhäusern war natürlich nicht allen und nicht immer zugänglich, stellte aber doch eine gewisse Erleichterung dar. Im Dezember 1947 fand eine Währungsreform statt, mit der auch die

Lebensmittelkarten abgeschafft und die Einzelhandelspreise für Lebensmittel erhöht wurden. Die alten Rubel wurden im Verhältnis 10:1 gegen neue umgetauscht, doch da es gefährlich war, den Finanzbeamten die in unzulässiger Arbeit erworbenen Mittel zu deklarieren, verfiel der betreffende Geldanteil einfach. Die Abschaffung der Rationierungskarten wurde von der Bevölkerung mit großer Begeisterung, die Währungsreform und Preiserhöhung verständnisvoll aufgenommen. Endlich konnte man Waren, zwar teurer als vorher, aber zumindest in der Menge und Auswahl kaufen, die man selbst bestimmte.

Das 1947 fixierte hohe Preisniveau im Detailhandel schuf die Möglichkeit einer anschließenden Preissenkung. Zu Stalins Zeiten wurden noch einige Preissenkungen durchgeführt, die jedes Mal das Realeinkommen der Bevölkerung um 3—5% erhöhten und deswegen wie ein Geschenk empfunden wurden.

Die politische Lage war komplexer. Die in der Kriegszeit kaum gelockerte Linie Stalins wurde sofort nach dem Sieg wieder gestrafft. Der eiserne Vorhang, der sich beim Einmarsch der sowjetischen Truppen in die befreiten Staaten gehoben hatte, fiel wieder. Von neuem wurde die sowjetische Gesellschaft verschlossen und von der restlichen Welt abgetrennt. Das Hören ausländischer Radiosendungen, geschweige denn die Weitergabe der so erhaltenen Informationen, galt als Verbrechen und wurde streng bestraft. Die aus dem Ausland durchgesickerten Meldungen wurden hinter vorgehaltener Hand und nur an zuverlässigste Personen weitergegeben.

Alle Arten von Gedankenfreiheit wurden aufs strengste bekämpft. Die geringste Hinterfragung, die geringste Abweichung von Dogmen und Traditionen zogen die Anschuldigung „bourgeoiser Einflüsse“ nach sich. Sogar aufrichtiger Wissensdurst gegenüber Parteigeschichte, Philosophie oder Politökonomie wurde häufig als „provokantes Verhalten“ aufgefaßt und mit Maßnahmen, die bis zum Ausschluß aus der Hochschule gehen konnten, verfolgt[3].

Alljährlich gab es Regierungsverordnungen, in denen gewisse Gruppen der Intelligenzia unter Beschuß genommen wurden. Grob und respektlos wurden die Werke Anna Achmatowas und des Schriftstellers Michail Soschtschenko abqualifiziert. Den

---

[3] Diese Vorgänge werden in den Romanen „Das Haus an der Moskwa“ von Juri Trifonow, „Vergiß, wer du bist“ von Juri Bondarew, „Schlaflosigkeit“ von Aleksandr Kron und vielen anderen ganz hervorragend beschrieben.

Komponisten Muradeli und Schostakowitsch kreidete man an, daß ihre Musik dem „Volk nicht verständlich" wäre. 1947 fand die sogenannte „philosophische Diskussion" und 1948 die zu trauriger Berühmtheit gelangte „biologische Diskussion" statt, die für die sowjetische Genetik verheerende Folgen hatte. Viele Vertreter dieser Wissenschaft wurden inhaftiert, den übrigen wurde die Möglichkeit zur Fortsetzung ihrer Forschungsarbeit entzogen. Diese Diskussion besiegelte den Ruhm des von Stalin geförderten Pseudoakademiemitglieds Lyssenko, der in Wirklichkeit eine kriminelle Tätigkeit zur Vernichtung sowohl der Biologie als auch der Biologen selbst entwickelte. Kybernetik, Soziologie, Semiotik und eine Reihe anderer Disziplinen wurden zu „bourgeoisen Pseudowissenschaften" erklärt, die in der sozialistischen Gesellschaft fehl am Platz seien.

Vor dem Hintergrund dieser „ideologischen Vorbereitung" begann am Ende der vierziger Jahre eine neuerliche Repressionswelle, die offensichtlich darauf abzielte, die Rückkehr Hunderttausender Menschen zu verhindern, die in den dreißiger Jahren zu zehn Jahren Lagerhaft verurteilt worden waren. Diese Absicht war aber geheim; offiziell wurden die verschiedensten Vorwände für Inhaftierungen herangezogen: Erzählen eines Witzes, zu rasch ausgesprochene Zweifel an der Richtigkeit einer „ideologischen Weisung", das Verbergen biographischer Einzelheiten, wie z.B. Volkszugehörigkeit, Aufenthalt in den besetzten Gebieten oder Verwandtschaft mit „Volksfeinden". Einer unsere Freunde wurde für die „Verbreitung von Gedichten Marina Zwetajewas" nach Sibirien geschickt, wo er an Tuberkulose zugrunde ging[4].

In den Jahren 1949—50 begann ein neuer Feldzug — der Kampf gegen den sogenannten „Kosmopolitismus", der in Wirklichkeit der Legitimierung des Antisemitismus und der Entfernung der Juden aus Verwaltung, Kriegsindustrie, Wissenschaft und Hochschulen dienen sollte.

Im Herbst 1952 wurde die berühmte „Affäre der jüdischen Ärzte" inszeniert, worin diese der gezielten und systematischen Ausrottung der slawischen Völker bezichtigt wurden. Unter anderem warf man ihnen vor, bei den russischen Frauen Tot- oder Mißgeburten zu veranlassen. In den Spitälern standen die Patienten damals bei den russischen Ärzten stundenlang Schlange; vor den jü-

[4] Damals wurden Zwetajewas Gedichte nicht gedruckt und konnten nur aus dem Gedächtnis rezitiert werden. Heute sind sie hingegen jedem bekannt.

dischen aber wichen sie zurück wie vor Mördern. Man kann sich vorstellen, was diese Menschen, die sich nicht das Geringste hatten zuschulden kommen lassen, empfinden mochten...

So waren also die gesellschaftlichen Verhältnisse kurz vor Stalins Tod. Wie war die Einstellung der Menschen dazu, was herrschte für ein soziales Klima? Ich würde sagen, es war widersprüchlich. Einerseits war der jahrzehntelang herangezüchtete Glaube an Stalin noch bei vielen lebendig und wurde durch die regelmäßigen Preissenkungen bestätigt und gefestigt. Das Leben war leichter geworden, der materielle Wohlstand eines Großteils der Bevölkerung nahm zu. Was die periodisch durchgeführten „ideologischen Kampagnen" betraf, so waren bei weitem nicht alle davon betroffen. Die einen wurden entlassen, unterdrückt, andere aber nahmen ihren Platz ein und machten eine erfolgreiche Karriere. Besonders wirksam war in dieser Hinsicht der Kampf gegen den „Kosmopolitismus", der für neue Mitarbeiter viele Tausende begehrter Plätze freimachte. Diese Menschen waren dem System, das sie geformt und gefördert hatte, aufrichtig ergeben.
Auf der anderen Seite fiel es redlichen und anständigen Menschen immer schwerer, die aktuellen Vorgänge zu verstehen. Die sozialen Wurzeln der Erscheinungen, die die Partei bekämpfte, waren unklar, die Gründe für die Repression undurchsichtig. Viele stellten sich die Frage, warum sich trotz der heroischen Arbeit des Volkes die Lebensbedingungen so langsam verbesserten, der militärische Verwaltungsstil in der Wirtschaft und die für Friedenszeiten unverhältnismäßig harte Arbeitsdisziplin beibehalten wurden. All das brachte die Gemüter in einem gewissen Grad zum Gären; die tatsächliche Opposition gegen den Stalinismus war aber sehr gering. Mir scheint, daß der Großteil der Intellektuellen eher im Zweifel über die soziale Natur der Vorgänge war. Diejenigen aber, die sie erfaßt hatten, zogen es vor, zu schweigen, bedeutete es doch, sich Repressionen auszusetzen und aus dem öffentlichen Leben zu verschwinden, wenn man seine Ansichten aussprach. Im Endeffekt herrschte jene Totenstille, die in Twardowskis Gedicht „Tjorkin im Jenseits" und in Bondarews „Vergiß, wer du bist" so einmalig beschrieben wird.

Dieses kurz angerissene Porträt des Stalinismus gestattet ein ziemlich klares Urteil darüber, welche Richtung die sowjetische Gesellschaft damals eingeschlagen hatte.

In der Politik konnte man anstatt einer dem Sozialismus angemessenen demokratischen Führung und Transparenz die despotische Machtkonzentration in den Händen Stalins und seiner engsten Umgebung feststellen, ebenso wie willkürlichen Machtgebrauch, fehlende Rechenschaftspflicht gegenüber dem Volk und verstärkten Einsatz der Straforgane denen gegenüber, die nicht nur zu handeln, sondern sei es auch nur zu nachdenken begannen[5].
In Wirtschaft und Sozialwesen fand anstatt einer konsequenten Einkommensverteilung nach Arbeitsleistung die unverhüllte Ausbeutung des Landes durch die Stadt, der kleinen Städte durch die größeren, der Randzonen durch das Zentrum und der Kolchosbauern durch die Beschäftigten des staatlichen Produktionssektors usw. statt.
In der Nationalitätenpolitik dominierte anstatt der harmonischen Zusammenführung der Interessen verschiedener Nationen und Völkerschaften ein großrussischer Chauvinismus, der mit dem staatlich gebilligten Antisemitismus und der Diskriminierung einer Reihe von Völkern einherging.
Im kulturellen und moralischen Bereich schließlich mußte man anstatt einer Tendenz zur Humanisierung der Gesellschaft und sozialen Vervollkommnung der Menschen ein Verhältnis zu ihnen wie zu einer Arbeitskraft feststellen, die zwar für die „großen Errungenschaften der Epoche" notwendig war, aber keinen eigentlichen Wert besaß. Denunzianten und Karrieristen wurden gefördert, selbständig denkende und handelnde Menschen bestraft. Moralische Werte wie Treue gegenüber Verwandten, Freunden und Nahestehenden, Meinungsbeständigkeit, Rechtschaffenheit u.ä. wurden aktiv unterwandert.
Alle diese Charakteristika ergaben zusammen das Gesamtbild des Systems, das Stalinismus genannt wird. Es beruhte auf dem staatlichen Eigentum an Produktionsmitteln, das von einer relativ kleinen Gruppe höherer Verwaltungsbeamter alles andere als im Interesse des Volkes betreut wurde. Die in der sowjetischen Gesellschaft vorhandenen sozialistischen Elemente wurden im Stalinismus entstellt, verzerrt und zersetzt, womit die Voraussetzungen zu einer Entartung des Sozialgefüges geschaffen wurden.
Mit Stalins Tod wurde das stalinistische System erstmals erschüt-

[5] Die Organisationsprinzipien der stalinistischen Gesellschaft werden in Fasil Iskanders Gleichnis „Die Kaninchen und die Schlangen" auf hervorragende Weise aufgedeckt. Einer der Helden dieser in der Zeitschrift Nowy Mir (Nr. 8) veröffentlichten Erzählung heißt eben „Nachdenker".

tert. Freilich betrachteten die meisten seinen Tod als Unglück, waren bestürzt und ratlos. Viele konnten sich allen Ernstes nicht vorstellen, wie das Land ohnen seinen genialen Freund und Lehrer existieren könne. Auf den Trauermeetings waren die Männer gefaßt und ernst, die Frauen weinten meistens. Auch ich weinte, obwohl zu diesem Zeitpunkt bei mir die Zweifel an der Richtigkeit von Stalins Linie bereits überwogen. Ich glaube, dieses scheinbar unwichtige persönliche Detail ist sehr charakteristisch für die allgemeine Unreife des damaligen öffentlichen Bewußtseins. Nur die weitblickendsten Personen dachten, daß Stalins Tod in der gesellschaftlichen Evolution nach und nach Fortschritte bewirken, den Weg zur Entwicklung der sozialistischen Beziehungen freigeben würde. Doch laut durfte dies nicht ausgesprochen werden.

Tauwetter: Ein Volk atmet auf

Die Sowjetbevölkerung hatte sich kaum von der Erschütterung, die Stalins Tod bedeutete, erholt, als die unerwartete Nachricht von der Aufdeckung des KGB-Chefs Berija eintraf. Als Hauptverantwortlicher der unbegründeten Repressionen der dreißiger und vierziger Jahre wurde er inhaftiert, verurteilt und erschossen. Neue Führer kamen an die Macht: Malenkow, Chruschtschow, Kossygin, Breschnew und andere. Die Entwicklung der sowjetischen Gesellschaft erhielt in dieser Periode, die vom Schriftsteller Ilja Ehrenburg den treffenden Namen „Tauwetter" bekam, eine starke Dynamik, doch das Ende hob sich von diesem Beginn deutlich ab — darüber wird noch einiges zu sagen sein.

Zum zentralen Ereignis der Tauwetterperiode wurde der 20. Parteitag, in dem der sogenannte „Persönlichkeitskult von Stalin" aufgedeckt wurde. (Der Persönlichkeitskult Stalins ist ein Euphemismus für den Begriff des Stalinismus als in sich geschlossenes soziopolitisches System.) Durch die Analyse der während des Stalinismus zugelassenen Fehler und die Enthüllung seiner volksfeindlichen, antisozialistischen Natur bereitete die Partei eine Demokratisierung der gesellschaftlichen Beziehungen vor. Bereits vor dem 20. Parteitag der KPdSU leitete Chruschtschow die massive Rehabilitierung der ungerecht Verfolgten ein. Eine konsequente Wiederaufrollung der Prozesse machte es möglich, daß nur wenige der Verurteilten für schuldig befunden wurden, während die überwältigende Mehrheit der überlebenden Gefangenen rehabilitiert und aus der Haft entlassen wurde. Und erst zu diesem Zeitpunkt, da diese Menschen an ihren Heimatort zurückkehrten und erzählten, was sie durchgemacht hatten, erfuhr die jüngere Generation erstmals die Wahrheit über diesen Geschichtsabschnitt bzw. welches Ausmaß die Ungesetzlichkeit und erbarmungslose Härte des Stalinschen Terrors erreicht hatten. Die Unterlagen des 20. Parteitages hatten Eindrücke erweckt und verstärkt, die im Bewußtsein des Volkes unauslöschliche Spuren hinterlassen haben.

Die Enthüllung des Stalinschen Persönlichkeitskultes rief in der kollektiven Psychologie einen gewissen Bruch hervor, wurde doch Stalin, den die Leute gewohnt waren, als ihren Freund und Wohltäter, Erringer friedlicher und militärischer Siege zu betrachten, unerwartet zum Verbrecher, der Millionen Menschen ins Verderben gestürzt hatte. Für viele war es nicht einfach, dieses Umdenken

zu bewältigen. Am leichtesten fiel dies der Jugend, von der ein Großteil bereitwillig die neue Wahrheit annahm und die Ansichten der neuen Führung teilte. Schwieriger war es für die Dreißig- bis Vierzigjährigen, zu denen auch ich gehörte. Da ein Teil ihres bewußten Lebens in die Zeit des Stalinismus fiel, mußten sie ihr eigenes Vorgehen und ihre Ansichten neu bewerten und sich selbst darüber Rechenschaft ablegen, wann und inwiefern sie ihr Gewissen verleugnet und einen unzulässigen Konformismus dem Stalinismus gegenüber gezeigt hatten. Aus dieser Prüfung ging meine Generation reifer und kritischer sowohl sich selbst als auch der neuen Führung gegenüber hervor. Denn wenn der sich als „Genie aller Zeiten" darstellende Stalin wirklich ein Verbrecher war, so wiesen die Leute, die ihn abgelöst hatten, viel durchschnittlichere Biographien, Fähigkeiten, Qualifikationen und Erfahrungen auf. Damit war der Annahme, ihre Beschlüsse wären der Wahrheit letzter Schluß, schon einmal der Boden entzogen.
Was nun die älteren Menschen betrifft, die ihr ganzes Leben der Realisierung von Stalins Ideen gewidmet hatten, so waren viele nicht fähig, die Wahrheit über ihn zu verstehen und zu akzeptieren. Sie faßten die Verurteilung des Kultes seiner Persönlichkeit als Verleumdung eines großen Menschen auf, blieben seiner Erinnerung und seinen Ideen bis an ihr Lebensende treu. Ich habe viele solche Leute kennengelernt; manche von ihnen leben heute noch. Sie erkennen die Notwendigkeit und Zweckmäßigkeit einer Demokratisierung nicht an und stehen mit Leib und Seele hinter der „eisernen Ordnung", die unter Stalin geherrscht hatte. Ihre Überzeugungen entziehen sich jeglicher Veränderung[6].

Ein wichtiges Merkmal der Tauwetterperiode war, daß die UdSSR aus der Isolierung von den kapitalistischen Ländern heraustrat. Die diplomatischen Beziehungen wurden ausgebaut, ein wechselseitig fruchtbarer Handel entwickelte sich, die führenden Politiker reisten zu Erfahrungsaustausch, Vertiefung der kulturellen Zusammenarbeit u.ä. ins Ausland. Zeitschriften, Radio und das eben erst eingeführte Fernsehen kommentierten diese Reisen ausführlich und machten die Leute so mit dem Leben im Westen bekannt. In diese Zeit fällt auch meine erste Auslandsreise, nach Schweden im Jahre 1957. Ich war tief beeindruckt: Ich lernte ein anderes,

[6] Eine Reihe interessanter Beispiele solchen Gedankenguts findet man in den Leserbriefen, die die Zeitschrift Ogonjok veröffentlicht.

sehr verschiedenes Leben kennen, Leute mit anderen Werten, Bedürfnissen, Ansichten, andere wirtschaftliche und soziale Organisationsmethoden und Lösungsansätze. Diese Erfahrung erweiterte nicht nur meinen Horizont, sondern ließ auch unsere eigenen Probleme in einem anderen Licht erscheinen. So wurde durch meine persönlichen Impressionen die uns eingeimpfte Vorstellung, daß das Leben der Werktätigen im Westen in erster Linie aus Leiden bestehe, in Frage gestellt. Wir stellten fest, daß die westlichen Länder uns in Wirklichkeit in vielerlei Hinsicht überholt hatten, und diskutierten aktiv über die Möglichkeiten, unseren Rückstand aufzuholen. Unter den Leuten, unter anderem auch unter den Wissenschaftern, entstanden angeregte Debatten über Wirtschaft und Politik, begann man frei und ungebunden zu denken. Dazu trug auch eine gewisse Offenheit und geringere Zensur der Presse bei.
Im Zusammenhang mit der politischen Demokratisierung der gesellschaftlichen Beziehungen muß auch die Aufhebung gewisser Diskriminierungen genannt werden. Dazu gehört insbesondere die sich über zehn Jahre (Mitte der fünfziger bis Mitte der sechziger Jahre) erstreckende Ausstellung von Pässen für die Landbewohner. Dies war ein fundamentaler Schritt zur Gleichberechtigung zwischen Stadt- und Landbewohnern, der letzteren im wesentlichen das Recht auf Bewegungsfreiheit innerhalb der Sowjetunion zurückgab. Als weiteres Beispiel kann die Rückkehr der Dagestaner, Tschetschenen, Inguschen und einiger anderer Völker in ihre Heimat angeführt werden; sie waren während des Krieges aus ihren ehemaligen Wohngebieten ausgesiedelt worden[7]. Das politische Leben war also in einem Gesundungsprozeß begriffen.

In der Wirtschaft steuerte die neue Führung auf die konsequente Einführung des Rentabilitätsprinzips, eine Neuregelung des Arbeitsentgelts und verstärkte materielle Interessiertheit zu. Begonnen wurde mit der Landwirtschaft, da sich der Mangel an Agrarprodukten besonders empfindlich bemerkbar machte. 1953 wurden die Agrarpreise kräftig angehoben und zwischen Kolchosen und MTS (Maschinen- und Traktorenstationen, die zuvor zu überhöhten Preisen für die Kolchosen mechanisierte Landarbeiten durchgeführt hatten) die Wirtschaftsbeziehungen normalisiert. 1958 wurden die MTS überhaupt abgeschafft; die Kolchosen

[7] Das einzige literarische Werk, das diese Aussiedelung behandelt, ist die Erzählung „Eine goldne Wolke", die in der Zeitschrift Snamja (1987, Nr. 3) erschienen ist.

konnten die Traktoren und Landmaschinen erwerben und somit erstmalig ihre Produktion selbständig organisieren. Durch die substantielle Erhöhung der Agrarpreise, die sich damit dem gesellschaftlichen Wert der Agrarprodukte näherten, wurde die Rentabilität der meisten Kolchosen und ihr Interesse an einer quantitativen und qualitativen Produktionsoptimierung erhöht. Es ist bezeichnend, daß in den Jahren 1953—58 die landesweite Agrarproduktion schneller anstieg als in all den Jahren seit der Kollektivierung: um jährliche 8—9%. In der Folge konnte die hohe Wachstumsrate durch die Erschließung von Neu- und Brachland in Kasachstan sowie im Süden des Ural und Sibiriens beibehalten werden.

Zu Beginn der sechziger Jahre rückte die Reorganisierung des Industriemanagements in den Brennpunkt. Eine vorwiegend geographisch orientierte Verwaltung ersetzte das bisherige vorwiegend branchenspezifische System. Gleichzeitig wurden viele Industrieministerien aufgelöst und in den großen Regionen des Landes sogenannte Volkswirtschaftsräte eingesetzt. Die Betriebe erlangten größere wirtschaftliche Selbständigkeit, die regionalen zwischenbetrieblichen Verbindungen verdichteten sich und auf eigene Initiative abgeschlossene Verträge gewannen zunehmend an Bedeutung.

Die Ergebnisse dieser Maßnahmen waren beachtlich. In der Tauwetterperiode erreichten Industrie und Nationaleinkommen die höchsten Wachstumsraten seit dem Krieg. Auch in Wissenschaft und Technik wurden immer raschere Fortschritte erzielt. So wurde 1957 der erste Satellit auf die Erdumlaufbahn gesetzt und 1961 der erste bemannte Weltraumflug realisiert.

Aber nicht nur die Schwerindustrie, sondern auch die Leicht- und Nahrungsmittelindustrie wies damals ungewöhnlich hohe Wachstumsraten auf. Die Warenvielfalt nahm rasch zu, und die unwissenden Kunden mußten die Verkäufer oft fragen, wozu der eine oder andere Artikel diente. Man freute sich natürlich über diese plötzliche Erweiterung des Konsumwarenangebots, war aber andererseits verwirrt und sogar etwas ratlos. Ich erinnere mich, daß ich einmal eine Messe besuchte, auf der einige Hundert verschiedene Stoffqualitäten verkauft wurden. Ich ging wieder, ohne etwas gekauft zu haben und fühlte mich buchstäblich krank über meine Unfähigkeit, etwas auszusuchen. Durch die langjährigen Entbehrungen hatten die meisten von uns es verlernt, mit einem breitgefächerten Angebot verschiedener Waren zu leben.

Dennoch wuchsen die Bedürfnisse der Bevölkerung rasch an. Die Einkommen nahmen zu, viele Familien erhielten neue Wohnungen, wollten diese möblieren und mit Haushaltsgeräten wie Kühlschränken, Waschmaschinen, Fernsehgeräten etc. ausstatten. Um die steigenden Bedürfnisse befriedigen zu können, mußte man mehr verdienen, und dazu war es wiederum nötig, mehr und besser zu arbeiten. So entstand eine hohe materielle Interessiertheit an der Arbeit, eine relative Zufriedenheit und die Überzeugung, daß die Planwirtschaft zuverlässig funktionierte und weiterfunktionieren würde.

Der Wirtschaftsaufschwung schuf günstige Voraussetzungen zur Regelung sozialer Fragen. Eine der ersten Maßnahmen diesbezüglich war die Abschaffung der alljährlichen Staatsanleihen, die das Realeinkommen der Bevölkerung um 8—10% gekürzt hatten. Gleichzeitig versprach man den Leuten, die früheren Anleihen nach 20 Jahren bis zur völligen Tilgung zurückzuzahlen. Dies wurde von der Bevölkerung mit großer Erleichterung aufgenommen.

Weiters ermöglichte es die günstige Wirtschaftslage, ein Maßnahmenbündel zur Verbesserung des Lohn- und Gehaltssystems zu verabschieden. Für Arbeiter und Angestellte wurde erstmals ein Mindestlohn (60 Rubel pro Monat) und für die niedrigsten Einkommensstufen eine Steuerbefreiung eingeführt. Für schwierige, gefährliche, schädliche oder schwere Arbeiten wurden die Löhne erhöht; Werktätige in Gebieten mit extremen klimatischen Bedingungen oder schwacher sozialer Infrastruktur erhielten spezielle Zulagen, die 15 bis 100 und mehr Prozent ausmachten.

1965 wurde das fixe Monatsentgelt für Kolchosbauern eingeführt. Bis dahin waren die Einnahmen der Kolchosen nur zu Jahresende verteilt worden. Die Kolchosen erhielten nun das Recht, ihren Mitgliedern verhältnismäßig hohe monatliche Vorschüsse zu gewähren. Den wirtschaftlich schwachen Kolchosen wurden die dafür nötigen Mittel in Form langfristiger Kredite zur Verfügung gestellt. Dadurch kam es im wesentlichen zu einer Einkommensanpassung zwischen den verschiedenen Bevölkerungsgruppen: Die Gesellschaft wurde egalitärer.

In dieselbe Richtung ging auch die Schaffung einer allgemeinen Pensionsversorgung, die bis zur Mitte der fünfziger Jahre in der UdSSR nicht generell existierte. Die älteren Leute legten entweder einen Notgroschen auf die Seite oder rechneten mit der Unterstützung durch die Kinder oder aber mußten bis an ihr Lebensende arbeiten. Im neuen Gesetz aus dem Jahre 1956 wurde das Recht auf

Altersversorgung allen Männern und Frauen zuerkannt, die das Alter von 60 (55) Jahren erreicht und in der gesellschaftlichen Produktion 25 (20) Jahre lang gearbeitet hatten. Die Höhe der Pension richtete sich nach der Arbeitszeit und dem Lohnniveau. Es wurden ebenfalls verschiedene andere Sozialleistungen, wie z.B. die Unterstützung alleinstehender Mütter oder kinderreicher Familien, eingeführt. Die Verkürzung der Arbeitswoche für Arbeiter und Angestellte von sechs auf fünf Tage mit zwei arbeitsfreien Tagen gestattete eine wesentlich bessere Zeiteinteilung, erleichterte die Organisierung des täglichen Lebens, erweiterte die kulturellen Ansprüche der Bevölkerung, kurz, trug zu einer allgemeinen Verbesserung der Lebensqualität bei.
Doch am bedeutsamsten war sicher die Realisierung eines breit angelegten Wohnbauprogrammes. Nach dem Krieg war die Stadtbevölkerung um ein Vielfaches angewachsen; der Wohnungsfonds allerdings wuchs nicht nur nicht mit, sondern verringerte sich sogar wesentlich. Der Wohnraum wurde meist zimmerweise vergeben; Küche, Bad und Toilette mußten sich mehrere Familien teilen. Dadurch entstanden Spannungen nicht nur zwischen den benachbarten Familien, die häufig entgegengesetzte Vorlieben und Gewohnheiten hatten, sondern auch zwischen den Mitgliedern einer Familie, die sich in einem oder zwei Zimmern zusammendrängten. Die Entwicklung des Wohnungsbaus erforderte enorme Anstrengungen: Freisetzung riesiger Investitionssummen, Schaffung der industriellen Baukapazität und Aufstellung ganzer Heere von Bauarbeitern. Als Ergebnis wurde die Wohnfläche in den Städten zwischen 1960 und 1970 mehr als verdoppelt. Hundert Millionen Personen konnten ihre Wohnsituation verbessern, etwa die Hälfte aller Haushalte erhielt eine eigene Wohnung. Parallel zur Wohnraumschaffung wurden auch neue Schulen, Kindergärten, Spitäler, Kulturhäuser, Geschäfte, Stadien, Schwimmbäder usw. errichtet.

Diese Errungenschaften stehen außer Zweifel, doch viele soziale Probleme blieben natürlich offen. So blieben die Lebensbedingungen auf dem Land weit hinter denen in der Stadt zurück. Nur zwei Tatsachen sollen das Ausmaß dieser Diskrepanz illustrieren: Zum einen investierte der Staat von 1917—1960 in die soziale Infrastruktur auf dem Land pro Kopf nur ein Elftel dessen, was er für die städtische Infrastruktur ausgegeben hatte. Zum anderen klafften die Löhne in Industrie und Landwirtschaft derartig auseinander, daß der Umzug eines Landbewohners in die Stadt mit einer durchschnittlichen Lohnerhöhung auf mehr als das Dreifache verbunden war. Kein Wunder, daß die Landbewohner, vor allem die Jugend, als sie endlich Pässe erhielten, in die Städte strömten, um sich dort buchstäblich mit jeder beliebigen Arbeit und beliebigen Wohnungsbedingungen zufriedenzugeben. Die Landflucht erfaßte in den Jahren 1956—66 insgesamt achtzehn Millionen Menschen, und zumeist handelte es sich um die bestausgebildeten und vielversprechendsten Bevölkerungsteile.

Dieses Phänomen hatte drei wichtige Konsequenzen. Einmal wurden die Proportionen zwischen Produzenten und Konsumenten der Agrarprodukte spürbar verschoben. Zweitens litt die verbleibende Landbevölkerung an Überalterung sowie einer Beeinträchtigung der sozialen Struktur, die in gewissen Zonen bis zur Entvölkerung und Liquidierung vieler Dörfer führte. Zum dritten veränderte sich auch die soziodemographische Struktur der Stadtbevölkerung: der Anteil der „angestammten", die Klassenmoral verkörpernden Arbeiter schrumpfte zusammen, während der Anteil der ehemaligen Bauern, die auch das Wertsystem, die Bedürfnisse und die Interessen der Bauernschaft beibehielten, anstieg. Diese Verschiebungen waren meines Erachtens nicht ohne Konsequenzen für die nachfolgenden Ereignisse.

Die Tendenz zur Demokratisierung der gesellschaftlichen Beziehungen förderte die Erweiterung der Rede- und Pressefreiheit und damit auch der schöpferischen Tätigkeit. Zum ersten Mal seit Jahrzehnten begann die Intelligenz mehr oder weniger frei zu denken, zu reden und zu schreiben[8]. Das machte sich auch in der Gesellschaftswissenschaft bemerkbar. Im wirtschaftlichen Bereich begannen originelle, unkonventionell geschriebene Bücher zu erscheinen, deren Autoren die althergebrachten Dogmen zurückwiesen und zueinander Stellung bezogen. Die sowjetische Wissenschaft lebte auf. In diese Zeit fällt auch die Publikation meiner ersten Bücher[9]. Im Stalinismus wäre die Veröffentlichung solcher Werke undenkbar gewesen, behandelten sie doch die brisantesten Probleme des öffentlichen Lebens und bezogen sich auf die objektive Realität und nicht auf — dem Wunschdenken entsprungene —

[8] Es spricht für sich, daß in den sechziger Jahren eine ganze Reihe hervorragender Werke geschrieben wurde, die das Publikum leider erst Mitte der achtziger Jahre kennenlernte.

[9] „Der Arbeitstag und das Prinzip der materiellen Interessiertheit in den Kolchosen" (Moskau, Gosplanisdat, 1958), „Die moderne Wirtschaft in den Kolchosen" (Moskau, Snanije, 1960), „Die Verteilung nach Arbeitsleistung in den Kolchosen" (Moskau, Ekonomika, 1966). Für das letzte Werk erhielt ich den akademischen Grad eines Doktors der Wirtschaftswissenschaften.

Abstraktionen. Allerdings war die Drucklegung derartiger Arbeiten auch damals nicht immer unproblematisch. Meine in Gemeinschaftsarbeit mit M. I. Sidorowaja verfaßte Arbeit über „Vergleichsmethodik zur Gegenüberstellung der landwirtschaftlichen Arbeitsproduktivität in der UdSSR und den USA“ wurde zum Beispiel nie verlegt, da die Anwendung dieser Methode ein zu pessimistisches Resultat ergeben hätte. Zwei Jahre angestrengter Arbeit wurden damit wie wegradiert aus unserem Leben. Das war keineswegs eine Ausnahme. Das wirklichkeitsgetreue Bild der Tauwetterperiode enthielt einiges an Enttäuschungen und Bitternis.
Aber kehren wir zu den positiven Seiten der Entwicklung der Wissenschaften zurück. Ende der fünfziger Jahre wurde auf Initiative der Akademiker Lawrentjew, Sobolew und Christianowitsch die Sibirische Abteilung der Sowjetischen Akademie der Wissenschaften gegründet, mit dem Ziel, die Implantierung der Wissenschaften in Sibirien zu beschleunigen. Im eigens dafür geschaffenen Akademgorodok („Akademiestädtchen“) bei Nowosibirsk wurden die 20 Institute der neuen Abteilung eingerichtet. Unter der Leitung Abel Aganbegjans siedelte sich dort eine ganze Gruppe junger, experimentierfreudiger Wirtschaftswissenschafter aus Moskau an, der auch ich folgte. Das neue Institut betraute mich mit der Erforschung der Ursachen für die massive Landflucht, und bald mußte ich die für mich selbst unerwartete Feststellung machen, daß ich mich weniger mit der Ökonomie als mit der Soziologie, die damals eine intensive Wiedergeburt erlebte, beschäftigte. Da es zu diesem Zeitpunkt im Lande schon lange keine ausgebildeten Soziologen mehr gab, mußten die Adepten der „neuen“ Wissenschaft sie sich autodidaktisch aneignen. Sie war ungemein faszinierend und mitreißend, entsprach bedingungslos dem Gebot der Zeit und ermöglichte es, eine Menge interessanter Menschen kennenzulernen. Es war tatsächlich ein anderes, strahlendes und aufregendes Leben.
Zugleich mit der Soziologie entwickelten sich auch andere vormals verfolgte Wissenschaften wie die Genetik, Kybernetik und Semiotik. Das kulturelle und geistige Leben erlebte eine Blütezeit, was sich im jungen Akademgorodok stärker und intensiver bemerkbar machte als in Moskau. Im Haus der Wissenschafter, dem Club „Unter dem Integral“, ja in jeder Wohnung wurde eifrig über Wissenschaft und Politik debattiert. Besonderer Beliebtheit erfreuten sich damals die Laienkunstdarbietungen z.B. von Wladimir Wysozki, Bulat Okudschawa, Aleksandr Galitsch, Juli Kim und vielen

anderen. In den Werken dieser Liedermacher spiegelten sich die Gefühle und Hoffnungen der fortschrittlich eingestellten sowjetischen Intelligenzia wieder, wurden immerwährende Werte wie Freundschaft, Liebe, Mitleid mit den Nahestehenden und Ächtung von Lüge und Verrat besungen. Ihre besten Konzerte weckten in den Zuschauern das Gefühl einer erhebenden geistigen Freiheit und Einigkeit. In diesem Sinne hatte meine Generation Glück: die Jahre unserer Jugend und Reife fielen mit einer geistigen Sternstunde der Gesellschaft zusammen, und die Erinnerung daran begleitete uns auch in den finstersten Jahren der Reaktion.

Insgesamt war die Tauwetterperiode eine Zeit der Belebung und Demokratisierung der sowjetischen Gesellschaft, die mit wirtschaftlichen Erfolgen, aktiver Sozialpolitik und erweiterter Gedankenfreiheit einherging. Allerdings krankte Chruschtschows Politik an mangelnder Konsequenz; dadurch wurde der gesellschaftliche Fortschritt oft von Rückfällen begleitet oder gefolgt. So folgte auf die Einführung eines ökonomisch orientierten Wirtschaftsmanagements die Verhärtung der administrativen Verwaltung, wechselten einander der Ausbau und die entschiedene Einschränkung der Marktbeziehungen ab, wurden die Nebenerwerbswirtschaften abwechselnd unterstützt oder gezwungen, ihr Vieh zu vergesellschaften, wurde die größere Transparenz von einer verschärften Zensur und die politische Demokratisierung von einem verstärkten ideologischen Druck abgelöst.

Zu den Fehlern der damaligen Politik zählte auch der geringe Einsatz der Wirtschaftswissenschaft, was sich auf die Folgerichtigkeit der einzelnen Maßnahmen negativ auswirkte. Insbesondere stiegen die persönlichen Einnahmen und die zahlungsfähige Nachfrage der Bevölkerung in den sechziger Jahren viel schneller an als das entsprechende Güterangebot. In der Folge traten bei vielen Artikeln Engpässe auf, die interessanterweise nicht auf die Armut, sondern den wachsenden Wohlstand des Volkes zurückzuführen waren. Das Defizit wurde zunächst durch die mangelnde Erfahrung der Handelsangestellten erklärt, dann durch die Unzulänglichkeit des Staatlichen Planungskomitees, und erst mit der Zeit begann man zu verstehen, daß es sich um eine „ernste und langfristige" Erscheinung handelte, die nur unter enormen Anstrengungen aus der Welt zu schaffen sein würde.

Wie mir scheint, hatten die meisten Leute verstanden, daß die Zwiespältigkeit und Sprunghaftigkeit der Politik Chruschtschows nicht andauern konnte. Die Gesellschaft — oder ihre Führung — würde sich zwischen zwei Möglichkeiten entscheiden müssen: entweder der Demokratisierung einen unwiderruflichen Charakter zu geben, mittels der Schaffung eines politischen Mechanismus, der echte Volkssouveränität garantierte, oder früher oder später zum Stalinschen „Kasernensozialismus" zurückzukehren. Die Intelligenzia begriff, daß es keinen dritten Weg gab und verfolgte daher gespannt jeden Schritt der Regierung, interpretierte nicht nur seinen offenkundigen Inhalt, sondern auch die hintergründige Bedeutung. Die Politik blieb jedoch unklar, schwankend und widersprüchlich. Dadurch stellte sich bei jenen gesellschaftlichen Gruppen, die radikale Reformen erwartet hatten, immer größere Enttäuschung ein.

Gleichzeitig war auch bei den konservativsten Schichten wachsender Unmut zu spüren, insbesondere bei der Nomenklatura der zentralen Führungsorgane. Chruschtschow hatte in der Tat nicht nur eine Gehaltssenkung bei diesen Personen bewirkt, sondern ihnen auch einen bedeutenden Teil der früheren Privilegien, wie Dienstwagen und -villen mit vollständiger Bedienung etc. entzogen. So wurde die soziale Diskrepanz zwischen dem Führungskader und den „Normalsterblichen" gemildert. Durch die Abschaffung vieler Ministerien und die Einführung der Volkswirtschaftsräte wurden die Führungskräfte teilweise von Moskau in Provinzstädte versetzt, was häufig mit der Rückstellung auf einen niedrigeren Dienstgrad verbunden war. 1963 unterbreitete Chruschtschow einen aus der Sicht des Apparates noch gefährlicheren Vorschlag, nämlich die Gebiets- und Kreiskomitees der KPdSU in Stadt- und Landkomitees aufzuteilen, um Regierende und Regierte einander näherzubringen. Die Instabilität des Apparates wurde dadurch noch verstärkt, und das brachte das Faß zum Überlaufen. Im Herbst 1964 wurde Chruschtschow als ZK-Generalsekretär durch Breschnew ersetzt.

Das neue Staatsoberhaupt wollte offensichtlich zu Beginn die Demokratisierung der Gesellschaft fortsetzen, die sozialistischen Beziehungen fördern und die negativen Folgen der Willkürlichkeit, die Chruschtschow in seinen letzten Regierungsjahren zu eigen waren, beseitigen. So wurde 1965 die „Kossygin-Reform" eingeleitet, die auf die Einführung des Wirtschaftsmanagements auf soliden ökonomischen Grundlagen, die Verselbständigung der Betriebe, einen erhöhten Stellenwert der Gewinnerzielung etc. ausgerichtet war. Die neue Führung verurteilte willkürliche Vorgangsweisen aufs schärfste und stellte sich auf den verstärkten Einsatz wissenschaftlicher Erkenntnisse ein. Doch diese Linie wurde von Anfang an inkonsequent verfolgt. Die Wirtschaftsreform konnte kaum in die Praxis umgesetzt werden, geschweige denn konkrete Erfolge zeitigen, als man bereits begann, sie mittels verschiedener Korrekturen und Präzisierungen kräftig zu beschneiden. Von Verselbständigung der Betriebe konnte keine Rede mehr sein, die Lohnfondsregulierung (zum Begriff des Lohnfonds siehe Seite 102f.) wurde strenger und die Planvorgaben vermehrten sich.

Es ist möglich, daß die Hauptursache für die rasche Sinnentleerung der Reform nicht in der Wirtschaft, sondern im sozialen und politischen Bereich zu suchen ist. Es trat nämlich gleich mit den ersten Maßnahmen klar zu Tage, daß die Unternehmensleiter eine größere Unabhängigkeit vom zentralen Staats- und Parteiapparat erlangen würden, sobald die Betriebe wirtschaftlich selbständiger geworden wären. Daraufhin war dieser Apparat daran interessiert, die Reform einschlafen zu lassen.

Die klar auf der Hand liegende Diskrepanz zwischen Wort und Tat und die offensichtliche Degenerierung der Reform riefen bei einem Teil der Intellektuellen, Arbeiter und Studenten Unzufriedenheit mit Breschnews Linie hervor. Durch die relative Diskussionsfreiheit ging diese Unzufriedenheit bald in eine Erregung über, die in soziale Konflikte auszuarten drohte. Um dies zu unterbinden, traf die Regierung Breschnew politische Vorkehrungen, die die Entwicklung der Demokratie bremsten. So wurden 1967 die Schriftsteller Daniel und Sinjawski wegen antisowjetischer Propaganda vor Gericht gestellt. Der Prozeß fand unter Ausschluß der Öffentlichkeit statt, auch Journalisten wurden größtenteils nicht zugelassen. Die Zeitungsartikel, in denen die Verurteilten irgendwelcher schrecklicher Fehler bezichtigt wurden, gestatteten kein klares Urteil darüber, worin diese Fehler genau bestanden, das heißt, was Daniel und Sinjawski in ihren Werken nun eigentlich behauptet hatten. Die Hochschullehrer und öffentlich Vortragenden wurden angehalten, die „provokante", „volksfeindliche" und „antisowjetische" Haltung der Schriftsteller schärfstens zu verurteilen, wobei sie selbst nicht genau wußten, worin diese bestand. Deshalb wandten sich über hundert Wissenschafter offiziell an die Regierung mit der Bitte, sie über den Inhalt der Prozesse voll zu informieren. Das Schreiben war inhaltlich völlig loyal. Doch bevor es noch seinen Empfänger erreichte, wurde der Text samt der Unterschriftenliste in der Sowjetunion durch den Radiosender „Stimme Amerikas" ausgestrahlt. Das genügte, um gegen die Unterzeichner des Schreibens politische Beschuldigungen auszusprechen und die Wissenschafter auf Partei- und Gewerkschaftsversammlungen ins Kreuzfeuer der Kritik zu nehmen. Das politische Klima veränderte sich zusehends: die „vorübergehende Bewölkung“ wurde von einer unveränderlich düsteren Wetterlage abgelöst.

Die tschechischen und ungarischen Ereignisse aus dem Jahre 1968 beschleunigten diesen Prozeß noch. Die sowjetischen Machthaber ersahen daraus, daß eine echte Demokratisierung, die Bereitstellung authentischer Informationen über Wirtschaft und Politik und die Möglichkeit, darüber frei zu diskutieren, das Bewußtsein des Volkes verändern, es der politischen Führung gegenüber kritischer und anspruchsvoller machen und — falls diese eine Schwäche zeigen sollte — gesellschaftliche Extremsituationen herbeiführen können. Daraus wurde gefolgert, daß die Demokratisierung der Gesellschaft zu stoppen und durch eine verstärkte ideologische und politische Kontrolle der Geisteshaltungen zu ersetzen sei. So endete die relativ kurze Tauwetterperiode und machte einem neuerlichen „Winter“ Platz.

Die harten Jahre der Stagnation

Zum ersten Anzeichen der neuen Periode wurde das Verschwinden der Offenheit: es wurde nicht nur öffentliche Kritik unterdrückt, sondern auch der Informationsfluß über soziale und politische Fragen von allgemeinem Interesse wurde unterbrochen und jeder kreative Gedanke verfolgt. Die Zensur in all ihren Formen verschärfte sich. Die durch die ideologische Kritik von oben verschreckten Redaktionskomitees, die wissenschaftlichen und künstlerischen Beiräte durchleuchteten jeden Satz nach verstecktem konspirativem Gehalt. Die politische, wirtschaftliche und wissenschaftliche Meinungsvielfalt verschwand rasch und machte einer ermüdenden Ähnlichkeit aller Publikationen Platz, in denen beharrlich die in den Beschlüssen des Zentralkomitees oder in den Berichten der politischen Führung vertretenen Ansichten „verteidigt" (gegen wen?) wurden.
Instituten öffentlichen Charakters wurde es verboten, eigenständig Monographien auch in geringen Auflagen herauszugeben, und die Veröffentlichung von Artikelsammlungen wurde einer Unzahl bürokratischer Hürden und Vorschriften unterworfen. Wirtschaftswissenschafter, Philosophen, Historiker, Soziologen konnten ihre Arbeiten nur mehr in großen staatlichen Verlagshäusern oder nationalen Zeitschriften publizieren, deren Redaktionsstab nicht einmal die Ahnung einer unkonventionellen Idee entging. Die ideologische Kontrolle erstreckte sich nicht nur auf den Inhalt, sondern auch auf die Ausführungsweise und Argumentationsmethodik der Wissenschafter.
Auch in den Betrieben, Ämtern und Organisationen wurde Transparenz nach und nach zum Fremdwort. Allzu deutliche Wortmeldungen auf Versammlungen, die in der Regel Vorwarnungen oder Verweise nach sich zogen, wurden seltener. So griff Schritt für Schritt, mit solchen oder anderen Methoden, im Lande wieder jene Erstarrung um sich, die äußerlich an die Stalinzeit erinnerte. Gleichwohl können zwischen diesen beiden Perioden zumindest zwei grundlegende Unterschiede festgestellt werden. Zum einen gab es zu Breschnews Amtszeit, die in der sowjetischen Presse gewöhnlich als „Stagnation" bezeichnet wird, nicht diese politischen Massenrepressionen, die die wichtigste Komponente des Stalinismus darstellen. Zweitens war das soziale und politische Bewußtsein des Volkes ein gänzlich anderes. Ich habe vorhin bereits er-

wähnt, wie schwer es für uns war, die wahre Persönlichkeit Stalins zu erfassen, d.h., die Täuschung, der wir erlegen waren, zu begreifen. Solche Lektionen vergißt man nicht. Und wenn die Mehrheit des von seiner Genialität überzeugten Volkes jeder beliebigen Handlung Stalins applaudierte, so war die Einstellung der einfachen Leute gegenüber Chruschtschow, Kossygin oder Breschnew ganz anders. Ihre Vorgangsweise wurde besprochen (wenn nicht auf den Versammlungen, so doch im Freundes- und Familienkreis), analysiert und häufig kritisiert. Unter den mir bekannten Personen fand sich fast niemand, der die Unterdrückung von Transparenz und Kritik an der Regierung rückhaltslos befürwortete. Die meisten Intellektuellen waren entrüstet und ungehalten. Doch wer in dieser Gesellschaft leben und arbeiten wollte, mußte wohl oder übel einen Modus vivendi finden.

Nachdem also die Kossygin-Reform tatsächlich gescheitert war, waren auch die auf den Marktbeziehungen aufgebauten wirtschaftlichen Selbstregulierungsmechanismen völlig ausgeschaltet. Das Wirtschaftsmanagement nahm wieder behördlich-bürokratische Formen an: ausnahmslos zentral gesteuerte Planifikation, zentral erstellte Preise ohne Bezugnahme auf die tatsächlichen Produktionskosten, Wiedereinsetzung des vielkritisierten „Bruttoproduktes" als alleinmaßgebender Faktor u.ä. Mit der Distanzierung von wirtschaftlich begründeten Managementmethoden, vom Prinzip der Selbstfinanzierung und von der leistungsgebundenen Entlohnung wurde objektiven ökonomischen Gesetzen zuwidergehandelt. Gleichzeitig trat zwischen Mensch und Arbeit eine Entfremdung ein; das Arbeitsverhältnis diente nur mehr der Geldbeschaffung und Erwerbung eines sozialen und beruflichen Status. Die soziomoralische Entwertung der Arbeit zählt wahrscheinlich zu den gravierendsten Folgen der Mißachtung ökonomischer Gesetze und des politischen Konformismus gegenüber der reaktionären Führungslinie.
Durch die Ausschaltung der Marktmechanismen wurden den wirtschaftlichen Verwaltungsorganen sämtliche objektiven Kriterien entzogen, mit deren Hilfe sie die Effizienz von Arbeit und Wirtschaft hätten feststellen können. Die Gehaltsabstufungen wurden mehr und mehr abhängig von Stärke und Einfluß der Behörden, vom jeweiligen Status und den persönlichen bzw. verwandtschaftlichen Beziehungen zu lokalen Parteifunktionären etc. Der Zusammenhang zwischen der in der gesellschaftlichen Produktion er-

brachten Leistung und den bezogenen Löhnen wurde zusehends aufgeweicht, und dementsprechend sank auch die materielle Interessiertheit an einer effizienten Arbeit. Dies führte zu einer unaufhaltsamen Talfahrt der Wirtschaftswachstumsraten.
Diese Tatsache konnte nicht einmal das Statistische Zentralamt der UdSSR verheimlichen, trotz seines ganzen Arsenals an Methoden, die die Erlangung der vorgeschriebenen Zahlen gewährleisteten[10]. Die systematische Nichterfüllung der Jahrespläne schlug sich in den Statistiken kaum nieder, da das Plansoll rechtzeitig herabgesetzt wurde. Doch die Vorgaben der Fünfjahrespläne wurden auch in den Unterlagen zu den Parteitagen ganz zu Beginn der Planjahrfünfte veröffentlicht. Dadurch konnte man am Ende der Fünfjahresperioden die tatsächlichen Zahlen des Wirtschaftswachstums feststellen. Den Analysen zufolge wurden die Fünfjahrespläne trotz der systematischen Herabsetzung des Plansolls immer ungenügender erfüllt.
Dies möchte ich am Beispiel der Landwirtschaft deutlich machen. Das Produktionswachstum wurde im achten (1966—70), neunten (1971—75) und zehnten (1976—80) Planungszeitraum jeweils mit 25, 20 und 16% festgesetzt. Die tatsächlich erreichten Zahlen betrugen jedoch jeweils 21, 15 und 9%. Folglich wurde das Plansoll für den Produktionszuwachs in der achten Planungsperiode zu 84%, in der neunten zu 75% und in der zehnten Planungsperiode zu 56% erfüllt. Die Planvorgaben und die tatsächlich erreichten Zahlen fielen gewissermaßen um die Wette — Gewinner des Wettlaufs waren allerdings letztere.
Um die Nichterfüllung des Plansolls zu rechtfertigen, redeten sich Branchen und Betriebe auf die Zulieferfirmen aus, welche Ausrüstungen, Roh- und Werkstoffe, Energie, Verpackungsmaterial oder was auch immer nicht geliefert hätten. In der Regel entsprach dies den Tatsachen, aber auf makroökonomischer Ebene zeugte es vom systemimmanenten Charakter der „Erkrankung" der Wirtschaft.
Der Wachstumsrückgang in der Wirtschaft führte zu einer spürbaren Einschränkung des Wohn- und öffentlichen Bauwesens, obwohl noch immer ein immenser Bedarf bestand. Sowohl die Zahl der fertiggestellten Wohnungen als auch die insgesamte Wohnfläche nahm von Plan zu Plan ab. Auch die Qualität der großen

---

[10] Über das Ausmaß der Unzuverlässigkeit, das die vom Statistischen Zentralamt veröffentlichten Daten jahrzehntelang erreichten, gibt es nicht nur im Ausland, sondern auch in der UdSSR eine umfangreiche Literatur.

Wohnbauvorhaben ließ mehr und mehr zu wünschen übrig: immer häufiger zogen die Bewohner in faktisch unfertige Gebäude und mußten sich selbst um die Fertigstellung kümmern.
Der Gehaltszuwachs war in dieser Periode ziemlich hoch, während die wertmäßig ausgedrückten Produktionszahlen für Konsumgüter viel langsamer anstiegen. Die quantitativen Produktionszahlen (Stück, Meter, Kilogramm etc.) gingen in vielen Sparten überhaupt zurück. In der Folge verschlimmerten sich die Versorgungsschwierigkeiten, insbesondere was Industriewaren und Dienstleistungen betraf. Hin und wieder verschwanden verschiedene Bedarfsgüter des täglichen Lebens völlig aus dem Verkauf: manchmal Geschirr, dann wieder Glühbirnen, Bettwäsche, Rasierklingen, Wasch- oder Schreibmaschinen, Teppiche, Kühlschränke, Damenhygieneartikel etc. Von einer realen Anhebung des Lebensstandards konnte unter diesen Umständen keine Rede sein, obwohl das Statistische Zentralamt nach wie vor eine Wohlstandszuwachsrate der Bevölkerung auswies (wenn auch eine niedrigere als zuvor).
Worin drückte sich der sinkende Lebensstandard für breite Bevölkerungsteile aus?
Einmal wurde in den meisten Branchen die Gehaltszunahme bewußt gezügelt. Mit dem Hinweis auf den technischen Fortschritt, manchmal auch ohne, wurden die Produktionsnormen angehoben und die Tarifsätze je Produktionseinheit gesenkt.
Zweitens stiegen die Preise für Konsumgüter laufend an. Es stimmt zwar, daß die einzelnen Artikel zu eisern unveränderlichen Preisen verkauft wurden, doch ihre Qualität verschlechterte sich, dann tauchten die gleichen Waren in besseren, aber auch teureren Ausführungen wieder auf. Eine Weile konnte der Kunde zwischen der billigeren und der teureren Version wählen, schließlich aber wurde erstere aus dem Handel gezogen. So blieben die Preise formell gleich, stiegen jedoch faktisch an.
Drittens führte die zunehmende wirtschaftliche Verknappung zu Engpässen bei der Befriedigung konkreter Bedürfnisse. Dadurch wurde auch die Möglichkeit, Gebrauchsgüter auszuwählen und nach Bedarf zusammenzustellen, und somit die bewußte Planung des Familienbudgets, beeinträchtigt.
Die Gebrauchsgüterverknappung ist nicht nur mit wirtschaftlichen, sondern auch mit wichtigen sozialen Konsequenzen verbunden. Die stärkste Nachfrage besteht nach modischen, importierten Qualitätswaren, die einem gewissen Prestigedenken entsprechen. Diese werden zunehmend in die Kategorie der „besonders gefrag-

ten Waren“ eingeordnet und somit praktisch aus dem freien Handel gezogen. Sie nach offiziellen Preisen zu erwerben, ist ausgeschlossen, unter der Hand werden sie eineinhalb bis zweimal so teuer verkauft. Ein Teil dieser Artikel geht an diverse Organisationen, wo sie nach Ermessen der Arbeitskollektive verteilt werden: für Verdienste in der Arbeit, tatsächliche Bedürftigkeit oder sogar als Lotteriegewinn. Ein anderer Teil wird über spezielle Kanäle der sozialen Elite, die an der Spitze der gesellschaftlichen Hierarchie steht, zur Verfügung gestellt: Führungskräfte aus der Partei- und Staatsverwaltung, hohe Militärs, Mitglieder der Akademie der Wissenschaften, hervorragende Schriftsteller, darstellende und bildende Künstler u.ä. Obwohl die genannten Gruppen bezüglich ihres sozialen Status in unterschiedlichen Verhältnissen zur politischen Macht stehen, werden sie über ähnlich organisierte Netze versorgt.

Die Entwicklung eigener Systeme zur Versorgung privilegierter Gruppen mit Mangelware zu festen Preisen führt dazu, daß der vormals einzige Verbrauchermarkt im Lande, wo jeder Rubel dieselbe Kaufkraft hatte, sich in mindestens zwei relativ unabhängige Märkte mit verschiedenen Warenangeboten, Preisniveaus und verschieden kaufkräftigen Rubeln aufspaltet. Gleichzeitig teilen sich auch die Kanäle für eine vergünstigte (oder unentgeltliche) Versorgung der verschiedenen sozialen Gruppen mit öffentlichen Dienstleistungen. Für die Führungskader werden besser ausgestattete, mit höher qualifiziertem Personal und wirkungsvolleren Medikamenten versorgte Kliniken, komfortable Sanatorien, spezialisierte Kaufhäuser und eigene Dienstleistungsfirmen eingerichtet. Beim Ankauf teurer Bücher, der Beschaffung von Theater- oder Konzertkarten werden ihnen besondere Vergünstigungen gewährt. Ihre Kinder werden bevorzugt in Spezialschulen mit Schwerpunktunterricht in Physik, Mathematik, Biologie oder Chemie oder in zweisprachige Schulen aufgenommen. Sogar in den Flughäfen und Bahnhöfen verfügen sie über eigene Wartesäle, die es ihnen ermöglichen, sich von der breiten Masse zu distanzieren und nicht alle Reisestrapazen mit ihr zu teilen.

Diese Absonderung der politischen Führungsspitze in eine eigene soziale Schicht drückt sich nicht nur in der Differenzierung der materiellen und geistigen Ansprüche aus, sondern auch in dem Bestreben, eine soziale Grenze zu ziehen und insbesondere vorzugsweise nur innerhalb dieser sozialen Schicht Ehen zu schließen. Die Aufnahme engerer Kontakte zu Personen aus einem anderen

sozialen Milieu wird zusehends weniger erwünscht und akzeptiert. Dadurch, daß sich die Führungskräfte des Partei- und Staatsapparates allmählich aus einer beruflichen in eine soziale Gruppe verwandelten, entstand bei ihnen das Bedürfnis, sich mit einer Schicht von Personen zu umgeben, die den Status quo rückhaltslos unterstützten, die Wertvorstellungen der Elite teilten, nach Beförderung in die elitäre Schicht strebten und es in dieser Erwartung auf sich nahmen, zu den gegenüber den „Vorgesetzten" kritisch eingestellten Werktätigen direkte Kontakte zu unterhalten.
Zur Verwirklichung dieses Ziels trug die Entwicklung eines gigantischen bürokratischen Verwaltungsapparates bei, der ein immer undurchdringlicheres Dickicht zwischen der politischen Führungsspitze und dem Volk bildete. Ein beachtlicher Teil dieser Verwaltungsposten war von den Kindern, Enkeln und anderen Verwandten der Elite besetzt. Mit diesen Posten waren in der Tat nicht nur hohe Gehälter und verschiedene Privilegien, sondern auch angenehme Arbeitsbedingungen, häufige Auslandsreisen u.ä. verbunden.

Wichtige soziale Folgen hatte auch die Verknappung der Produktionsressourcen — Roh- und Werkstoffe, Energie, Spitzentechnologie etc. Letzte Konsequenz war die Entstehung und weite Verbreitung der sogenannten „Schattenwirtschaft", d.h. einer Parallelwirtschaft, die sich dem offiziellen Aufzeichnungswesen entzog. Ursprünglich war das Auftauchen dieses Phänomens vielfach auf die Bemühungen von Betriebsleitern zurückzuführen, die auch jene Produktionspläne erfüllen wollten, für die zuwenig Rohmaterial zur Verfügung gestellt wurde. Sie begannen, sich die fehlenden Materialien zu verschaffen, indem sie sie gegen andere Rohstoffe eintauschten, von denen sie ausreichende Mengen besaßen. Anschließend nahmen die Schattengeschäfte immer raffiniertere Formen an, so gab es z.B. zeitweiliges „Verleihen" von Arbeitskräften im Tausch gegen unbedingt notwendige Produkte, fiktive Ausbuchung von fertigen Erzeugnissen als Fehlproduktion, die tatsächlich als Zahlungsmittel für Zulieferfirmen Verwendung fand u.ä. Es versteht sich von selbst, daß derartige Operationen entweder überhaupt nicht oder nur fiktiv aufgezeichnet wurden. Die Betriebsleiter fanden diese Art zu wirtschaften aber sehr bequem, manchmal auch unumgänglich, so daß ihr Ausmaß sich vergrößerte. Dabei herrschte in der Schattenwirtschaft eine weitaus härtere wirtschaftliche Ethik als in der offiziellen Wirtschaft. Ein gegebenes Wort mußte hier gehalten werden, sonst galt man als nicht mehr vertrauenswürdig und konnte aus der Geschäftswelt verbannt werden. Da bei diesen Schattenoperationen kaum jemals etwas schriftlich festgehalten wurde, konnte — und wurde auch tatsächlich — ein Teil der Mittel für eigene Ansprüche abgezweigt werden. In der Folge entstand eine wirtschaftliche Schicht, deren Vertreter ein Doppelleben führten — in der offiziellen und der Schattenwirtschaft — und immer an der Grenze der Legalität, manchmal aber auch jenseits dieser Grenze handelten. Ein Soziologe würde sagen, daß sie an einer „Divergenz der Statuselemente" litten: In einer Hinsicht (Dienststellung, materieller Wohlstand etc.) nahmen sie eine sehr hohe Position ein, was aber das Kriterium der rechtlichen Situation betraf, befanden sie sich auf der Wertskala ganz unten. Sie riskierten, aus dem luxuriösen Chefzimmer auf die Anklagebank und anschließend hinter Gitter gesetzt zu werden.

Ähnlich verhielt es sich mit einer anderen sozialen Gruppe, nämlich den Beschäftigten im Handel, im Gastgewerbe und im Dienstleistungssektor; sie hatten ein besonderes Verhältnis zu den Konsumgüterengpässen. Wie die Erfahrung zeigt, traten und treten leider noch immer verschiedene Formen von Spekulation, Übervorteilung durch Fehlmessen und Fehlwägen und von Betrug gegenüber Staat und Einzelpersonen massiv auf. Mangelware wurde unter dem Ladentisch zu überhöhten Preisen weitergegeben, Waren dritter Wahl wurden als zweite oder erste Wahl verkauft, Milch wurde verwässert, Sauerrahm mit Kefir verlängert, Zucker absichtlich in feuchten Lagern aufbewahrt, um eine Gewichtszunahme zu erreichen. Hochwertiges Gemüse und Obst, das für den Verkauf in Geschäften in staatliche Lagerhallen geliefert werden sollte, wurde durch minderwertige Ware ersetzt und zum Verkauf auf Kolchosmärkten zu weitaus höheren Preisen in die Städte des Nordens umgeleitet. Durch derartige Operationen entstanden arbeitslose Einkünfte, die zwischen den verschiedenen Gruppen von Erwerbstätigen in nur ihnen bekannten Proportionen aufgeteilt wurden.

Bemerkenswert sind auch die Veränderungen, die im Laufe dieser Periode in der Einstellung der Jugend zu den verschiedenen Berufen eingetreten sind. Mitte der sechziger Jahre lag die Arbeit in der Landwirtschaft ganz unten auf der sozialen Prestige-Skala der Berufe, an vorletzter Stelle waren der Handels- und Dienstleistungssektor zu finden. Anhand der Beobachtung, wer sich am schnellsten einen Wagen, moderne Musikanlagen, modische Kleidung und andere Dinge dieser Art leisten konnte, begann ein bedeutender Teil der Jugend, der geistigen, aber schlecht bezahlten Arbeit die Berufe des Handels und Dienstleistungssektors vorzuziehen. Doch das gefährlichste Phänomen, das die sowjetische Gesellschaftsstruktur in der Stagnationsperiode zersetzte und verdarb, war vielleicht die zunehmende Vernetzung zwischen den Machern in der Schattenwirtschaft und der Handelselite einerseits und einem korrumpierten Teil des Staats- und Parteiapparates andererseits. Solch eine Verbindung war für alle drei Gruppen notwendig, da die ersteren zwei zwar die reelle Möglichkeit hatten, „Geld zu machen", doch immer eine Kontrolle durch Verwaltung oder Justiz befürchten mußten. Die dritte Gruppe jedoch, die selbst nur ein angemessenes Gehalt und einige Vergünstigungen hatte, konnte ihnen Handlungsspielraum und Straffreiheit zusichern. Aufgrund wechselseitiger Abmachungen schlossen die Verwaltungsbeamten vor den am hellichten Tag begangenen Ungesetzlichkeiten die Augen und ermöglichten es diesen Gruppen, „aus nichts Geld zu machen"; diese wiederum leiteten einen Teil ihrer ungesetzlichen Einkünfte als Schmiergelder an die entsprechenden Personen im Apparat weiter. So entstand ein mächtiger, dauerhafter, praktisch unbekämpfbarer Mechanismus zur Erlangung arbeitsloser Einkünfte auf Kosten der arbeitenden Bevölkerung.

Als gesetzeswidrig hätte dieser Mechanismus eigentlich von der Justiz aufgedeckt werden müssen. Die umfangreichen Finanzoperationen wurden in der Tat mit Dutzenden, Hunderten, manchmal sogar Tausenden Leuten als Mitwissern oder Helfershelfern durchgeführt, von denen ein Teil keineswegs darauf aus war, mit Gaunern zusammenzuarbeiten, und daher versuchte, sie zu bekämpfen. Diese Leute schrieben an die Staatsanwaltschaft, an Parteiorgane und Zeitungen, machten sich erbötig, bei der Aufdeckung der Verbrecher behilflich zu sein und die nötigen Unterlagen und Aussagen zu liefern. Doch unweigerlich wurde mit dem Parteiapparat auch die Justiz, die nun ebenfalls am Kuchen mitnaschte, zersetzt. Deswegen wurde die Partei- und Handelsmafia nur in Extremfällen, wenn es unvermeidlich war, gerichtlich verfolgt. Und sogar dann ging man mit ungewohnter Milde vor und plädierte entweder für Freispruch oder die Mindeststrafe. Selbst wenn die Verbrecher längere Freiheitsstrafen erhielten, wurden sie rasch begnadigt und aus der Haft entlassen, und viele von ihnen saßen bereits ein oder zwei Jahre später wieder auf den Posten, die es ihnen ermöglicht hatten, auf Kosten des Volkes und des Staates „Geld zu machen“[11]. Das Entstehen dieser mafiaartigen Gruppen kann mit dem Ausbruch einer Krebserkrankung im Sozialgewebe verglichen werden. Betroffen waren zuerst vor allem Georgien, Aserbaidschan, Usbekistan, dann traten im Laufe einiger Jahre „Metastasen“ im ganzen Land auf. Wie auf dem 27. Parteitag der KPdSU angemerkt wurde, entstanden im Lande riesige Zonen, an deren Spitze Politbüro-Mitglieder standen und die dadurch keiner Kritik von außen und schon gar nicht von innen unterworfen waren. Innerhalb dieser Zonen waren Gerechtigkeit und sozialistische Gesetzlichkeit leere Worte. Wer riskierte, den Instanzenweg zu beschreiten, um Gerechtigkeit zu fordern, fiel häufig jenem erbarmungslosen Mechanismus zum Opfer, an den sie sich gewandt hatten. Die aktuelle Presse führt Dutzende und Hunderte solcher Fälle an.

Der Großteil der Bevölkerung sah sehr wohl, was sich vor seinen Augen abspielte, glaubte aber nicht an die Möglichkeit, der Wahrheit zu ihrem Recht zu verhelfen. Als soziopsychologisches Ergebnis trat zwischen den Menschen und den gesellschaftlichen Zielsetzungen und Wertvorstellungen eine massive Entfremdung auf, und Gleichgültigkeit gegenüber dem sozialistischen Eigentum breitete sich aus. Dieses wurde immer häufiger als „niemandes“, oder, genauer gesagt, als „fremdes“ Eigentum betrachtet. Es häuften sich Fälle von kleineren Diebstählen durch die sogenannten Nessuny („Mitnehmer“), durch jene Leute, die systematisch vom Arbeitsplatz etwas für die eigenen Bedürfnisse mitgehen ließen. Auf den Bauernhöfen verschwanden Milch und Kraftfutter, von den Feldern Mineraldünger und ein Teil der Ernte, in den Metzgereien wurden Wurstwaren, in den Großbäckereien Mehl mitgenommen; in den Konditoreien wurden Kakao, Kognak und Butter, auf den Baustellen Farben, Ölfirnis, Tapeten, Armaturen weggepackt. Am schlimmsten dabei war vielleicht, daß diese kleinen Diebstähle durch die öffentliche Moral gerechtfertigt wurden. So wurden auf die Frage der Soziologen, warum viele Angestellte staatliche oder kolchoseigene Werkstoffe mit nach Hause nähmen, von den Landbewohnern in den meisten Fällen folgende Antworten gegeben:

---

[11] Ein aufschlußreiches Beispiel für das organisierte Verbrechen ist die Tätigkeit der Partei-, Staats- und Wirtschaftsfunktionäre Usbekistans, über die in dem Artikel „Schlangen auf Gold“ (Prawda vom 22.1.88) berichtet wird. Das ist aber nur ein Beispiel von vielen.

„weil es sie nirgends zu kaufen gibt", „weil die Preise zu hoch sind", „es wird nur wenig genommen", „die Vorgesetzten packen mehr ein" etc.
Wie man sieht, waren in der Stagnationsperiode wirtschaftliche und soziale Erscheinungen zu beobachten, die von einer gravierenden Entstellung des Wesens des Sozialismus zeugten. Es spricht für sich, daß in dieser Periode die meisten sozialen Phänomene negativ gefärbt waren. Die Grundsätze des Familienlebens gerieten ins Wanken; die Scheidungsraten stiegen um vieles schneller als die Heiratszahlen. Dementsprechend wuchs die Zahl der „unvollständigen Familien", die gewöhnlich aus der Mutter und den Kindern, ohne Vater, bestanden. Alkoholismus griff nun nicht mehr nur bei Männern, sondern auch unter den Frauen um sich. Bei der Jugend kam der Drogenmißbrauch auf. Die Geburtenrate fiel, während die Sterberaten anstiegen; auch die Lebenserwartung der Bevölkerung, besonders die der Männer, verkürzte sich. Es war eine verstärkte Kinder- und Erwachsenenkriminalität zu verzeichnen; die Fälle von psychischen Erkrankungen und Selbstmord mehrten sich.
Man könnte meinen, daß diese Erscheinungen die Führung des Landes hätte beunruhigen müssen; doch in Wirklichkeit war man „oben" gar nicht so neugierig auf das, was „unten" passierte, während die Verbindungsschicht, anstatt die unwillkommene Information nach oben weiterzuleiten, es vorzog, so zu tun, als wäre alles in Ordnung. Der Umfang der veröffentlichten statistischen Daten aus der Wirtschaft und vor allem dem Sozialwesen verringerte sich unaufhaltsam. So wurden die jeweiligen Ergebnisse der Gesamtsowjetischen Volkszählung 1959 in einigen Dutzend Bänden, 1970 in nur fünf und 1979 in nur einem Band veröffentlicht. Aus den statistischen Handbüchern und der wissenschaftlichen Literatur verschwanden Daten über Geburten- und Sterberate und die Lebenserwartung der Bevölkerung. Zum „Staatsgeheimnis" wurden praktisch offenkundige Informationen über die Migrationsbewegungen zwischen Stadt und Land, einzelnen Unionsrepubliken und Regionen. Je schlechter es um den einen oder anderen Lebensbereich stand, desto größer wurden die weißen Flecken auf der Informationslandkarte, desto weniger Zahlen wurden darüber veröffentlicht.
Die Soziologie mit ihrer Funktion, der Gesellschaftspolitik ein Feedback zu sichern und Regierende und Regierte über die tatsächlichen Vorgänge zu informieren, war unter diesen Umständen

nicht nötig, mehr noch, sie war gefährlich und unerwünscht. Denn die Soziologen, die nicht einsehen konnten, daß niemand ihre Arbeit brauchte, setzten ihre Forschungen fort, wiesen darauf hin, daß viele Fragen noch offen seien und die soziale Situation im Lande sich verschlechtere, und forderten die Verantwortlichen auf, entsprechende Schritte zu unternehmen. Das rief Verärgerung hervor und den Wunsch, diese Informationsquelle, die der offiziellen Statistik oft widersprach, versiegen zu lassen. Zuletzt bezeichnete man die Ergebnisse objektiver Forschungsarbeit als „Verleumdung der sowjetischen Realität“ und kreidete ihnen „schwere methodologische Irrtümer“, „unkritische Einstellung zur bourgeoisen Soziologie“ u.ä. an. Immer neue Forschungsbereiche verschlossen sich den Soziologen, auch wenn es sich um so „unschuldige“ wie Heirats- und Scheidungszahlen, Geburtenrate, Migration, berufliche Versetzungen, Lebensstandard und -weise der Bevölkerung etc. handelte. Viele Verlagshäuser lehnten die Publikation soziologischer Forschungsergebnisse ab.

Das Leben war damals nicht leicht, vor allem für die Intellektuellen und besonders für die unkonventionellen unter ihnen, aber nicht nur für sie. Viele wurden in dem Gefühl und bald in der Überzeugung bestärkt, daß die Gesellschaft vom richtigen Weg abgekommen sei, nichts so richtig funktioniere und es so nicht weitergehen könne. Alle warteten auf einen Umschwung. In den traurigen, hoffnungslosen, verzweifelten Momenten sagten wir, daß unsere Generation kaum noch die „Morgendämmerung“ erleben, sondern eher in der Finsternis sterben werde. In unseren besten Stunden hingegen dachten wir, daß in der Gesellschaft gesunde Triebe vorhanden seien, die sie auf den richtigen Weg zurückführen könnten, und träumten davon, an der gesellschaftlichen Erneuerung teilzunehmen. Wir versuchten auch, von uns aus zum Herannahen der „Morgendämmerung“ beizutragen, ihr den Weg freizumachen. Die besten Schriftsteller, Journalisten und Soziologen bemühten sich, ihre Ansichten für einen Meinungsbildungsprozeß zur Verfügung zu stellen und das öffentliche Bewußtsein mit der Notwendigkeit der Veränderungen vertraut zu machen. Im Rahmen des gemeinsamen kritischen Umdenkprozesses muß auch der Bericht, den ich 1983 in Nowosibirsk auf dem Seminar „Soziale Mechanismen der Wirtschaftsentwicklung“ vorgelegt habe, als Beitrag zur Suche nach Auswegen aus der gegenwärtigen Lage angesehen werden. In diesem Bericht, der später auf mir unbekannten Wegen in den Westen gelangte und meinen Namen dort bekanntmachte[12], versuchte ich offen die wirtschaftlichen Prozesse in der Sowjetunion einzuschätzen, ihre sozialen Wurzeln freizulegen und ein konstruktives Aktionsprogramm vorzuschlagen. Dieses Seminar, das an die hundert interessanter und fortschrittlich denkender Wissenschafter als Teilnehmer zählte, entwickelte sich zu einer richtiggehenden Sternstunde der Gedanken, die von uns selbst, angesichts der Tatsache, daß noch immer die Stagnationsperiode herrschte, fast wie ein Wunder aufgenommen wurde. Doch vielleicht zeigte dieses Seminar besser als alles andere, daß eine neue Ära vor der Tür stand.

Durch das gemeinsame Brainstorming konnten wir uns eine klarere Vorstellung vom tatsächlichen damaligen Zustand der sowjetischen Gesellschaft machen. Sie war erstens von der Bildung sozialer Gruppierungen und Schichten geprägt, deren Bedürfnisse parasitäre Züge trugen und auf die Ausbeutung der breiten Masse zurückzuführen waren. Zweitens war die politische Machtverteilung höchst ungleich und die Beteiligung der Werktätigen an der Machtausübung äußerst gering. Drittens war sie von einem Absinken des Lebensstandards gekennzeichnet. Viertens gab es in allen gesellschaftlichen Bereichen autoritäre Verwaltungsmethoden, die der Entfaltung der menschlichen Kreativität im Wege standen. Fünftens war ein ungeheurer ideologischer Druck auf alle Formen des geistigen Lebens zu spüren. Schließlich war auch der Zerfall der moralischen und sittlichen Werte und ein Verlust an Soziabilität unübersehbar. Dicsc Tcndenzen zeugten von einer Zersetzung des Sozialismus, die im Grunde genommen einer gewissen Restalinisierung der Gesellschaft gleichkam. Natürlich wiederholt sich die Geschichte nie, aber abgesehen von den verschiedenen konkreten Bedingungen kann die allgemeine Tendenz in der Stagnationsperiode im bereits besprochenen Ausmaß als Rückkehr zum Stalinismus betrachtet werden.

Um auf den richtigen Weg, d.h. in Richtung Sozialismus zu gelangen, mußte ein einschneidender Kurswechsel vorgenommen werden. Einen ersten Versuch in diese Richtung machte Andropow, doch er hatte zu wenig Zeit, um das Begonnene zu vollenden. Es genügte aber, um Hoffnungen auf die ersehnten Veränderungen zu

---

[12] „Vervollkommnung der Produktionsbeziehungen und soziale Mechanismen der Wirtschaftsentwicklung", Nowosibirsk, 1983. Englischsprachige Publikation in der Zeitung Washington Post am 4. August 1983. (Im deutschen Sprachraum bekannt als „Nowosibirsker Studie", veröffentlicht in *Osteuropa,* Nr.1, 1984 — Anm. d. Ü.)

wecken und in der stickigen Atmosphäre einen frischen Wind zu spüren. Der konservativ ausgerichtete Tschernenko erklärte zwar, daß er die Linie des populär gewordenen Andropow weiterverfolgen wolle, nützte aber seine kurze Amtszeit, um der Demokratie einen weiteren Stoß zu versetzen.
Schließlich wurde nach seinem Tod im Frühling 1985 Michail Gorbatschow zum Generalsekretär des Zentralkomitees gewählt. Zwei Monate später stellte er dem ZK-Plenum das Programm einer radikalen Umstrukturierung des Gesellschaftsgefüges in der UdSSR vor, das die mir nahestehenden Schichten der Intelligenzia wie einen Hoffnungsschimmer begrüßten.

Zweites Kapitel:

Die wirtschaftliche Umgestaltung

Die sowjetische Gesellschaft am Vorabend der Reform

Im ersten Kapitel habe ich ausgeführt, wie ich die sowjetische Geschichte seit dem Krieg sehe und welche geschichtlichen Besonderheiten letztlich eine radikale Umgestaltung aller gesellschaftlichen Beziehungen notwendig machten. Doch die Voraussetzungen für die aktuellen Veränderungen sind nicht nur in konkreten historischen Fakten zu suchen, sondern auch in Prozessen, die durch die normale gesellschaftliche Entwicklung und den wissenschaftlich-technischen und sozioökonomischen Fortschritt bedingt sind. Dabei ist das Augenmerk insbesondere auf drei Faktoren zu richten.

Zum einen handelt es sich um die Entwicklung der materiellen Produktionsbasis. Dazu gehören auch umfangreichere und komplexere technische Ausrüstungen, der sukzessive Generationenwechsel in der Produktionstechnologie, eine bessere Ausstattung mit Maschinen und Ausrüstungen, Automatisierung, Computerisierung etc. Obwohl in unserer Volkswirtschaft der wissenschaftlich-technische Progressionsrhythmus weder den Bedürfnissen der Sowjetunion entspricht noch an die Geschwindigkeit analoger Prozesse in den entwickeltsten Ländern heranreicht, findet dieser Fortschritt nicht nur statt, sondern übt auch einen wesentlichen Einfluß auf die gesellschaftliche Entwicklung aus. Eines der bezeichnendsten Merkmale des wissenschaftlich-technischen Fortschritts besteht darin, daß eine Arbeitskraft im Lauf der Zeit eine immer größere Menge an, wie die Marxisten sagen, vergegenständlichter Arbeit in Form von Produktionsmitteln und -bedingungen (Produktionsräumlichkeiten, Fabrikationsstraßen, Rohstoffen, Materialien, Energie etc.) in Gang setzt, steuert bzw. kontrolliert. In den am weitesten entwickelten Wirtschaftsbranchen übersteigen die Kosten für die verwendeten Produktionsmittel bei weitem jenes Einkommen, das der Werktätige in seinem gesamten aktiven Leben jemals bezogen haben wird.

Berufliche Qualifikation, Verantwortungsbewußtsein und Arbeitsgüte bestimmen dabei nicht nur die Produktionskosten, sondern, was ebenso wichtig ist, auch die Effizienz (und manchmal auch die einfache Werterhaltung) der eingesetzten Ausrüstungsgegenstände. Den bei einer Reaktorexplosion, einem Schiffsunglück oder einem Zugzusammenstoß entstehenden Schaden können die durch ihre Nachlässigkeit dafür verantwortlichen Personen auch durch die später mustergültigste Arbeit nicht wieder gutmachen. Zur Erinnerung sei hier nur erwähnt, daß allein der direkte wirtschaftliche Schaden, der durch das vom Personal verschuldete Reaktorunglück in Tschernobyl entstand, mit zwei Milliarden Rubel beziffert wird, wobei die verlorenen Menschenleben und gesundheitlichen Konsequenzen sich natürlich jeder zahlenmäßigen Bewertung entziehen. Dieses Ereignis, das viele Länder erschüttert hat, zeigt auf eindringliche Weise, daß dem „Faktor Mensch" in der hochtechnologisierten Produktionswelt ein erhöhter Stellenwert zuzuordnen ist.

Ein weiterer Faktor, der in die selbe Richtung wirkt, besteht in der immer komplizierter werdenden volkswirtschaftlichen Struktur und der verstärkten gegenseitigen Abhängigkeit ihrer Einheiten. Derzeit zählt man in der UdSSR mehr als hunderttausend verschiedene Betriebe, die mehr als 20 Millionen Produktsorten fertigen. Die Anzahl der zwischenbetrieblichen Verbindungen zur Lieferung verschiedener Erzeugnisse geht in die Milliarden, wobei die wichtigsten darunter planmäßig geknüpft, zentral organisiert und kontrolliert werden. Daraus folgt, daß die letztendliche Effizienz der Wirtschaft in einem bedeutenden und ständig steigenden Maße davon abhängt, wie qualifiziert, zuverlässig und verantwortungsbewußt die für diese Verbindungen zuständigen Planungs- und Finanzbeamten arbeiten und von welchen Interessen sie sich leiten lassen.

Der dritte Faktor, der nicht vernachlässigt werden darf, hängt damit zusammen, daß die Kontrolle der Arbeitsqualität immer komplizierter und immer mehr nach außen verlagert wird. Die zunehmende Arbeitsteilung und Spezialisierung führt dazu, daß bestimmte Produktions-, Planungs- oder Forschungsgruppen praktisch zu den einzigen Trägern wichtiger volkswirtschaftlicher Funktionen werden. Im Grunde ist niemand da, um ihre Arbeitsqualität während der Ausführung zu überprüfen, so daß die einzige Kontrolle eigentlich erst beim Verbrauch der betreffenden Produkte stattfindet. Es entstehen „Mikromonopole", von denen die ganze Gesellschaft abhängig wird.

Es seien hier nur die Aktivitäten jenes technischen Büros erwähnt, das vor etwa zwanzig Jahren für die Zweckmäßigkeit und Unbedenklichkeit einer Papier- und Zellulosefabrik am Ufer des Baikalsees argumentierte. Am grünen Tisch sahen die Berechnungen der Planer recht überzeugend aus. Den scharfen Einwänden zahlreicher Wissenschafter, die vor einer wahrscheinlichen Verschmutzung des Sees warnten, wurde kein Gehör geschenkt. Es vergingen Jahre, das Werk wurde gebaut und in Betrieb genommen. Bald stellte sich heraus, daß der See verschmutzt und ein bedeutender Teil seiner Fauna zerstört wurde. Der Betrieb wurde auf eine ökologisch unbedenklichere Produktion (Möbel) umgerüstet, was die Gesellschaft Dutzende Millionen Rubel kostete. Eine analoge Situation entstand mit dem vom Staatlichen Projektinstitut für Wasserhaushalt und Kanalbau entworfenen Projekt, den Lauf sibirischer Flüsse teilweise nach Mittelasien zu verlegen. Ein wissenschaftliches Gutachten des Sowjetischen Staatskomitees für Planungswesen enthüllte die sozioökonomische und technologische Haltlosigkeit des Projekts. Es wurde festgestellt, daß seine Realisierung nicht nur der sibirischen Natur nicht wiedergutzumachende Schäden zugefügt, sondern auch kaum zur Lösung der in der Tat gravierenden Probleme in Mittelasien beigetragen hätte. Die Arbeit am Projekt wurde rechtzeitig unterbrochen, und die Öffentlichkeit konnte erleichtert aufatmen. Aber die Wurzeln dieser Affäre waren wieder beim „Faktor Mensch" zu suchen, diesmal in der Mentalität verantwortungsloser Projektplaner, die bei der Suche nach Lösungen nicht vom öffentlichen Interesse, sondern von eigenen egoistischen Überlegungen ausgegangen waren.

Im Bereich der materiellen Produktion wird die Qualitätskontrolle durch die wachsende Spezialisierung, aber auch durch die immer größere räumliche Verteilung der Arbeitskräfte sowohl in der Landwirtschaft als auch in der Industrie erschwert. Um die Arbeitsgüte unter den gegenwärtigen Produktionsbedingungen fortlaufend überprüfen zu können, ist ein ganzes Heer von Kontrollpersonen nötig. Da aber die Kontrollfunktion nicht immer völlig befriedigend und außerdem von gewöhnlichen Leuten, die ebenfalls ihre Interessen haben, ausgeübt wird, bedarf es übergeordneter „Kontrolleure zweiten Grades" usw. Letztendlich entsteht ein durch und durch bürokratisches Kontrollsystem, das erstens kostspielig und umständlich und zweitens unwirksam ist, da die Leute heutzutage auch die raffiniertesten Formen äußerer Kontrolle durchschauen und lernen, sie zu umgehen. Es spricht für sich, daß die Fehlerquoten vielfach weit über dem liegen, was man von einer qualitativ vertretbaren Produktion vernünftigerweise erwarten sollte.

Es existieren auch Daten über die niedrige Arbeitsqualität der Ingenieure und Fachkräfte bzw. der Mitarbeiter technischer Büros;

sie ist an der Ineffizienz technischer Innovationen erkennbar. Sehr oft werden veraltete, verschiedentlich modifizierte Geräte, die nicht den Vorgaben des wissenschaftlich-technischen Fortschritts entsprechen, als technische Neuerungen präsentiert. Das 1986 in vielen Betrieben eingeführte staatliche Abnahmesystem hat in der ersten Zeit eine durchaus beachtliche Qualitätsverbesserung bewirkt. Trotzdem kann dieses nicht als endgültige Lösung angesehen werden, es handelt sich vielmehr um eine vorläufige Maßnahme, die in der Phase des Überganges zu neuen wirtschaftlichen Verwaltungsmethoden eingesetzt wird. Eine zukunftsträchtige und dem sozialistischen Denken entsprechende Lösung besteht darin, die zuvor beschriebene Fremdkontrolle abzuschaffen und einerseits durch die automatische Überprüfung anhand von Kontrollapparaten, andererseits durch die Selbstkontrolle der an qualitativ hochwertiger Arbeit interessierten Arbeitskräfte zu ersetzen. Hier wird ein weiteres Mal die wichtige Rolle des Faktors Mensch in der Wirtschaft ersichtlich.

Der zweite der eingangs erwähnten Prozesse, die indirekt die Perestroika in die Wege geleitet haben, besteht in der allmählichen Veränderung der sozialen Qualität der arbeitenden Bevölkerung. Angesichts des wissenschaftlich-technischen Fortschritts wäre es notwendig, daß der „Faktor Mensch" grundsätzlich leichter lenkbar, disziplinierter und zuverlässiger wird, gefügiger und feinfühliger auf die Steuerung reagiert. Doch in der Praxis ist es nach Meinung der meisten Wirtschaftsmanager schwieriger geworden, die Leute zu lenken. Diese Ansicht teilten zu Beginn der achtziger Jahre fast alle Sowchosdirektoren und an die 90% der Kolchosvorsitzenden Westsibiriens. Zusätzlich bezog sich diese Meinung nicht nur auf die letzten zehn, sondern auch auf die letzten drei Jahre vor der Befragung; die Führungsschwierigkeiten hatten sich aus ihrer Sicht geradezu galoppierend vergrößert.
Woran kann das liegen? Zwei grundlegende Ursachen scheinen hier im Spiel zu sein. Zunächst muß das konsequent ansteigende Bildungs- und Kulturniveau der Arbeitskräfte, ihre Informiertheit über Ereignisse und Vorgänge sowohl im In- als auch im Ausland angeführt werden. Das persönliche und rechtliche Selbstbewußtsein der Leute ist gestiegen und dementsprechend auch ihre Selbständigkeit, Kritikfähigkeit und ihr Arbeits- und geistiges Potential. Ihre Wertvorstellungen und Bedürfnisse sind vielfältiger und komplexer geworden.

Diese Evolution hat ihrerseits wichtige Ursachen wie die Verlängerung der allgemeinen Schulpflicht, die zunehmende soziale, berufliche und geographische Mobilität, die rasche Urbanisierung und die Verbreitung des Fernsehens und anderer Massenmedien, die die Verbindung zwischen den Bewohnern aller Landesteile der Sowjetunion und der übrigen Welt aufrechterhalten. 1939 hatten von 1000 Berufstätigen nur 110 Personen eine mittlere (7—10jährige) und 13 Personen eine höhere (14—15jährige) Ausbildung. Im Jahre 1987 betrugen die entsprechenden Zahlen 764 und 125. Der Anteil der Beschäftigten, die weniger als sieben Jahre zur Schule gegangen waren, fiel im selben Zeitraum von 877 auf 111 Promille. Die städtische Bevölkerung der Sowjetunion wuchs zwischen 1939 und 1986 von 32,5% auf 66,2%, was den Übergang von einem vorwiegend agrar-ländlichen zu einem industriell-urbanen Staat bedeutet. Die Zahl der Fernsehstationen stieg zwischen 1960 und 1986 von 275 auf 7401, die der Fernsehgeräte von 5 auf 85 Millionen; die Rundfunkgeräte vermehrten sich von 59 auf 187 Millionen. Diese Zahlen veranschaulichen die qualitative Veränderung des soziokulturellen Umfelds.
Die sozialen Ansprüche und Bedürfnisse der erwerbstätigen Bevölkerung wurden dadurch natürlich hinaufgeschraubt. Nun ist aber ein sozial entwickelter Mensch zwar potentiell eine bessere Arbeitskraft, doch als Führungsobjekt ist er problematischer. Er nimmt die überantworteten Aufgaben kritischer entgegen und weiß es höher zu schätzen, wenn er Entscheidungen, vor allem in seinem Interessensbereich, selbständig fällen und Methoden und Verfahren zur Erledigung seiner Aufgaben auswählen kann. Ist seine Tätigkeit jedoch streng geregelt und kaum ein Handlungsspielraum gegeben, so wird der kultivierteste Teil der Arbeitskräfte der Arbeit entfremdet und behält sein Interesse und seine Aktivitäten anderen Tätigkeitsbereichen vor.

Der dritte Prozeß, der als Wegbereiter der Perestroika aufgetreten ist, besteht im allmählichen Nachlassen des wirtschaftlichen Drucks, der die Berufstätigen zu einer intensiven und effizienten Arbeit zwang. Am Anfang dieser Entwicklung stand die zunehmende individuelle Freiheit, im Beschäftigungs- und Einkommensbereich zwischen verschiedenen Verhaltensweisen wählen zu können. In den Nachkriegsjahren (vom Krieg selbst ganz zu schweigen) verdiente die sowjetische Bevölkerung in der Tat durchschnittlich nicht mehr als das Existenzminimum. Um normal le-

ben, essen, sich kleiden, heizen und ein paar persönliche Gebrauchsgegenstände kaufen zu können, mußten die meisten erwachsenen Familienmitglieder und sogar die Jugendlichen in der gesellschaftlichen Produktion, den Nebenerwerbsbetrieben und im Haushalt hart arbeiten. Ein Arbeitsplatzwechsel auf eigenen Wunsch war damals ziemlich kompliziert. Zusätzlich gab es bis in die Mitte der fünfziger Jahre keine allgemeine Pensionsversorgung, so daß jeder selbst einen Notgroschen fürs Alter zusammensparen mußte. 1940 bezogen nur vier Millionen Menschen eine Pension; die durchschnittliche Höhe betrug 75 Rubel pro Jahr.
Seither hat sich die Situation grundlegend verändert. Allein in den Jahren 1960—1987 ist das durchschnittliche Realeinkommen pro Arbeitskraft auf das 2,8fache, die Löhne und Gehälter sind auf das Zweieinhalbfache gestiegen. Die Pro-Kopf-Einzelhandelsverkaufszahlen für Waren und Dienstleistungen haben sich vervierfacht. Es wird eine fast siebenmal so hohe Pensionssumme an 2,7mal so viele Pensionsbezieher ausgeschüttet. Gegenwärtig entspricht der Lebensstandard zwar nicht den Bedürfnissen der meisten gesellschaftlichen Gruppen, doch er liegt weit über dem physiologischen und sozialen Existenzminimum. Die staatliche Vorsorge für Alter, Invalidität und vorübergehende Arbeitsunfähigkeit bleibt zwar gering, befreit aber doch einen Großteil der Bevölkerung von der Notwendigkeit, ihr ganzes Leben lang für Notfälle sparen zu müssen. Für die jüngere Generation und ihre Familien sind die durchaus gängigen materiellen Zuwendungen der Eltern ein wichtiger Faktor, um größeren wirtschaftlichen Spielraum zu erlangen. So unterstützen unseren Nachforschungen zufolge ungefähr zwei Drittel der Familien auf dem Land ihre in der Stadt lebenden erwachsenen Kinder nicht nur finanziell, sondern versorgen sie auch mit Fleisch, Butter, Sauerrahm, Kartoffeln, Gemüse, Obst etc. In der Stadt ist die materielle und finanzielle Hilfe der Eltern ihren Kindern gegenüber ebenso häufig.
Der wirtschaftliche Druck zu intensiver Arbeit wird auch dadurch gemildert, daß es nicht nur keine Arbeitslosigkeit gibt, sondern in vielen Branchen, Regionen und Städten wegen mangelnder Arbeitskräfte sogar offene Stellen gemeldet werden. So führt ein Viertel der Industriebetriebsleiter im Kreis Altai als Hauptgrund für den geringen Arbeitseifer ihrer Beschäftigten den allgemeinen Mangel an Arbeitskräften in der Stadt an. 63% der Befragten nannten konkrete Betriebe, die bei ihnen systematische Abwerbung von Arbeitskräften betrieben, indem sie höhere Bezahlung,

bessere Sozialleistungen, angenehmere Arbeits- und Lebensbedingungen u.ä. boten. Die Konkurrenzposition, in der sich die Firmen auf dem Arbeitskräftemarkt befinden, ermöglicht es vielen, gut zu verdienen, ohne sich allzusehr anstrengen zu müssen. Ein Gegenbeispiel stellt der Abbau des Personalüberschusses bei der Eisenbahn dar. Die 120.000 Entlassungen (durchschnittlich 10—12%) senkten nicht nur die Selbstkosten bei den Transporten, sondern veranlaßte auch die verbleibenden Mitarbeiter zu größerem Arbeitseifer, mehr Verantwortungsbewußtsein und Initiativbereitschaft.

Zu diesen Ausführungen muß hinzugefügt werden, daß im Laufe mehrerer Planjahrfünfte das Angebot an Konsumgütern und Dienstleistungen mit der Einkommensentwicklung der Bevölkerung nicht mithalten konnte. Die Preisstabilität für die Grundnahrungsmittel (Brot, Fleisch, Milch etc.) bewirkte, in Verbindung mit den zunehmenden Engpässen bei Waren und Dienstleistungen, ein rasches Anwachsen der Spareinlagen. 1986 gab es 3,5mal so viel Sparkonten wie 1960, die Sparguthaben waren durchschnittlich 7mal so hoch, was einer globalen Steigerung der Ersparnisse auf das 25fache gleichkommt. Derzeit entspricht ein durchschnittliches Sparguthaben etwa der Summe von sieben durchschnittlichen Monatsgehältern; die Gesamtersparnisse betragen 80% des Jahreslohnfonds. Folglich verfügt ein bedeutender Teil der Bevölkerung wirtschaftlich gesehen über die Möglichkeit, längere Zeit nicht zu arbeiten, um sich zum Beispiel einen passenderen Arbeitsplatz zu suchen.

Zuletzt hält auch das geschichtlich begründete Entlohnungssystem in der Volkswirtschaft dem Kriterium der sozialen Gerechtigkeit leider überhaupt nicht stand. So kann in verschiedenen Behörden, Unternehmen oder Regionen gleichartige Arbeit verschieden bezahlt werden, während Stellen mit grundverschiedenen Qualifikationsansprüchen oft gleichmacherisch entlohnt werden. Auch dadurch wird der wirtschaftliche Anreiz, gut und intensiv zu arbeiten, abgeschwächt, und es wird einer gewissen Undiszipliniertheit Vorschub geleistet. Die verschiedenen sozialen und demographischen Gruppen werden zu einer Verhaltensweise veranlaßt, die bei weitem nicht immer dem Allgemeininteresse entspricht. Als Extrembeispiele können hier zwei entgegengesetzte Verhaltensweisen angeführt werden. Auf der einen Seite wird ein höchstmögliches Einkommen für eine ungewöhnlich intensive und qualitativ hochwertige Arbeit angestrebt. (Dies ist zum Beispiel in der Landwirt-

schaft für im Kollektivleistungsvertrag arbeitende Familien der Fall, für Goldschürfergenossenschaften mit Rentabilitätsprinzip oder auch im Bauwesen für die Saisonbautrupps von „Pfuschern", die aus Gebieten mit Arbeitskräfteüberschuß in den Ural, nach Sibirien oder in den Fernen Osten gehen, um dort 7—8 Monate hindurch ohne Wochenende 13—14 Stunden täglich zu arbeiten.) Dem steht auf der anderen Seite der Wunsch nach maximalem persönlichen Wohlergehen und möglichst viel Freizeit entgegen, wofür die Arbeit auf ein Minimum reduziert und auch ein relativ geringes Einkommensniveau in Kauf genommen wird. Diese Strategie ist typisch für junge Leute, die in wohlhabenden Familien leben oder von den Eltern finanziell unterstützt werden, für Frauen mit Kleinkindern, gesundheitlich angegriffene oder ältere Menschen u.ä. Zwischen diesen beiden Extremen erstreckt sich natürlich ein ganzes Spektrum differenzierterer Verhaltensmuster.
Da die objektive wirtschaftliche Notwendigkeit intensiver Arbeit derzeit eine relativ unbedeutende Rolle spielt, treten hier die Wertvorstellungen jedes einzelnen in den Vordergrund, und insbesondere der jeweilige Stellenwert, den bei ihm entweder eine Einkommenssteigerung oder mehr Freizeit hat. Laut soziologischen Untersuchungen gehen diese Werte bei vielen sozialen Gruppen unserer Gesellschaft Hand in Hand oder schließen einander zumindest nicht aus. So wurden zum Beispiel in einer Untersuchung Arbeiter aus Moskau (Mitglieder einer Spitzenbrigade) gebeten, verschiedene Anreize zur Leistungsverbesserung je nach ihrer Wirksamkeit zu reihen. An erster Stelle wurden Geldprämien genannt, auf deren starke stimulierende Wirkung alle Befragten hinwiesen. An zweiter Stelle (83%) schien jedoch die Gewährung zusätzlicher Urlaubstage auf. Für den steigenden Wert der Freizeit spricht auch die Verlängerung der durchschnittlichen Zeitspanne, die zwischen der Freistellung einer Arbeitskraft und ihrer Wiedereinstellung an einem anderen Posten vergeht. Die Arbeitsunterbrechung dauerte 1970 durchschnittlich 28 Tage, in den achtziger Jahren aber bereits 40 Tage.

All diese Ausführungen belegen, daß der wissenschaftlich-technische Fortschritt, die Spezialisierung und Vernetzung der Produktion dem Faktor Mensch in der Wirtschaft eine zunehmend zentrale Rolle zuweisen. Gleichzeitig aber sind die soziokulturellen Ansprüche der Arbeitskräfte gestiegen, während der wirtschaftliche Druck zur Arbeit nachgelassen hat. Deshalb wird die Steuerung der Arbeitskräfte immer schwieriger, oder, genauer gesagt, sie werden autoritären und bürokratischen Verwaltungsmethoden gegenüber unempfänglicher. Daraus entstehen zahlreiche gravierende Widersprüche, die die wirtschaftliche Effektivität beeinträchtigen. Wirklich effizient kann heute nur ein wirtschaftspolitisches System sein, das auf dem Wissen um die Werte, Bedürfnisse und Interessen der an der Wirtschaft beteiligten Menschen aufbaut und dieses Wissen verwertet, kurz, ein System, das fähig ist, das Verhalten der Menschen zu steuern, indem es auf ihre Interessen einwirkt. Da nun aber die Interessen der verschiedenen demographischen, geographischen, beruflichen etc. Bevölkerungsgruppen nicht nur verschieden sind, sondern sich auch noch ständig verändern, muß dieses Verhaltenssteuerungssystem auch elastisch, beweglich, differenziert und sensibel gegenüber den veränderlichen Lebensumständen und -bedingungen der Arbeitskräfte sein. Entschieden abzulehnen ist in so einem System das sture Festhalten an einmal etablierten Prinzipien, das bewirkt, daß sich die wirtschaftlichen Aktivitäten, unkontrollierbar und von lebendigen Interessen geleitet, wie ein Bächlein zwischen Felsblöcken hindurchschlängeln.

Die Interessen der Arbeitnehmer sind heute sehr vielfältig. Neben einer angemessenen Entlohnung sind die meisten an einer nützlichen und inhaltsreichen Arbeit interessiert, die ihnen unter angenehmen Arbeitsbedingungen moralische Befriedigung und Selbstachtung vermittelt, weiters an technischer Unterstützung an ihrem Arbeitsplatz, bequemem Arbeitsrhythmus, zeitgerechter Gewährung von Urlauben und der Möglichkeit, diese wunschgemäß zu nutzen. Ein äußerst hohes Interesse besteht an der Bereitstellung staatlicher Wohnungen, qualifizierter medizinischer Versorgung, Plätzen in vorschulischen Einrichtungen und Einweisungsscheinen in Sanatorien und Erholungsheime. Sehr geschätzt wird die regelmäßige Versorgung mit frischen Lebensmitteln und Industriewaren, wie modischer und schicker Kleidung, Schuhwaren, Möbeln und fehlenden langlebigen Konsumgütern. Die jüngeren Bevölkerungsgruppen richten ihren Ehrgeiz auf zusätzliche Qualifikationen, die Erwerbung neuer Kenntnisse und Fertigkeiten und wünschen sich dienstliche Beförderung und Kompetenz an den leitenden Stellen. Deswegen geht die Stimulierung zur Arbeit in jenen Betrieben, wo diese nur mit Hilfe des Rubels erfolgt, an einem bedeutenden, manchmal essentiellen Teil der menschlichen Interessen vorbei: die Steuerungsmaßnahmen greifen nicht wie erwartet.

Das bis 1987 gültige und in vielem bis heute noch beibehaltene Steuerungssystem war von der Mentalität her nicht zeitgemäß. Es war durch eine exzessive Zentralisierung, äußerste Härte und Rigidität sowie geringe Anpassungsfähigkeit an die unterschiedlichen und zudem wechselnden örtlichen und zeitlichen Bedingungen gekennzeichnet. Und obwohl die Wirtschaftsfunktionäre versuchten, mit diesen oder jenen Methoden gegen veraltete Instruktionen anzukämpfen, blieb (und bleibt weiterhin) ein Großteil des wirtschaftlichen Potentials ungenützt. Letzteres trifft sowohl auf die geleistete Arbeit als auch auf die Produktionsmittel, als auch auf die natürlichen Ressourcen, mit denen bislang noch Raubbau betrieben wird, zu.

Fangen wir bei der Arbeit an. Ein großer Teil der Arbeitskräfte weist auf die weitgehende Unterbeanspruchung seiner körperlichen und geistigen Kapazitäten hin. In soziologischen Untersuchungen, die in verschiedenen Städten und Dörfern durchgeführt wurden, gab nur ein Viertel (höchstens ein Drittel) der Befragten an, voll ausgelastet zu sein. Die anderen glauben, daß sie nur einen Bruchteil jener Leistung erbringen, die sie bei besserer Organisation oder bei kreativ entwickelter Effektivitätssteigerung liefern könnten. 1984 schlossen sich in den altaischen Dörfern 80% der Agronomen und Tierärzte, 78% der Betriebsteil- und Hofleiter und 79% der Sowchosarbeiter und Kolchosbauern dieser Meinung an. Die Auslastung des Arbeitspotentials ist allerdings je nach Betrieb unterschiedlich. In den schlimmsten Fällen fühlen sich 83% der Beschäftigten unausgelastet, in den besten Fällen sind es 68%, womit der Unterschied jedoch gering bleibt. Als Hauptursachen für unbefriedigende Leistung nannte die Mehrheit der Befragten schlechte Organisation, unzulängliche Anreizsysteme, ineffizientes Management, unkluge, kleinliche Bevormundung der Wirtschaft durch Staat und Partei u.ä. Gleichbleibend hohe Verluste an Arbeitszeit sind auf Erkrankungen der Arbeitskräfte oder ihrer Kinder zurückzuführen, auf andauernde organisatorisch und technisch bedingte Betriebsstörungen bei Anlagen und Produktionsstraßen, auf Absentismus etc. Ein Teil der Arbeitszeit wird unproduktiv auf die Erfüllung gesellschaftlicher Verpflichtungen und Aufträge, mit denen meistens dem Formalismus und der Bürokratie Tribut gezollt wird, verschwendet. Verschiedenen Studien zufolge werden in der sowjetischen Volkswirtschaft durchschnittlich etwa 20% der Arbeitszeit unproduktiv vergeudet.

Auch anhand der folgenden Untersuchung kann die ungenügende Auslastung belegt werden: Den Leitern von Betriebsteilen, Kolchoshöfen oder -brigaden wurde die Frage vorgelegt, ob ihnen für die normale Erledigung der vorgegebenen Arbeit mit dem vorhandenen Personal genügend Arbeitskräfte zur Verfügung stünden. In 65% der Fälle war die Antwort negativ, bei 32% positiv, und drei Prozent gaben an, über zuviele Arbeitskräfte zu verfügen. Daraufhin wurde denselben Personen die Frage gestellt, wie sie die Situation einschätzen würden, wenn es ihnen gestattet wäre, die Entlohnung, die Belastung der einzelnen Mitarbeiter und die Personalzusammensetzung innerhalb desselben Lohnfonds selbständig zu regeln. 40% der Befragten gaben an, daß sie trotzdem zuwenig, 18%, daß sie in diesem Fall genügend und 42%, daß sie um 15—20% zuviele Arbeitskräfte hätten.

Viele Jahre hindurch wurde auch dem regelmäßigen Wunsch mehrerer Bevölkerungsgruppen nach höherem Einkommen bei Leistung zusätzlicher Arbeit (über 41 Stunden pro Woche) in ungenügendem Ausmaß Rechnung getragen. 1982 machten in den westsibirischen Städten nur 18% der in der gesellschaftlichen Produktion Beschäftigten Überstunden, doch interessiert daran waren weitere 27%. Obwohl in der Produktion ein spürbares Defizit an Arbeitskräften herrschte, untersagten es die geltenden Rechtsbestimmungen den Interessenten, Überstunden zu machen.

Hier kommt bis zu einem gewissen Grad die allgemeine Wachsamkeit der sowjetischen Gesellschaft hinsichtlich jener zum Tragen, die nach einem höheren Einkommen streben — selbst um den Preis zusätzlicher Arbeit —, als ob damit eine sogenannte unsozialistische Ideologie verkörpert würde.

Dem westlichen Leser ist so eine Wachsamkeit wahrscheinlich unverständlich. Heißt es doch schon in den Prinzipien des Sozialismus „jeder nach seinen Fähigkeiten, jedem nach seiner Leistung“, womit folglich jedes Mitglied der Gesellschaft aufgerufen wird, mehr und besser zu arbeiten, mit dem Versprechen, daß es dann auch besser leben wird. Worum geht es also? Wie kann es geschehen, daß in der sowjetischen Presse unter dem Titel „Ist es eine Schande, viel zu verdienen?“ ein Artikel des bekannten Publizisten Lissitschkin erscheint, in dem der Autor bald von der einen, bald von der anderen Seite versucht, auf jede Art und Weise zu beweisen, daß ein hohes Gehalt an und für sich kein Grund ist, sich zu genieren, sondern nur dann, wenn es sich um nicht erarbeitete Einkünfte handelt. Hier, will mir scheinen, haben wir es mit einer massiv verbreiteten Abirrung der öffentlichen Meinung zu tun, derzufolge man durch ehrliche Arbeit keine Reichtümer erwerben könne, und folglich jeder, der reich und ohne materielle Not lebe, bis zu einem gewissen Grad ein Gauner, Betrüger oder Schmiergeldempfänger sein müsse.

Diese Besonderheit des heutigen Kollektivbewußtseins macht eine Wirtschaftsreform sehr schwierig, da viele Leute nicht nur selbst nicht nach intensiverer und effizienterer Arbeit und mehr Initiativbereitschaft streben und dieses Streben bei anderen verurteilen, sondern sogar direkt die Entwicklung solcher Erscheinungen mit den ihnen zur Verfügung stehenden Mitteln zu unterbinden suchen.

So ermöglicht z.B. der Familienleistungsvertrag (siehe Seite 86) in der Landwirtschaft ein sprunghaftes Ansteigen der Arbeitsproduktivität und einen Produktionszuwachs bei Lebensmitteln. Dennoch glauben nur 42% der Landbewohner, daß diese Produktionsform unbedingt weiterzuentwickeln ist. Ungefähr 30% der Befragten äußerten sich unentschieden, während 11% der Überzeugung waren, der Familienleistungsvertrag fördere nur „Neid und Habgier und zwinge die Leute dazu, ausschließlich für den persönlichen Vorteil zu arbeiten“ und sei daher für die sowjetische Gesellschaft ungeeignet. Dies weist darauf hin, daß viele Sowjetbürger allein die Tatsache, daß jemand viel verdient, negativ bewerten, unabhängig davon, wieviel seriöse und produktive Arbeit derjenige dafür aufwendet und was für einen großen Nutzen diese Arbeit der Gesellschaft bringt. Als Relikt der Ideologie der zwanziger und dreißiger Jahre entspricht dieser Argwohn gegenüber hohen Löhnen nicht mehr den heutigen Interessen der sowjetischen Gesellschaft und untergräbt die sozioökonomischen Evolutionsmöglichkeiten der UdSSR.

Die gravierende Nichtauslastung des kreativen, intellektuellen und, ich würde sagen, unternehmerischen Potentials der Arbeitskräfte tritt besonders klar zu Tage, sobald bei der Arbeitsentlohnung Systeme eingeführt werden, bei denen die Entlohnung in direktem Verhältnis zur erbrachten Leistung steht, wie z.B. als stücklohnbezogene Vergütung, in Form des Familienleistungsvertrags oder bei kleingenossenschaftlichen und individuellen Produktionsformen. Werden die wirtschaftlichen Beziehungen in dieser Weise grundlegend verändert, ändert sich auch die Einstellung der Menschen zur Arbeit, werden sie schöpferisch und unternehmerisch, und der Arbeitsertrag steigt (manchmal um ein Vielfaches).

Im Familienleistungsvertrag wird die Arbeit nach der erzeugten Produktion entlohnt; alle Fragen betreffend Produktion und Wirtschaftsführung werden selbständig gelöst. Die Erfahrung hat gezeigt, daß dadurch Arbeitseffektivität und -produktivität hinaufschnellen. In der sowjetischen Presse sind derzeit in Hülle und Fülle Beispiele für die Leistungsstärke der familienbetriebsähnlichen Arbeitsorganisation zu finden. Hier nur ein Beispiel aus der Zeitung Sowetskaja Rossija vom 10.12.1987: Die Familie Gluschkow hat unter Leistungsvertrag die Betreuung von 150 Kolchoskühen übernommen und erzielt eine durchschnittliche jährliche Milchproduktion von 5219 kg pro Kuh, während in der Kolchose gemeinhin 3175 kg erreicht werden. Das Gesamteinkommen der Familie betrug letztes Jahr im Monatsdurchschnitt ungefähr tausend Rubel, die übrigen Kolchosbauern kamen ungefähr auf die Hälfte. Gemeinsam mit vergleichbaren Fällen spricht dieses Beispiel dafür, daß unter den Bedingungen, die sich in unserer Wirtschaft eingebürgert haben, die meisten Arbeitskräfte nicht in ihrer vollen Kapazität ausgelastet sind.
Bezüglich des Brachliegens intellektueller und beruflicher Qualifikationen darf auch jene unnatürliche Erscheinung nicht unerwähnt bleiben, daß hochqualifizierte Kräfte sich um eine ihrem Niveau keinesfalls entsprechende einfache manuelle Tätigkeit bemühten. In der Erdöl- und Erdgasgewinnung und verschiedenen anderen Branchen betrug Mitte der achtziger Jahre der Anteil diplomierter Ingenieure unter den Arbeitern über zehn, manchmal bis zu fünfzehn Prozent. Die Ursache lag auf der Hand: damals verdienten Arbeiter viel mehr als Ingenieure, obwohl ihre Arbeit bedeutend einfacher und die Verantwortung und nervliche Belastung geringer waren. Arbeiter, die im Fernstudium eine Ingenieursausbildung absolviert hatten, legten die erworbenen Diplome in die Schublade und blieben an ihren alten Arbeitsplätzen. Fast niemand war bereit, den anscheinend interessanteren und angeseheneren Platz eines Meisters oder Ingenieurs einzunehmen. Bezeichnend ist, daß eine eigene Regierungsverordnung notwendig war, die es höherqualifizierten Kräften verbot, sich um die Stellen von Arbeitern zu bewerben. Sie wurde allerdings in der Praxis nicht befolgt und 1987 wieder aufgehoben.
Die Engpässe bei hochwertigen Nahrungsmitteln und Konsumgütern und die damit verbundenen Schwierigkeiten, das verdiente Geld in nützliche Waren und Dienstleistungen umzusetzen, brachten die Arbeitsmoral ins Wanken. Aber auch andere Faktoren

spielten eine Rolle, wie z.B. die Möglichkeit, sein persönliches Einkommen durch einfachen Arbeitsplatz- und/oder Domizilwechsel wesentlich zu verbessern, ohne eine höhere Leistung erbringen zu müssen, weiters die Einschränkungen, die jegliche Initiative erstickten, und das Vorherrschen von undemokratischen Organisationsstrukturen, Kommandostil und autoritären Verwaltungsmethoden sogar den besten Arbeitskräften gegenüber. Die meisten Menschen entfremdeten sich den öffentlichen Werten und strebten nicht mehr danach, gute Leistungen zu erbringen und das Gemeineigentum wirtschaftlich zu nutzen. Es machte sich jene völlige Gleichgültigkeit breit, die im Volksmund so treffend „allgemeine Elektrifizierung" genannt wird, eine Situation, in der jedem alles „bis zur Glühbirne" ansteht (die idiomatische Wendung „mir steht alles bis zur Glühbirne" bedeutet im Russischen soviel wie „es ist mir völlig gleichgültig").
Diese langen Jahre passiv-entfremdeter Existenz haben unzweifelhaft nicht nur das Verhalten der Leute in der Wirtschaft, sondern auch ihre Gewohnheiten und Wertvorstellungen, mit anderen Worten, ihre soziale Qualität als Arbeitskraft geprägt. Da sie am Arbeitsplatz ihrer Verantwortlichkeit enthoben wurden, verloren sie allmählich ihre Kompetenz und auch die Gewohnheit, rasch und zielstrebig zu arbeiten. Statt dessen traten Desinteresse und Untätigkeit auf. Entfremdung, Gleichgültigkeit, mangelndes Verantwortungsbewußtsein, Trägheit, Skepsis und manchmal auch Zynismus wurden zur allgemeinen Verhaltens- und Bewußtseinsnorm, verwandelten sich in allgemeingültige Richtlinien für alle Tätigkeitsbereiche.

Verschwenderisch ging man in der Wirtschaft nicht nur mit der Arbeitskraft, sondern auch mit den materiellen Grundlagen — Technik, Energie, Brenn-, Roh- und Werkstoffe etc. — um. In der sowjetischen Presse wimmelt es von Beispielen für empfindliche Verluste von kostbaren Materialien. So gehen durchschnittlich 20% des Zements, über ein Viertel der Agrarprodukte und mehr als die Hälfte der Holzproduktion verloren. In vielen Betrieben häufen sich neue Werkzeugmaschinen und Ausrüstungsgegenstände, die auf ihre Inbetriebnahme warten. Durch unsachgemäße Lagerung werden die Maschinen oft unbrauchbar und müssen ausgemustert werden, ohne jemals in Betrieb gewesen zu sein. Besonders bitter ist diese Pille bei importierten, um Devisen angekauften Maschinen. Am 1.10.1987 befanden sich in den Lagern der Ministerien und Behörden laut Informationen des Statistischen Staatskomitees brachliegende Anlagen im Wert von fast 15 Milliarden Rubel[13], darunter Importwaren im Wert von 4,8 Milliarden Rubel, wobei sich diese Summe von Jahr zu Jahr vergrößert hatte. Allein im Traktorenwerk von Altai betrug der Wert der ungenützten Anlagen Ende 1986 an die 14 Millionen Rubel (vgl. den Artikel „Schlafende Milliarden" in den Isvestija vom 5.12.87). Bei so einer Einstellung zum gesellschaftlichen Eigentum darf man sich kaum eine Zunahme des Wirtschaftswachstums erhoffen.

Die Entfremdung der Menschen vom Allgemeininteresse führt auch zu nicht wiedergutzumachenden Schäden an der Umwelt. Von Zerstörung bedroht ist der Aralsee; seine Rettung scheint äußerst problematisch. Das kontinuierliche Ignorieren ökologischer Probleme und die Bestrebungen der Landwirtschaft nach Ertragsmaximierung bewirkten das Austrocknen der Böden, aber auch ein Versiegen der lokalen Wasserreserven wie Bäche und Grundwasser. Andererseits kam es durch das Anlegen zahlreicher Fischteiche zu übermäßiger Wasserverdunstung, einem Ansteigen des Grundwasserspiegels und in der Folge zur Überschwemmung großer landwirtschaftlicher Nutzungsflächen und manchmal sogar bewohnter Gebiete. Unkontrollierte und in vielen Hinsichten unvernünftige Bewässerung senkte den Wasserstand in vielen Flüssen und erschwerte die Situation fast aller Binnengewässer und Einzugsgebiete aufs äußerste. Ein grundlegendes Umdenken in der Strategie des Wasserverbrauchs ist notwendig geworden.

In vielen Gebieten der ohnehin nicht sehr waldreichen europäischen Sowjetunion ist die Erhaltung der vorhandenen Waldreserven in eine äußerst kritische Phase eingetreten. Wasserstandssenkungen der Flüsse, Beeinträchtigung der Böden und Rückbildung der Waldstreifen, die bekanntlich der Verhinderung der Erosion und der Sicherung der landwirtschaftlichen Erträge dienen, hängen damit zusammen. Die Behörden weisen diesbezüglich darauf hin, daß der Ackerbau aufgrund der Chemisierung der Landwirtschaft angeblich keinen Wald mehr benötige. Unterdessen ist in der Steppenzone der Waldbestand bereits unter jene Schwelle gesunken, ab der eine relative Wetterunabhängigkeit der Ernteerträge gegeben ist.

Die Intensivierung des Ackerbaus ist nicht immer rationell und führt häufig zu Bodenerosion, wodurch die Landwirtschaft stark

[13] 100 Rubel = etwa 290 DM

in Mitleidenschaft gezogen wird. Der einstmals überaus reiche zentralrussische Schwarzerdegürtel hat in den letzten dreißig Jahren einen erheblichen Anteil der Humuserde verloren; die Stärke der fruchtbaren Humusdecke hat sich zudem wesentlich verringert. Alljährlich werden zur Schneeschmelze wertvolle Erdmassen weggeschwemmt, weil der Boden unsachgemäß behandelt wurde. Ungeheurer Schaden wird der Wirtschaft auch durch die Staubstürme zugefügt, die die angegriffene Erde aufwirbeln und die fruchtbarste Deckschicht abtragen. Die in steigendem Ausmaß eingesetzten Dünger und Herbizide führen zu Schadstoffansammlungen in Böden, Gewässern und Lebensmitteln. Immer wieder wird in der Presse über die Vernichtung oder Gefährdung von Fischbeständen und die Schlägerung wertvoller Waldungen sogar in Wasserscheidegebieten berichtet, was zu Erdrutschen auf abgeholzten Berghängen führen und das gegenüber äußeren Einflüssen sehr empfindliche ökologische Gleichgewicht stören kann.

Auf den ersten Blick sind diese Erscheinungen alle verschiedener Natur und ziehen unterschiedliche Konsequenzen nach sich. Doch in der Realität haben sie alle die gleiche Ursache, nämlich die Diskrepanz zwischen dem bestehenden Wirtschaftsmanagementsystem und den Geboten der Stunde. Auf dieses Mißverhältnis ist insbesondere auch die stetige Talfahrt der Wachstumsraten in Wirtschaft und Nationaleinkommen, die als erste die Aufmerksamkeit der Politiker und Wissenschafter erregt hatten, zurückzuführen. So betrugen die Zuwachsraten des Nationaleinkommens in den Jahren 1966—70 7,8%, 1971—75 5,7%, 1976—80 4,3% und 1981—85 nur 3,6%. Das landwirtschaftliche Bruttoprodukt nahm in denselben Zeiträumen um jeweils 3,9%, 3,5%, 1,7 und 1,1% zu. Ähnlich veränderten sich die meisten wichtigen volkswirtschaftlichen Kennziffern. Die Zuwachsrate für das reale Pro-Kopf-Einkommen zum Beispiel ging im Jahresschnitt der Zeiträume 1966—70 und 1981—85 von 5,9 auf 2,1% zurück. Ebenso, wenn nicht schlechter, stand es um das Qualitätsniveau der Erzeugnisse. So geriet die sowjetische Wirtschaft gegenüber den industrialisiertesten Staaten immer mehr ins Hintertreffen, und die sowjetischen Erzeugnisse wurden auf dem Weltmarkt immer konkurrenzunfähiger. Dadurch war die UdSSR gezwungen, den Exportanteil an Rohprodukten und natürlichen Ressourcen zu erhöhen.

Angesichts der Gesamtheit dieser Tendenzen schätzte der ZK-Generalsekretär der KPdSU Michail Gorbatschow den Zustand der sowjetischen Wirtschaft in der Mitte der achtziger Jahre zu Recht als vorkrisenhaft ein. Eine tiefgreifende Umgestaltung des gesamten gesellschaftlichen Steuerungssystems, angefangen bei der Wirtschaft, war notwendig. Doch bevor auf diese Reform selbst eingegangen werden kann, muß das sowjetische Wirtschaftsmanagementsystem der ersten Hälfte der achtziger Jahre kurz beschrieben werden.

Die sowjetische Wirtschaft am Vorabend der Reform

In ihren Zukunftsvisionen stellten sich Marx und Engels die sozialistische Wirtschaft wie eine Art „einzige Fabrik" vor, die unmittelbar vom Zentrum aus gesteuert wird und weder Geld noch Markt braucht. Das war allerdings ein Irrtum. In Wirklichkeit kann die sozialistische Wirtschaft nur dann funktionieren, wenn die Unternehmen untereinander und vom Hauptbesitzer des gesellschaftlichen Eigentums, dem Staat, wirtschaftlich abgegrenzt sind. Die Geschlossenheit des Wirtschaftssystems, d.h. die reibungslose Zusammenarbeit aller wirtschaftlichen Elemente, wird dabei durch die Kombination der vertikalen Verbindungen zwischen Staat und Betrieben einerseits und der horizontalen, zwischenbetrieblichen Verbindungen andererseits gewährleistet.
Die vertikale Koordination erfolgt zum einen durch direkte Weisungen, Bestimmungen und Befehle, die vom Staat an die Betriebe ergehen. So erhalten die Betriebe Planvorgaben für einzelne Produktsorten, weiters werden ihnen finanzielle Mittel und materielle Ressourcen zugeteilt (sogenannte Ausstattung oder Kontingentierung); es werden ihnen konkrete Zulieferfirmen zugewiesen; der „überschüssige" Gewinn wird abgeschöpft und geht in den Staatshaushalt über etc. Ebenfalls vertikal, aber in die entgegengesetzte Richtung, erfolgen die Rückmeldungen der Unternehmen an den Staat, so z.B. Vorschläge, gewisse Planpositionen durch andere zu ersetzen, Zustimmung oder Ablehnung verschiedener Vorschriften, Ansuchen um Zuteilung zusätzlicher Ressourcen, Investitionsvorschläge etc. Was nun die horizontalen Verbindungen betrifft, so dienen diese hauptsächlich dem zwischenbetrieblichen Austausch von fertigen Erzeugnissen, Produktionsressourcen, Dienstleistungen und Information. Die Vertikalverbindungen spiegeln in erster Linie das zentralisierte Planungsgefüge wider, während die Querverbindungen den Marktbeziehungen entsprechen.
Kein funktionierendes Wirtschaftssystem der Welt baut heute ausschließlich auf den Horizontal- oder Vertikalverbindungen auf, d.h., es gibt derzeit weder ein rein planwirtschaftliches noch ein rein marktwirtschaftliches System. In jedem Fall werden — allerdings in unterschiedlichem Ausmaß — beide Verbindungstypen eingesetzt, wobei ihre jeweilige Bedeutung und die Art der Kombi-

nation variieren. In der kapitalistischen Wirtschaft sind die Marktbeziehungen ausschlaggebend, die nicht nur die Produktion, sondern auch die Arbeitskräfte, die finanziellen Ressourcen etc. beherrschen. Staatliches Eingreifen hat hier nur eine unterstützende Funktion. In der sozialistischen Wirtschaft hingegen spielen die zentralisierte Planung und Verwaltung die Hauptrolle, während die Marktbeziehungen einen bescheideneren Platz einnehmen. Doch die in der sowjetischen Gesellschaftswissenschaft weit verbreitete Vorstellung, daß die sozialistische Wirtschaftsführung das Eingreifen von Marktbeziehungen prinzipiell, als „ihrem Wesen widersprechend", ausschließen soll, ist nicht fundiert. Nach wie vor fügt sie der sowjetischen Wirtschaftsentwicklung enormen Schaden zu.

Das grundlegende Kennzeichen der sozialistischen Wirtschaft ist das gesellschaftliche Eigentum an Produktionsmitteln. Doch die Vergesellschaftung der Produktion stellt hier keineswegs einen Selbstzweck dar, sondern nur ein wirksames Mittel zur Verwirklichung sozialistischer Ziele. Ansonsten präjudiziert sie an und für sich keine streng bestimmten wirtschaftlichen Organisationsformen, sondern läßt einen breiten Spielraum offen für Suche, Approbation und Auswahl jener Arten von ökonomischen Beziehungen, die dem wirtschaftlichen Entwicklungsstand, dem Sozialgefüge der Gesellschaft und der Lösung offener Probleme am ehesten angepaßt sind. Die Hauptfunktion der Vergesellschaftung der Produktionsmittel ist es, der Demokratie in der Gesellschaft eine wirtschaftliche Basis zu geben. Diese Funktion kann sie jedoch in der Praxis nur dann erfüllen, wenn die ganze Kette der Eigentumsbeziehungen — Besitz, Verfügungsgewalt und Nutzung — demokratisch organisiert wird und die Produktionskollektive selbstverwaltet und in den ökonomischen Beziehungen untereinander gleichberechtigt sind. Dabei ist es in der Regel so, daß in der Nutzung des sozialistischen Eigentums ein umso höherer Grad an Demokratie erreicht wird, je pluralistischer Besitz und Nutzung der Produktionsmittel organisiert sind, je bunter das Spektrum der Wirtschaftsbeziehungen und je größer die Bandbreite der ökonomischen Strukturen ist. In der ganzen bisherigen Evolution der sowjetischen Wirtschaft zeigt sich, daß ein Höchstmaß an Effizienz und Planmäßigkeit nicht durch Einschränkungen und Vereinheitlichung, sondern im Gegenteil durch Differenzierung und Vielfalt der Wirtschaftsbeziehungen, vor allem aber durch die Entwicklung der Marktbeziehungen erreicht wird.

Die Meinung, daß einzig der Staat Besitzer des sozialistischen Eigentums sein könne, ist fehl am Platz. In Wirklichkeit können und müssen staatliche Betriebe, Kolchosen, lokale Machtträger (Sowjets der Volksdeputierten), öffentliche Organisationen (Partei, Komsomol, Gewerkschaften etc.), gesellschaftliche Fonds (Kultur-, Kinder-, Umweltschutzfonds u.ä.), kleine Wirtschaftskooperativen und -genossenschaften, Vertragskollektive u.v.a. als Besitzer auftreten. Sie alle müssen in der sozialistischen Wirtschaft gleichberechtigt und ohne gegenseitige Unterordnung in partnerschaftlichen Geschäftsbeziehungen und fairem Wettbewerb zueinander stehen. Dabei kann sich dieses Beziehungssystem in der Praxis auf zweierlei Weise entwickeln. Entweder sind die von Planungs- und leitenden Stellen geknüpften Verbindungen ausschlaggebend, dann erhält das Beziehungssystem einen administrativbürokratischen Charakter. Oder aber die direkten Verbindungen zwischen den Produzenten in Form von Marktbeziehungen spielen eine wichtigere Rolle, dann wird das System demokratischer, flexibler und wirkungsvoller.

In der Tat ist es so, daß der „klassische Markt“ ungeachtet aller ihm eigenen Beschränkungen eine demokratische (und folglich unbürokratische) ökonomische Einrichtung ist. In seinem Beziehungssystem sind alle Teilnehmer zumindest formell gleichberechtigt. Käufer und Verkäufer gehen von ihren eigenen Interessen aus, und niemand kann sie zwingen, ein unerwünschtes Geschäft abzuschließen. Die Käufer wählen ungebunden jene Verkäufer aus, die ihnen dic nötigen Waren zu den vorteilhaftesten Bedingungen anbieten, doch auch die Verkäufer können die Kunden, die bereit sind, einen hohen Preis zu bezahlen, vorziehen. Natürlich sind die äußerliche Demokratie und „Gerechtigkeit“ auf dem Markt mit großer sozialer Härte verbunden: der Markt bereichert die einen und ruiniert die anderen, und das oft unabhängig von der wirklichen Effizienz ihrer Tätigkeit. Hier wirkt sich das mit dem Markt untrennbar verbundene Gesetz des Zufalls aus. Doch im großen und ganzen gewinnen jene Unternehmen, Gemeinschaften und Personen, die besser arbeiten, vernünftiger und sparsamer wirtschaften, für den technischen Fortschritt und die Entwicklung der Nachfrage offener sind. Letztendlich trägt der Marktmechanismus trotz der durch ihn bedingten Sozialkosten zu einer effizienten wirtschaftlichen Entwicklung bei.

Aufgabe der sozialistischen Gesellschaften ist es nun, die Vorteile des zentralisierten Wirtschaftsmanagements beizubehalten und gleichzeitig konkrete Methoden ausfindig zu machen, mit denen zusätzlich die Marktmechanismen aktiviert werden können, oder, anders ausgedrückt, das vertikale Verbindungssystem mit einem hochentwickelten Netz horizontaler Verbindungen zu ergänzen. Es kommt natürlich überhaupt nicht in Frage, wie das von westlichen Journalisten manchmal behauptet wird, die Planwirtschaft durch eine Marktwirtschaft zu ersetzen. Selbst auf seiner höchsten Entwicklungsstufe bleibt die Steuerung des sozialistischen Marktes der starken Einflußnahme der staatlichen Wirtschaftsstrategie ausgesetzt. Gleichzeitig muß aber betont werden, daß diese Strategie selbst unbedingt von der Kenntnis der objektiven Marktgesetze ausgehen muß und diesen Gesetzen nicht nur nicht entgegenwirken darf, sondern sie im Gegenteil im Interesse der Gesellschaft anwenden muß. Nur in diesem Fall kann die Kombination von Plan- und Marktwirtschaft wirkungsvoller werden als das einseitige Vorherrschen entweder der Plan- oder der Marktbeziehungen.

Das größte Problem ist die Frage, wie die nötige Kombination unter Beibehaltung der jeweils relevantesten Merkmale erreicht werden kann, ohne daß diese deswegen in einen Widerspruch zueinander geraten und unüberwindbare Gegensätze entstehen. Bisher ist es noch keinem Land mit zentralisierter Planwirtschaft gelungen, diese Frage endgültig zu beantworten, obwohl bereits viele positive Erfahrungen gesammelt wurden. Erinnern wir in diesem Zusammenhang an die sehr erfolgreiche Entwicklung der ungarischen Wirtschaft in den siebziger und der chinesischen in den achtziger Jahren.

Was die UdSSR betrifft, so war das bis zuletzt geltende wirtschaftliche Managementsystem nicht auf ein Zusammenwirken der plan- und marktwirtschaftlichen Hebel ausgerichtet. Die senkrechten Befehlsleitungen, die von bürokratischen Strukturen gelegt wurden, unterdrückten völlig die zwischen den Produzenten existierenden Querverbindungen, die formell an Marktbeziehungen erinnerten.

Einzelne Gruppen sowjetischer Wissenschafter stimmen zwar darin überein, daß dieses System nunmehr überholt sei, und fordern eine Änderung, haben aber divergente Ansichten bezüglich deren Inhalt und Ausführung. Einige davon halten die Einführung eines administrativ-autoritären Systems wie in den dreißiger Jahren für richtig, notwendig und fortschrittlich. Als positiv herausgestrichen werden dabei verschiedene Möglichkeiten, so z.B., hochgesteckte, langfristige Ziele durch die Konzentration aller landesweit vorhandenen Ressourcen zu verwirklichen, rasch neue Branchen und Produktionszweige zu implantieren oder einen namhaften Teil des Nationaleinkommens durch das Staatsbudget operationell umzuverteilen. Als Beweise für die Effizienz dieses Modells werden die in einem historisch kurzen Zeitraum und faktisch aus dem Nichts geschaffene Industrialisierung in den dreißiger Jahren, die rasche Entwicklung der Verteidigungsindustrie in den Kriegsjahren u.ä. angeführt. Eine andere Gruppe von Wissenschaftern, deren Meinung auch ich teile, geht allerdings davon aus, daß die Fortsetzung der Leninschen Neuen Ökonomischen Politik (NEP) — die auf die Kombination zentralisierter Planung mit der Entwicklung des Marktes abzielte — es in den dreißiger Jahren ermöglicht hätte, dieselben Aufgaben mit größerem wirtschaftlichen Erfolg und unvergleichlich geringeren sozialen und politischen Opfern zu erfüllen.

Weiters erörtern die Wissenschafter auch die Frage, ob es vertretbar sei, das heutige Wirtschaftssystem mit dem der dreißiger Jahre gleichzusetzen. Einerseits hat die These, daß beide Systeme im Grunde genommen gleich sind, d.h. in allen wesentlichen Merkmalen übereinstimmen und nur Detailunterschiede aufweisen, in weiten Kreisen Gehör gefunden. Andererseits hat eine tiefergehende Analyse mehrere Forscher zu dem Schluß geführt, daß die Ähnlichkeiten eher äußerlicher Natur sind. So weist B. P. Kuraschwili darauf hin, daß der Wirtschaftsmechanismus der dreißiger Jahre ein systematisches, in sich geschlossenes und relativ wirkungsvolles Mittel zur Erreichung der damals gestellten Ziele war. Die im Laufe der Jahrzehnte hinzugekommenen zusätzlichen bürokratischen Institutionen und Normen haben jedoch, zusammen mit der nachhaltigen Veränderung der wirtschaftlichen Grundlagen, eine innere Uneinheitlichkeit und Funktionsuntüchtigkeit des gegenwärtigen Systems herbeigeführt. In der Folge hat sich das Wirtschaftssystem der achtziger Jahre, äußerlich gleichbleibend, in eine innerlich zersetzte Imitation des Vorkriegssystems verwandelt, seine Fähigkeit, eine effiziente wirtschaftliche Entwicklung zu sichern, verloren und ist zu einem Hemmschuh des wissenschaftlich-technischen und sozioökonomischen Fortschritts geworden. Der innerlich verfaulte Stamm sieht äußerlich normal aus, ist aber in Wirklichkeit nicht mehr in der Lage, Blüten oder Früchte hervorzubringen.

Doch wenn vom ehemaligen System nur die äußere Form übrig ist, wie wird die sowjetische Wirtschaft, die Hunderte Branchen, viele

Tausende Produktionszweige und Hunderttausende Betriebe zählt, dann gesteuert? Die Tatsache, daß sie nicht nur nicht zusammenbricht, sondern sich sogar (wenn auch ungenügend) weiterentwickelt, weist darauf hin, daß sich unter der Hülle, die seit den dreißiger Jahren beibehalten wurde, ein neues System von Beziehungen und ökonomischen Hebeln entwickelt und das alte allmählich abgelöst hat. Indem sie diese Hypothese aussprachen, stellten sich die jungen sowjetischen Wirtschaftswissenschafter P. O. Awen und W. M. Schironin die Aufgabe, die tatsächliche soziale Grundlage des aktuellen sowjetischen Wirtschaftssystems zu erforschen. Unter Zuhilfenahme der Methoden ökonomischer und soziologischer Analyse kamen sie zu dem Schluß, daß das gegenwärtige System nicht so sehr eine „Kommandowirtschaft" darstellt, wie gemeinhin angenommen wird, sondern eher einer „Verhandlungswirtschaft auf Gegenseitigkeit" zwischen Behörden und Betrieben entspricht.

Eine wirkliche Kommandowirtschaft wird in der Tat nach Meinung dieser Autoren durch drei Hauptmerkmale gekennzeichnet, und zwar: a) eine relativ vollständige und richtige Information der Verwaltungsinstanzen über die Möglichkeiten der untergeordneten Organe; b) Erteilung von Befehlen und Weisungen durch die Führungsgruppen; c) strenge Verantwortlichkeit der untergeordneten Organe bei Nichterfüllung der Befehle und Weisungen.

Zu Beginn der dreißiger Jahre trafen diese Bedingungen mehr oder weniger zu. Doch seither ist die sowjetische Volkswirtschaft unendlich komplexer geworden. Aus diesem Grund ist an der Führungsspitze eine durchaus verschwommene Vorstellung von den realen Möglichkeiten und Ressourcen der Produktionsvereinigungen und Betriebe vorhanden. Wird jedoch die erste der obengenannten Bedingungen nicht erfüllt, sind auch die anderen hinfällig. Folglich kann das „klassische" Kommandosystem unter den heutigen Umständen nicht existieren. Indessen müssen die leitenden Organe wenigstens ein Mindestmaß ihrer Funktionen erfüllen. Darum sind sie genötigt, bewußt oder unbewußt, offen oder heimlich, zu einer neuen Form, nämlich den Verhandlungen auf Gegenseitigkeit, überzugehen.

Im Rahmen dieses Systems erteilen nicht einfach die oberen Instanzen Befehle an die unteren (obwohl auch diese „artreine" Form der Befehlserteilung erhalten bleibt), sondern beginnen mit ihnen eine Art Dialog, der zu einer beide Seiten zufriedenstellenden Vereinbarung führt. Im Zuge der Verhandlung operiert jeder

Teilnehmer mit den spezifischen potentiellen Werten, über die er verfügt. Bei den Entscheidungsträgern sind das vor allem die zu verteilenden materiellen Ressourcen, Gelder, zentralisierte Investitionsvorhaben, Preise bei neuen Erzeugnissen, Normrichtlinien zur Gewinnverteilung zwischen Betrieb und Staat, verschiedene Anreizmethoden für wirtschaftliche Führungskräfte, Beförderung auf höhere Posten etc. Mit diesen Druckmitteln besteht „oben" die Möglichkeit, Entgegenkommen von „unten" zu belohnen und Widerspenstigkeit und Aufbegehren zu bestrafen.

Die untergeordneten Instanzen und insbesondere die Betriebe verfügen bei der Verhandlung über Argumente wie Annahme (oder Ablehnung) des vorgegebenen Plansolls, Bereitschaft, zusätzliche Aufgaben und höhere Gegenpläne zu übernehmen oder an periodischen Kampagnen z.B. zur Entlastung der Landwirtschaft bei Erntearbeiten oder der Bauwirtschaft bei Arbeitsspitzen teilzunehmen etc. Es ist bemerkenswert, daß als Argumente aber nicht nur reale Fakten, sondern auch z.B. leichtfertig gegebene Versprechen bezüglich noch nie dagewesener Ernten, der Erschließung von Spitzentechnologien, der Inbetriebnahme von ständig verzögerten Bauobjekten etc. gelten. Nachdem die Wirtschaftsfunktionäre bei den Verhandlungen um die Produktionspläne und die Kontingentierung mit Ressourcen keine klare Vorstellung von den Möglichkeiten der Betriebe haben, sind die diesbezüglich entstehenden Beziehungen verschwommen und flexibel und mit keiner besonders strengen Verantwortung der Partner für die Einhaltung der Verpflichtungen verbunden.

Das beschriebene System stellt eine Art Hybridprodukt aus dem zentralisierten planwirtschaftlichen und dem marktwirtschaftlichen System dar, wobei es sich um einen spezifischen, veränderten Markt handelt, in dem nicht mit klassischen Begriffen wie Ware, Qualität und Preis operiert wird, sondern mit den zur Verfügung stehenden Möglichkeiten, auf die Funktionsbedingungen des Partners einzuwirken. Die tatsächlichen wirtschaftlichen und sozialen Eigenschaften dieser merkwürdigen Mischung sind zur Zeit noch kaum untersucht und beschrieben. Ihre Analyse ist eine der wichtigsten Aufgaben einer für die UdSSR neuen wissenschaftlichen Disziplin, der Wirtschaftssoziologie. Allerdings ist auch ohne spezielle Studien klar, daß die „gegenseitige Verhandlungswirtschaft" der achtziger ebenso wie die Kommandowirtschaft der dreißiger Jahre in ausschlaggebender Weise von den vertikalen Verbindungen zwischen Führungsgruppen und Untergebenen bestimmt wird und Querverbindungen zwischen gleichberechtigten Wirtschaftseinheiten kaum bestehen.

Konkrete Merkmale des wirtschaftlichen Managementsystems, das jetzt reformiert werden soll, wurden öfters in der sowjetischen und ausländischen Literatur beschrieben. Ihre genaue Analyse ist nicht Gegenstand dieses Buches. Trotzdem muß das erwähnte System zumindest in seinen Grundzügen beschrieben werden, um eine bessere und genauere Vorstellung von den sozialen Problemen der Perestroika zu ermöglichen.
Der wesentliche Widerspruch dieses Systems besteht, wie mir scheint, in der wirtschaftlichen und rechtlichen Abschottung der Betriebe voneinander, wobei bei der Steuerung ihrer Tätigkeit von Seiten des Staates administrativ-bürokratische Methoden dominieren. Die Quintessenz dieses Widerspruches liegt darin, daß die Betriebe einerseits wirtschaftlich voneinander abgeschottet sind und andererseits aber jeweils mit einem gewissen Anteil an gesellschaftlichem Eigentum ausgestattet und verpflichtet werden, diesen effizient zu nutzen, was eine breite Entwicklung der direkten Beziehungen zwischen den Produzenten, d.h. einen funktionierenden Markt, voraussetzt. Die auf einer detaillierten, adressierten Planung aufbauenden administrativen Verwaltungsmethoden können jedoch per definitionem objektive ökonomische Gesetze, Marktgesetze eingeschlossen, nicht berücksichtigen. Das Wirtschaftssystem sitzt demnach gewissermaßen zwischen zwei Stühlen, was bekanntlich nicht gut ist. Untersuchen wir, in welchen konkreten Formen sich dieser Widerspruch niederschlägt.

1. Zu den größten Effizienzreserven zählt der Wunsch der Produzenten, eine Produktionspalette zusammenzustellen, mit der sie die vorhandenen Ressourcen optimal nutzen und die Nachfrage nach Mangelware befriedigen können. Nun werden aber in der UdSSR Volumen, Sortiment, Fristen und Verfahren der Produktion in der überwältigenden Mehrheit der Fälle den Betrieben in Form von verbindlichen staatlichen Plänen, die Gesetzeskraft haben, vorgeschrieben. Die zentralen Planungsorgane und sogar die lokalen Behörden verfügen aber über keine hinreichend breite und zuverlässige Informationsbasis bezüglich der Bedingungen der Wirtschaftsführung jedes Betriebes und insbesondere der ihnen zur Verfügung stehenden Ressourcen. Auch über das Ausmaß der wirklichen Bedürfnisse der Gesellschaft an Ausrüstungsgegenstän-

den, Roh- und Werkstoffen, Konsumgütern und Lebensmitteln besitzen sie nur eine ungefähre Vorstellung. Unter diesen Bedingungen ist die einzig zuverlässige Methode zur Erstellung von Planzielen die berüchtigte „Soll-aus-Ist-Planung", bei der das Plansoll aufgrund des Produktionsvolumens des Vorjahres plus 2—4% Zuwachs errechnet wird. Bei dieser Planungsmethode wird vorausgesetzt, daß das Unternehmen mit vertretbaren Anstrengungen unter beliebigen Wirtschaftsbedingungen seine Aufgabe wahrnehmen kann und die verhältnismäßig schwach ansteigende Produktion immer Käufer finden wird. Der tatsächliche Einfluß der Verbraucherbetriebe und ihrer zahlungsfähigen Nachfrage auf die Produktionsstruktur wird hingegen fast zur Gänze ausgeklammert. Formell scheinen die Bedürfnisse der Betriebe an Produktionsressourcen zwar in deren Bestellungen bei den Planungsorganen auf, sind aber verzerrt. Bei den Betrieben besteht nämlich einerseits die Tendenz zu ausufernden Bedarfsmeldungen, damit der Bedarf bei Verknappungserscheinungen zumindest teilweise gedeckt wird. Andererseits sind die Betriebe über neue Erzeugnisse, die sie im Prinzip bestellen könnten, oft nicht informiert, wodurch der wirtschaftliche Anreiz zur Einführung der erforderlichen Erzeugnisse ausbleibt. Was die Nachfrage der Bevölkerung betrifft, so wird diese fast nicht erforscht, und das Sortiment an Leichtindustriewaren und Lebensmitteln bleibt jahrelang praktisch unverändert.

Da sie durch den Plan streng reglementiert sind, haben die Betriebe nicht das Recht, Produktionsvolumen und -sortiment eigenmächtig zu verändern, selbst wenn sie über Ressourcen verfügen, die ihnen eine absatzorientierte Produktion zu den günstigsten Bedingungen ermöglichen würde. Übrigens werden sie dazu auch nicht besonders motiviert. Denn ihre Tätigkeit wird fast ausschließlich anhand der Erfüllung des Plansolls (das in der Regel mit Volumen- oder sogenannten Bruttokennziffern in Rubel, Tonnen, Meter etc. ausgedrückt wird) beurteilt. Das Ausmaß der Planerfüllung stellt ein weitaus wichtigeres Kriterium zur Honorierung oder Maßregelung der Arbeitskollektive dar als wirtschaftliche Faktoren wie die erreichte Gewinnspanne oder Rentabilitätszu- oder -abnahme. In der Praxis führt dieses Planungssystem zur berüchtigten Tonnenideologie auf Kosten von Qualität und Angebot. In der Folge wird mit der massiven Erzeugung nicht gefragter Güter an den Engpässen bei vielen lebensnotwendigen sowie zeitgemäßen und qualitativ hochwertigen Gütern vorbeiproduziert.

2. Die Erzeugnisse sozialistischer Betriebe werden auf Austauschbasis veräußert, das heißt entweder an andere Betriebe (bei Maschinen, Geräten, Energie, Rohstoffen) oder an Großhandelshäuser gegen Bezahlung abgegeben. Formal existieren demnach Kauf- und Verkauf- und somit also Marktbeziehungen. Allerdings werden die Preise nicht durch gegenseitige Vereinbarung, sondern zentral festgesetzt. Sie werden von einem eigens dafür geschaffenen Staatlichen Komitee für Preise erarbeitet und bestätigt. Dieses kann freilich „nur“ einige zehntausend Preise pro Jahr fixieren, während die Gesamtmenge der Preise für die verschiedenen Warensorten in Millionen angegeben wird. Doch die Waren, deren Preise zentral festgelegt werden, machen den größten Teil des Bruttosozialproduktes aus.
Anhand welcher Methode werden nun die Preise erstellt? Normalerweise müßten Kriterien wie der gesellschaftlich notwendige Produktionsaufwand jeder Warenart, die relative Nützlichkeit gleichartiger Waren, aber auch das Verhältnis von Angebot und Nachfrage herangezogen werden. Doch über die dafür notwendigen Informationen verfügt das Staatliche Preiskomitee nicht, umso weniger, als der Sättigungsgrad an ein und derselben Ware zwischen den verschiedenen Regionen, zwischen Stadt und Land etc. stark schwankt. Der Ausweg aus der Situation ist einfach: das Unternehmen, das eine neue Produktion übernimmt, liefert dem Preiskomitee seine Aufstellung der Stückkosten, die Kostenrechnung wird „überprüft“ (obwohl keine dafür relevanten Daten vorhanden sind) und bestätigt, anschließend wird eine bestimmte Gewinnspanne hinzugerechnet und — der Preisvorschlag ist fertig. Bei diesem Preisbildungsverfahren ist gefragte und hochwertige Ware oft billiger als zweitklassige und absatzschwache. Außerdem entsteht bei den Betrieben Interesse daran, die Produktionskosten möglichst hoch zu halten, da die Gewinnspanne als Prozentsatz der Produktionskosten errechnet wird.
Ein wichtiges Kennzeichen des aktuellen Preisbildungssystems ist das Bestreben, einmal fixierte Preise stabil zu halten. Die Motivation ist durchaus verständlich: keine inflationären Tendenzen zuzulassen. Doch diese tauchen in der Praxis ohnehin auf, indem sie die etablierten Festpreise gleichsam umgehen. Dies kann mit Hilfe einer formalen Erneuerung des Warensortiments geschehen, dem Austausch gewisser Modelle, Sorten und Größen durch andere, leicht veränderte bei einer gleichzeitigen Preisneugestaltung. Im Endeffekt entstehen dadurch unzulässige Unterschiede in der Ren-

tabilität (oder Unwirtschaftlichkeit) der Produktion verschiedener Waren. Je länger ein bestimmtes Erzeugnis bereits produziert wird, desto unvorteilhafter ist das in der Regel für das Unternehmen, auch wenn es sich um ein für Bevölkerung oder Industrie unentbehrliches Produkt handelt. So geht der unerläßliche Zusammenhang zwischen der Arbeitsqualität und dem Bedarf an einer Ware einerseits und den verzeichneten wirtschaftlichen Erfolgen andererseits verloren. Der allgemeine Preisindex jedoch, sowohl für Produktionsmittel als auch für Konsumgüter, steigt ohnehin an, zudem noch schneller, als dies bei freier Preisvereinbarung zwischen Käufer und Verkäufer der Fall wäre.

3. Indem der Staat den Betrieben einen konkreten Produktionsplan auferlegt, verpflichtet er sich auch, den Absatz der Produktion zu gewährleisten. Zu diesem Zweck wird jedem Unternehmen eine Abnehmerliste für seine Produkte überstellt. Eben dadurch wird jede wie auch immer geartete Konkurrenz zwischen Betrieben mit vergleichbaren Erzeugnissen ausgeschlossen. Der Abnehmer hingegen kann sich nicht den günstigsten und zuverlässigsten Lieferanten aussuchen, sondern muß das nehmen, was ihm geliefert wird. Die Lage verschärft sich noch dadurch, daß die Bezahlung der Zulieferfirma in der Regel sofort nach Einlangen der Versandpapiere durch die Bank erfolgt, d.h. noch bevor der Abnehmer überprüfen kann, ob die gelieferten Waren in Qualität und Vollständigkeit den Abmachungen entsprechen. In der Folge erweist sich ein bedeutender Teil der eingetroffenen Waren als nicht funktionstüchtig und muß vom Käufer erst einsatzbereit gemacht werden. Dies ist besonders in der Landwirtschaft häufig der Fall, wo die Beschäftigten fabriksneue, soeben erst gelieferte Traktoren und Landmaschinen zerlegen, die fehlenden Teile einsetzen, reparieren, wieder zusammenbauen und an die entsprechenden Normen anpassen müssen.
Selbstverständlich wissen und können die Planungskomitees auf Unions- und Republiksebene auch nicht wissen, was jeder Betrieb an diesen und jenen Produktionsmitteln braucht. Offenkundig übertriebene Anforderungen werden nicht ernstgenommen; zudem würden zu ihrer Erfüllung ohnehin keine noch so großen Vorräte ausreichen. Letztendlich werden die Anforderungen nur teilweise erfüllt, wobei sich die zugeteilten Mittel (die einen Teil der Bestellung ausmachen) nur in den seltensten, dem Zufall zu verdankenden Fällen mit den tatsächlichen Bedürfnissen der Betriebe (die

ebenfalls nur einen Teil ausmachen) decken. Viel häufiger erhalten sie zuviel von der einen und zuwenig oder gar nichts von einer anderen Art von Roh- und Werkstoffen. In der allgemeinen Verknappungssituation nehmen die Betriebe alles, was ihnen zugeteilt wird und legen auf diese Weise einen „Polster“ an, um sich gegen Versorgungsengpässe abzusichern, aber auch, um sie bei anderen Betrieben gegen fehlende Mittel einzutauschen.
In der Folge bildet sich ein unkontrollierbarer Naturalienmarkt, dessen Funktion es ist, die Schwächen des zentralisierten Versorgungssystems zu kompensieren. Auf diesem Markt tauschen die Betriebe Maschinen, Anlagen, Rohstoffe aus, und in den meisten Fällen, ohne diese Operationen in Geld umzusetzen und in der Buchführung festzuhalten. Ziegel werden gegen Zement, Schafe gegen Kohle und Holz gegen Treibstoff getauscht. Auf der Tagesordnung steht bei vielen Betrieben, die über knappe Rohstoffe und Materialien verfügen, die Verwendung der Arbeitskräfte jener Unternehmen, denen die betreffenden Produkte fehlen. Um die erforderlichen Waren zu erhalten, ist ein Betrieb nicht selten gezwungen, ein Dutzend seiner Mitarbeiter einen oder zwei Monate herzuleihen (wofür er natürlich einen Arbeitskräfteüberschuß benötigt). Die Unkontrollierbarkeit dieses Naturalienmarktes und die fehlenden Aufzeichnungen in der Buchführung führen zur Entwicklung der Schattenwirtschaft und zum Auftauchen einer Gruppe von Unternehmern, die sich an der schwierigen Versorgungslage bereichern. In hohem Ausmaß wird unter diesen Umständen sozialistisches Eigentum entwendet, unter anderem auch getarnt als „Austausch“ von Ressourcen, als gegenseitige wirtschaftliche Hilfe etc. So versucht das administrativ-bürokratische Wirtschaftsmanagement auf der einen Seite, die Marktbeziehungen bei der Tür hinauszujagen, aber diese schleichen sich auf der anderen Seite beim Fenster wieder ein, zudem in einer eher unschönen Form.

4. Das vom Staat wirtschaftlich abgegrenzte Unternehmen, das für die Nutzung der zugewiesenen Ressourcen zur rechtlichen und wirtschaftlichen Verantwortung gezogen wird, müßte logischerweise die Möglichkeit haben, frei über die Mittel zu verfügen, die ihm nach Erfüllung seiner Verpflichtungen gegenüber dem Staat noch übrig bleiben. Insbesondere müßte es selbständig den Lohnfonds für seine Beschäftigten festsetzen und dessen Verteilung übernehmen. In Wirklichkeit werden die Lohnfonds zentralisiert gebildet und den Betrieben durch die entsprechenden Verwaltungs-

organe zugeführt. Untersuchungen haben gezeigt, daß die Höhe eines Lohnfonds in erster Linie von zwei Faktoren abhängt, nämlich vom geplanten Personalbestand und dem durchschnittlichen Lohn eines Beschäftigten im Vorjahr. Daraus geht hervor, daß auch hier dieselbe Methode der „Soll-aus-Ist-Planung“ vorherrscht, die den Zusammenhang zwischen effektiver Arbeitsqualität und Entlohnung der Belegschaft stört. Es stimmt zwar, daß der tatsächliche Lohnfonds das geplante Niveau übersteigen darf, doch nur in strenger Abhängigkeit von der (in „Bruttokennziffern“ ausgedrückten) Zuwachsrate der Arbeitsproduktivität. Rein wirtschaftliche Resultate hingegen, wie z.B. Steigerung der Verkaufserlöse, Ausgabenverringerung oder höheres Rentabilitätsniveau, haben auf die Höhe des Lohnfonds praktisch keine Auswirkungen.

Dem muß hinzugefügt werden, daß, sollte ein Betrieb einmal einen Teil seines geplanten Lohnfonds nicht ausnützen, der Rest ohne Entschädigung ins Staatsbudget überführt wird und im darauffolgenden Jahr dementsprechend weniger Mittel vorgesehen werden. Deswegen hat es überhaupt keinen Sinn, bei den Löhnen zu sparen, sondern es ist äußerst wichtig, unter allen möglichen Vorwänden bei den Planungsbehörden eine Erhöhung des Lohnfonds zu erreichen. So wird nicht eine sparsame, sondern eine verschwenderische Geschäftsgebarung gefördert, während der Zusammenhang zwischen Entlohnung der Arbeitskräfte und erbrachter Leistung eigentlich auf ein Minimum reduziert wird.

Eine der Konsequenzen aus diesem Sachverhalt ist, daß die meisten Betriebe eine Arbeitskräftereserve für deren Einsatz in bestimmten Situationen aufbauen. Die „Soll-aus-Ist-Planung“ des Lohnfonds ermöglicht dies, und Gründe dafür sind bei den Betrieben zur Genüge vorhanden. Es fängt damit an, daß die Gehälter der Direktoren und leitenden Fachkräfte von der Betriebskategorie abhängen, die ihrerseits anhand des Personalbestandes bestimmt wird. Demnach kann ein Betrieb, der sich der überflüssigen Arbeitskräfte entledigt, in eine niedrigere Kategorie gereiht werden und damit wesentliche Vergünstigungen verlieren. Sprunghafte Planungsweise, ständige Berichtigungen der Vorgaben, Unregelmäßigkeit in der materiellen und technischen Versorgung, die nur quartalweise genau geplant wird, ständige Abstellungen von Arbeitskräften zur Aushilfe in der Landwirtschaft, auf Baustellen oder in Gemüselagern — all das stimuliert die Betriebe, an sich unnötige Arbeitskräfte zu behalten, die vom ökonomischen Standpunkt her nicht einmal ihr eigenes Gehalt einarbeiten.

Die ausnahmslose Strenge, mit der die Verwendung des Lohnfonds kontrolliert wird, und das kategorische Verbot, diesen Fonds mit Mitteln zu dotieren, die für andere Zwecke vorgesehen sind, deutet auf die Koexistenz zweier verschiedener, gegeneinander nicht konvertierbarer „Währungen" in der sowjetischen Wirtschaft hin, nämlich des Bargeldes, das für die Arbeitsentlohnung verwendet wird, und der Verrechnungsgelder, mit denen alle anderen Ausgaben getätigt werden. Währungseinheit ist in beiden Fällen der Rubel, doch Bar- und Giralgelder können einen ganz verschiedenen Wert haben. Erstere werden hoch bewertet und streng gehütet, letztere hingegen sind leichter zu erlangen als das, was damit gekauft werden kann. Unbare Gelder kann gewöhnlich ein übergeordneter Organismus anweisen, der daran interessiert ist, daß der ihm untergebene Betrieb die nötige Ausrüstung erhält. Auch in Kreditform werden solche Gelder von der Bank zu lächerlich geringen Zinssätzen gewährt. Bis 1988 nahmen beispielsweise die Kolchosen und Sowchosen von Beginn der Saat- bis zur Beendung der Ernteperiode jedes Jahr praktisch unbegrenzte staatliche Darlehen in Anspruch, indem die Staatsbank der UdSSR automatisch, unabhängig vom jeweiligen Kontostand, alle ihre Anschaffungen bezahlte. Dies ist ein weiterer Faktor, der zu Verschwendung der finanziellen und materiellen Mittel anregte.

5. Alle angeführten Merkmale des zentralisierten Wirtschaftsverwaltungssystems — starre adressierte Planung der Produktion und der Tauschbeziehungen, zentralisierte Preisbildung und Lohnregelung — führen unweigerlich zu einer starken Unterschiedlichkeit des Rentabilitätsniveaus der einzelnen Betriebe. Wenn Betriebe unrentabel arbeiten, ist das nicht nur auf mangelnde Leistung zurückzuführen, sondern auch darauf, daß sie andere Produktsorten erzeugen, unter anderen natürlichen Bedingungen wirtschaften, von unterprivilegierten Behörden abhängen etc. In der Folge ist es vom System nicht mehr wegzudenken, daß der Großteil der von den Betrieben erwirtschafteten Gewinne über das Staatsbudget umverteilt wird, womit zwei Aufgaben gelöst werden: erstens, die nicht oder kaum rentablen Betriebe (etwa ein Viertel der sowjetischen Betriebe) über Wasser zu halten, und zweitens, die Verteilung der Investitionen zu zentralisieren, um damit strategisch wichtige wirtschaftliche Aufgaben lösen zu können.
Dies erscheint gerecht und richtig. Denn die meisten Verlustbetriebe, die meistens der rohstoffgewinnenden Industrie angehören,

können nichts dafür, daß die eingefrorenen Preise für Kohle, Holz oder Erz längst nicht mehr den durchschnittlichen Aufwendungen entsprechen. Ebenso verhält es sich mit den Kolchosen oder Sowchosen, die die unergiebigsten Böden bebauen oder weitab von Städten, Eisenbahnlinien und Straßennetz liegen. Auch wenn ihr Betrieb unwirtschaftlich ist, so muß der Staat, wenn er ihre Produkte braucht, ihre Aufwendungen abdecken.
Dennoch ist diese Praxis in Wirklichkeit falsch, was eben am Beispiel der Landwirtschaft ersichtlich wird. Derzeit gibt es auf Republiks-, Gebiets- und Kreisebene eigens erstellte Listen der flügellahmen Betriebe, die besondere Vergünstigungen genießen. Der Staat erweist ihnen große materielle und finanzielle Hilfe, die lokalen Organe teilen ihnen bevorzugt Produktionsmittel, auch knappe, zu. Und was geschieht? Anstatt sich um eine höhere Rentabilität zu bemühen, versuchen sie, um jeden Preis weiter rote Zahlen zu schreiben, um ihre Vergünstigungen nicht zu verlieren.
Die Gewinnabführung an den Staat zur zentral gelenkten Investitionstätigkeit gestattet zwar die Regelung gewisser Probleme, schränkt aber gleichzeitig die Möglichkeit ein, die Interessiertheit der Betriebe an Selbstentwicklung, selbständiger Erschließung des wissenschaftlich-technischen Fortschritts und der Lösung technischer und technologischer Probleme zu fördern. Die fast vollständige Unabhängigkeit zwischen erbrachten Resultaten und Investitionsmöglichkeiten der Betriebe schwächt das materielle Interesse der Arbeitskollektive an hohen Leistungen weiter ab. Gleichzeitig entsteht im Lande ein schier unstillbares Bedürfnis nach faktisch unentgeltlichen Investitionen. Die Ansuchen der Betriebe und Behörden um staatliche Investitionen betragen zusammengenommen das eineinhalb- bis zweifache der vorhandenen Mittel. Und der zentralisierte Verteilungsmechanismus für knapp verfügbare Ressourcen tritt wieder in Aktion, ohne sich auf verifizierte Informationen über die Rentabilität der verschiedenen Investitionen zu stützen.

6. und letztens: Das Fehlen integrierter automatischer Regelmechanismen und die Unmöglichkeit, alle Aspekte der wirtschaftlichen Entwicklung zu koordinieren, führen zur allmählichen und allseitigen Entstehung von Ungleichgewichten. Zum Teil können diese Ungleichgewichte von den Betrieben selbst eliminiert werden, doch mit einem Großteil davon kommen sie allein nicht zurecht. Dies bezieht sich meistens auf die fehlende Kontingentierung der

Produktionspläne mit materiellen Ressourcen und Arbeitskräften. In diesen Fällen wenden sich die Betriebsleiter an die Verwaltungsorgane mit der Bitte, ihnen bei der Beschaffung der fehlenden Ressourcen auszuhelfen, auf unpünktliche Lieferfirmen Druck auszuüben, oft aber auch mit der Bitte, unrealistisch hohe Planvorgaben herabzusetzen. Unter den bis zuletzt herrschenden wirtschaftlichen Umständen war die Einmischung der Verwaltungsorgane in die tägliche Arbeit der Unternehmen einfach unumgänglich. Allerdings war es schwierig, dieser Einmischung vernünftige Grenzen zu setzen — und in der Praxis wurden sie oftmals überschritten. Die Einmischung sowohl der branchenspezifischen als auch der lokalen Verwaltungsorgane ins Betriebsleben erreicht ein nicht vertretbares Ausmaß. Die ländlichen Parteibezirkskomitees zum Beispiel betrachten es als ihre Pflicht, nicht nur Umfang und Effizienz der Agrarproduktion, Aussaatfläche und Viehbestand, sondern auch die Durchführungsfristen landtechnischer Operationen, die Art der eingesetzten Technologie oder die Vertriebskanäle der fertigen Produkte etc. zu kontrollieren. Die Direktoren industrieller Betriebe und Vereinigungen sind etwas selbständiger, beklagen sich jedoch auch darüber, daß sie keinen Schritt tun können, ohne die Erlaubnis „von oben" zu erfragen.

Die wirtschaftlichen Arbeitsbedingungen in den Betrieben zeichnen sich durch Sprunghaftigkeit aus. Ein ursprünglich mehr oder weniger mit den Ressourcen in Einklang gebrachter Produktionsplan kann im Laufe eines Jahres mehrmals verändert werden. Auf Wunsch der Vorgesetzten werden auch „harte" Planungsnormative wie z.B. der an den Staat abzuführende Gewinnanteil modifiziert. Unter diesen Bedingungen wird die planmäßige Arbeit auf ein Minimum reduziert: der Plan als solcher verschwindet und wird von der Steuerung durch die Vorgesetzten abgelöst. Erwähnenswert ist auch, daß die Staats- und Parteiorgane, die sich in die Betriebsführung einmischen, für die Konsequenzen, die aus der Ausführung ihrer Weisungen erwachsen, und insbesondere für dadurch entstandene Schäden keine materielle Verantwortung tragen. Doch auch die Betriebe können unter diesen Umständen nicht verantwortlich gemacht werden, da sie immer die Möglichkeit haben, sich auf die Anordnungen der Vorgesetzten auszureden. Dadurch entsteht ein System mangelnder wirtschaftlicher Verantwortlichkeit, gegenseitigen Händewaschens und allgemeiner Komplizenschaft, sobald die Gesellschaft enorme Verluste erleidet, aber kein Schuldiger gefunden werden kann.

Natürlich hatte das bis zuletzt geltende Wirtschaftssystem nicht nur Fehler, sondern brachte auch gewisse Vorteile. Doch haben zum einen in letzter Zeit die Nachteile bei weitem überwogen, zum anderen waren diese Fehler die prinzipielle und richtungsweisende Ursache für die Umgestaltung der wirtschaftlichen Beziehungen. Deshalb habe ich mir erlaubt, das Augenmerk genau darauf zu lenken.

Verallgemeinernd und zusammenfassend läßt sich feststellen, daß der bis 1988 wirkende Wirtschaftsmechanismus die effiziente Verwirklichung weder eines demokratischen noch eines zentralisierten Ansatzes sozialistischer Wirtschaftsverwaltung gewährleistet hat. Die Ausschaltung wirtschaftlicher Regulatoren, vor allem von Marktmechanismen und Konkurrenz, hat die Beschäftigten der sozialistischen Betriebe in gesichts- und teilnahmslose Befehlsempfänger verwandelt, die am Effektivitätszuwachs der Produktion nicht interessiert und unfähig waren, die Initiative zu ergreifen. Nachdem die Entscheidungen bezüglich der Produktionsentwicklung faktisch außerhalb der Betriebe gefällt wurden, war es fehl am Platze, von einer breiten Entwicklung der Selbstverwaltung der Arbeitskollektive zu sprechen. Die Mitarbeiter fühlten sich nicht nur nicht als Meister ihrer Fabriken, Produktionsstätten, Kolchosen, sondern gewöhnten sich auch an qualitativ minderwertige Arbeit, nachlässige Arbeitsdisziplin, verschwenderischen Umgang mit den Ressourcen und die Möglichkeit, gesellschaftliches Eigentum zu entwenden[14]. Berufliche Qualifikationen schwanden ebenso wie die soziale Qualität der Arbeitskräfte. Es ist bezeichnend, daß Leute, die besonders gut arbeiteten und gute Resultate erzielten, in der Regel ihren Kollegen nicht so sehr nachahmens-

[14] In vielen Betrieben wurde die Neigung zum Diebstahl zur alltäglichen Verhaltensnorm. Hier einige Auszüge aus dem Artikel „Alle Passagiere lachten" (Sozialistitscheskaja industrija vom 9. Jänner 1988), in dem berichtet wird, wie die Miliz einen Autobus kontrolliert, in dem nach Dienstschluß 36 Arbeiter und Ingenieure vom Workutaer Likör- und Wodka-Werk heimfahren: „... die Milizionäre entdeckten im Fahrgastraum des Busses 48 Flaschen Wodka sowie reichlich Zellophan und anderes Verpackungsmaterial, in dem sich ebenfalls Wodkaflaschen und andere Spirituosen befanden. Die auf frischer Tat ertappten Diebe zeigten keine Spur von Reue. Als ich ihnen ins Gesicht blickte, ... war ich erschüttert: sie lachten, und auf die Frage ‚Wem gehört der Wodka?' ertönte erst recht schallendes Gelächter. Nur drei Frauen kamen nicht mehr dazu, sich des Diebsgutes zu entledigen. Die anderen warfen rechtzeitig Flaschen und Taschen auf den Boden und wußten somit: ‚Nicht erwischt — also kein Dieb'. Deswegen freuten sie sich auch so ‚diebisch' ..." I. Schaposchnik, stellvertretender Sekretär der Parteiorganisation in der Fabrik bemerkte dazu: „Die Fabriksangehörigen sind unfähig, zu begreifen, was das bedeutet: Wodka ist da, aber er darf nicht genommen werden. So ist die Mentalität der Leute; sie zu verändern, ist eine langwierige, nur schrittweise zu bewältigende Angelegenheit."

wert erschienen, als vielmehr Unverständnis und Irritation hervorriefen oder des Karrierismus und der Liebedienerei bezichtigt wurden. Als Ergebnis all dieser Umstände lag ein beachtlicher Teil des intellektuellen, kreativen und Leistungspotentials der Gesellschaft brach, fand keine praktische Verwendung und entwickelte sich nicht weiter, was auf eine äußerst schwache Realisierung der demokratischen Ansätze im Wirtschaftsmanagement hinweist.
Man könnte meinen, daß dies durch eine besonders stark entwickelte, zentralistisch-planungsorientierte Wirtschaftsverwaltung ausgeglichen würde. Doch wie bereits oben gezeigt, ist das nicht der Fall. Indem sie versuchen, eine unlösbare Aufgabe zu lösen, nämlich ausnahmslos alle wirtschaftlichen Prozesse vor Ort zentral zu steuern (was auch völlig unnötig ist), können die Planungsorgane nicht mehr ihre Hauptfunktion wahrnehmen, die in der strategischen Steuerung der wirtschaftlichen Entwicklung besteht. Praktisch werden dabei die Leitlinien der langfristigen zentralisierten Planung aus den Augen verloren, z.B. Anhebung des Effizienzniveaus der Branchenstruktur, beschleunigte Entwicklung der hochtechnologisierten Branchen (z.B. des Maschinenbaus), Ausgewogenheit zwischen Angebot und Nachfrage, Akkumulation und Konsumtion, Export und Import etc. Wie ich bereits erwähnt habe, ist die tatsächliche, nicht formelle wirtschaftliche Entwicklung in den letzten Jahrzehnten immer mehr von den festgelegten Plänen abgewichen.
In Erkenntnis all dieser Umstände gelangten die sowjetischen Wissenschafter und Persönlichkeiten zu der festen Überzeugung, daß eine reiflich überlegte, doch möglichst rasche und tiefgreifende Reform des gesamten Wirtschaftssytems notwendig sei.

Die Prinzipien der wirtschaftlichen Umgestaltung

Als grundlegende Richtungen der Wirtschaftsreform erscheinen einerseits die Demokratisierung der Wirtschaftsbeziehungen — mit allem, was dies an Erweiterung der betrieblichen Rechte, Entwicklung der Selbstverwaltung der Arbeitskollektive, Belebung der Marktbeziehungen und verstärktem Konkurrenzdenken der Produzenten voraussetzt —, und andererseits eine Festigung und Perfektionierung der zentralisierten, planwirtschaftlichen Steuerung, die für eine zeitgerechte und effiziente Lösung grundlegender wirtschaftlicher Probleme sorgt.

Es muß gesagt werden, daß Staat und Partei bei weitem nicht zum ersten Mal vor diesen Aufgaben stehen. Bereits 1957 wurde auf dem Februarplenum des Zentralkomitees der KPdSU angemerkt, daß „die organisatorische Struktur von Industrie- und Baumanagement gleichzeitig auf der zentralisierten staatlichen Lenkung und einem größeren Gewicht der lokalen ... Organe in der Wirtschaftsverwaltung aufbauen muß. Der Schwerpunkt des operativen Industriemanagements muß auf die Lokalebene verlegt werden".

Als Ziele der Wirtschaftsreform von 1965 wurden unter anderem genannt: „Perfektionierung der führenden Rolle der zentralisierten Planwirtschaft, höhere Planungsqualität bei gleichzeitiger Ausdehnung der Rechte und Selbständigkeit der Betriebe auf Basis eines uneingeschränkten Rentabilitätsprinzips; Forcierung der ökonomischen Führungsmethoden ..."

Der Beschluß des ZK der KPdSU und des Ministerrates der UdSSR vom 12. Juli 1979 über die „Verbesserung der Planifikation und verstärkte Einflußnahme des Wirtschaftsmechanismus auf die Produktionseffizienz und Arbeitsqualität" enthielt ein ganzes Maßnahmenpaket, das auf die „Entwicklung der wirtschaftlichen Initiativbereitschaft der Arbeitskollektive und die Erweiterung der Rechte der Produktionsvereinigungen (Betriebe)" abzielte.

1982 wies Juri Andropow in seinem Referat vor dem Novemberplenum des ZK der KPdSU neuerlich auf die Notwendigkeit hin, den Vereinigungen und Betrieben ein entschieden größeres Maß an Selbständigkeit zu überantworten. „Es scheint", fügte der ZK-Generalsekretär hinzu, „daß es an der Zeit ist, die Lösung dieses Problems in die Praxis umzusetzen". So gesehen haben die grundlegenden Orientierungen der wirtschaftlichen Umgestaltung, die vom 27. Parteitag der KPdSU aufgestellt wurden, eine recht lange Geschichte.

Zu der Reihe von Regierungsbeschlüssen, die die Kernprobleme der wirtschaftlichen Entwicklung betreffen, stellt S. Andrejew treffenderweise fest, daß „jeder von ihnen neben konkreten Bestimmungen auch unweigerlich die Feststellung enthält, daß die Situation, die der vorhergehende Beschluß hätte verbessern sollen, sich generell gesehen nicht verändert (und manchmal sogar verschlechtert) hat. ... Es entsteht das Gefühl, daß die ernstgemeintesten Regierungsbeschlüsse nach relativ kurzer Zeit dem sicheren Vergessen preisgegeben werden — und beileibe nicht deswegen, weil sie zur Gänze ausgeführt wären. Deswegen ist die Regierung gezwungen, neuerliche, ähnliche Beschlüsse zu fassen, damit an die notwendige Ausführung erinnert wird“ [15].

Hier stellt sich die Frage, ob sich die heutige wirtschaftliche Umstrukturierung von den Reformen abhebt, die im Laufe der letzten Jahrzehnte erarbeitet und in Ausführungsbestimmungen umgesetzt wurden und anschließend ins Stocken gerieten. Eine vollständige Antwort auf diese Frage wird zur gegebenen Zeit die Geschichte geben. Mir will aber scheinen, daß sich die aktuelle Reform grundlegend von den vorhergehenden unterscheidet.

Zum einen ist sie bedeutend umfassender und systematischer. Sie umfaßt einerseits alle Steuerelemente (Organisation, Planung, Anreizsystem) und andererseits sämtliche branchenübergreifenden Sektoren (Agrar/Industrie-, Brennstoff/Energie-, Transport-, Investitions-, Sozialsektor etc.).

Zweitens haben die vorgesehenen Umwälzungen einen bedeutend einschneidenderen, radikaleren und grundlegenderen Charakter, gehen weiter und sind konsequenter als je zuvor.

Weiters wird die wirtschaftliche Umstrukturierung diesmal nicht als Selbstzweck, sondern als unabdingbare Voraussetzung zur Demokratisierung des gesamten gesellschaftlichen Beziehungsgefüges betrachtet. Die Wirtschaftsreform stützt sich dabei auf gleichzeitige oder vorhergehende Umwälzungen im ideologischen, politischen, kulturellen und moralisch-sittlichen Bereich, was ihre Realisierung wesentlich erleichtert.

Viertens legt das Zentralkomitee mehr als je zuvor Wert darauf, daß es sich diesmal nicht nur um leere Worte handelt. Die prakti-

[15] S. Andrejew. „Ursachen und Folgen“, Zeitschrift Ural, 1988, Nr. 2, S. 109.

sche Durchführung der Beschlüsse wird strengstens kontrolliert und das Rückmeldesystem durch vermehrte Kontaktaufnahme mit den Arbeitskräften erweitert und perfektioniert.
Schließlich sind sich die Manager dieser Reform über die entscheidende Rolle des „Faktors Mensch" im klaren. Für sie ist die Perestroika kein organisatorischer, sondern ein sozialer Prozeß, der grundlegende Interessen der Menschen berührt und bei gewissen Gruppen Befürwortung und Unterstützung, bei anderen Erbitterung und Widerstand hervorrufen wird. Um zu vermeiden, daß die Perestroika durch den bürokratischen Apparat gehemmt wird, wird eine soziale Strategie ausgearbeitet und angewendet, die es gewährleistet, daß die Gesellschaft die gesteckten Ziele vielleicht langsamer, dafür aber sicherer erreicht.
Das Zusammenspielen dieser Faktoren gestattet die Annahme, daß die Perestroika weitaus größere Erfolgschancen hat als die früher unternommenen Reformversuche.

Welcher sozioökonomischen Natur ist nun der unternommene Strukturwandel? Welche Veränderungen der Wirtschaftsbeziehungen sind genau vorgesehen, und wie sehen diese Veränderungen in der Praxis aus? Eine vollständige Antwort auf diese Frage ist in den Unterlagen des ZK-Plenums vom Juni 1987 und den daraufhin gefaßten Beschlüssen des Zentralkomitees der KPdSU und des Ministerrates der Sowjetunion zu finden. Ich sehe meine Aufgabe darin, die darin enthaltenen Ideen hier so klar und prägnant wie möglich darzulegen. Es erscheint diesbezüglich zweckmäßig, die sieben wichtigsten Grundzüge der Wirtschaftsreform hervorzuheben und auf ihren Inhalt einzugehen.

1. Kostendeckungsprinzip bei den Betrieben

Unter Kostendeckung oder uneingeschränkter wirtschaftlicher Rechnungsführung versteht man ein Arbeitsregime, bei dem der Betrieb seine Produktionskosten zur Gänze durch den Verkaufserlös seiner Erzeugnisse abdeckt. Die Idee der wirtschaftlichen Rechnungsführung für sozialistische Betriebe tauchte erstmals in den zwanziger Jahren auf und wurde seither ständig weiterentwickelt. Doch in der Stagnationsperiode blieb in der Praxis vom Rentabilitätsprinzip allein die Form bestehen, da der von hochrentablen Unternehmen erzielte Gewinn ins Budget überführt wurde, während defizitäre Betriebe staatliche Zuwendungen erhielten.

Im Laufe der Jahre 1988—89 soll dieses System abgeschafft werden. Staatliche Gelder werden den Betrieben nur mehr als verzinsliche zurückzuerstattende Darlehen gewährt werden. Das Rentabilitätsprinzip auf Betriebsebene soll auch auf die untergeordneten Einheiten (Produktionsstätten, Betriebsteile, Abteilungen und Brigaden) ausgedehnt werden. Zwischen den Arbeitskollektiven auf der untersten Produktionsebene wird sich die Umverteilung der Mittel den rein administrativen Beschlüssen zunehmend entziehen, und es werden wirtschaftlich ausgeprägtere und konsequentere Beziehungen entstehen.
Der Übergang zur kostendeckenden Wirtschaftsführung wird die materielle Interessiertheit der Mitarbeiter an einer größeren Leistungsfähigkeit (von der Brigade bis hinauf zum Betrieb) verstärken, wenn nicht manchmal überhaupt erst schaffen. Größere Leistungsfähigkeit können sie durch Organisationsoptimierung, absatzorientierte Produktion, effiziente Technik und sparsamen Umgang mit dem eigenen Arbeitsaufwand und den Produktionsmitteln erreichen. Unter diesen Bedingungen darf man erwarten, daß sich bei den Arbeitskräften eine verantwortungsbewußtere und wirtschaftlichere Einstellung gegenüber dem gesellschaftlichen Eigentum und größere Achtung vor den sozialistischen Werten entwickeln wird und die Verschwendungs- und Diebstahlsmentalität ausgemerzt werden.
Ist nun aber jeder Betrieb und jede Belegschaft unter einigen Anstrengungen in der Lage, eine rentable Produktion zu erzielen? Die Antwort ist leider negativ, wobei die Gründe dafür nicht allein bei den Unzulänglichkeiten der Preisbildung zu suchen sind. Selbstverständlich stellt die Beibehaltung von Preisen, die weder den Produktionskosten noch dem Verhältnis von Angebot und Nachfrage Rechnung tragen, ein wesentliches Hindernis zur ökonomisch fundierten Rentabilitätserzielung dar. Die Reform der Groß- und Einzelhandelspreise ist ein unvermeidliches Element der Perestroika, um das man nicht herumkommt. Wichtig ist nur, sie nicht hinauszuzögern, damit sie mit dem Übergang der Betriebe zu neuen Wirtschaftsbedingungen Hand in Hand geht.
Was die anderen Ursachen für die Unwirtschaftlichkeit einiger Tausender Unternehmen betrifft, so sind sie tiefgreifender und schwieriger zu beheben. Dazu zählen geringe Fruchtbarkeit der Böden, ungünstige klimatische Bedingungen und Standortnachteile bei Kolchosen und Sowchosen; obsoleter Maschinenpark bei einem Teil der Industriebetriebe; Arbeitskräfte- und Bevölkerungs-

mangel in gewissen Landesteilen und Siedlungstypen; Erschöpfung leicht abbaubarer Vorkommen an Bodenschätzen und Übergang zur Ausbeutung ärmerer oder tiefer gelegener Schichten etc. Betriebe, die unter derartigen Bedingungen wirtschaften, können und sollen nicht einmal rentabel sein, da ihre Erzeugnisse der Gesellschaft zu teuer zu stehen kommen und deren Produktion anderswo günstiger wäre.

Mit der Einführung des Kostendeckungsprinzips werden die unwirtschaftlichen, die Gesellschaft belastenden Unternehmen sichtbar werden wie Treibgut bei Ebbe am Meeresufer. Sie werden sofort ins allgemeine Blickfeld geraten und die Aufmerksamkeit auf sich ziehen. Bestimmt werden sie zuerst versuchen, ihre wirtschaftlichen Probleme mit staatlichen Krediten zu lösen, doch bei fehlenden materiellen und sozialen Grundlagen für eine effiziente Arbeit werden sie sich wahrscheinlich verschulden. Ihre finanzielle Lage wird sich immer mehr verschlechtern, was sich in den Löhnen und Gehältern und in der Errichtung sozialer Infrastrukturen des Betriebs niederschlagen wird. Die Beschäftigten werden zu anderen Betrieben, in andere Gebiete abwandern. Jedoch, der Krug geht solange zum Brunnnen, bis er bricht. Es wird der Augenblick kommen, an dem die Unzweckmäßigkeit weiterer Ausgaben zur Rettung des unwirtschaftlichen Betriebs zu Tage tritt und dieser wegen Zahlungsunfähigkeit geschlossen werden muß. Das verbleibende Arbeitskollektiv wird aufgelöst, seine Mitglieder erhalten ein Überbrückungsgeld in der Höhe von 3—6 Monatsgehältern und müssen eine neue Stelle suchen. Vermögen und Gebäude der Fabrik werden an interessierte Organisationen oder Personen veräußert und der Erlös unter den Gläubigern aufgeteilt.

Zugegeben, diese Vorgangsweise ist für unsere Gesellschaft so wie für die anderen sozialistischen Länder ungewöhnlich. Sie wird unweigerlich soziale Konflikte und Spannungen hervorrufen und insbesondere spezielle Maßnahmen zur Wiedereingliederung der freigestellten Arbeitskräfte nötig machen. Dennoch ist dieser Weg einzuschlagen, da mit der Einhaltung des Rentabilitätsprinzips die Liquidierung der unwirtschaftlichen Betriebe als Kehrseite der Medaille in Kauf genommen werden muß.

2. Erweiterung der wirtschaftlichen Rechte der Betriebe

Die tief verwurzelte Tradition, daß sich Staats- und Parteiorgane in die wirtschaftliche und technische Gebarung der Betriebe einmischen, gehört zu den zentralen und schwer auszumerzenden Mißständen in der sowjetischen Wirtschaft. Deswegen ist es eine der Hauptaufgaben der Perestroika, die Funktionen der Staats- und Parteiführung einerseits und des Wirtschaftsmanagements andererseits säuberlich zu trennen. Da die Machtorgane und ihre Vertreter für die wirtschaftlichen Resultate der Weisungen, die sie den Betrieben erteilen, keine Verantwortung tragen (das können sie auch nicht), würde die Beibehaltung ihres Interventionsrechts Betriebsleitung und Belegschaft in eine äußerst schwierige Lage versetzen. Folglich muß dieses Recht abgeschafft werden.

Dies soll selbstverständlich nicht bedeuten, daß Staats- und Parteiorgane arbeitslos sein werden. Sie sollen lediglich von willkürlich erworbenen Funktionen befreit werden, um sich besser ihrem eigentlichen Auftrag widmen zu können. Zu den Aufgaben der Parteiorgane gehört eine effiziente Kaderpolitik (Auswahl und Einsatz der Führungs- und Fachkräfte und Bewertung ihrer Tätigkeit), die Vermittlung eines richtigen Weltbildes und der sozialistischen Werte an die Werktätigen und die Lösung politischer Probleme. Die zentralen Organe staatlicher Wirtschaftsverwaltung und ihre lokalen Instanzen hingegen haben die Infrastruktur für Produktion, Verkehrs- und Sozialwesen zu entwickeln und zu gewährleisten, die Aktivitäten von in bestimmten Regionen und Siedlungen gelegenen Betrieben zu koordinieren, die öffentliche Versorgung der Bevölkerung zu organisieren und die Lösung anderer sozialer Probleme voranzutreiben.

Die wirtschaftlichen Rechte der Führungskräfte hingegen, vom Brigadeleiter bis zum Generaldirektor, müssen dermaßen ausgeweitet werden, daß diese Führungskräfte die wirtschaftliche Verantwortung übernehmen können. Denn einen Menschen, der kein Recht hat, selbständig Entscheidungen zu fällen, kann man nicht für die Ergebnisse der Produktionsentwicklung zur Rechenschaft ziehen. Wenn wir wollen, daß die Unternehmen kostendeckend und unter Ausnützung aller vorhandenen Reserven wirtschaften, so müssen Direktoren und Fachleute die Möglichkeit erhalten, selbständig die Struktur zumindest des Hauptteils der Produktion zu planen, technologische Innovationen durchzuführen und die dazu notwendigen Produktionsmittel anzuschaffen, mit verschiedenen Rohstoffen und Energieformen zu experimentieren, die Produktion zu modernisieren, von der Leitung der eigentlichen Arbeit der Beschäftigten ganz zu schweigen. Sie müssen über die Einnahmen, die nach Abdeckung der Produktionskosten und Erfüllung der finanziellen Verpflichtungen gegenüber dem Staat verbleiben, selbständig verfügen können und somit nicht nur theoretisch, sondern auch in der Praxis zumindest die Produktion souverän leiten können. Nur so können die im Rentabilitätsprinzip geschaffenen Anreize zur Initiativbereitschaft in die Praxis umgesetzt werden.

3. Demokratisierung der Produktionsleitung

Wesentliche Veränderungen gehen derzeit auch im Bereich der Menschenführung und insbesondere der Methode zur Zusammenstellung des Führungspersonals vor sich. Bisher wurden Führungskräfte von den übergeordneten Instanzen ohne Beratung mit der Belegschaft ernannt. Die einzige Ausnahme zu dieser Regel bildeten die Wahlen der Kolchosvorsitzenden, die allerdings einen formellen Charakter trugen: Die Kandidaten wurden von den Parteibezirkskomitees ausgewählt und von deren Sekretären den Kolchosversammlungen vorgestellt. Die Kolchosbauern hoben schweigend die Hand, und die Vorsitzenden galten als gewählt. Freilich machte sich niemand Illusionen darüber, von wem der Leiter tatsächlich gewählt worden war. Deswegen bemühten sich die Vorsitzenden meistens in erster Linie um die Ausführung der Weisungen des Parteibezirkskomitees, auch wenn dies auf Kosten der Kolchosbauern ging. Diese wiederum betrachteten den Vorsitzenden als Fremdling und beileibe nicht als ihren Vertreter.
Aber die Situation hat sich verändert. Im Zuge des Gesundungs- und Demokratisierungsprozesses aller Aspekte des gesellschaftlichen Lebens ist an die Stelle des Ernennungssystems die Wahl der Wirtschaftsfunktionäre durch das Personal mit anschließender Bestätigung durch die Verwaltungsorgane getreten. Einige Monate nach der Verabschiedung dieses Beschlusses wurden in einer Vielzahl von Betrieben, wissenschaftlichen Institutionen, Projektierungsbüros etc. Wahlen durchgeführt. Die Organisatoren der Wahlen achteten darauf, daß in jedem Fall mehrere Kandidaten aufgestellt wurden und daß diese ihre Aktionsprogramme vorstellten.
In den meisten Fällen führte der demokratische Wahlkampf und die geheime Abstimmung zu einer Führungsgruppe von höherer beruflicher und menschlicher Qualität. Das war allerdings nicht immer der Fall. Vielfach wurden die Wahlen ad absurdum geführt, da sich keine Konkurrenzkandidaten finden wollten. Die in Jahr-

zehnten zur Gewohnheit gewordene Passivität kam zum Vorschein: um die Leitung reißt sich niemand. Einige Belegschaften wählten die Funktionäre nicht nach ihren beruflichen Qualifikationen und ihrer Leistungsfähigkeit, sondern nach ihrer Anspruchslosigkeit und dem Konformismus gegenüber den Arbeitskräften. Das sind wahrscheinlich nur Übergangserscheinungen in einem Stadium, in dem sich das Rentabilitätsprinzip noch nicht bewähren konnte und sich bei den Mitarbeitern noch kein wirkliches Interesse an hochqualifizierten und somit auch anspruchsvolleren Kadern, die in der Lage sind, eine hohe Effizienz und dadurch auch eine hohe Entlohnung zu gewährleisten, entwickeln konnte. Ich bin überzeugt davon, daß die Wahlergebnisse umso wirklichkeitsgetreuer werden, je stärker sich die Wirtschaftsreform durchsetzen wird. In sozialer Hinsicht bewirkt das Wahlsystem eine größere Verantwortlichkeit der Direktion gegenüber der Belegschaft. War ihre Aufmerksamkeit zuvor hauptsächlich „nach oben" gerichtet, so geht ihre Rücksichtnahme jetzt sowohl „nach oben" als auch „nach unten".

Erste Schritte sind auch in der Selbstverwaltung der Produktion festzustellen. Dafür werden eigene Organe, die Belegschaftsräte, geschaffen. Diese verhalten sich allerdings bislang noch eher passiv. Auch hier tritt die jahrelang verbreitete Entfremdung zu Tage, die sich in der Einstellung ausdrückt: „Mich geht das nichts an — ich will nicht mehr als alle anderen." Ein Großteil der Beschäftigten versucht, sich auf die Erfüllung seiner unmittelbaren Verpflichtungen, für die er bezahlt wird, zu beschränken und kümmert sich nicht um den Rest.

In diesem Zusammenhang möchte ich darauf hinweisen, daß die Mitwirkung an der Produktionsselbstverwaltung in höchstem Maße von der Arbeitsorganisation und Entlohnung abhängt. Sind die Löhne und Gehälter der Arbeitnehmer nicht an das Arbeitsergebnis und die wirtschaftliche Effizienz gebunden, ist das Interesse an der Produktionsverwaltung zumeist minimal. In den Brigaden jedoch, die auf Leistungsvertragsbasis arbeiten und für die der Verdienst durch die Differenz zwischen Verkaufserlös und Produktionsaufwand bestimmt wird, bemüht sich jeder Mitarbeiter, seinen Anteil zur Leistungssteigerung beizutragen. So entscheiden die Belegschaften unter Leistungsvertrag in der Landwirtschaft gemeinschaftlich, wann die jeweiligen Kulturen zu säen und welche Techniken unter den gegebenen Wetterbedingungen einzusetzen sind, wie die Arbeit am effizientesten aufgeteilt und Saatgut,

Kraftstoff, Dünger etc. am wirtschaftlichsten eingesetzt werden. Einer meiner Mitarbeiter, Prof. Smirnow, führt seit Herbst 1981 in einigen altaischen Betrieben einen sozioökonomischen Versuch zur Einführung des umfassenden, d.h. alle Beschäftigtengruppen einbeziehenden Leistungsvertrags durch. Seine Erfahrungen weisen darauf hin, daß sich durch die veränderten wirtschaftlichen Beziehungen die Mentalität der Kolchosbauern rasch ändert. Aus den gleichgültigen, nur mit den eigenen Sorgen beschäftigten „Lohnarbeitern" werden denkende Wirtschafter, die in der Lage sind, relativ komplizierte Rechnungen auszuführen, und stets genau erfassen, was für sie von Vorteil ist und was nicht. Somit ist die Hoffnung, daß sich die Produktionsselbstverwaltung im Laufe der Reform entwickeln und verstärken wird, berechtigt.

4. Neugestaltung des Entlohnungssystems

Ich habe bereits erwähnt, daß bis vor kurzem die gesamte Lohnsumme, die einem Betrieb zur Verfügung stand, zentral und von der zuvor erreichten Wachstumsrate und -tendenz ausgehend festgelegt wurde. Die Veränderung des Lohnfonds hing kaum davon ab, wie das Unternehmen arbeitete. Außerdem galten für Führungs- und Fachkräfte zentral festgesetzte Gehälter, während für Arbeiter Tariflohnsätze angewendet wurden (sie wurden allerdings in der Praxis umgangen).

Die Einführung des Kostendeckungsprinzips macht einen grundverschiedenen Ansatz zur Bildung des Lohnfonds notwendig. Er darf nun nicht mehr a priori und unabhängig von den wirtschaftlichen Leistungen des Betriebs festgesetzt werden, sondern muß in das Bruttoeinkommen, d.h. die Differenz zwischen Verkaufserlös, materiellem Produktionsaufwand und Zahlungen an den Staat, Eingang finden. Unter diesen Bedingungen wird die Lohnsumme in erster Linie von Quantität und Qualität der Produktion, von der Nachfrage und den Produktionskosten abhängen.

Einen bedeutend größeren Spielraum werden die Betriebe in der Wahl der Entlohnungsgrundlage haben (Stück- oder Zeitlohn, direkte oder progressive, auf die Ausführung einzelner Operationen oder die gesamte Arbeit bezogene Entlohnung).

Weite Verbreitung wird in den meisten Branchen der Kollektivleistungsvertrag erhalten, d.h. ein Wirtschaftssystem, in dem eine Brigade, die zwischen 3—4 und 25—30 Mitarbeiter umfaßt, die volle Verantwortung für eine bestimmte Produktion übernimmt.

Dazu schließt sie mit der Betriebsleitung einen Vertrag ab, in dem die zur Verfügung gestellten Ausrüstungsgegenstände, die materielle und technische Ausstattung mit den nötigen Produktionsmitteln (mit Preisangabe) sowie der Vergütungssatz je Produktionseinheit, den die Direktion den Mitgliedern des Kollektivs zahlt, festgelegt sind. Das Einkommen der Brigade hängt einerseits von Qualität und Quantität der gefertigten Erzeugnisse und andererseits vom Ausmaß des Materialaufwandes ab und wird an die Mitarbeiter nach eigenem Ermessen des Kollektivs verteilt. Ist die Beteiligung der Mitarbeiter mehr oder weniger gleichwertig, wird das Einkommen manchmal gleichmäßig verteilt. Meistens wird aber zur Bewertung der Arbeit ein Leistungsbeitragskoeffizient herangezogen, der unter Berücksichtigung der Qualifikation, der Fähigkeiten und Kenntnisse, des Arbeitseifers und anderer Eigenschaften der Mitarbeiter vom Kollektiv selbst ermittelt wird. Das Entlohnungssystem im Leistungsvertrag auf der untersten Produktionsebene ist wirtschaftlich und sozial gesehen mit der Selbstfinanzierung der Betriebe zu vereinbaren, deswegen handelt es sich um ein zukunftsweisendes System.
Die Neugestaltung des Entlohnungssystems verstärkt das materielle Interesse der Arbeitnehmer an einer zeitgemäßen Produktionsorganisation und qualitativ hochwertiger Arbeit. Nicht nur Ingenieure, auch einfache Arbeiter beginnen, Rationalisierungsvorschläge einzubringen, bemühen sich um Qualitätssteigerung, Rohstoffeinsparungen etc. Denn durch das neue System schneiden sich die Leute mit jeder Nachlässigkeit ins eigene Fleisch.
Die Verteilung des Bruttoeinkommens eines Betriebs zwischen Lohnfonds, materiellem Stimulierungs- und verschiedenen Sozialfonds einerseits und Investitionsfonds andererseits fällt nicht unter die Kompetenz des Betriebs selbst, sondern wird durch behördlich erstellte Normrichtlinien geregelt. Nichtsdestoweniger werden die Grenzen zwischen Lohnfonds und restlichen Betriebsmitteln flexibler. Gleichzeitig wird auch die Kluft zwischen Bargeldströmen (zur Arbeitsentlohnung und Begleichung der Wareneinkäufe) und Giralgeldströmen (die zwischen den Betrieben zirkulieren) gemildert. Eine Differenz bleibt zwar bestehen, die jeweiligen Werte kommen einander jedoch näher. Dadurch werden die Voraussetzungen für eine allmähliche Umwandlung des Rubels in eine harte Währungseinheit geschaffen. Dies ist wichtig für die Entwicklung eines normalen Marktes, auf lange Sicht vielleicht aber auch für eine Konvertierbarkeit des Rubels.

5. Selbstfinanzierung der Unternehmen

Das neue Wirtschaftssystem für Betriebe wird kurz mit den „drei S" umrissen: Samookupajemost (Kostendeckung), Samouprawlenije (Selbstverwaltung) und Samofinansirowanije (Selbstfinanzierung). Auf die ersten beiden „S" bin ich bereits eingegangen, nun will ich das dritte behandeln.

Die Selbstfinanzierung ist anspruchsvoller als die kostendeckende Wirtschaftsführung und stellt den nächsten Schritt zur uneingeschränkten wirtschaftlichen Rechnungsführung und ökonomischen Autonomie der Betriebe dar. In der Tat spricht man von Kostendeckung, wenn nach vollständiger Abdeckung der Produktionskosten durch den Verkaufserlös ein genügend großer Gewinn erzielt wird, daß die finanziellen Verpflichtungen gegenüber dem Staat erfüllt und ein materieller Stimulierungs- und ein Sozialentwicklungsfonds geschaffen werden können. Bei der Selbstfinanzierung müssen auch die Investitionen (Ausgaben für die Modernisierung des Betriebs, den Bau neuer Produktionsanlagen, die Neuanschaffung von Ausrüstungsgegenständen, die Erschließung neuer Techniken etc.) aus eigenen Mitteln finanziert werden. Anders ausgedrückt, die Betriebe müssen nicht nur den Konsumtionsfonds für ihre Belegschaft, sondern auch den Akkumulationsfonds für die Produktion übernehmen.

Da jedoch die Summe der Investitionen im Lande global nicht auf Knopfdruck zu vergrößern ist, kann hier nur von einer Umverteilung zwischen den verschiedenen Inhabern der Mittel die Rede sein. Die überwältigende Mehrheit der Investitionsgelder konzentrierte sich früher in den Händen des Staatlichen Plankomitees der UdSSR und der Branchenbehörden. Diese werden von nun an nur mehr über die Mittel verfügen, die der Errichtung neuer Betriebe, der Erschließung neuer Gebiete, der Realisierung besonders umfangreicher, branchenübergreifender Projekte etc. gewidmet sind. Die Gelder jedoch, die der Weiterentwicklung bestehender Unternehmen dienen, werden sich in deren Händen befinden.

Die Dezentralisierung der Investitionstätigkeit verspricht einige wirtschaftliche und soziale Vorteile. Denn jede Belegschaft weiß nicht nur genau über ihre Stärken, sondern auch über die wunden Punkte Bescheid, bei denen sich Investitionen mehr als anderswo bezahlt machen würden. Ein wichtiger Faktor des neuen Systems ist, daß es auf selbständige und kreative Arbeitskräfte ausgelegt ist. Nicht irgendjemand in Moskau, sondern die Direktoren, Fachleute und Arbeiter selbst entscheiden, was in erster Linie und was auf längere Sicht zu geschehen hat, um den Betrieb auf dem neuesten Stand der Technik zu halten. Wird so nicht eine unbürokratische, echte Selbstverwaltung der Betriebskollektive gefördert, das Gefühl der Souveränität in ihrem Betrieb, ihrer Produktionsstätte oder Abteilung? Können die Leute aber einmal ungehindert schalten und walten, so werden in ihnen neue Kräfte freigelegt, und sie können bei weitem mehr leisten als auf irgendjemandes Anweisungen hin.

Zur Aufteilung des allgemeinen Investitionsfonds in einen zentralisierten und einen dezentralisierten Teil werden strenge, wirtschaftlich fundierte Normrichtlinien erstellt werden, in denen jener betriebliche Gewinnanteil festgelegt wird, der an den Staatshaushalt abzuführen ist. Es ist anzunehmen, daß sich dieser Anteil im Gefolge der Reform erheblich verringern wird (obwohl momentan, in der Übergangsperiode, die entgegengesetzte Tendenz vorherrscht). Als wichtigste Konsequenzen der betrieblichen Selbstfinanzierung sind zu nennen: Beschleunigung des wissenschaftlich-technischen Fortschritts in allen Wirtschaftsbranchen; erhöhter Stellenwert der Modernisierungsmaßnahmen in den Betrieben an Stelle von Neubauten; steigende Investitionen in die Errichtung öffentlicher und kultureller Bauten und das Wohnbauwesen; Verbesserung und ästhetische Gestaltung des Arbeitsraums, Produktdesign etc.

6. Entwicklung der Marktbeziehungen

Wie bereits unterstrichen wurde, besteht einer der Reformschwerpunkte darin, den Betrieben größeren Spielraum bei der Wahl ihrer Produktion zu gewähren. Dies setzt eine drastische Einschränkung der zentral erstellten und gezielt an einzelne Betriebe gerichteten Planvorgaben ein. Wahrscheinlich wird die derzeitige Planungsmethode in einigen Teilen der Schwerindustrie, so z.B. der Verteidigungsindustrie, bestehen bleiben, während in den übrigen Zweigen eine hinweisende Planung (auf Empfehlungsbasis) die zentralisierte adressierte Planung ablösen wird. In der Praxis werden die Planungskomitees auf gesamtsowjetischer und Republiksebene, von ihren Vorstellungen über die öffentlichen Bedürfnisse ausgehend, einen Produktionsplan ausarbeiten. Die Betriebe werden unter Berücksichtigung ihrer Möglichkeiten, der vorhandenen Ressourcen, ihrer wirtschaftlichen Interessen und der Umfrageergebnisse bezüglich verschiedener Produktsorten ihrerseits einen

Produktionsplan erstellen. Die Betriebspläne werden über alle Verwaltungsinstanzen bis zur gesamtsowjetischen Ebene zusammengefaßt, so daß das Staatliche Planungskomitee der UdSSR eine Vergleichsmöglichkeit zwischen zwei Plänen hat, die jeweils von der Spitze und der Basis der Verwaltungspyramide stammen. In den Bereichen, wo die Divergenz der beiden Pläne zu groß ist (ungenügende oder zu hochfliegende Produktionsvorhaben von seiten der Betriebe bezüglich bestimmter Güter), werden die zentralen Verwaltungsorgane mit Hilfe von wirtschaftlichen Anreizen eingreifen, indem sie den Betrieben beispielsweise vorteilhafte Aufträge in den Branchen anbieten, in denen Engpässe drohen. Die indikative Produktionsplanung, die bereits in Ungarn eingesetzt wird, hat sich generell sehr gut bewährt.
Mit der dezentralisierten Planung soll gleichzeitig von der starren Verkettung von Produzenten und Käufern abgegangen werden. Die zwischenbetrieblichen Beziehungen, die bisher über zentrale Instanzen umgeleitet wurden, werden horizontaler verlaufen, d. h. auf direkten Verhandlungen über Auftrags- und Verkaufskonditionen beruhen. Große Bedeutung werden dabei frei vereinbarte Preise erlangen, die aufgrund des vorhandenen Angebots der betreffenden Ware, ihrer Qualität und Modernität — und somit auf der Basis marktwirtschaftlicher Beziehungen — zwischen Lieferanten und Abnehmern vereinbart werden. Damit jedoch die marktwirtschaftliche Seite nicht die Plankontrolle durchbricht und die ganze Wirtschaft mitreißt, erarbeitet das Staatliche Preiskomitee für die wichtigsten Produktsorten eine Spanne, innerhalb der sich die vereinbarten Preise bewegen dürfen. Das wird einer der Gradmesser für die Verwaltbarkeit des sozialistischen Marktes sein.
Die Kontigentierungen der Betriebe mit Technik, Geräten, Roh- und Werkstoffen werden mit der Behebung der Engpässe hinfällig werden. Die Betriebe werden entweder direkt bei den Produzenten bestellen oder sich über den Großhandel versorgen. Die Leicht- und Nahrungsmittelindustriebetriebe werden direkt mit Groß- und Einzelhandelsorganisationen verhandeln. Zum Abschluß derartiger umfangreicher Geschäfte zu vereinbarten Preisen werden verstärkt Messen für Industrie und Handel stattfinden.
Diese Veränderungen laufen alle auf dasselbe hinaus, nämlich auf die Entwicklung der Marktbeziehungen und die Absage an behördlich-bürokratische zugunsten von ökonomisch richtigen Wirtschaftsmanagementmethoden. Als Endergebnis darf man sich eine

bessere Entsprechung zwischen Produktionsstrukturen und -volumen und den Bedürfnissen der Öffentlichkeit erwarten. Das wird sich erstens dahingehend auswirken, daß der Herstellung von „Ladenhütern“ und minderwertiger Ware, die praktisch gleich in die Wiederverarbeitung oder auf den Müll wandert, ein Ende gesetzt wird. Zweitens wird ein qualitativ hochwertigeres und breiter gefächertes Warenangebot zur Auswahl stehen, das der Nachfrage in der Bevölkerung besser gerecht wird. Ebenso ist mit einem vereinfachten technisch-materiellen Ausstattungssystem der Betriebe, dem Abbau des bei den Betrieben angehäuften „Polsters“ an Produktionsmitteln und einer höheren Umschlagsgeschwindigkeit der betrieblichen Mittel zu rechnen. Ferner sind auch im Bereich der Schattenwirtschaft tiefgreifende Veränderungen zu erwarten. Letztere ist sehr differenziert zu beurteilen, da einerseits die darin abgewickelten Geschäfte teilweise auf künstliche Beschränkungen der Marktbeziehungen zurückzuführen sind und insoferne mit der Aufrechterhaltung des normalen Produktionsbetriebs dem Allgemeinwohl dienen. Andererseits beruht ein anderer Teil dieser Operationen auf der Entwendung des gesellschaftlichen Eigentums und auf persönlicher Bereicherung einer skrupellosen Mafia. Die Entwicklung und Legalisierung der Marktbeziehungen werden es ermöglichen, den gesunden Teil der Schattenwirtschaft in den Bereich der berücksichtig- und kontrollierbaren Beziehungen zu überführen. Die Schattenwirtschaft wird dann nur mehr aus illegalen Operationen bestehen, was den Kampf gegen die Wirtschaftskriminalität erleichtern und die Atmosphäre des wirtschaftlichen Lebens generell reinigen wird.

7. Individuelle und genossenschaftliche Erwerbstätigkeit

Bis in die Mitte der achtziger Jahre war die sowjetische Wirtschaft von einem Paradoxon geprägt: In vielen Branchen, Bezirken und Betrieben war ein Arbeitskräftemangel spürbar; wer jedoch mehr als 41 Stunden pro Woche arbeiten wollte, hatte normalerweise kein Recht darauf. So wurde die Ausübung eines zweiten Arbeitsverhältnisses (z.B. in einer Fabrik und einem wissenschaftlichen Institut, an einer Universität und einer wissenschaftlichen Zeitschrift etc.) in all ihren Formen äußerst streng eingeschränkt. Im Endeffekt fehlte es zur effizienten Nutzung der Produktionsmittel an Arbeitskraft, während das vorhandene Potential an Arbeitskräften nicht ausgenützt, sondern künstlich „eingefroren“ wurde.

Begründet wurde diese Politik durch die Angst vor einem extremen Anstieg des Lohnfonds, vor einer Vertiefung der Kluft zwischen Nachfrage und Angebot und vor verstärkten inflationären Tendenzen. Zusätzliche Beschäftigung hätte indessen das Waren- und Dienstleistungsangebot erweitert und demnach zur Schließung der Versorgungslücken beigetragen. Eine ähnliche Haltung war bezüglich der individuellen Erwerbstätigkeit oder der Familienbetriebe zu beobachten. Wegen ihrer „unsozialistischen“ Natur wurden sie scheel angesehen, mit unredlichen Mitteln zur Bereicherung assoziiert und deswegen nicht nur nicht gefördert, sondern sogar mit allen möglichen Mitteln eingeschränkt.

Die Ideologie der Perestroika ist von einer grundverschiedenen Einstellung sowohl zu zusätzlicher als auch zur individuellen und kleingenossenschaftlichen Beschäftigung geprägt. Es sind heute nicht nur die vormaligen rechtlichen Einschränkungen zur Zusatzbeschäftigung gelockert oder aufgehoben, sondern das neue, in Vorbereitung befindliche Pensionsrecht sieht auch für Personen, die das Pensionsalter erreichen, kräftige Anreize vor, ihre Tätigkeit in der Volkswirtschaft fortzusetzen. Jedes zusätzliche Dienstjahr wird die festgesetzte Pension um einige Prozentpunkte erhöhen. Auch verschiedene Formen bezahlter Arbeit für Schüler und Studenten werden aktiv entwickelt: Studentenbautrupps, Schülerbrigaden in der Landwirtschaft, Werk- und Erholungslager, auf denen die Jugendlichen in den Ferien ihre Erholung mit Arbeit in Nutzgärten, Treibhäusern oder Weingärten verbinden und so selbst etwas verdienen können.

Die wirtschaftlichen Grundlagen und Tendenzen bei individueller Erwerbstätigkeit, in Familienbetrieben und Kleingenossenschaften sind vielfältig. Familien und Einzelpersonen sind hauptsächlich in der Landwirtschaft und insbesondere im Anbau von besonders gefragtem Frühgemüse, Beeren und Blumen beschäftigt. Leute mit entsprechender Berufsausbildung fertigen modische Kleidung oder Schuhe, originelle Schmuckstücke etc. an. Um sein Handwerk ausüben und mit seinen Produkten handeln zu können, reicht es, eine dementsprechende Konzession zu erwerben und sich zu verpflichten, keine Lohnarbeiter einzustellen.

Großer Beliebtheit erfreuen sich die offenen Kunstmärkte in den Parks Moskaus und einiger anderer Städte. Künstler und Kunsthandwerker umgehen hier die erste Auslese, die von jeglichen Vermittlern getroffen wird, indem sich sich direkt mit den potentiellen Käufern treffen und sich eine Vorstellung darüber machen kön-

nen, welche Ware gefragt ist und welche nicht. Die Besucher der Kunstmärkte haben nicht nur die Möglichkeit, Bilder oder andere Kunstgegenstände zu kaufen, sondern können sich auch eine Vorstellung von den Werken zeitgenössischer Künstler machen.
Auch kleine Genossenschaften (die gewöhnlich zwischen 4—6 und 20—30 Personen umfassen) werden gefördert. Manche Mitglieder, die auch in der gesellschaftlichen Produktion arbeiten, sind in der Genossenschaft nur teilzeitbeschäftigt, während andere ausschließlich und ganztags in der Genossenschaft arbeiten. Im Gegensatz zu den Selbständigen ist die Genossenschaft eine juristische Person, wird von den lokalen Sowjets registriert und hat ausgedehntere Rechte. Sie können nicht nur Konsumgüter für die Bevölkerung herstellen, sondern auch mit staatlichen Organisationen Beziehungen anknüpfen und z.B. Kfz-Werkstätten mit mangelnden Ersatzteilen versorgen. In der Regel kaufen sie bei den Betrieben veraltete Maschinen an und reparieren und verbessern diese eigenhändig. Als Rohstoffe verwenden die Genossenschaften oft noch brauchbare Abfallprodukte von Industriebetrieben oder wissenschaftlichen Forschungsinstituten. Originelle technologische Einfälle haben Ingenieure und auch Facharbeiter in Hülle und Fülle. In einem großen Industriebetrieb sind diese Ideen nicht immer einfach zu verwirklichen; in der eigenen, kleineren Arbeitsgemeinschaft hingegen ist dies weitaus einfacher und interessanter. Tatsächlich sind mir viele Kleingenossenschaften bekannt, denen es gelingt, buchstäblich aus dem Nichts hochwertige Produkte zu erzeugen.
In Transkaukasien, den baltischen Staaten und anschließend auch in Moskau verbreitete sich die Verpachtung staatlicher Dienstleistungsbetriebe an Genossenschaften: Kaffeehäuser, Gaststätten, kleine Restaurants, Friseure, Kosmetikinstitute usw. Das Pachtgeld, das in Übereinstimmung mit den lokalen Behörden vereinbart wird, bleibt fünf Jahre lang unverändert und kann nach Ablauf dieser Frist bei Erneuerung des Vertrages erhöht werden.
Ich möchte darauf hinweisen, daß die kleinen Kooperativen und Genossenschaften sich bei der Wahl ihres Tätigkeitsbereiches ausschließlich an Marktlücken orientieren. So wurden in den letzten Jahren beispielsweise viele Beschwerden über die Schwierigkeiten bei der Organisierung von Begräbnissen laut. Die leidgeprüften Hinterbliebenen müssen eine Unzahl von Hindernissen überwinden, wobei sie von den formell für diese traurige, aber notwendige Zeremonie zuständigen Personen, die die ausweglose Lage und

psychologische Verfassung ihrer Kunden ausnützen, schamlos ausgenommen werden. In Moskau hat sich daraufhin eine Gruppe junger Leute zusammengeschlossen, die aus Ärzten zur Feststellung des Todesfalles, Juristen, Zeremonienmeistern, Musikern und Arbeitern besteht. Die Kooperative übernimmt zur Gänze die Organisation der Begräbnisse, wobei es die Hinterbliebenen mit intelligenten, taktvollen und anständigen Menschen zu tun haben. Die Aufträge werden ohne Eile und sorgfältig durchgeführt; niemand wird übervorteilt oder schikaniert. Die Kosten sind angemessen und machen dabei nur einen Bruchteil dessen aus, was die Erpresser üblicherweise verlangen. Ein Einzelfall? Dieses Beispiel steht für das allgemeine Bestreben der Genossenschaften, Versorgungslücken aufzuspüren und zu schließen.
Als Folgen der Entwicklung der kleinen Produktionsstrukturen darf man sich einen vergrößerten Arbeitszeitfonds, qualitativ hochwertigere Arbeit, vollständigere und rentablere Auslastung der Maschinen und Geräte, Roh- und Werkstoffe und des Kreativitätspotentials der Bevölkerung erwarten. Diese Ergebnisse führen ihrerseits bei den jenen Gruppen, die selbständig, in Familienbetrieben oder Genossenschaften beschäftigt sind, zu einem Einkommenszuwachs und einer Anhebung des Lebensstandards. Im Endeffekt wird die Bevölkerung dadurch ihre Bedürfnisse an Waren und Dienstleistungen besser befriedigen können.

Was in diesem Abschnitt ausgeführt wurde, weist meines Erachtens klar darauf hin, daß die in die Wege geleitete Neugestaltung der wirtschaftlichen Beziehungen in der Sowjetunion die Verwirklichung zweier wesentlicher Ziele garantiert: einerseits eine Anhebung der Effizienz im Produktionsbereich und die bessere Befriedigung der Verbraucherbedürfnisse, andererseits die Demokratisierung der Wirtschaft und einen Pluralismus der Organisationsformen sowie eine Erweiterung der Möglichkeiten jedes einzelnen, sich in der Arbeit selbst zu verwirklichen. Beide Faktoren stellen zweifelsohne einen enormen Gewinn für unsere Gesellschaft dar. Im praktischen Leben allerdings gibt es ohne Einsatz keinen Gewinn. Jeder fortschrittliche Gesellschaftswandel bringt außer positiven Ergebnissen auch neue Probleme — dies trifft auch auf die sowjetische Wirtschaftsreform zu. Deswegen möchte ich im nächsten Abschnitt die sozialen Probleme, die von der Reform selbst ausgelöst werden, behandeln.

Die sozialen Konsequenzen

Aufgrund ihrer außerordentlichen Tragweite wird die sowjetische Wirtschaftsreform komplexe und vielfältige soziale Konsequenzen nach sich ziehen. Sie heute in ihrer ganzen Bandbreite vorauszusehen, ist kaum möglich, doch eine ganze Reihe davon ist mit großer Wahrscheinlichkeit zu erwarten. Ich möchte hier nur einige von ihnen als Beispiel genauer beschreiben.

1. Gesundschrumpfen des Verwaltungsapparates, inhaltliche Veränderungen und Komplizierung der Verwaltungstätigkeit

Die sowjetische Volkswirtschaft ist derzeit mit Verwaltungspersonal übersättigt: der Bestand umfaßt etwa 18 Millionen Menschen (13% aller Berufstätigen). Dieser extrem aufgeblähte Verwaltungsapparat gehört zum sozialen Erbe, das uns von der Stagnationsperiode und ihren Bürokratisierungserscheinungen aufgebürdet wurde. Es versteht sich von selbst, daß im Zuge der Einführung ökonomischer Managementmethoden das Verwaltungspersonal mindestens auf die Hälfte oder ein Drittel reduziert werden muß. Damit müssen aber 9—12 Millionen Menschen umgeschult und anderswo eingesetzt werden, wobei es sich nicht um einfache Befehlsempfänger, sondern um Personen handelt, die es gewohnt sind, eine leitende Tätigkeit auszuüben, über andere zu bestimmen, über Macht und materielle Vorteile zu verfügen.

Dieses äußerst schwer in den Griff zu bekommende Problem ist jedoch nur ein Aspekt des angeschnittenen Themas. Ferner geht es noch um die grundlegende inhaltliche Veränderung und erhebliche Komplizierung aller Arten von Verwaltungsarbeit. Dies bezieht sich auf alle Kategorien des Verwaltungspersonals, angefangen von den Mitarbeitern der zentralen branchenübergreifenden Wirtschaftsbehörden bis hin zu den Leitern der Produktionskollektive.

In der Tat hatten sich die zentralen Behörden, das Staatliche Planungskomitee der UdSSR eingeschlossen, daran gewöhnt, die Betriebe mit „Gewaltmaßnahmen“ zu verwalten, wobei ihnen die Tatsache, daß sie die unentbehrlichen Produktionsressourcen verteilen, zugute kam. Vor der Reform waren die Betriebe im Grunde genommen rechtlos. Kolchosen und Sowchosen zum Beispiel erhielten für die entsprechenden Gebiete völlig unrealistische Ertragspläne. Von diesen überhöhten Produktionsplänen ausgehend wurden die Planeinkünfte und die an den Staatshaushalt abzuführenden Summen berechnet. Prämien durften nur für Überbietung der Planziele, von der man nicht einmal zu träumen wagte, gewährt werden. Zusätzlich wurden die Betriebe oft nicht mit den zur Erfüllung der Pläne erforderlichen Produktionsmitteln — Saatgut, Mineraldünger, Technik — ausgestattet. Kolchosen und Sowchosen versuchten zwar, mit den Planungsstellen zu verhandeln, mußten aber letztendlich nachgeben und saßen somit in einer wirtschaftlichen Zwickmühle. Den Plan konnten sie natürlich nicht erfüllen, an Stelle von Gewinnen schrieben sie rote Zahlen, kamen aber mit Hilfe staatlicher Zuschüsse irgendwie zurecht, allerdings zum erheblichen Schaden der Gesellschaft.

Jetzt ändert sich die Lage. Angesichts der betrieblichen Selbstfinanzierung erweist sich der administrative Druck eindeutig als nicht angemessen. Unter Ausnützung ihrer erweiterten Rechte werden die Betriebe sich aktiver dagegen wehren, daß ihnen unvorteilhafte oder nicht dotierte Produktionspläne aufgebürdet werden. Die indikative Planung anstatt der adressierten und die damit verbundene neue Rolle der Betriebe, die künftig bei der Entscheidungsfindung im Produktionsbereich mitzureden haben, erfordert neue Managementmethoden — ich würde sagen, eine neue Sprache zur Kommunikation zwischen den einzelnen Instanzen der Verwaltungspyramide. So werden die planwirtschaftlich erstellten Normrichtlinien (wie z.B. Preise der wichtigsten Produktsorten, Verhältnis zwischen Produktivitätswachstum und Arbeitsentlohnung, Gewinnverteilungsmodus zwischen Betrieb und Staat, Bestimmungen zur Abgabe von Gewinnanteilen an den Produktionsentwicklungs- und den materiellen Stimulierungsfonds) ungemein an Bedeutung gewinnen. Aber noch ist zuwenig einsetzbares Wissen vorhanden, sind die neuen Erfahrungen unzureichend, um aus den alten, inadäquaten Richtlinien neue zu erarbeiten und anzuwenden. Die richtige Berechnung der Normrichtlinien erfordert die Erarbeitung spezieller Methoden, die ihrerseits an der noch nicht ganz sattelfesten wirtschaftstheoretischen Grundlage scheitert. Deswegen sind hier noch einige Schwierigkeiten zu erwarten. Das gilt insbesondere für die Arbeitskräfte, die im Verwaltungsapparat der zentralen Wirtschaftsbehörden bleiben, bis sich alles aufeinander eingespielt hat.

Auf Schwierigkeiten müssen sich beispielsweise auch die Bankangestellten gefaßt machen. In wenigen Jahrzehnten haben sich die Geldinstitute eher in Verwaltungsinstitutionen verwandelt und ihre

kaufmännischen Funktionen fast zur Gänze eingebüßt. Derzeit wird eine Bankreform durchgeführt: die Sowjetische Staatsbank wird in mehrere spezialisierte Banken aufgeteilt, die jeweils die Industrie, Bau- oder Landwirtschaft etc. finanzieren. Nach der Reform werden die Bankangestellten inhaltlich andere Aufgaben wahrnehmen, nicht nur rechnen, sondern auch kalkulieren, Situationen abwägen und wirtschaftliche Risken eingehen müssen.
Ebenso wird sich die Tätigkeit der wirtschaftlichen Führungskräfte und insbesondere der Direktoren von Betrieben und Industrievereinigungen komplexer gestalten. Die Ausdehnung ihrer Rechte wird mit einer dementsprechend steigenden Verantwortung gepaart sein. Bestand ihre Aufgabe früher hauptsächlich darin, die erteilten Weisungen zu erfüllen, so werden sie von nun an selbst an alles denken müssen: Kontaktaufnahme mit Lieferfirmen für Maschinen, Roh- und Werkstoffe, Modernisierung der Produktion, technische Innovation, Verbesserung der Arbeitsorganisation und des Lohnsystems, Zusammenarbeit mit den Belegschaftsräten. Das alles mit dem Bewußtsein, daß die Belegschaft bei ungenügendem Leistungsniveau einen anderen Direktor wählen kann.
Die Reform stellt völlig neue Anforderungen an das wirtschaftliche Führungspersonal. Es wird eine weitgehende wirtschaftliche und juristische Ausbildung vorausgesetzt, es wird erwartet, daß die Führungskräfte sich in einem flexiblen System verläßlich zurechtfinden, organisatorische Talente und Unternehmergeist aufweisen, zu ständiger Weiterbildung auch anhand ausländischer Erfahrungen bereit sind und in der Leitung des unterstellten Mitarbeiterstabs Geschick zeigen. Rundheraus gesagt entspricht die heutige Managergeneration, die unter anderen Umständen ausgebildet wurde, kaum den erwähnten Anforderungen. Von den Fünfzig- bis Sechzigjährigen ist außerdem kaum zu erwarten, daß sie ernstlich umdenken und sich den neuen Bedingungen anpassen können. Folglich muß der jüngeren Generation entschieden Vorrang eingeräumt werden. Damit allein ist es aber noch nicht getan. Zur Schaffung eines Ausbildungssytems für jene Manager, die wir brauchen, ist eine grundlegende Revision der Tätigkeitsbereiche der Akademie für Wirtschaftswissenschaften, der Hochschule für Managementwesen sowie der bei Behörden und regional eingerichteten Fortbildungs- und Umschulungszentren für Führungskräfte notwendig.

2. Höhere Qualifikation und Kreativität der Arbeitskräfte

Es heißt, daß fast ein Viertel aller Ingenieure der Welt in der Sowjetunion arbeitet. Mit den Agronomen, Tierärzten und Veterinärassistenten, die in der Landwirtschaft tätig sind, verhält es sich wahrscheinlich ähnlich. Auf jeden Fall sind in jeder Kolchose oder Sowchose Sibiriens nicht weniger als 20 bis 30 Fachleute beschäftigt. Man könnte also einen raschen wissenschaftlich-technischen Fortschritt erwarten; in Wirklichkeit tritt die Produktion auf der Stelle. In den letzten Jahren wurden mehrere Untersuchungen durchgeführt mit dem Ziel, die Ursachen für die Ineffizienz der Ingenieursarbeit zu erhellen. Es stellte sich heraus, daß eine überwältigende Mehrheit (mehr als 80%) in Wirklichkeit keineswegs Ingenieursarbeit leistet, sondern mit der Abfassung irgendwelcher Schriftstücke (Berichte, Mitteilungen etc.) beschäftigt ist. Den übrigen, die zwar unmittelbar mit der Technologie in Berührung sind und als technische Entscheidungsträger auftreten, sind durch einengende Anweisungen die Hände gebunden und es fehlt ihnen faktisch jeder Handlungsspielraum. Letztendlich ist diese Tatsache mit einem gesellschaftlichen Wert- und sozialen Prestigeverlust der Fachleute gleichzusetzen. Es spricht für sich, daß ihr Einkommensniveau zu Beginn der achtziger Jahre dem der Arbeiter nicht überlegen war und manchmal sogar nachhinkte.
Mit der kostendeckenden Wirtschaftsführung wird in den Betrieben ein direktes Interesse an einer leistungsfähigeren Produktion geweckt werden, auch aufgrund der Beiträge von Ingenieuren zur Entscheidungsfindung. Die im Selbstfinanzierungssystem vorgesehene Dezentralisierung der Investitionen wird es ermöglichen, diese Entscheidungen in die Tat umzusetzen. In so einem Kontext wird sich schnell herausstellen, daß Ingenieur nicht gleich Ingenieur ist und ein einziger begabter Spezialist eine Lösung realisieren kann, an die hundert andere nicht einmal denken. Um die höchstqualifizierten Ingenieure wird ein Konkurrenzkampf entstehen, in dem die Betriebe mit hohen Gehältern und anderen Vergünstigungen wetteifern können. Hochqualifizierte Leistungen und fundierte berufliche Kenntnisse werden im sozialen Ansehen steigen, wobei sich Urteile weniger nach Dienstgrad oder Diplom als nach greifbaren produktiven Ergebnissen richten werden. Überhaupt wird die kreative Komponente der Arbeit allmählich relevanter werden als die ausführende, in Arbeitsstunden gemessene Komponente.
Am gefragtesten werden die Kräfte mit den höchsten (auf Bega-

bung zurückzuführenden) Qualifikationen sein. Aber auch an Fachleuten mit geringerem Qualifikationsniveau (zweite, dritte, vierte Kategorie) wird großer Bedarf bestehen. Was jedoch die sogenannten Spezialisten betrifft, die vor Ort oft nicht einmal den Arbeitern das Wasser reichen können, so werden sie — so wie ein Teil des bereits erwähnten Verwaltungspersonals — vermutlich einen anderen Arbeitsplatz suchen müssen: auf ihre „Dienste" können die Betriebe verzichten. Mit ihrer Freistellung wird ein weiteres komplexes Problem aufgeworfen, von dem wieder Millionen Menschen betroffen sind. Von einer Tragödie zu sprechen, wäre übertrieben, doch für die Opfer des gesellschaftlichen Rückschritts der Restalinisierungsperiode handelt es sich jedes Mal um ein Drama. Werden jedoch Ingenieure, Agronomen etc. weiterhin nach altem Muster ausgebildet, laufen wir Gefahr, daß sich diese Dramen wiederholen, da die Absolventen den neuen Anforderungen in der Produktion nicht gewachsen sind. Eine radikale Reform des Ausbildungssystems für technische Fachleute muß auf eine intensivere, praxisbetontere Ausbildungsform abzielen, in der durch aktive Unterrichtsmethoden das Kreativitätspotential der Studenten mobilisiert wird. Unbedingt notwendig ist es, daß Studenten in entwickelten sozialistischen und kapitalistischen Ländern vermehrt praktische Erfahrungen sammeln. Gleichzeitig sind die Hochschulen für die Qualität der Absolventen verstärkt verantwortlich zu machen und die wirtschaftlichen Beziehungen zwischen Arbeitswelt und Bildungsbereich zu harmonisieren.

3. Berufliche, branchenbezogene und geographische Mobilität der Arbeitskräfte

Zu den typischsten Merkmalen der sowjetischen Gesellschaft vor der Reform gehörte eine ausgeprägte Stabilität aller Beziehungen, die neben negativen auch gewisse positive Züge aufwies, so z.B. die Zuverlässigkeit sozialer Garantien. Diese Stabilität wird durch die Perestroika, die die sozioökonomische Entwicklung beschleunigt und das Leben dynamischer und komplexer gestaltet, ins Wanken gebracht. Eine relativ rasche Veränderung kündigt sich insbesondere im Bereich der Arbeitskräftepolitik an. Einige in diese Richtung gehende Faktoren habe ich soeben angesprochen. Es handelt sich dabei zum einen um das Bestreben der Arbeitskollektive, sich zur Aufarbeitung des anfallenden Arbeitsvolumens mit möglichst wenig Arbeitskräften zu begnügen, um die Löhne und

Gehälter zu erhöhen; zweitens um die neuen Möglichkeiten, die den Betrieben in der Personalpolitik offenstehen, wie die Aufhebung ihrer Verpflichtung, entlassenen Mitarbeitern anderswo einen neuen Arbeitsplatz zu finden, und die damit verbundene Möglichkeit, „Ballast abzuwerfen"; drittens um die Beschleunigung des wissenschaftlich-technischen Fortschritts, die Modernisierungsmaßnahmen und den damit verbundenen Abbau unqualifizierten Personals und viertens um die unvermeidliche Liquidierung vieler unwirtschaftlicher Unternehmen, die durch den Aufschwung leistungsfähigerer und die Gründung neuer Betriebe kompensiert wird.

Aufgrund dieser Faktoren wird die Zahl der in der Volkswirtschaft abzubauenden Arbeitsplätze wahrscheinlich merklich ansteigen. Das bedeutet aber, daß auch mehr Menschen ihren Arbeitsplatz verlieren werden und sich wieder neu eingliedern werden müssen. In diesem Zusammenhang stellen mir westliche Korrespondenten immer wieder die Frage, wie wir raschen technologischen Fortschritt mit dem verfassungsmäßig garantierten Recht aller Sowjetbürger auf Arbeit, anders ausgedrückt, mit Vollbeschäftigung vereinbaren können. Die Frage ist nicht einfach zu beantworten; ich werde dennoch versuchen, meinen Standpunkt dazu darzulegen.

Zunächst möchte ich den Unterschied zwischen absoluter und strukturbezogener Arbeitslosigkeit klarstellen. Es handelt sich einerseits um die globale Differenz zwischen Angebot und Nachfrage auf dem Stellenmarkt, andererseits um branchen- und berufsspezifische oder geographisch bedingte Ungleichgewichte. Zur absoluten Arbeitslosigkeit möchte ich bemerken, daß die Sicherung einer dynamischen Ausgewogenheit zwischen der Anzahl an Arbeitsplätzen und an Arbeitskräften durchaus keine einfache Aufgabe darstellt. Doch mit einem reiflich durchdachten, wissenschaftlich fundierten Management ist sie zu bewältigen. Mehrere Faktoren sind daran maßgeblich beteiligt.

Zum einen werden die Beschäftigten eines Betriebes nicht auf einmal, sondern allmählich freigestellt. In vielen Betrieben werden im Zuge der Produktivitätssteigerung vorerst keine Arbeitnehmer entlassen, sondern allmählich die vakanten (offenen) Stellen besetzt. Bevor der Personalabbau in Angriff genommen wird, ist gewissermaßen erst ein Defizit aufzufüllen.

Zweitens arbeitet ein Großteil der Anlagen wegen Personalmangels derzeit nur in einer Schicht, was äußerst unwirtschaftlich ist. Eine Produktivitätssteigerung ermöglicht es, zwei- oder vielleicht

auch dreischichtig zu arbeiten, ohne den Maschinenpark erweitern zu müssen.
Zum dritten sind die Arbeitskräfte zur Zeit branchenmäßig und geographisch äußerst ungleich verteilt. Von den Branchen sind die Bauwirtschaft, Landwirtschaft, das Eisenhüttenwesen und die Leichtindustrie am schlechtesten versorgt; bei den Gebieten liegt im Norden und Osten viel im argen. Nach und nach werden diese Branchen und Gebiete einen großen Anteil der freigestellten Arbeitskräfte aufnehmen können.
Ähnlich verhält es sich mit dem außerordentlich personalintensiven Dienstleistungssektor, der in der UdSSR gegenüber dem weltweiten Standard einiges nachzuholen hat. Es hapert nicht nur an den unzureichenden Investitionen in unproduktive Sektoren wie das Bauwesen, sondern direkt am fehlenden Personal: Verkäufer, Kellner, Krankenschwestern, Sanitäter, Friseure, Bibliothekare etc. In vielen Gebieten und Städten scheitert eine weitere Entwicklung des Dienstleistungssektors unmittelbar am hohen Bedarf an Arbeitskräften, die in diesem Bereich naturgemäß eine ausschlaggebende Rolle spielen.
Fünftens kann ein Teil der freigesetzten Arbeitskräfte im expansiven Zweig der individuellen Erwerbstätigkeit, der Familienbetriebe und der Genossenschaften unterkommen.
Schließlich hat eine planwirtschaftlich gelenkte Gesellschaft auch die grundsätzliche Möglichkeit, einem eventuellen Ungleichgewicht zwischen Arbeitskräfteangebot und -nachfrage durch eine Regulierung der täglichen, wöchentlichen und jährlichen Arbeitszeit beizukommen. Die Wirtschaftsreform soll die zukünftige, progressive Verringerung des durchschnittlichen Arbeitszeitfonds jedes Berufstätigen erleichtern.
Somit ist das Problem einer absoluten Arbeitslosigkeit in der UdSSR praktisch hinfällig. Beschäftigungsprobleme treten eher strukturell auf, sind dafür aber auch komplexerer Natur. Ich möchte in der Folge kurz auf die drei Hauptaspekte, nämlich die berufsspezifische, die geographisch und die sozial bedingte Arbeitslosigkeit eingehen.

Den berufsbedingten Arbeitsplatzwechsel habe ich bereits im Zusammenhang mit dem Verwaltungspersonal und den Ingenieuren angeschnitten. Die Zahl der verfügbaren Arbeitsplätze wird in diesen Bereichen drastisch zurückgehen, und die entsprechenden Arbeitskräfte werden im Prinzip nach einer Umschulung eine andere

Tätigkeit auszuüben haben. Ist diese Herausforderung für jüngere Menschen (natürlich mit staatlicher Hilfe) mehr oder weniger leicht zu bewältigen, so kann sie für die ältere Generation, vor allem im Vorpensionsalter, eine schwer überwindbare Hürde darstellen. Deswegen wurde im Zuge des Personalabbaus bei einigen zentralen Behörden den Kräften, die nur mehr zwei bis drei Dienstjahre abzuleisten hatten, eine Frühpensionierung vorgeschlagen.
Ein anderer, ebenso komplexer Aspekt betrifft die durch technische Neuerungen beschleunigte Wegrationalisierung unqualifizierter, meist manuell tätiger Arbeitskräfte, die in der Bauwirtschaft etwa 30%, in der Industrie 40%, in der Landwirtschaft aber stolze 60—65% des Gesamtpersonals stellen. Der einzige Ausweg besteht hier in massiven Umschulungen zur Ausbildung von Facharbeitern, die auf dem Arbeitsmarkt gefragt sind. Doch auch hier stellt sich wieder das Problem der älteren Leute, die oft nicht einmal eine mittlere Schulbildung erwerben konnten und diese zudem großteils wieder vergessen haben. Viele von ihnen sind Frauen, Mütter oder sogar Großmütter. Wollen oder, noch wichtiger, können sie sich neue Kenntnisse aneignen? — das ist die Frage. Es ist anzunehmen, daß die Mehrheit unter ihnen es vorziehen wird, selbständig oder in Familienbetrieben, z.B. in der Landwirtschaft, zu arbeiten.

Nun zu den gebietsspezifischen Ungleichgewichten. Der wirtschaftliche Strukturwandel wird wahrscheinlich zu einem Arbeitsplätzezuwachs in den östlichen Gebieten der UdSSR (auf Kosten des Zentrums und des Südens) und in den Großstädten (auf Kosten der Kleinstädte und Dörfer) führen. Wer also seinen Arbeitsplatz in den ins Hintertreffen geratenden Gebieten und Siedlungsformen verliert, wird nur in den arbeitsplatzreichen wieder unterkommen: er muß wandern. Die Migration kann selbstverständlich nur auf freiwilliger Basis erfolgen, was voraussetzt, daß sie mit keinem Verlust des bisherigen Lebensstandards verbunden ist. Indessen sind derzeit die regionalen Unterschiede bezüglich Lebensqualität stark ausgeprägt. Zudem sind in den östlichen Landesteilen die Lebensbedingungen weitaus schwieriger als im Zentrum oder im Süden. Es spricht für sich, daß jahrzehntelang die Wanderungsströme nicht nach Sibirien und in den Fernen Osten, sondern umgekehrt aus diesen Gebieten in die zentralen und südlichen Landesteile verliefen. Mitte der siebziger Jahre gelang es allerdings, die Wanderungsbewegungen vom und in den Osten auszugleichen und in weiterer Folge das Migrationsverhalten in die gewünschte Richtung zu lenken. Dies geschah mit Hilfe regionaler Differenzierungen der Löhne, indem die sogenannten Regionalkoeffizienten erhöht wurden und somit Zuschläge von 15% (im südlichen Westsibirien) bis 100% (im Hohen Norden und anderen gleichzusetzenden Gebieten mit besonders schwierigen Arbeitsbedingungen) bewirkten. Offensichtlich wird diese Methode auch weiterhin anzuwenden sein, um Wanderungen in die arbeitskraftdefizitären Regionen zu veranlassen.

Ähnlich verhält es sich mit den Wanderbewegungen zwischen Stadt und Land. Gegenwärtig sind die Lebensbedingungen insgesamt in den verschiedenen Siedlungsformen gleichzusetzen. Zu den Vorteilen der Stadt zählen nach wie vor die bessere Versorgungslage, das hohe Informationsniveau, reicheres kulturelles Angebot etc., während das Landleben breiteren Lebensraum, oft ein eigenes Haus mit Garten, die Möglichkeit zur Nebenerwerbslandwirtschaft und frische, hochwertige Nahrungsmittel anzubieten hat. Das Einkommens- und Wohlstandsniveau der Haushalte ist vergleichbar. In vielen Gebieten halten die Stadt-Land- und Land-Stadt-Wanderungen einander die Waage. In diesen Fällen wird bei der Landjugend kein psychologischer Widerstand gegen Verstädterung auftreten, wenn die Wirtschaftsreform einen höheren Anteil der Stadtbevölkerung erforderlich macht. Allerdings ist die demographische Aufnahmefähigkeit der meisten Großstädte derzeit sehr beschränkt, was sich bei den Wohnungen, der Kleinkinderbetreuung, der täglichen Versorgung etc. bemerkbar macht. In diesem Zusammenhang ist auch auf die Praxis der „geschlossenen Anmeldung“ in den Großstädten zu verweisen, durch die Zuzugswillige nur dann das Recht erhalten, sich in der Stadt niederzulassen, wenn sie eigens von Unternehmen oder Ämtern berufen wurden und dabei ihnen und ihrer Familie eine Wohnung zur Verfügung gestellt wird. Das ist dem Bevölkerungszuwachs der großen Städte natürlich nicht förderlich, wenn er ihn auch nicht verhindern kann. Wahrscheinlich werden umfangreiche Bevölkerungsverlagerungen in die Stadt dieses System in Frage stellen und damit dem Problem der raschen Entwicklung städtischer Infrastrukturen — zum Großteil auf Kosten der Dörfer und Kleinstädte — neue Brisanz verleihen. In der Folge droht das so mühevoll erreichte soziale Gleichgewicht zwischen Stadt und Land wieder ernstlich aus dem Lot zu geraten.

Schließlich zu den sozial bedingten Ungleichgewichten auf dem Arbeitsmarkt. Bei der Suche nach einem neuen Arbeitsplatz sind die Arbeitnehmerkategorien, die ein quantitativ oder qualitativ geringeres Leistungsangebot anzubieten haben, am meisten benachteiligt. Es handelt sich dabei um Frauen, die bei Erkrankung ihrer Kinder von der Arbeit wegbleiben müssen, ältere, kranke oder angegriffene Personen, kaum oder unqualifizierte Arbeitskräfte, die ich bereits angesprochen habe, weiters Personen, die zu übermäßigem Alkohol- oder Drogengenuß neigen etc. Politikern und Wissenschaftern wird dieses Problem vermutlich gehöriges Kopfzerbrechen bereiten, da die Lösungsansätze sehr differenziert sein müssen.

Als Beispiel möchte ich näher auf die oben genannte Gruppe der jungen Frauen mit Kindern eingehen, die unabhängig von ihren sonstigen Lebensbedingungen als prädestinierte Opfer des Personalabbaus erscheinen. Bei der Untersuchung dieses Problems muß auch in Betracht gezogen werden, daß in der UdSSR die Erwerbsquote der Frauen zu den weltweit höchsten zählt. In vielen Sowjetrepubliken, so der Russischen Sowjetrepublik und der Ukraine, kommt der Frauenanteil an der Erwerbstätigkeit an den der Männer sehr nahe heran. Ungeachtet des um fünf Jahre niedrigeren Pensionsalters stellen die Frauen 51% der Arbeiter und Angestellten.

Ein derartig hoher Anteil weiblicher Erwerbstätigkeit erscheint vom sozialen Gesichtspunkt her nicht gerechtfertigt. Er wirkt sich negativ sowohl auf die Geburtenrate als auch auf die Kindererziehung aus. In den Städten und teilweise auch auf dem Land setzt sich die Ehe mit nur einem Kind als dominierender Familientyp durch, in der nicht einmal das einfache Reproduktionsniveau des Bevölkerungsbestandes gesichert ist und die Qualität der Kindererziehung ernstlich beeinträchtigt wird. Der für kinderreiche Familien charakteristische Gemeinschaftssinn, die Gewohnheit, gemeinsam und einträchtig miteinander zu arbeiten und den jüngeren Geschwistern zu helfen, gehen verloren.

Worauf ist nun diese hohe Erwerbsquote der Frauen, durch die sie gezwungen sind, ihre gesellschaftlich-familiären Funktionen zu vernachlässigen, zurückzuführen? In erster Linie ist das ungenügende Gehaltsniveau der Männer anzuführen, das gegenwärtig nicht zur Erhaltung der Familie ausreicht, sei es auch nur für die Jahre, in denen die Kleinkinder heranwachsen. Weiters muß darauf hingewiesen werden, daß nicht erwerbstätige Frauen, auch wenn sie

Kinder haben, vom Großteil der Bevölkerung mit Geringschätzung betrachtet werden. Die Frau wird als vollwertige Persönlichkeit betrachtet, die dem Mann in nichts nachsteht, und muß deswegen einen Beruf ergreifen und ausüben. Schließlich besteht auch bei den Frauen selbst das Bedürfnis nach beruflicher Tätigkeit, sozialen Kontakten, geschäftlichen Verbindungen, der Zugehörigkeit zu einer Arbeitsgemeinschaft. Sie wollen lernen, sich weiterbilden, ihr Qualifikationsniveau anheben. Es ist bezeichnend, daß die Frauen 61% der Akademiker stellen, die Männer aber nur 39%.
Es ist klar, daß nicht nur die Sowjetunion, sondern alle entwickelten Länder mit dem Problem weiblicher Erwerbstätigkeit konfrontiert werden. Auf der Suche nach Lösungswegen sind verschiedene positive Erfahrungen gesammelt worden, die zeigen, daß die persönlichen Interessen der Frauen am besten mit denen der Gesellschaft in Einklang zu bringen sind, wenn ihnen die Wahl zwischen ganztägiger Erwerbstätigkeit, Teilzeitbeschäftigung und uneingeschränkter Beschäftigung in der Familie offensteht. Soziologische Studien zeigen, daß 40% der Frauen, wenn sie diese Wahl hätten, von der Ganztagsbeschäftigung abgingen und eine Teilzeitarbeit übernähmen. Doch dafür muß das Einkommen der Männer erhöht werden. Der wissenschaftlich-technische Fortschritt und die Produktivitätssteigerung, die als Hauptfaktoren für Personalabbau auftreten, werden gleichzeitig auch höhere Gehälter der Arbeitskräfte bewirken. Die zusätzlichen Möglichkeiten zur weiblichen Teilzeitbeschäftigung werden die kleinen Produktionsformen fördern. Diese verschiedenen Prozesse können als „Stoßdämpfer“ bei der Freisetzung von Arbeitskräften eingesetzt werden — nicht nur bei zu schließenden Betrieben, sondern auch bei jenen, die durch technische Innovationen geringeren Personalbedarf haben.

Es könnte noch eine ganze Reihe sozialer Probleme angeführt werden, die die Perestroika aufwirft. So die unweigerliche Differenzierung sozialer Gruppen je nach Einkommens- und Konsumniveau, die mögliche Verstärkung inflationärer Tendenzen, eine Art Konkurrenz zwischen den verstaatlichten Betrieben und der individuellen Erwerbstätigkeit u.a. So weist auch diese nicht allzu detaillierte Untersuchung der wahrscheinlichen sozialen Konsequenzen der Reform darauf hin, daß die sowjetische Gesellschaft in ein grundlegend neues Entwicklungsstadium eintritt. Die unvermeidliche Konfrontation mit neuen, bislang unbekannten Situationen, aber auch die Notwendigkeit, sich mit alten, längst akut gewordenen Problemen zu befassen, machen ein radikales Überdenken der bisherigen Sozialpolitik notwendig. Unter den neuen Umständen muß diese sich an den neu definierten Zielen und an einer anderen Wertskala orientieren. Im Grunde geht es um die Gestaltung einer neuen, dem Entwicklungsstand der Perestroika entsprechenden Sozialpolitik. Damit wäre auch das Thema des nächsten Kapitels angeschnitten.

Drittes Kapitel:

Die soziale Revolution

Die Zielsetzungen der neuen Sozialpolitik

„Eine starke Sozialpolitik" — dieser Slogan ist heute in der sowjetischen Presse ebenso wie in den höchsten Gremien häufig zu hören und zu lesen. Er gibt kurz und treffend die Einstellung der KPdSU bei der Suche nach neuen, effizienteren Lösungsansätzen überfälliger sozialer Probleme wieder. Das verstärkte Interesse von Partei, Staat und Wirtschaft an der Lösung sozialer Probleme und der Befriedigung der Bedürfnisse kommt nicht von ungefähr, sondern entspricht einer objektiven Neubewertung der Sozialpolitik im Instrumentarium der historisch bedingten gesellschaftspolitischen Steuerung. Wurde die Sozialpolitik früher hauptsächlich als Mittel zur Anhebung des Wohlstandes betrachtet, so hat sie jetzt vielfältigere Funktionen wahrzunehmen und fungiert insbesondere als Hebel der aktiven Verwandlung und Neugestaltung des gesellschaftlichen Beziehungsgefüges.

Wie ist das zu erklären? Vor allem dadurch, daß der Perestroika-Prozeß sich ausweitet, sich verstärkt und unter immer weiteren Bevölkerungskreisen Platz greift. Daß von seinem Ausgang das Schicksal der UdSSR in mehr als einer Hinsicht abhängt, haben inzwischen nicht nur Politiker und Wissenschafter, sondern auch die Bevölkerung selbst begriffen. „Sein oder nicht sein", so lautete die Frage seinerzeit für Hamlet. Doch für uns kann und darf sie nicht so lauten. Die Perestroika muß unbedingt Wirklichkeit werden, mit welchen Schwierigkeiten sie auch immer jetzt und in Hinkunft konfrontiert werden mag.

Wie kann die Perestroika aber rasch und effizient durchgeführt werden, wenn sie sich nicht auf die rückhaltlose Unterstützung der Menschen verlassen kann? Weder Technik noch Natur sind hier von Hilfe: außer den Menschen ist keiner in der Lage, das gesellschaftliche Beziehungssystem zu verändern. Ihnen steht es somit bevor, die Perestroika zu verwirklichen, die Wirtschaft, ihre Einstellung zur Umwelt und ihr eigenes Gewissen, ihre Lebens- und Arbeitsweise neuzuorientieren. In erster Linie sind die kreative Einstellung der Bevölkerung, ihre aktive Unterstützung und ihre Mitarbeit die Erfolgsgarantie.

Indessen bedarf es aber keiner hellseherischen Fähigkeiten, um zur Erkenntnis zu gelangen, daß die verschiedenen Bevölkerungsschichten und -gruppen hinsichtlich der Perestroika sehr unterschiedliche Standpunkte beziehen. Die einen spielen die Rolle der

„Bauleiter“, die, selbstvergessen, weder Zeit noch Kräfte — körperliche und geistige — sparen, da sie in dieser Aufgabe den Sinn ihres Lebens sehen. Eine andere Gruppe bringt der Perestroika aufrichtiges Interesse und Sympathie entgegen. Sie sind am Gelingen dieses Prozesses interessiert und bereit, daran mitzuwirken, wenn ihnen genaue Anleitungen über das Wie und Was gegeben werden, ergreifen selbst aber keinerlei Initiative. Wieder andere geben sich mit einer Beobachterrolle zufrieden, die sich etwa in der Aussage resümieren läßt: „Schon gut, das hört sich ja alles sehr schön an, jetzt wollen wir einmal sehen, was dabei herauskommt.“ Sie sind weder pro noch contra, sondern gehören einer trägen, sozial passiven und desinteressierten Schicht an. Schließlich gibt es auch Gruppen, die um nichts in der Welt die eingenommenen Positionen aufgeben wollen, auch wenn ihre Arbeit der Gesellschaft eigentlich mehr Schaden als Nutzen bringt. So verhält es sich z.B. mit den Bürokraten, die den größten Teil der staatlichen Behörden besetzt halten und gleichsam absichtlich ihre Amtsbefugnisse darauf verwenden, die gesellschaftliche Entwicklung zu hemmen, jegliche Form von Kreativität und Innovation zu ersticken und die Perestroika wie auch immer zu verhindern und zunichte zu machen.

Sowohl Verlauf als auch Ausgang der Perestroika hängen in erster Linie davon ab, wie sich das Verhältnis zwischen den genannten Gruppen entwickeln wird und wie sie zusammenarbeiten werden. Um jeden Preis müßten Anhängerschaft und Aktionsmöglichkeiten der ersten beiden Gruppen verstärkt und der dritten und vierten Gruppe verringert werden. Deswegen besteht die dringende Notwendigkeit, immer mehr Arbeitskräfte zu Verfechtern der Perestroika und aus Beobachtern aktive Teilnehmer zu machen. Überzeugt werden sollen sie nicht nur als an effizienter Arbeit interessierte Arbeitskraft, sondern vor allem als Mensch und Staatsbürger.

Diese ungemein schwer in den Griff zu bekommende Aufgabe ist mit ökonomischen Mitteln (perfektioniertes Wirtschaftssystem, stärkere materielle Interessiertheit, Kaufkrafterhöhung des Rubels etc.) allein nicht zu lösen. Es lassen sich damit bestenfalls hohe Arbeitsqualität und sorgfältiger Umgang mit dem gesellschaftlichen Eigentum erreichen, doch kaum überzeugte Befürworter eines neuen Gesellschaftssystems hervorbringen. Dafür sind stärkere Anreize notwendig, die an das ganze Bedürfnis- und Interessensspektrum appellieren, an den Menschen als in sich geschlossene

Persönlichkeit. Ich bin überzeugt davon, daß ein Mensch nur dann zum aktiven Befürworter der Perestroika werden kann, wenn er als Persönlichkeit erobert wurde.

Dazu ist es aber notwendig, die wahren Interessen und Bedürfnisse jeder sozialen Schicht und Gruppierung zu kennen. Denn in der Verhaltensmotivation der Menschen, bei ihrer Wahl konkreter Tätigkeitsarten und -methoden sind die Interessen ausschlaggebend, obwohl auch Faktoren wie Wertsystem, Tradition, Gewohnheit und volkseigene Besonderheiten als Beweggründe auftreten. Doch die eigentliche Triebfeder, die letztendlich das Handeln der einzelnen Gruppen bestimmt, stellen die Interessen dar.

Das System der sozialen Interessen, die innerhalb einer bestimmten Gesellschaft zum Tragen kommen, ist gleichzeitig von Wechselbezüglichkeit, Heterogenität und Widersprüchlichkeit geprägt. Seine Struktur ist ziemlich komplex und weist eine Vielfalt von Bruchstellen auf. In der sowjetischen Gesellschaftswissenschaft maß man über lange Zeit der Trennung von persönlichen, Gruppen- und gesellschaftlichen Interessen große Bedeutung bei, wobei auf die unbedingte Vorrangposition des Gesellschafts- gegenüber dem Gruppen- und des Gruppen- gegenüber dem Einzelinteresse großer Wert gelegt wurde. Diese einseitige Auslegung hatte sowohl für die Theorie als auch in der Praxis negative Folgen, da sie die Unterdrückung der persönlichen und Gruppeninteressen zugunsten jeweils der Gruppen- und gesellschaftlichen Interessen rechtfertigte. Zudem geschah dies in einem Kontext, wo der genaue Inhalt der gesellschaftlichen Interessen streng genommen nicht bekannt war, denn die Meinungsforschung war inexistent. Die Interpretation dieser Interessen fiel in den Aufgabenbereich der Politiker und war somit gezwungenermaßen von starker Subjektivität geprägt. Denken wir nur an die Kampagne zur Vergesellschaftung des individuellen Viehbestandes der Kolchosbauern, Ende der fünfziger, Anfang der sechziger Jahre. Sie wurde mit der Devise durchgeführt, daß das Interesse der Person dem der Gesellschaft unterzuordnen sei, fügte aber der Viehzucht in der Sowjetunion einen vernichtenden Schlag zu.

Heutzutage hat man zu dieser Frage eine ausgeglichenere und überlegtere Einstellung. Das Primat des kollektiven vor dem Privatinteresse ist nach wie vor gültig, doch wird es anders interpretiert: nicht als Möglichkeit (und sogar Notwendigkeit), „niedrigere“ gegenüber „höheren“ Interessen zu unterdrücken, sondern als wichtige Bedingung, ja Voraussetzung, um den Gruppen- und Einzelinteressen besser entsprechen zu können. Umgekehrt anerkennt man auch die Richtigkeit der Behauptung, daß nur unter der Bedingung und aufgrund der Befriedigung des Gruppen- und Einzelinteresses dem gesellschaftlichen Interesse entsprochen werden könne.

Nun ist aber die Trennung der Interessen nach dem vertikal-hierarchischen Prinzip bei weitem nicht die einzig mögliche. Einmal können bei jedem Subjekt, sei es Persönlichkeit, Kollektiv, geographische Gemeinschaft, demographische oder andere Gruppierung, kurz-, mittel- und langfristige Interessen unterschieden werden. Diese können nicht nur nicht identisch, sondern einander geradezu entgegengesetzt sein. Als klassisches Beispiel für diese Gegensätzlichkeit kann das Bestreben nach momentaner Konsumsteigerung einerseits und verstärkter Investitionstätigkeit zur Sicherung langfristiger Einkommen andererseits angeführt werden. Dieser Widerspruch taucht, wenn auch in verschiedenen Formen, auf gesellschaftlicher, betrieblicher und familiärer Ebene auf.

Zweitens ist jedes soziale Subjekt an verschiedenen Bereichen des Lebens interessiert: Wirtschaft und Politik, Arbeit und Freizeit, geistige Beschäftigung und Sport, eigene Weiterentwicklung und Hilfe für Nahestehende usw. Aus der Konfrontation dieser verschiedenartigen Interessen und der Rangordnung, die sie in Abhängigkeit vom Wertsystem und den äußeren Lebensumständen des betreffenden Individuums einnehmen, ergibt sich im Endeffekt eine gewisse Resultante, die auch seinem tatsächlichen Verhalten zugrundeliegt. Es liegt auf der Hand, daß die soziopolitischen Entscheidungen, die den erfolgreichen Verlauf der Perestroika sichern sollen, nur dann wirklich effizient sind, wenn sie auf der gründlichen Kenntnis der Situation, der Interessen und Verhaltensweisen aller betroffenen Schichten und Gruppen aufbauen.

Ein essentielles Merkmal der sozialistischen Gesellschaft ist das Bestreben, das sie auf ihre Fahne geschrieben hat, die soziale Gerechtigkeit zu verwirklichen. Sowohl unsere Generation als auch die unserer Kinder und Enkel ist mit der omnipräsenten Behauptung aufgewachsen, die sowjetische Gesellschaft sei die gerechteste auf der Welt, nirgends habe der Mensch ein leichteres und freieres Leben, und die einem unbekannten Menschen gegenüber übliche Anrede „Genosse“ sei an und für sich schon Garant für freundschaftliche, fast verwandtschaftliche Verhältnisse unter den Leuten. Und solange die Wirklichkeit nicht allzusehr von diesen Behauptungen abwich, war die persönliche Identifizierung der

meisten Menschen mit den gesellschaftlichen Ziel- und Wertvorstellungen durch ihren Glauben an die Fortschrittlichkeit und Gerechtigkeit des soziopolitischen Systems gewährleistet. Darin liegt vielleicht auch das Geheimnis der Macht der sowjetischen Gesellschaft in den zwanziger und sogar den dreißiger Jahren, vom Zweiten Weltkrieg ganz zu schweigen.
Als nicht minder wichtig und folgenschwer hat sich aber auch die Kehrseite dieser Koppelung zwischen dem Verhalten der Leute und ihrer Überzeugung von der Gerechtigkeit des Systems und der Richtigkeit der politischen Leitung erwiesen. Insbesondere führte in den letzten Jahrzehnten die — bereits besprochene — wachsende Ungerechtigkeit in sozialer, wirtschaftlicher, politischer und juridischer Hinsicht zur Entfremdung der Berufstätigen und vor allem der Jugend von allen Formen der offiziellen Ideologie, oft aber auch von jeder gemeinnützigen Tätigkeit überhaupt. Ungläubigkeit bezüglich der von Partei und Staat aufgestellten Losungen und der Möglichkeit, das Leben zum Bessern zu verändern oder das Böse zu bekämpfen, allgegenwärtiger Skeptizismus und nicht selten auch Zynismus bei der jüngeren und mittleren Generation: damit muß unsere Gesellschaft für die begangenen Fehler büßen.
Rundheraus gesagt, das ist keine leichte Last. Denn damit fehlt es an einer lebenswichtigen Ressource für die Perestroika, nämlich der Begeisterung und Energie der jungen Menschen, die im Prinzip fähig sind, nicht nur ein überlebtes soziopolitisches System, sondern die ganze Welt aus den Angeln zu heben. Die Perestroika ohne diese Ressource in die Wege zu leiten, käme dem Abschuß einer Rakete ohne Brennstoff gleich. Es gibt nur eine Lösung: die soziale Energie im Zuge der Perestroika herzustellen, d.h., sie gleichzeitig mit den gesellschaftlichen Veränderungen zu erarbeiten. Dafür ist auch eine starke, direkte und gerechte Sozialpolitik notwendig, die in der Lage ist, auch die dickfelligsten Skeptiker davon zu überzeugen, daß diesmal bei der Partei Wort und Tat Hand in Hand gehen, der Kurs der gesellschaftlichen strategischen Entwicklung korrigiert wurde (oder, genauer, ständig korrigiert wird) und tatsächlich in Richtung Sozialismus weist.

In der sowjetischen Literatur wird bislang nicht zwischen Sozialpolitik im weiteren und im engeren Sinn unterschieden. Diese beiden Auffassungen müßten aber getrennt werden, indem man z.B. die Begriffe Gesellschaftspolitik und Sozialpolitik verwendet.
Mit Sozialpolitik im engeren Sinn bezeichnet man das staatliche

Maßnahmensystem zur Unterstützung der Interessen jener Gruppen und Schichten, die sich aus verschiedenen Gründen in einer schwierigeren Situation als andere befinden, unter spezifischen Umständen leiden und aus eigenen Kräften ihre Lage nicht verbessern können. Dazu zählen beispielsweise Pensionisten, Waisenkinder, Studenten, arbeitende Mütter, schlecht bezahlte Arbeitskräfte, Bewohner kleiner Dörfer oder entlegener Gebiete, Kindheitsinvaliden, Familien ohne angemessene Unterkunft etc.

Gegenwärtig können für die sowjetische Sozialpolitik zwei Hauptziele definiert werden. Es handelt sich zum einen darum, die Voraussetzungen für eine bessere Befriedigung der materiellen und geistigen Bedürfnisse der gesamten Bevölkerung und aller sozialen Gruppen zu schaffen, und, zum anderen, die soziale Gerechtigkeit in allen gesellschaftlichen Belangen, d.h. Wirtschaft, Politik, Recht und Sittlichkeit, zu konsolidieren. Vereinfachend ausgedrückt gilt es, den Kuchen, der vom Volk gegessen werden soll, einerseits zu vergrößern und geschmacklich zu verbessern und andererseits so aufzuteilen, daß damit der dem Volk eigenen Auffassung von Gerechtigkeit Genüge getan wird. Es muß hinzugefügt werden, daß dieses landläufige Gerechtigkeitsgefühl sich grundsätzlich vom wissenschaftlichen Verständnis der Gerechtigkeit unterscheiden kann. In diesem Fall ist es allmählich zu verändern, so daß gezielt eine kompetente öffentliche Meinung gebildet wird. Dennoch soll die Sozialpolitik des Staates und der Partei ab sofort und nicht erst morgen vom Volk als gerecht empfunden werden.

Die Gesellschaftspolitik ist inhaltlich weiter gefaßt als die Sozialpolitik. Sie zielt auf die Verwirklichung komplexerer und breiter angelegter Vorhaben ab, und zwar auf die gezielte Umgestaltung (Entwicklung und Modifizierung) der gesellschaftlichen Strukturen und Institutionen, so daß diese einer Verkörperung wirklich sozialistischer Beziehungen näher kommen. Man könnte auch von einer Umwandlung des historisch entstandenen administrativ-bürokratischen Sozialgefüges in eine vielschichtige, mehrdimensionale, aber klassenlose sozialistische Struktur sprechen, mit der eine effektive wirtschaftliche Entwicklung und die Anhebung der sozialen Qualität des Menschen als Staatsbürger und Persönlichkeit gesichert wird.

Dieser Zielsetzung entsprechend verfolgt die Gesellschaftspolitik eine präzise soziale, klassenspezifische Tendenz, die konsequent und eindeutig darauf ausgerichtet ist, die Kräfte der sozialen Erneuerung und Reinigung zu unterstützen, geduldig Vertrauen und

Rückhalt in jenen Bevölkerungsteilen, die bislang von ihren Interessen keine klare Vorstellung haben, zu erwerben, und die den Weg zum Sozialismus verstellenden Kräfte einzuschränken und zu neutralisieren. Tragweite und Ausmaß der gesteckten Ziele erfordern ein umfangreiches und differenziertes Instrumentarium für die Gesellschaftspolitik. Neben der Sozialpolitik im engeren Sinn sind unter anderem auch Perfektionierung des Wirtschaftsmechanismus, Kaderpolitik, Optimierung der politischen Institutionen und Rechte und Entwicklung der Transparenz in dieses Instrumentarium einzubeziehen.

Wirtschaftssystem und Sozialpolitik stellen zwar funktionell verschiedene, doch eng verflochtene Elemente der Gesellschaftspolitik dar. Ihre relative Abgrenzung voneinander hängt mit der Verschiedenartigkeit der ausgeübten Funktionen und eingesetzten Mittel zusammen. Der Wirtschaftsmechanismus reguliert in erster Linie die laufenden wirtschaftlichen Interessen der Arbeitskräfte und Produktionskollektive. Seine Hauptaufgabe besteht in der Stimulierung von ökonomischen Verhaltensformen und -weisen, die eine genügend rasche und effiziente Wirtschaftsentwicklung gewährleisten. Im Gegensatz dazu ist die Sozialpolitik unmittelbar darauf ausgerichtet, die Ziele des Sozialismus zu erreichen, indem sie die entsprechenden Lebensbedingungen schafft und die soziale Entwicklung aller Gruppen und Schichten ermöglicht. Gleichzeitig reguliert sie die Wertvorstellungen, Bedürfnisse, Interessen und Beweggründe der Menschen und sorgt somit für ihre subjektive Identifizierung mit den gesellschaftlichen Zielen und den Ideen der Perestroika.

Gleichzeitig stehen aber Wirtschaftsmechanismus und Sozialpolitik in enger Beziehung zueinander. In der Tat versetzt jeder Wirtschaftsmechanismus zwangsläufig gewisse Gruppen in eine ungünstigere Situation als andere, wobei die Behebung dieser Ungerechtigkeit innerhalb dieses Rahmens in der Regel nicht möglich ist. Hier liegt nun der Wirkungsbereich der Sozialpolitik, die die gesellschaftlich verursachten Schwierigkeiten der entsprechenden Gruppen wettzumachen und auszumerzen sucht. Andererseits haben die Sozialmaßnahmen (wie z.B. das geltende System der Altersversorgung, die Krankenversorgung, Vergünstigungen bei Umschulung oder Arbeitslosigkeit wegen Schließung eines unrentablen Unternehmens) keine geringen und zudem bei weitem nicht immer positive Nebenwirkungen auf das ökonomische Verhalten der Leute. So ist das aktuelle Altersversorgungssystem der Weiterarbeit von Pensionisten, die noch bei Kräften sind, sehr abträglich. In gewissen kinderreichen Familien, die hohe Kinderbeihilfen beziehen, lehnen die ungebildeten Eltern die Arbeit in der gesellschaftlichen Produktion ab und leben im Grunde genommen auf Kosten der eigenen Kinder, denen sie das Allernotwendigste vorenthalten. Dies weist darauf hin, daß Wirtschaftsmechanismus und Sozialpolitik nicht voneinander isoliert zu erstellen, sondern aufgrund gemeinsamer Ideen und Zielsetzungen aufeinander abzustimmen sind.

Daraus ergibt sich eine gewisse Doppelfunktion der Sozialpolitik im allgemeinen und im Zuge der Perestroika im besonderen. Die eigentlichen sozialen Funktionen habe ich soeben erwähnt. Zwangsläufig hat jedoch in der Praxis die Sozialpolitik gleichzeitig auch die Aufgabe, einer effizienten Wirtschaftsentwicklung Flankenschutz zu bieten. Dabei vollzieht sich eine Art Umkehrung: In der Theorie ist die Wirtschaftsentwicklung ein Mittel zum Zweck, und das Ziel des Sozialismus ist die soziale Entwicklung der Gesellschaft. In der Praxis ist aber die Lösung sozialer Fragen häufig den wirtschaftlichen Interessen so unterzuordnen, als ob wirtschaftliche Entwicklung das Ziel und die Schaffung normaler Lebensbedingungen nur ein Mittel zu seiner Verwirklichung wären. Dieses Paradox ist nicht aus den Augen zu verlieren, da buchstäblich unser gesamtes gegenwärtiges Leben davon geprägt ist. Doch es handelt sich um einen objektiven Gegensatz, der durch die momentane Entwicklungsstufe des Sozialismus bedingt ist. In der Tat macht die Lösung jedes beliebigen sozialen Problems materielle Mittel erforderlich, so daß ohne raschen wirtschaftlichen Aufschwung keine wesentlichen sozialen Fortschritte zu erwarten sind. Deswegen muß der Staat zwischen ökonomischen und sozialen Zielsetzungen manövrieren und versuchen, nach Möglichkeit beide zu vereinbaren.

Es muß hinzugefügt werden, daß die wirtschaftlichen und sozialen Maßnahmen im großen und ganzen übereinstimmen. So ist die konsequente Verteilung der persönlichen Einkünfte und anderen Wohlstandselemente im Verhältnis zu Quantität und Qualität der geleisteten Arbeit geeignet, sowohl zum Wirtschaftswachstum als auch zur Konsolidierung der sozialen Gerechtigkeit beizutragen. Das gilt zumindest für die grundsätzliche Tendenz. Doch in der Praxis divergieren wirtschaftliche und soziale Kriterien hin und wieder bei der Lösung bestimmter Aufgaben, so daß einer der beiden Gesichtspunkte zurückgestellt werden muß.

Dies trifft z.B. in jenen berüchtigten Fällen zu, wenn in unerschlossenen Landesteilen neue Produktionsobjekte errichtet werden sollen, was mit dem Bau von Wohnhäusern, Kindergärten, Schulen, Geschäften und Krankenhäusern zu kombinieren ist, von Verkehrsadern, Energiezufuhrleitungen usw. ganz zu schweigen. In der Regel sprengen die Planer bereits im Projektstadium den fixierten finanziellen Rahmen und suchen nach Einsparungsmöglichkeiten. Daß dies nicht auf Kosten moderner und somit meist teurer Spitzentechnologie gehen soll, ist allen klar. Und so spart man an der sozialen Infrastruktur, schiebt deren Einrichtung auf die lange Bank. Dabei werden in etwa folgende Überlegungen angestellt: „Sollen sich die Leute zuerst in Baracken und anderen provisorischen Unterkünften einrichten, sich etwas abquälen, dafür werden wir später, wenn die Fabrik fertig ist, den soziale Rückstand voll und ganz aufholen." Verschwiegen wird aber, daß dieses „später" nicht weniger als zehn oder fünfzehn Jahre bedeutet. Leider herrschte dieses Modell zur Neuerschließung von Gebieten jahrzehntelang vor und stellt ein schwer zu überwindendes Stereotyp dar. Konkret ist dieses in Dutzenden von „Stadtmißgeburten" verkörpert, die von einer schwach entwickelten sozialen Infrastruktur, schwierigen Lebensbedingungen und somit von einer äußerst mobilen, gleichsam durch die Stadt durchziehenden Bevölkerung, die bei weitem keine Bestleistungen erbringt, geprägt sind. Die Korrektur und künftige Verhinderung derartiger Fehler und die Sicherung einer ausgewogenen wirtschaftlichen und sozialen Entwicklung gehören zu den Hauptaufgaben einer starken Sozialpolitik, wie sie die Partei verkündet hat.

Im ersten Kapitel habe ich bereits erwähnt, daß sich zu Beginn der achtziger Jahre eine Vielzahl akuter sozialer Probleme angehäuft hatte, die keinen Aufschub duldeten. In der Stagnationsperiode wurden diese Probleme nicht nur nicht praktisch gelöst, sondern gelangten nicht einmal öffentlich zur Diskussion, wurden totgeschwiegen, in den Statistiken kaschiert und verdrängt, bis eine Vorkrisen- oder eine Krisensituation entstand. Auf einige dieser Probleme möchte ich in der Folge eingehen.

Das erste betrifft die sich ständig verschlimmernde Verknappung zahlreicher und vor allem wichtiger Lebensmittel, ihre Qualitätsverschlechterung und die schleichende, doch spürbare Anhebung der Einzelhandelspreise, mit der die Zunahme der Nominaleinkommen der Bevölkerung kaum mithalten konnte. Wie die Mehrheit der sowjetischen Wissenschafter schenke ich den zuversichtlichen Zahlen, die das Statistische Zentralamt der UdSSR in den letzten Jahrzehnten über die Entwicklung des Lebensstandards der Bevölkerung veröffentlicht hat, keinen Glauben. Es schien allerdings auch in dieser Statistik auf, daß der Wohlstand mit jedem Planjahrfünft langsamer zunahm. Doch der öffentlichen Meinung zufolge stieg der Lebensstandard in diesem Zeitraum nicht an, sondern war auf Talfahrt, zumindest in breiten Bevölkerungsgruppen. Besonders schwer hatten es jene, die ein gleichbleibendes Nominaleinkommen hatten, wie z.B. die Pensionisten. Durch die Verteuerung der Waren und Dienstleistungen nahm ihr Realeinkommen ab, und ihre Lebensbedingungen verschlechterten sich. Diese, aber auch andere Gründe verleihen der Pensionsreform derzeit eine solche Brisanz.

Ein weiteres Problembündel ist um die Wohnungsnot entstanden. Ungeachtet dessen, daß zwischen dem sechsten und dem elften Planjahrfünft (1956—1985, Anm. d. Ü.) in der Sowjetunion über 65 Millionen Wohnungen mit einer Gesamtfläche von über 3 Milliarden Quadratmetern gebaut wurden und 236 Millionen Menschen neue Wohnungen erhielten, ist der verfügbare Wohnraum noch immer ungenügend und entspricht den Bedürfnissen bei weitem nicht. Die Wartelisten für die Zuteilung einer Wohnung oder die Verbesserung der Wohnsituation werden immer länger, wobei nicht alle an einer geräumigeren Wohnung Interessierten auf die Warteliste kommen. In Nowosibirsk beispielsweise können sich nur die Familien auf die Warteliste setzen lassen, die über nicht mehr als 8 m^2 Wohnfläche pro Person verfügen. In mehreren anderen Städten ist diese Grenze noch tiefer angesetzt. Die rasche Lohnzunahme der Bauarbeiter, die nicht mit der entsprechenden Anhebung der Arbeitsproduktivität einherging, und die Verteuerung der Baustoffe führten dazu, daß in jedem Fünfjahreszeitraum die Kosten des Wohnungsbaus um 20—25% zunahmen. Die Preise der Genossenschaftswohnungen stiegen sprunghaft an und waren somit nur mehr für eine sehr wohlhabende Minderheit erschwinglich. Außerdem ließ auch die Qualität der neuen Wohnungen immer mehr zu wünschen übrig. In den meisten Fällen mußten die Familien bei ihrem Einzug diese erst instandsetzen oder zumindest auf ein annehmbares Qualitätsniveau bringen. Schließlich wurden durch die Wohnungskrise auch die Probleme um die Wohnungsvergabe verschärft und zugespitzt. Bei der Wohnraumverteilung erreichten Ungleichmäßigkeit und Ungerechtigkeit zwischen

Stadt und Land, zwischen verschiedenen Republiken, Regionen und sozialen Gruppen bisher ungekannte Proportionen.
Mit ebenso komplexen Problemen ist die Bevölkerung bei der Beanspruchung öffentlicher Dienstleistungen, insbesondere im Bildungs-, Sozial- und Kulturwesen, konfrontiert. Bekanntlich gewinnt der soziale Wert der Gesundheit weltweit an Bedeutung. Auch in der UdSSR ist diese Tendenz vorhanden: mit jedem Jahrzehnt führt ein immer größerer Teil der Bevölkerung die Gesundheit als höchstes Gut an. Dennoch ist der aktuelle Stand der medizinischen Versorgung in der Sowjetunion im Grunde als krisenhaft zu bezeichnen. Es stimmt zwar, daß wir weltweit fast an erster Stelle stehen, was die Zahl der Ärzte pro 10.000 Einwohner betrifft, aber wie sieht es mit der Qualifikation und den Arbeitsbedingungen aus? Es gibt zu wenig Krankenhäuser, Polikliniken und Ambulatorien, zu wenig Raum zur komfortablen Unterbringung der Patienten in den Stationen. Lange Wartezeiten bei den Ärzten sind gang und gäbe; für jeden Patienten steht dem Arzt so lächerlich wenig Zeit zur Verfügung, daß von einem feinfühligen und aufmerksamen Verhältnis zu den Kranken keine Rede sein kann. Besonders schwierig ist die Behandlung für Landbewohner, da auf dem Land praktisch keine Hausbesuche gemacht werden. Kranke müssen gewöhnlich lange Wegstrecken zurücklegen, um ihrerseits den Arzt aufzusuchen. Darüber hinaus mangelt es in gravierender Weise oder fehlt es gänzlich an modernen medizinischen Geräten, Diagnose- und physikotherapeutischen Instrumenten und effizienten Medikamenten. Nach einer gründlichen Analyse der Lage kamen Partei und Regierung zu dem Schluß, daß das sowjetische Gesundheitswesen einer grundlegenden Reform bedürfe. Doch solche Reformen sind praktisch in allen Zweigen der öffentlichen Dienstleistungen notwendig, ob es sich nun um Bildung, Kultur, Einzelhandel, Service und Kundendienst, Hotel- und Gaststättenwesen oder Personenbeförderung handelt. Alle Branchen, die den Leuten normale Lebensbedingungen verschaffen sollen, sind in unzulässigem Ausmaß rückständig und bedürfen eines rapiden und effizienten Entwicklungsschubs.

Wie wir sehen, wird uns von der Vergangenheit eine Anzahl akuter sozialer Probleme aufgebürdet. Darüber hinaus wirft auch die Wirtschaftsreform, wie im zweiten Kapitel ausgeführt wurde, eine Menge neuer Fragen auf. Daraus entstehen beachtliche soziale Spannungen. Die Leute erfassen nach und nach, wie sehr dieser

Zweig vernachlässigt wurde, was für komplexe und einschneidende Maßnahmen erforderlich wären oder, anders ausgedrückt, wie sehr es unter den gegenwärtigen Bedingungen einer starken Sozialpolitik bedürfte.

Welche Eigenschaften muß eine Sozialpolitik nun aufweisen, um das Prädikat „stark“ zu erhalten? In der sowjetischen Literatur wurde diese Frage bisher eher oberflächlich untersucht. Ich persönlich würde als Hauptmerkmale einer zeitgemäßen Politik im Vergleich zur früher praktizierten folgende Punkte nennen:

1. Entschiedene Absage auf allen Verwaltungsebenen an das „Überschußprinzip“ der Sozialinvestitionen, demzufolge zur Lösung sozialer Probleme nur soviel Mittel und in der Form bereitgestellt werden, wie nach Befriedigung der Ansprüche des Produktionsbereichs übrigbleiben. Das Sozialbudget muß gegenüber den allgemeinen Wachstumsraten des Nationaleinkommens überdurchschnittlich angehoben werden.

2. Verzicht auf die althergebrachte Praxis des „Löcherstopfens“ zugunsten der Bestimmung großer strategischer Ziele und der Lösung tief verwurzelter sozialer Probleme; Konzentration aller Aufmerksamkeit und Mittel auf die Lösung einer beschränkten Anzahl von Fragen, die den wundesten Punkten der Gesellschaft entsprechen.

3. Verzicht auf landesweit einheitliche soziale Lösungen; differenzierte Ansätze für Stadt und Land, einzelne Regionen, Groß- und Kleinstädte, verschiedene nationale, demographische und berufliche Bevölkerungsgruppen.

4. Neudefinition der Schwerpunkte in den sozialpolitischen Zielsetzungen. Anstatt der früher angestrebten „völligen sozialen Gleichartigkeit der Gesellschaft“ werden jetzt Aufgaben wie Anhebung des allgemeinen Wohlstandes oder Konsolidierung der Gerechtigkeit in den Distributionsbeziehungen in den Vordergrund gestellt. Gleichzeitig ist die Sozialpolitik konsequent auf die Aktivierung des menschlichen Faktors in der Wirtschaft und die Erhöhung der ökonomischen Initiativbereitschaft ausgerichtet.

Auf den ersten Blick scheinen die zwei Hauptziele einer modernen Sozialpolitik — raschere Anhebung des Lebensstandards und gerechtere Distributionsverhältnisse — voneinander relativ unabhängig zu sein. Denn im Prinzip kann auch ein kleiner Kuchen gerecht und ein großer ungerecht aufgeteilt werden. In der Realität stehen diese Probleme jedoch insofern zueinander in Wechselwirkung, als die historisch entstandenen Verhältnisse bezüglich Verteilung und persönlichem Verbrauch als äußerst beständig und unveränderlich erscheinen. Es ist außerordentlich schwierig, irgendeiner Schicht oder Gruppe etwas wegzunehmen, das sie seit Jahrzehnten besitzt und das zu ihrer Lebensweise und ihrem Wertsystem gehört. Abgesehen davon ist es hinsichtlich der Gerechtigkeit möglicherweise problematisch, wenn es sich nicht um Güter handelt, die dem Volk entwendet wurden. Deswegen betrifft der Einflußbereich der Sozialpolitik weniger die Neuverteilung zwischen Klassen, Schichten und Gruppen des ohnehin alljährlich geschaffenen Budgets als die Distribution der durch Wirtschaftswachstum neu hinzugewonnenen Mittel.

Eine hohe Zuwachsrate für Nationaleinkommen und Konsumtionsfonds der Bevölkerung ermöglicht es, systematisch die Löhne der schlechtest bedachten Arbeitskräfte zu erhöhen, bei der Wohnraumschaffung jene Personen zu bevorzugen, die am wenigsten Raum haben, in Kellern oder Souterrains wohnen, zu kinderreichen Familien oder Kriegsveteranen zählen o.ä. Kurz, je schneller der allgemeine Wohlstand ansteigt, desto größer sind die Möglichkeiten, die Verteilungsproportionen auszufeilen und die soziale Gerechtigkeit zu konsolidieren. Stagniert der Lebensstandard jedoch und erhöht sich der Konsumtionsfonds kaum, tritt man auch bei der Lösung sozialer Probleme auf der Stelle. Die Maßnahmen können dann nur ausgleichende Wirkung haben; die sozialen Vorgänge erlangen spontaneren Charakter. Dabei führt die allgemeine Zunahme der Entropie zu wachsender Ungerechtigkeit und Zufälligkeit in den Distributionsverhältnissen. Der Gruppenegoismus verstärkt sich, und es macht sich eine gewisse Ellbogentechnik breit, bei der nicht rechtschaffene und arbeitsame, sondern geschickte und hinterlistige Leute zum Zug kommen.

So verschmelzen im Grunde diese beiden Zielsetzungen der Sozialpolitik in der Praxis. Um größere Gerechtigkeit zu erlangen, muß der Konsumtionsfonds weit schneller als bisher erweitert werden. Geschieht das aber, ohne daß dabei die Konsolidierung der sozialen Gerechtigkeit ins Auge gefaßt wird, so entfernt man sich von wesentlichen Werten des Sozialismus. Die Wechselbeziehung beider Intentionen ermöglicht es, sie nicht getrennt, sondern in der gemeinsamen Perspektive der sozialen Gerechtigkeit zu betrachten.

Der Begriff Gerechtigkeit (oder Ungerechtigkeit) wird heute in der sowjetischen Presse und den Arbeiten der Soziologen häufig verwendet. Wissenschafter diskutieren über seinen genauen Inhalt; Journalisten führen Fälle von Verletzung des Gerechtigkeitsgedankens durch Beamte oder Behörden an; Millionen von Leuten schreiben an Zeitungen oder leitende Organe, um für sich oder Nahestehende Gerechtigkeit zu erwirken. Ich glaube, daß viele Sowjetbürger jetzt aufrichtig erstaunt wären, wenn sie erführen, daß vor einigen Jahren der Ausdruck „soziale Gerechtigkeit" selbst von der sowjetischen Gesellschaftswissenschaft als etwas Fremdes, Verdächtiges, dem „bourgeoisen Liberalismus" Zugehöriges angesehen wurde. Eine kleine Artikelsammlung, deren Titel diesen Ausdruck erstmals enthielt, wurde vom Institut für Soziologieforschung der Sowjetischen Akademie der Wissenschaften im Jahre 1983 unter der Redaktion Prof. Rogowins veröffentlicht. Das Werk konnte nur unter sehr großen Schwierigkeiten in Druck gehen.

Jetzt erscheinen über dieses Thema Bücher und Dutzende, wenn nicht Hunderte Artikel. Der Standpunkt, daß der konkrete Inhalt des Begriffs „soziale Gerechtigkeit" vom Gesellschaftstyp und den ihm eigenen Beziehungen abhängig ist, wird mehr oder weniger allgemein akzeptiert. In der sozialistischen Gesellschaft hat er eine andere Bedeutung als in der kapitalistischen; in der Feudal- oder der Sklavenhaltergesellschaft wird er wieder anders ausgelegt. Deswegen sprechen wir gewöhnlich nicht von der sozialen Gerechtigkeit im allgemeinen, sondern von der „sozialistischen Gerechtigkeit", die das gleiche, aber in einem spezifisch sozialistischen Sinn bedeutet.

Die sozialistische Gerechtigkeit hat mehrere essentielle Aspekte: sie kann nicht nur vom sozialen und wirtschaftlichen, sondern auch von einem politischen, rechtlichen oder moralischen Gesichtspunkt aus betrachtet werden. Ich nehme an, daß sie alle sehr wichtig sind, doch als Wirtschaftssoziologin beschäftige ich mich nur mit dem sozioökonomischen Aspekt, der in dem sozialistischen Prinzip „Jeder nach seinen Fähigkeiten, jedem nach seiner Leistung" bündig wiedergegeben wird.

Ich muß darauf hinweisen, daß zu diesem Thema verschiedene Meinungen vertreten werden. Mehrere Wissenschafter, um von der breiten Masse der Werktätigen einmal abzusehen, neigen zu der

Ansicht, daß die soziale Gerechtigkeit im Sozialismus, wie auch in anderen Gesellschaftstypen, sich in den Beziehungen völliger Gleichheit zwischen Klassen, Schichten und Gruppen ausdrückt und nur auf der Grundlage sozialer Gleichartigkeit der Gesellschaft zu erreichen ist. Diese Idee erscheint auf den ersten Blick verführerisch, jedoch fehlt es ihr an Historizität und Tuchfühlung mit konkreten örtlichen und zeitlichen Bedingungen. Auf dem gegenwärtigen Entwicklungsstand der sowjetischen Gesellschaft ist das Schlagwort von der allgemeinen sozialen Gleichheit, ohne Berücksichtigung der Differenziertheit der einzelnen Leistungen, reaktionär und schädlich. Wir verstehen die sozialistische Gerechtigkeit so, daß jedes Mitglied unserer Gesellschaft, wo und in welcher Familie es auch immer geboren wird, die Möglichkeit haben muß, seine angeborenen Talente zu entwickeln, eine allgemeinbildende und berufliche Ausbildung zu erhalten, seine Befähigung zu effizienter, qualifizierter Arbeit zu entwickeln und sie in der Volkswirtschaft praktisch einzusetzen. Dabei hat der Anteil des gesellschaftlichen Reichtums, den die verschiedenen Gruppen von Arbeitskräften erhalten, im unmittelbaren und direkten Zusammenhang damit zu stehen, wie diese Gruppen jeweils arbeiten, wieviel und welche Art von Mühe sie für die Gesellschaft, in der sie leben, aufwenden.

Diese Kriterien können allerdings nur auf den gesunden und arbeitsfähigen Teil der Bevölkerung angewendet werden. Jedoch gibt es in der Gesellschaft auch soziodemographische Gruppen, die nicht arbeiten können: Kinder, Invaliden, Pensionisten, die zudem teilweise eine Familie haben. Das Prinzip der sozialistischen Gerechtigkeit muß auch für diese Bevölkerungsgruppen die unentbehrlichen sozialen Garantien bereithalten.

Außerdem wird hauptsächlich der Anteil der Einkünfte leistungsorientiert verteilt, der der Befriedigung persönlicher Bedürfnisse dient, d.h. für Lebensmittel, Kleidung, Schuhe, Wohnungseinrichtung, Reisen etc. ausgegeben wird. Zu den Vorteilen des Sozialismus zählt aber insbesondere die weitgehende Entwicklung gesellschaftlicher Konsumformen für materielle und kulturelle Güter (Bildung, Spezialausbildungen, Gesundheitswesen, Sanatorien, Erholungsheime, Sportanlagen etc.). Die Möglichkeit, von diesen Gütern zu profitieren, wird den einzelnen Bevölkerungsgruppen geboten, indem die entsprechende soziale und sonstige Infrastruktur aufgebaut und entwickelt und der öffentliche Dienstleistungssektor vervollständigt wird. Somit erscheint das Angebot an sozialer Infrastruktur in den verschiedenen Regionen und Siedlungsformen — von der Großstadt bis zum kleinen Dorf — als spezifisches Element der Distributionsbeziehungen, das mit dem Thema der sozialen Gerechtigkeit in sehr engem Zusammenhang steht.

Damit wäre auch die Struktur der nächsten Abschnitte dieses Kapitels vorgezeichnet. Im folgenden, zweiten Abschnitt werden die Probleme beleuchtet, die mit der Verwirklichung des Rechtes auf Entwicklung und Nutzung eigener Fähigkeiten zusammenhängen. Anschließend geht es um geltende und geplante Prinzipien der Arbeitsentlohnung, im vierten Teil um die Regulierung des Verbrauchermarktes. Der fünfte Abschnitt dieses Kapitels ist dem System der sozioökonomischen Garantien der sowjetischen Bevölkerung gewidmet.

„Jeder nach seinen Fähigkeiten...“

Der Grundzug der sozialistischen Gesellschaftsbeziehungen wird kurz in der Devise „Jeder nach seinen Fähigkeiten, jedem nach seiner Leistung“ zusammengefaßt. In der Sowjetunion lernen die Kinder dieses Prinzip, wenn nicht im Kindergarten, so in den ersten Schulklassen, und bekommen es so oft zu hören, daß es bei den Erwachsenen nicht selten wie eine Binsenweisheit, derer man überdrüssig geworden ist, bei einem Ohr hinein- und beim anderen wieder herausgeht. Lenkt man aber das Augenmerk der Leute auf diesen Grundsatz und fragt, was er eigentlich bedeutet, so lautet die Antwort in einer überwältigenden Mehrheit der Fälle: „Die Forderung, die persönlichen Einkünfte nach Qualität und Quantität der erbrachten Leistung zu verteilen“. Das heißt, daß im gesellschaftlichen Bewußtsein der zweite Teil dieses Grundsatzes unmerklich über den ersten die Überhand gewonnen hat. Dennoch wird die Bereitstellung der Möglichkeit für alle Gesellschaftsmitglieder, ihre Fähigkeiten zu entwickeln und effizient anzuwenden, als ebenso wichtig für den Aufbau des Sozialismus bezeichnet wie die Einkommensverteilung nach dem Leistungsprinzip. Denn mit der Bereitstellung dieser Möglichkeit wird sowohl eine Etappe bei der Durchsetzung der Ziele unserer Gesellschaft markiert — wobei die vielseitige und harmonische Entwicklung der menschlichen Persönlichkeit das höchste Ziel darstellt — als auch das Niveau der Selbstverwirklichung dieser Persönlichkeit in produktiver Arbeit gekennzeichnet. Ich glaube, daß mit zunehmendem gesellschaftlichem Fortschritt und insbesondere mit der besseren Befriedigung materieller Bedürfnisse der konsequenten Verwirklichung des „Jeder nach seinen Fähigkeiten“ als einem der Ziele des Sozialismus wachsende Bedeutung beigemessen werden wird.

Doch was bedeutet dieser Grundsatz konkret? Unter welchen Bedingungen darf behauptet werden, daß der Beitrag eines Menschen zur gesellschaftlichen Entwicklung wirklich seinen Fähigkeiten entspricht? Meines Erachtens gibt es drei solche Bedingungen. Die erste besteht darin, daß allen Kindern, Jugendlichen und jungen Menschen die Möglichkeit geboten wird, bis zur Aufnahme ihrer Berufstätigkeit ein breites Spektrum ihrer Fähigkeiten zu entwickeln. Anders ausgedrückt sollten Voraussetzungen dafür geschaffen werden, daß die meisten jungen Leute bei Abschluß ihrer Ausbildung über berufliche und soziale Eigenschaften verfügen, mit

deren Hilfe sie ihre Fähigkeiten in kreativer Arbeit voll anwenden können.
Als zweite Bedingung müssen allen Arbeitskräften solche Arbeitsplätze oder Beschäftigungen angeboten werden, bei denen sie ihre Fähigkeiten nicht nur nützen, sondern auch weiterentwickeln können.
Drittens ist den Arbeitskräften im gesellschaftlichen, genossenschaftlichen und individuellen Beschäftigungssektor die praktische Möglichkeit zu sichern, aus vollen Kräften zu arbeiten und so höhere Qualifikationen und bessere Arbeitsergebnisse zu erlangen, aber auch sich in Kunst oder Laienkunst, Sport und sozialen oder politischen Initiativen selbst zu verwirklichen.
Jede der genannten Bedingungen hat ihrerseits eine interne Struktur, d.h., sie beinhaltet eine Reihe konkreter Forderungen. Das möchte ich am Beispiel der Entwicklung der geistigen und körperlichen Fähigkeiten vom Kindesalter bis zum Eintritt ins Berufsleben aufzeigen. Diesbezüglich sind zumindest zwei Aspekte zu unterscheiden, und zwar die Ausbildung einerseits der beruflichen und andererseits der moralischen Eigenschaften. Der erste Aspekt setzt voraus, daß eine günstige (und für die verschiedenen gesellschaftlichen Gruppen nicht allzu differenzierte) Grundlage zum Erwerb einer Grund-, Mittel-, Berufs- und Hochschulausbildung vorhanden ist, d.h. zum Erwerb von Kenntnissen, aber auch Diplomen, die den Weg zu den entsprechenden beruflichen Betätigungsfeldern öffnen. Der zweite Aspekt ist an die Schaffung von Voraussetzungen für eine gelungene Sozialisierung und für die normale Weitergabe der moralischen Normen von der älteren an die jüngere Generation gekoppelt. Die Erfahrung zeigt in der Tat, daß Bildung und Moral im Grunde voneinander unabhängig sind, so daß hohe fachliche Kompetenz allein noch keine Gewähr für ausgezeichnete Arbeit darstellt. Im Gegenteil kann weitgehendes Fachwissen, wenn es mit Gewissenlosigkeit und Zynismus gepaart ist, für die Gesellschaft ziemlich gefährlich werden, da die entsprechenden Personen zu Akteuren der Schattenwirtschaft, Veruntreuern gesellschaftlichen Guts, Erpressern oder Schmiergeldempfängern zu werden drohen.

Das zaristische Rußland war von fast durchgängigem Analphabetentum geprägt; die UdSSR hat sich hingegen in den Jahren der Sowjetmacht in ein Land mit einem entwickelten Bildungswesen und gebildeter und kultivierter Bevölkerung verwandelt. Heutzutage besteht für die Jugend bis zum Abschluß der Mittelschule vollständige (zehnjährige) Schulpflicht; die Ausbildung ist kostenlos. 1969 verfügten nur 110 von 1000 Arbeitskräften in der Volkswirtschaft über eine (nicht immer vollständige) mittlere und nur 13 über eine höhere Schulbildung. 1987 betrugen die entsprechenden Zahlen 764 und 125. Innerhalb von vier Jahrzehnten ist also ein Zuwachs auf fast das Sieben- bzw. fast das Zehnfache festzustellen.

Auch das Netz der Vorschuleinrichtungen hat eine umfassende Entwicklung erfahren. Ihre Zahl hat sich seit 1960 verdoppelt, die der betreuten Kinder vervierfacht. So besuchten 1960 nur 13% der Kinder diese Einrichtungen (24% der Stadt- und 4% der Landkinder), während es heute 57% (70% bzw. 37%) sind. Mehr als 50 Millionen Kinder profitieren von außerschulischen Strukturen wie Pioniergruppen, Musik-, Kunst- und Ballettschulen, Werkstätten für Juniortechniker und -naturforscher, Kinderbibliotheken, Sportschulen etc. Der sowjetische Staat hält es für äußerst wichtig, daß die Schule einheitlich sei, ihren Absolventen eine vollwertige mittlere Schulbildung gewährleiste und ihnen gleiche soziale Möglichkeiten eröffne. Gleichzeitig achtet er aber darauf, die Schultypen zu variieren, die Unterrichtspläne und -programme flexibler zu gestalten und der Entwicklung individueller Fähigkeiten einen immer größeren Stellenwert einzuräumen. In diesem Sinne wird der differenzierte Unterricht mit Berücksichtigung der persönlichen Bedürfnisse und Neigungen der Kinder ausgeweitet. Dementsprechend wird auch das Netz der Spezialschulen und -klassen mit Schwerpunktunterricht in einzelnen Gegenständen und fremdsprachigem Unterricht weiterentwickelt.

Nach Abschluß der Allgemeinbildenden Mittelschule haben die meisten Burschen und Mädchen die Möglichkeit, ihre Ausbildung in einer mittleren Fachschule oder einer höheren Schule fortzusetzen. Die Anzahl der Mittelschulabsolventen, die ihre Ausbildung fortsetzen, ist zwischen 1968 und 1986 von 45% auf über 60% gestiegen. Diese Zahlen klingen im großen und ganzen recht überzeugend. Dennoch sind in diesem Bereich die offenen Probleme noch zahlreicher als die gelösten, was die sowjetische Öffentlichkeit zu tiefer Besorgnis bezüglich des Bildungswesens veranlaßt.

Im Februar 1988 wurde ein Plenum des Zentralkomitees der KPdSU abgehalten, in dem über eine radikale Reform des mittleren und höheren Schulwesens debattiert wurde. Das Plenum formulierte die praktische Aufgabe, in der Sowjetunion ein integriertes Bildungssystem zu schaffen, das alle Komponenten der entsprechenden Teilstrukturen umfaßt: vor- und außerschulische Einrichtungen, allgemeinbildende und beruflich-technische Schulen, mittlere und höhere Fachschulen, Weiterbildungs- und Umschulungskurse. Heftig unter Beschuß genommen wurde die bürokratische Verwaltung des Bildungswesens, zu der sich als Alternative die Selbstverwaltung der Lehranstalten und ihre Autonomie bei der Suche nach den geeigneten Unterrichtsformen und -methoden anbieten. Das Plenum betonte, wie wichtig es sei, die materiell-technische Basis des Bildungswesens wesentlich zu entwickeln und zu konsolidieren, die der Errichtung und Erhaltung von Vorschuleinrichtungen gewidmeten Mittel bedeutend zu erhöhen, die Schulen größtenteils auf Einschichtbetrieb umzustellen und für eine fruchtbare Arbeit des Lehrkörpers die geeigneten materiellen und sozialen Lebensbedingungen zu schaffen. Es wurde vorgesehen, den Bestand an zeitgemäßen, dem Weltniveau entsprechenden Lehrmitteln, pädagogischen und wissenschaftlichen Materialien und Geräten, Kinderspielzeug usw. zu erweitern.

Auch für soziale Probleme des Bildungswesens sind noch Lösungen ausständig. Insbesondere bestehen zwischen den einzelnen Schulen bezüglich der Unterrichtsqualität und der angebotenen Möglichkeiten krasse Unterschiede, wobei die Differenzierung geographische, ethnische und eigentliche soziale Aspekte umfaßt. So kann die Land- der Stadtschule hinsichtlich Unterrichtsqualität nicht das Wasser reichen, während Schulen in gewöhnlichen Städten hinter denen von Hauptstädten zurückbleiben. Das Gefälle ist sowohl beim Ausbildungsniveau der Lehrer als auch bei der Gediegenheit der Schulgebäude und der jeweiligen Ausstattung mit Lehrsälen, modernen Lehrmitteln, Bibliotheken etc. zu spüren. Deswegen haben die Absolventen der Landschulen bedeutend geringere Chancen als ihre Altersgenossen aus der Stadt, ihre Ausbildung in einer angesehenen Lehranstalt fortzusetzen. So stammten im Schuljahr 1986/87 50% der Hochschulstudenten aus Angestellten-, 41% aus Arbeiter- und 9% aus Bauernfamilien. In den mittleren Fachschulen hingegen, die ein geringeres Prestige genießen, waren die Studenten aus Angestellten-, Arbeiter- und Bauernfamilien im Verhältnis 27:58:15 aufgeteilt. Diese Proportionen weisen auf noch vorhandene merkliche Unterschiede hinsichtlich der Ausbildungsqualität und somit auch auf Chancenungleichheit im weiteren Leben hin.

Eine andere schwer zu überwindende Ungleichheit hängt mit der Muttersprache des Schülers zusammen. Russischen Schülern sind sowohl die eigene als auch die meisten nationalen Kulturen mit all ihren Reichtümern frei zugänglich, da die bedeutendsten nichtrussischen literarischen Werke auch auf Russisch übersetzt werden. Die Angehörigen anderer Völker stehen jedoch häufig vor der Frage, ob das Kind in eine russische oder nationale (armenische, estnische, usbekische etc.) Schule zu schicken sei. Nach Abschluß einer russischen Schule verfügt ein junger Mensch über relativ gute Russischkenntnisse, die ihm im Prinzip den Weg in die besten Lehranstalten freigeben. Gleichzeitig wird aber in den russischen Schulen aller Sowjetrepubliken nach einem einheitlichen Lehrstoff unterrichtet. Deswegen erfahren die Schüler dort nur wenig über die Kultur des eigenen Volks, und deshalb ziehen es die Eltern vielfach vor, ihre Kinder in nationale Schulen zu geben, in denen nationale Geschichte, Kultur und Kunst einen breiten Raum einnehmen. Doch hier eignen sich die Kinder meist die Staatssprache Russisch nur ungenügend an und verringern somit ihre Chancen auf eine hochqualifizierte Berufsausbildung. Es wäre wünschenswert, in den russischen Schulen, die außerhalb der Russischen Sowjetrepublik liegen, zusätzliche Lehrveranstaltungen über ethnische Kulturen und in den nationalen Schulen verstärkten Russischunterricht einzuführen. Im Prinzip wäre das durchaus denkbar, doch diese Möglichkeit wird in der Praxis kaum genützt. Das Problem bleibt weiterhin akut.
Auch hinsichtlich der sozialen Herkunft der Schüler sind wesentliche Ungleichheiten bei den Ausbildungsbedingungen zu vermerken. Am benachteiligsten sind dabei die Kinder von Kolchosbauern und Landarbeitern. Etwas besser geht es den Kindern von Arbeitern in der Stadt und Angestellten, am besten aber den Kindern der Intelligenzia und vor allem der Führungskräfte. In fast jeder großen Stadt existieren mehrere „Musterschulen“ mit hochqualifizierten und begabten Lehrkräften, einer geringeren Schüleranzahl pro Lehrer, moderner EDV-Technik, Sprachlabors, Sportsälen, Schwimmbecken, hervorragenden Produktionswerkstätten u.ä. Die meisten dieser Schulen spezialisieren sich auf verstärkten Unterricht insbesondere aus Physik, Mathematik, Chemie und Biologie; einige davon schließen mit dem Übersetzerdiplom aus Fremdsprachen ab. Diese Lehranstalten werden auch von Kindern kleiner Angestellter und Arbeiter besucht, doch in der Regel stellen Kinder aus den höchsten Schichten der Intelligenzia die Mehrheit.

Darüber hinaus können gutsituierte Eltern ihren Kindern im Bedarfsfall Nachhilfestunden zahlen, so daß weniger begabte, doch aus „gutem Hause" stammende Kinder die Schule besser abschließen und eine interessantere Fachausbildung machen können als ein begabterer, aber weniger begüterter Kamerad, dessen Eltern sich das alles nicht leisten können.
Zahlreiche soziale Dramen spielen sich gewöhnlich bei der Aufnahme von Mittelschülern in Technische Fachschulen und besonders in Hochschulen ab. Im Prinzip erfolgt der Eintritt auf Wettbewerbsbasis mittels Aufnahmsprüfungen. In einer überwältigenden Mehrheit der höheren Schulen bewerben sich mehrere, manchmal über zehn Kandidaten um einen Studienplatz. Aufgenommen werden die Bewerber, die bei den Aufnahmsprüfungen am meisten Punkte erzielen konnten. Dies erscheint völlig gerecht, da das jeweilige Wissensniveau sowohl natürliche Begabung als auch Lernbegierde, Arbeitseifer und Gewissenhaftigkeit des jungen Menschen widerspiegelt. Doch in einigen Hochschulen werden die Wettbewerbsbedingungen durch Korruption, Erpressung und Bestechung verzerrt. Studenten werden nicht aufgrund ihrer Kenntnisse, sondern je nach der bezahlten Geldsumme aufgenommen. Ebenfalls gegen Bezahlung werden Prüfungen und Klausurarbeiten positiv benotet. Unter diesen Bedingungen berauben sich die Lehrkräfte (wenn man sie so nennen kann) natürlich selbst ihres moralischen Anrechts, an die Studenten irgendwelche Anforderungen zu stellen, so z.B. die Vorlesungen und Seminare zu besuchen. Im Endeffekt gerät die Hochschulbildung selbst in Verruf, da die Verteilung unverdienter Studienabschlußzeugnisse an die Stelle des Wissensvermittlungssystems tritt.
Wohin das führt, ist anhand des folgenden Ausschnitts aus einem Artikel der Sozialistitscheskaja Industrija vom 3.2.1988 leicht zu beurteilen. „An der Technischen Universität von Brjansk führte eine Spezialkommission des Sowjetischen Ministeriums für Hochschulbildung Kontrollprüfungen durch. Von 96 Studienanfängern aus drei Fakultäten konnten 81 die Mathematiknoten der Aufnahmsprüfungen nicht rechtfertigen. In Physik entsprach kein einziger Student den Anforderungen, wobei von 240 einfachsten Aufgaben nur 10 (!) gelöst wurden. Im dritten Studienjahr wurden die Mathematikkenntnisse der Studenten überprüft. Nur drei Studenten verdienten eine befriedigende Note für ihre Kenntnisse. Die übrigen verstanden nicht einmal die Fragestellung. Viele Mittelschulabsolventen, vor allem aus Transkaukasien (und folglich aus wohl-

habenden Familien — Anm. der Autorin), hatten die Aufnahmsprüfung bestanden, ohne über grundlegende Kenntnisse der fünften bis siebenten Schulstufe zu verfügen.“ Hier wird natürlich ein Extremfall geschildert. Doch allein die Möglichkeit, daß er auftreten konnte, zeugt von der Präsenz brisanter sozialer Probleme in der Bildungsszene. Die Perestroika schafft die Voraussetzungen, um diese zu bereinigen, jedoch ist dieser Prozeß schwierig und langwierig.

Mindestens ebenso komplexe Probleme sind mit der moralischen Erziehung der Jugend verbunden. Die verheerende Bürokratisierung des Bildungssystems, die aus der Stalinzeit stammt und sich in der Stagnationsperiode noch verstärkte, fügte der Erziehung mehrerer Generationen bleibende Schäden zu. Anstatt bei den Kindern Aufrichtigkeit, Offenheit, Gerechtigkeit, Wissensdurst und selbständiges Denken zu fördern, verwandelte sich die bürokratisierte, gefühllose Schule in einen Hort der Heuchelei, der Diskrepanz zwischen Gedanken, Wort und Tat. Sie lehrte die Schüler (und tut das vielfach auch heute noch) Doppelmoral, Falschheit, Opportunismus, moralischen Nihilismus und Zynismus, entfremdete sie den gesellschaftlichen Werten. Für den andauernden Konformismus gegenüber den Stagnationserscheinungen bezahlt die sowjetische Gesellschaft jetzt mit der „unerklärlichen“ Härte der Kinder, der extremen Negativität der Jugendlichen und der Verantwortungslosigkeit der erwachsenen Arbeitskräfte.
Der Stellvertretende Präsident der Ukrainischen Akademie der Wissenschaften, W. Trefilow, bemerkt zu diesem Thema: „Der Gedanke läßt mir keine Ruhe, daß der Reaktorunfall von Tschernobyl von Leuten mit einem Ingenieurdiplom in der Tasche herbeigeführt wurde. Wo sind in dieser verhängnisvollen Nacht ihr Wissen und ihr staatsbürgerliches Gewissen geblieben, als sie trotz strengsten Verbots nacheinander alle Sicherheitssysteme ausschalteten? ... Wie sind die Personen zu verstehen, die beim Schiffszusammenstoß im Schwarzen Meer auf der Kommandobrücke standen? Folglich hängt heutzutage das Gelingen eines Unternehmens — ob es sich nun um einen Flug, den Betrieb eines Reaktors, die Konstruktion eines Elektronenmikroskops oder um die Steuerung des wissenschaftlich-technischen Fortschritts handelt — gleichermaßen sowohl von der hohen Qualifikation und Kompetenz der Arbeitskraft als auch von der Disziplin und dem Verantwortungsbewußtsein des Staatsbürgers ab. Das zwanzigste Jahrhundert ist

das Zeitalter der Spezialisten. Doch gleichzeitig stellt es an sie auch immense moralische Ansprüche."[16] Trefilow schlägt vor, „die Tätigkeit des Umschulungs- und Weiterbildungssystems, sämtlicher Volkshochschulen für technischen Fortschritt, der Kurse und Schulen für Erfahrungsaustausch tiefgreifend und überlegt zu revidieren. Die Wissensvermittlung muß unbedingt mit einer moralisch-politischen Bildung gepaart sein."[17] Hohe persönliche und gesellschaftliche Moral erscheinen also als ebenso wichtige Grundlage für Entwicklung und Nutzung der Arbeitsfähigkeit wie das Vorhandensein von Fachwissen.

Da Schule und Komsomol (Verband der Kommunistischen Jugend) bislang mit dieser Aufgabe nicht zurechtkommen, muß die Hoffnung auf Herausbildung moralischer Qualitäten in erster Linie auf die Familie verlagert werden. In der Tat kann der Einfluß der Eltern auf den Erziehungs- und Sozialisierungsprozeß gar nicht hoch genug eingeschätzt werden. Nicht umsonst heißt es im Volksmund: der Apfel fällt nicht weit vom Stamm. Die Schwierigkeit liegt darin, daß die sowjetische Familie selbst gerade eine schwere Krise durchmacht. Die Zahl der Scheidungen steigt im Verhältnis zu den Eheschließungen an; die durchschnittliche Dauer ehelichen Zusammenlebens verkürzt sich, der Anteil „unvollständiger" Familien, bestehend aus den Kindern und der Mutter als Erziehungsperson, die in der Regel außerdem arbeitet, steigt an. Darüber hinaus ist in der zunehmend dominierenden Ein-Kind-Familie die Erziehung der jüngeren Geschwister durch die älteren nicht möglich. Durch die verringerten Dimensionen und die Atomisierung der Familien wird die Beziehung zwischen Großeltern und Enkeln gelockert, die Bedeutung ersterer bei der Erziehung letzterer abgeschwächt. Die sozialen und moralischen Eigenschaften der Jugendlichen geraten teilweise ins Wanken, wodurch die Vorteile einer guten Ausbildung oft wieder zunichte gemacht werden.

So gesehen ist es noch verfrüht, von den Möglichkeiten für die harmonische Entwicklung der Anlagen und die Bildung eines großen Arbeitspotentials bei allen Mitgliedern unserer Gesellschaft zu sprechen. Dafür müssen noch große Anstrengungen gemacht und insbesondere muß ein spezieller Teilbereich der Sozialpolitik ausgearbeitet werden, der sich sowohl die umfassende Reform des sowjetischen Schulsystems als auch das rapide Aufschließen beson-

[16] Sozialistitscheskaja Industrija, 4.2.1988.
[17] Ebenda.

ders rückständiger Teilbereiche und die Setzung von Maßnahmen zur moralischen Konsolidierung der Gesellschaft zur Aufgabe macht.

Nun möchte ich auf die zweite Bedingung einer effizienten Nutzung der Arbeitsfähigkeit eingehen, und zwar die Möglichkeit, allen Arbeitskräften einen Arbeitsplatz oder eine Funktion anzubieten, die sowohl ihrer persönlichen Neigung als auch ihren Fähigkeiten und ihrer Ausbildung entspricht. Mehrere Faktoren sind diesbezüglich zu berücksichtigen, allen voran die Ausgewogenheit zwischen der Struktur der vorhandenen Arbeitsplätze einerseits und den spezifischen Arbeitswünschen von seiten der Berufstätigen andererseits. Weiter oben habe ich bereits erwähnt, daß Arbeitslosigkeit in der Sowjetunion nicht nur inexistent, sondern auch nicht zu erwarten ist. Somit wäre die erste Stufe der oben definierten Forderung erfüllt: jeder Arbeitswillige kann in der gesellschaftlichen Produktion leicht unterkommen. Bleibt die Frage, ob es sich auch um eine Stelle handelt, die den Wünschen und Fähigkeiten des Betreffenden optimal entspricht. Mehr als zwei Drittel der Beschäftigten in der Landwirtschaft, mehr als die Hälfte in der Bauwirtschaft und mehr als ein Drittel in der Industrie verrichten unqualifizierte körperliche Arbeit. Schätzungen des Statistischen Zentralamts der UdSSR zufolge beträgt die Zahl der Arbeitsplätze, die vorrangig zu mechanisieren sind, 15 Millionen. Wie sehr man auch auf eine Streuung dieser Arbeitsplätze zwischen den verschiedenen sozialen Gruppen achten mag, dem Anspruch auf eine interessante und lehrreiche berufliche Tätigkeit kann damit wohl kaum entsprochen werden.
In diesem Zusammenhang muß darauf hingewiesen werden, daß man Ende der siebziger, Anfang der achtziger Jahre begonnen hatte, ein umfassendes, ganzheitliches Programm zur Eliminierung unqualifizierter Arbeit zu erstellen, in der Annahme, diese Aufgabe könne in 15—20 Jahren gelöst werden. Doch auf Regierungsebene wurde das Programm nicht akzeptiert. Sei es, daß die zugrundeliegenden Daten nicht überzeugten oder die Autoren nicht über genügend Durchsetzungskraft verfügten, das Projekt landete jedenfalls in einer Schublade. In der Praxis hat sich jedoch die Divergenz zwischen dem steigenden Ausbildungsniveau und der Stellenmarktstruktur möglicherweise noch verschärft. Deswegen muß die gegenwärtige Politik der KPdSU auch darauf abzielen, den wissenschaftlich-technischen Fortschritt so umzuorientieren, daß

er nicht nur Wirtschaftswachstum, sondern auch eine bessere Dekkung des Bedürfnisses an qualifizierter und interessanter Arbeit bewirkt.
Die Chancen auf einen den eigenen Kenntnissen und Fähigkeiten entsprechenden Arbeitsplatz hängen auch vom Standort der verschiedenen Arbeitsplätze ab, ebenso wie von der geographischen Mobilität der Bevölkerung. Auf dem Land ist z.B. die Bandbreite der angebotenen Posten um ein Vielfaches geringer als in der Stadt. Als Frau wird man hier Melkerin, Viehpflegerin, Schweinewärterin oder Gemüsegärtnerin. Bei den Männern dominieren Landmaschinenführer und Kraftwagenfahrer. In Klein- und Mittelstädten ist das Stellenangebot aufgrund der Industriebetriebe und des Tertiärsektors bedeutend vielfältiger. Am größten ist die Auswahl natürlich in den Großstädten mit mehr als 500.000 Einwohnern.
Diese Situation ist derzeit auf der ganzen Welt gleich und wird sich in absehbarer Zeit kaum ändern. Sie stellt an und für sich auch noch keine soziale Ungerechtigkeit dar. Wichtig ist, daß Menschen, die sich zu einer qualifizierteren und anspruchsvolleren Beschäftigung hingezogen fühlen, ihren Wohnort frei wechseln können, aus dem Land in die Stadt und aus kleinen in große Städte ziehen können. Doch in der Sowjetunion ist die geographische Mobilität gering: pro Jahr wechseln nur 5% der Bevölkerung ihr Domizil, wobei junge Menschen, die vor bzw. nach der Ausbildung ihren Wohnort verlassen oder dorthin zurückkehren, das Gros der Migranten stellen.
Zahlreiche Hindernisse stellen sich einer Verstärkung der Wanderfreudigkeit entgegen: sprachliche Barrieren im Vielvölkerstaat; unzumutbare Schwierigkeiten bei der Erlangung einer Meldebescheinigung in den Groß- und Millionenstädten mit eingeschränkten Zuzugsmöglichkeiten; das System der Wohnraumversorgung, das es einer Familie unmöglich macht, eine staatliche Wohnung zu kündigen, um in einer anderen Stadt eine gleichartige Wohnung zu erhalten. Der Wohnungstausch stellt praktisch die einzige Möglichkeit dar, aus freien Stücken (d.h. ohne von einer Organisation angeworben zu werden, was immer mit der Bereitstellung einer Wohnung verbunden ist) den Wohnort zu wechseln. Doch auch dieser Weg wurde mit zahlreichen Hürden versehen, mit dem Hintergedanken, daß bei einem ungleichen Tausch die benachteiligte Partei eine finanzielle Aufzahlung erhalten könnte und sich somit an staatlichen Wohnungen bereichert. Unterdessen spielen aber

bei der Bewertung der Wohnungen in verschiedenen Städten und Gebieten weitgehend persönliche Faktoren und Wertvorstellungen mit. So kann der eine eine winzige Wohnung in einer Großstadt bevorzugen, während der andere bereit ist, die Stadt zu verlassen, wenn er nur mehr Platz zum Leben erhält. Ein Wohnungstausch wird sich in diesem Fall aber schwierig gestalten. So wird die Bevölkerung gewissermaßen an ihren Wohnort gebunden, wodurch die geographischen Strukturunterschiede auf dem Stellenmarkt sich in soziale verwandeln.

Die Chancen auf einen passenden Arbeitsplatz hängen auch von der Personalpolitik der Partei, der lokalen Behörden und Vereinigungs- und Betriebsleitungen ab. Die Frage lautet, wer auf angesehene, interessante und gut bezahlte Posten befördert wird: entweder die fähigen und gut ausgebildeten oder die „folgsamen", der Direktion ergebenen Bewerber, die bereit sind, jede beliebige Weisung auszuführen, ohne deren Sinn zu hinterfragen.

Leider sind die Leninschen Prinzipien der Personalpolitik — als da sind: Transparenz und Demokratie bei der Beförderung auf leitende Posten, Rechenschaftspflicht der Führungskräfte gegenüber den Mitarbeitern, Berücksichtigung der fachlichen und politischen Qualität — während der Stagnationsperiode in vielen Unionsrepubliken und Gebieten in Vergessenheit geraten. Dazu nur ein Beispiel: Im Januar 1988 trat das Zentralkomitee der Kommunistischen Partei Kasachstans zu einem Plenum zusammen, in dem Fragen der Personalpolitik behandelt wurden. G. Dildjajew und T. Jessilbajew berichten darüber: „Jahrzehnte von Protektion, Vetternwirtschaft und allmächtigen Beziehungssystemen haben den Kader gründlich verdorben. Alles Übel konnte noch nicht ausgemerzt werden. Zu Beginn des vorigen Jahres (d.h. kurz nach den bekannten Ereignissen in Alma-Ata im Dezember 1986 — Anm. der Autorin) hielt sich das ZK-Büro bei den Revirements leitender Posten zurück, um einer Normalisierung des moralisch-psychologischen Klimas in Kasachstan und einer möglichst schonenden Einstellung zu den Kadern Raum zu geben. Einige von ihnen waren allerdings seinerzeit durch Protektion befördert worden und blieben dennoch auf ihren unverdienten Posten. Jetzt hat das Plenum zugegeben, daß diese Vorgangsweise sich erfahrungsgemäß als falsch herausgestellt hat. Beileibe nicht deswegen, weil die Betroffenen die Perestroika bewußt sabotierten, obwohl auch das bereits vorgekommen ist. Nein, sie konnten zum Großteil ihr Vorgehen mit den Geboten der Zeit nicht in Einklang bringen, waren

belastet mit der Bürde alter Stereotypen und den Verpflichtungen gegenüber ihren Gönnern, die sie ungerechtfertigterweise auf leitende Posten gehievt hatten."[18]
Dem bleibt hinzuzufügen, daß in einigen Landesteilen die Posten, auf denen man sich große wirtschaftliche Vorteile erwarten durfte (in der Verwaltung, der materiell-technischen Versorgung des Produktionssektors, dem Einzelhandel, dem Lebensmittelsektor etc.) nicht nur durch Beziehungen erschlichen, sondern auch um hartes Geld gekauft wurden. Und nun stellen wir uns die Situation jener vor, die eine gute Berufsausbildung absolviert haben, ein fundiertes Programm zur Erhöhung der Leistungsfähigkeit eines Betriebs mitbringen, die zur Menschenführung notwendigen fachlichen und menschlichen Qualitäten aufweisen, doch weder über Verwandtschaftsbeziehungen noch über viel Geld verfügen. Hatten sie Gelegenheit, ihren Fähigkeiten entsprechend zu arbeiten? Wohl kaum. Doch das Vorstehende trifft nicht nur auf die Führungskräfte zu, sondern auch auf die gewöhnliche Beförderung der Arbeitskräfte auf der Qualifikationsleiter. Die Demokratisierung der Personalpolitik und neuerliche Beachtung der Leninschen Prinzipien sind gleichzeitig Ziel und Voraussetzung für den Erfolg der Perestroika und ein Teil der neuen Sozialpolitik.

Nun zur dritten Bedingung für die konkrete Verwirklichung des Prinzips „jeder nach seinen Fähigkeiten": die Möglichkeit für alle Arbeitskräfte, tatsächlich voll nach ihren körperlichen und geistigen Möglichkeiten zu arbeiten.
Eines der typischsten Merkmale der sowjetischen Gesellschaft der Stagnationsperiode war die drastische Einschränkung des Handlungsspielraums aller Beschäftigungskategorien, ihrer kleinlichen Bevormundung durch Dutzende und Hunderte von — einander häufig widersprechenden — Vorschriften. Doch es geht nicht nur um Vorschriften. Im zweiten Kapitel habe ich bereits erwähnt, daß 80% der Beschäftigten in der Landwirtschaft der Meinung sind, nicht ausgelastet zu sein und mehr leisten zu können. Was hindert sie jetzt daran? Eine überwältigende Mehrheit der Arbeitskräfte verweist auf schlechte Organisation der Produktion, Engpässe bei unentbehrlichen Materialien, bei Brennstoff, Saatgut und Futtermitteln, auf systematisch auftretende technische Versagen, das Fehlen von Ersatzteilen und daraus resultierende verlängerte

[18] Prawda vom 2.2.1988.

Standzeiten aus Gründen, die sich ihrer Einflußnahme entziehen. Weiters spielen auch unbefriedigende Arbeitsorganisation und -entlohnung eine Rolle sowie divergente Interessen aufeinander angewiesener Arbeitskollektive und ein Anreizsystem, das nicht zu langfristigen, sondern zu Zwischenergebnissen stimuliert. Bei Behebung der angeführten Mängel könnten die Arbeitskräfte nach eigenen Schätzungen ihre Arbeitsproduktivität um 30—50% erhöhen. Tatsächlich ist dieses Ergebnis in eineinhalb bis zwei Fünfjahreszeiträumen um den Preis riesiger Investitionen zu erwarten.

Im vorigen Kapitel bin ich bereits darauf eingegangen, daß die Wirtschaftsfunktionäre bis zuletzt keine Entscheidungsfreiheit hatten (und zum Teil auch heute noch nicht haben). Hier möchte ich kurz die Lage der kreativen Arbeitskräfte im engeren Sinn zur Sprache bringen: der Schriftsteller, bildenden Künstler, Architekten, Wissenschafter, Filme- und Theatermacher, Musiker u.ä. Um effizient wirken zu können, brauchen die Schaffenden Freiheit von Zensur, die Möglichkeit, ihre Werke an das angesprochene Publikum heranzutragen, und objektive, teilnahmsvolle Kritiken. Indessen war die Verwaltung des schöpferischen Tätigkeitsbereichs und insbesondere der verschiedenen Zusammenschlüsse (Schriftsteller-, Künstler-, Journalisten-, Filmschaffenden-Verband etc.) bis in die jüngste Vergangenheit von ebenso starker Bürokratisierung gezeichnet wie die Wirtschaftsverwaltung. Der enorme Verlagsapparat sah seine Hauptaufgabe darin, in den zu verlegenden Texten alle lebendigen, klaren und ungewöhnlichen Stellen zu streichen. Ein freier, ungebundener Gedanke des Autors brachte die Herausgeber in Verlegenheit, wurde als „ideologischer Mangel" betrachtet. In der Folge herrschten einerseits „graue" Bücher, Aufführungen, Filme etc. vor und andererseits wurde das Publikum von den großen kulturellen Phänomenen ferngehalten. Diesbezüglich — und das ist kein Zufall — darf es der Perestroika als einer der größten Verdienste in der sowjetischen Kulturszene angerechnet werden, daß in vielen umfangreichen Zeitschriften Werke von außerordentlichem Interesse publiziert wurden, die vor 5, 10 oder 15 Jahren entstanden sind, den Weg zum Leser aber nicht gefunden hatten. Das trifft z.B. auf die Romane „Die Kinder vom Arbat" von Rybakow, „Weiße Kleider" von Dudinzew und Pasternaks „Doktor Schiwago" zu, sowie auf die Dramen Schatrows („Weiter... weiter... weiter... "), Bulgakows u.a.
Zum verheerenden Einfluß, den die Stagnationsperiode mit ihren

Restalinisierungstendenzen auf die Künstlerpersönlichkeit ausübte, schreibt Elen Klimow, der neue Vorsitzende des Verbandes für Filmschaffende: „Bei vielen stellte sich damals das Gefühl ein, daß in der Filmkunst nichts Ernsthaftes zu machen sei. Das war schrecklich, denn man verzichtete gleichsam auf seine Zukunft oder war gezwungen, sich anzupassen, seine Prinzipien und Absichten zu verändern. Manche taten das auch, verrieten sich... Wer gibt den zahlreichen begabten Menschen die vielen Jahre wieder, die sie mit einem sinnlosen, zermürbenden Kampf vergeudeten?"[19]
Klimows Aussage schließt sich Tschingis Aitmatow an: „Unsere größte Schuld an der Stagnationsperiode besteht darin, daß wir, uns aufeinander verlassend, die Erstarrung der potentiellen Ressourcen der Gesellschaft, der Evolution von Arbeit, Wirtschaft, wissenschaftlicher und humanitärer Erfahrung zuließen; daß wir selbst den freiheitsliebenden Flug suchender und kühner Gedanken in das Korsett dogmatischen und genormten Denkens preßten. Wir enthielten uns, die internen Alternativen des Sozialismus, seine Gegensätze aufzuspüren; wir zogen es vor, nicht an den Kontrast zwischen Proklamationen und Praxis zu denken."[20]
Unter dem Wort „wir" versteht Aitmatow das sowjetische Volk als ganzes, das für seine Geschichte verantwortlich ist. Doch bei einer genaueren Analyse wird sinnfällig, daß „wir" uns unter der Restalinisierung sehr verschiedenartig verhielten. Die einen, Aitmatow eingeschlossen, unternahmen alles, was in ihrer Macht stand, um dem unheilvollen Geist der Stagnation zu trotzen und dem Volk über Kultur, Kunst und Wissenschaft die Wahrheit nahezubringen; die anderen verwendeten ihre Energie darauf, um ihre Schäfchen ins trockene zu bringen.
„Perestroika und Glasnost", fährt Aitmatow fort, „tragen heute unsere Einsicht und Selbstbefreiung von der schweren Bürde des Vergangenen in allen Lebensbereichen in sich. Dieser Weg zur Reinigung und zur Freiheit erscheint mir unter den aktuellen Gegebenheiten als der fruchtbarste, vernünftigste, humanste und einem aufgeklärten Zeitgeist am besten entsprechende."[21] Es ist schwer, dem nicht zuzustimmen. Doch es dürfen keine Illusionen darüber bestehen, daß dieser Weg sehr schwer ist und große Anstrengungen und viel Zeit kosten wird.

[19] Ogonjok, Nr. 2, 1988.
[20] Prawda vom 13.2.1988.
[21] Ebenda.

Zusammenfassend läßt sich für diesen Abschnitt feststellen, daß ungeachtet der großen sozialen Siege und Errungenschaften das Prinzip „Jeder nach seinen Fähigkeiten" in der Sowjetunion noch in ungenügendem Ausmaß verwirklicht wurde. Eine kontinuierlichere Zieldurchsetzung wird von der Bevölkerung vielseitige Anstrengungen verlangen, deren Wirksamkeit in erster Linie davon abhängen wird, mit welcher Konsequenz und Besonnenheit Partei und Staat die erforderlichen Maßnahmen in ihre Sozialpolitik integrieren.

„... jedem nach seiner Leistung“

Die allgemeinste Formulierung des leistungsorientierten Verteilungsprinzips hat Karl Marx in seiner „Kritik des Gothaer Programms“ gegeben: nach Abzug der für die Befriedigung der gesellschaftlichen Bedürfnisse notwendigen Mittel erhält jeder Werktätige in der sozialistischen Produktion von der Gesellschaft genausoviel Leistung, wie er ihr selbst in einer anderen Form gegeben hat. Die Beziehungen zwischen Gesellschaft und Arbeitskräften haben also Äquivalenzcharakter. Einen Großteil der ihr zustehenden Entlohnung bezieht die Arbeitskraft direkt in Geldform und gibt sie individuell aus, den restlichen Teil konsumiert sie gemeinsam mit den anderen Mitgliedern der Gesellschaft. Ein so verstandenes Verteilungsprinzip setzt zwei Arten von Bewertungen voraus: einerseits der Quantität und Qualität der Leistung, die die verschiedenen Gruppen von Arbeitskräften der Gesellschaft liefern, andererseits der verschiedenen Arten von Gebrauchsgütern, die sie als Gegenleistung erhalten. Die Bewertung der erbrachten Leistung erfolgt anhand von Entlohnungssätzen, die nach einem bestimmten Schema erstellt werden (Dienstbezüge, Tarifsätze für Erfüllung der Produktionsnormen, Bedingungen für den Bezug von Zuschlägen und Prämien u.a.), während Konsumgüter und Dienstleistungen mit einem System von Einzelhandelspreisen bewertet werden. Folglich müssen bei einer funktionierenden, leistungsorientierten Verteilung nicht nur die Löhne stimmen, sondern auch die Verbraucherpreise dem gesellschaftlichen Marktwert der betreffenden Waren entsprechen. Diese Forderung impliziert den Vergleich einerseits qualitativ unterschiedlicher Leistungsarten und zum anderen den verschiedener Waren.

Die Klassiker des Marxismus-Leninismus haben den konkreten sozioökonomischen Inhalt jener Merkmale, mit deren Hilfe verschiedene Leistungen zwecks Einkommensverteilung verglichen werden können und sollen, nicht enthüllt. Die Praxis hat jedoch gezeigt, daß verschiedene Ansätze zum Vergleich der einzelnen Beiträge denkbar sind. Am wichtigsten erscheint die Unterscheidung zwischen der Bewertung entweder nach Volumen oder nach dem Ergebnis der erbrachten Leistung. Auf die Differenz zwischen Eingangs- und Ausgangsleistung (d.h. zwischen aufgewendeter Leistung und Wert des Produkts), welche dem Begriff der ökonomischen Effizienz zugrundeliegt, braucht hier wohl nicht eingegangen zu werden. Verschiedene Ansätze gibt es auch zur Bewertung der Arbeitsergebnisse. So ist eine quantitative Bewertung relativ leicht, die qualitative kann aber mit erheblichen Schwierigkeiten verbunden sein. Als Beispiel kann die Arbeit eines Wissenschafters oder eines Schriftstellers angeführt werden. Ihre Arbeitsergebnisse könnten quantitativ anhand der Anzahl der verfaßten Seiten gemessen werden. Doch die objektive Bewertung der Textinhalte, ihrer künstlerischen, wissenschaftlichen, philosophischen und ethischen Eigenschaften ist zweifelsohne weitaus schwieriger.

Im Laufe der sowjetischen Geschichte wurden in verschiedenen volkswirtschaftlichen Branchen die unterschiedlichsten Prinzipien zur Bewertung und zum Vergleich der Leistung zwecks Einkommensverteilung ausprobiert. Die herangezogenen Annäherungsweisen können dabei — mit aller gebotenen Vorsicht — in zwei Arten eingeteilt werden: einerseits die administrativ, andererseits die ökonomisch orientierten. Im zweiten Kapitel habe ich bereits die Besonderheiten dieser Methoden zur Regulierung der Arbeitsentlohnung analysiert. Sie werden wie spezifische Elemente des wirtschaftlichen Führungsmechanismus behandelt, die, zusammen mit anderen Elementen dieses Mechanismus, in ein weiter gefaßtes System eingebunden sind. Hier möchte ich dasselbe Thema aus einem anderen Blickwinkel, nämlich unter dem Aspekt der sozialen Gerechtigkeit und somit auch der Sozialpolitik beleuchten.
Ich wiederhole, daß die administrative Regulierung der Löhne im wesentlichen darin besteht, daß die Betriebe und Organisationen von „oben" Weisungen erhalten, die erstens das Gesamtausmaß der verfügbaren Lohnfonds und zweitens konkrete Konditionen zur Bezahlung jeder Gruppe von Arbeitskräften definieren. Die positiven Seiten dieses Systems, in denen auch seine Langlebigkeit begründet ist, liegen darin, daß zum einen das an die Bevölkerung ausbezahlte Geldvolumen und damit auch inflationäre Tendenzen unter strenger Kontrolle sind und zum anderen die Gehaltsverhältnisse branchen-, berufs- und standortspezifisch (d.h. je nach Wirtschaftsbehörde, Berufsgruppe und Landesteil) planmäßig geregelt werden können. Sein schwerwiegendster Nachteil jedoch besteht in der Fixierung eines unveränderlichen Plafonds für die Entlohnung jeder beliebigen Arbeit, wodurch Initiative, Unternehmergeist und Kreativität bei den Arbeitskräften eingebremst werden.
Davon unterscheidet sich durch ihren sozialen Gehalt die ökonomische Methode der Lohnregulierung. Ausgangspunkt für die Be-

rechnung ist hier der durch den Verkauf der Produktion erzielte Erlös. Daraus werden in einem durch Normrichtlinien festgelegten Ausmaß Zahlungen an den Staatshaushalt und lokale Budgets geleistet und die materiellen Produktionskosten beglichen. Der verbleibende Teil (Bruttoeinkommen des Unternehmens) wird in Entlohnungs-, Produktionsentwicklungs- und Sozialfonds eingeteilt. Dieser Art der Einkommensverteilung ist der direkte Zusammenhang zwischen den Löhnen der Arbeitskräfte einerseits und andererseits den Produktionszahlen und der Organisationseffizienz zugute zu halten. Als wichtigster Nachteil muß, nach den Erfahrungen mehrerer sozialistischer Länder zu schließen, die Möglichkeit in Kauf genommen werden, daß sich die Kluft zwischen den Einkünften der Bevölkerung (ihrer zahlungsfähigen Nachfrage) und dem Warenangebot vertieft, so daß verstärkte Inflation drohen kann. Außerdem ist auch die Regulierung der Arbeitsentlohnung auf landesweiter Ebene nicht mehr so leicht in den Griff zu bekommen, da die Löhne dezentral gebildet werden und somit der zentralen Führung entgleiten.
Das lange Vorherrschen administrativer Lohnfixierung hat in der UdSSR zwei typische Phänomene hervorgebracht, die dem westlichen Leser wahrscheinlich weitgehend unverständlich sind, und zwar die „Gleichmacherei“ und den „Lohnzwang“. Als Gleichmacherei bezeichnet man ein System, in dem komplizierte Arbeit fast gleich wie einfache (manchmal sogar schlechter), körperlich schwere kaum besser als leichte und verantwortungsvolle fast gleich wie nicht mit Verantwortung belastete Arbeit bezahlt wird. Selbstverständlich existieren Lohnunterschiede zwischen den verschiedenen Tätigkeiten, doch entsprechen sie den Leistungsunterschieden bei weitem nicht. Was den Lohnzwang betrifft, so geht er entweder mit Gleichmacherei einher oder tritt sogar als ihre Ursache auf. Man versteht darunter ein System, in dem wider die einfachste wirtschaftliche Logik nicht der Lohn einer Arbeitskraft nach der erbrachten Leistung berechnet, sondern umgekehrt die ausgewiesene Leistung willkürlich von einem im vorhinein bekannten Lohnniveau, das irgendwie erreicht werden muß, diktiert wird. So ist z.B. bekannt, daß ein qualifizierter Bauarbeiter nicht für weniger als 350 Rubel pro Monat arbeitet. Nun nehmen wir an, daß ein Arbeiter wegen unregelmäßiger Betonlieferungen häufige Arbeitsunterbrechungen hatte und ihm aufgrund der erbrachten Leistung nur 250 Rubel zustünden. Bekommt er aber tatsächlich nicht mehr, entrüstet er sich gegen die schlechte organisatorische

Leitung und verläßt die Baustelle, mit dem Wissen, daß seine Dienste überall gefragt sind. Um den Abgang der Arbeitskraft zu vermeiden, schreibt der Bauleiter für sie eine fingierte hohe Leistung und „erzwingt" auf diese Weise die Auszahlung des erforderlichen Lohns. Daher auch der Ausdruck „Lohnzwang".

Der Lohnzwang erscheint als Reaktion der Betriebe und Vereinigungen auf die Inadäquatheit der zentralisierten Lohnregulierung, die häufig von einer totalen Unwissenheit über die tatsächlichen Gegebenheiten vor Ort zeugt. In den meisten Fällen dient er dazu, die augenfälligsten Ungereimtheiten der von oben fixierten Lohnskala auszumerzen, d.h. in den Augen der Arbeitskräfte die Gerechtigkeit bei der Bewertung der einzelnen Beschäftigungsarten zu konsolidieren. Denn der Bauleiter fühlt sich absolut nicht dafür verantwortlich, daß kein Beton geliefert wurde. Indessen machen aber Lohnzwang und Gleichmacherei im Grunde die Vorteile der zentralisierten Lohnplanung zunichte. Die örtliche Lohnregulierung ist teilweise von blindwirkenden Elementen geprägt, wodurch die Makroproportionen in der Entlohnung von sozial gesehen verschiedenartigen Leistungen verzerrt werden.

Die Fachbücher und -zeitschriften quellen über von Beispielen zu diesem Phänomen. So wird die gleiche Arbeit, je nachdem, ob sie für mehr oder weniger angesehene, besser oder schlechter dotierte Wirtschaftsbehörden durchgeführt wird, oft sehr verschieden bezahlt. In den Schwerindustriebetrieben erhalten Lade- und Transportarbeiter bis zu 500 Rubel pro Monat, während in der Lebensmittelindustrie, vor allem in der fleischverarbeitenden Branche, nicht mehr als 200 Rubel zu erwarten sind. Es wird von Anfang damit gerechnet, daß die Arbeitskräfte sich „in Natur", d.h. mit Fleischwaren, schadlos halten. Darauf sind offensichtlich nicht nur die Arbeitskräfte selbst eingestellt, die mit ihrer Entlohnung völlig zufrieden sind und durch eine beneidenswerte Stabilität bestechen, sondern auch die Betriebsleiter und Behörden, die eine ungewöhnlich hohe Verlustnorm bei der Fleischverarbeitung veranschlagen, nämlich sieben Prozent. Untersuchungen zeigten, daß tatsächlich bei der Verarbeitung nur ein Prozent des ursprünglichen Fleischgewichts verlorengeht, die restlichen sechs Prozentpunkte in der Kompensierung der „sozialen Ungerechtigkeit", d.h. des unbegründet niedrigen Lohnniveaus, aufgehen. Doch diese Art, die „Gerechtigkeit" wieder herzustellen, erweist sich als gesellschaftlich am schädlichsten.

Eindeutig unterbezahlt im Vergleich zu den Arbeitern sind die Fachleute in der Volkswirtschaft. So bezogen 1986 Ingenieure und Techniker in der Industrie durchschnittlich 239 Rubel, Arbeiter aber 216 Rubel. In der Bauwirtschaft verdienten die Arbeiter sogar 253 und Ingenieure und Techniker mit 247 Rubel sogar etwas weniger. Besonders niedrig sind die Gehälter bei Fachleuten im Tertiärsektor, von denen die meisten Kenntnisse und die größte Selbstlosigkeit verlangt werden, da sie mit Menschen arbeiten. Das Durchschnittsgehalt eines Kulturschaffenden betrug, ebenfalls 1986, 118 Rubel; im Gesundheitswesen wurden durchschnittlich 135 Rubel bezahlt, im Unterricht 156, im Bereich der Kunst 148 und der Wissenschaft 208 Rubel. Gegenwärtig werden Ärzte, Lehrer, Schauspieler, bildende Künstler und Wissenschafter noch niedriger entlohnt als Industrie- und Bauarbeiter und Kolchosbauern. Es stellt sich die Frage, ob unter derartigen Bedingungen ein rapider wissenschaftlich-technischer Fortschritt in der Wirtschaft erwartet werden darf.

Große Bedeutung hinsichtlich sozial gerechter Entlohnungsverhältnisse muß auch der Eliminierung regionaler Differenzierungen bei den Lebenshaltungskosten eingeräumt werden. In den östlichen und nördlichen Gebieten der UdSSR brauchen die Menschen reichhaltigere Nahrung, wärmere Kleidung, mehr Brennstoff usw., um gesund und bei Kräften zu bleiben. Außerdem sind in entlegenen Gebieten aufgrund der kostspieligeren Zustellung die Preise für Konsumgüter höher und ist das Warenangebot schmäler als in den zentralen Landesteilen. Ein bedeutender Teil der Lebensmittel wird nur in Form von Konserven konsumiert, was weniger schmack- und nahrhaft ist und zudem teurer kommt. Um die Unterschiede der Lebenshaltungskosten wettzumachen, fixiert der Staat sogenannte regionale Koeffizienten zu den Löhnen. Im südlichen Westsibirien werden die Löhne um 15%, in Ostsibirien um 25% und im Fernen Osten auf das Doppelte im Vergleich zu den zentralen Gebieten erhöht.

Es ist ein Vorteil des aktuellen Lohnregulierungssystems, daß solche Koeffizienten anhand wissenschaftlich fundierter Vergleiche der Lebenshaltungskosten in den verschiedenen Gebieten zentral eingeführt werden können. Doch in der Praxis liegt auch diesbezüglich einiges im argen. Denn zum einen kompensieren die regionalen Koeffizienten die tatsächliche Verteuerung im Norden und Osten meistens nicht zur Gänze, wodurch das Leben dort trotzdem schwieriger bleibt als im Zentrum. Zweitens können besser gestellte Branchenbehörden den Arbeitskräften der von ihnen abhängigen Betriebe überdurchschnittlich hohe Koeffizienten anbieten. In den meisten Bezirken an der Baikal-Amur-Eisenbahnlinie beträgt der durchschnittliche Regionalkoeffizient beispielsweise 50%, während die Beschäftigten der Eisenbahnbauunternehmen einen 70prozentigen Zuschlag erhalten. Im Endeffekt werden die Arbeitskräfte verschiedener Branchen für gleiche Arbeit unterschiedlich bezahlt. Ist jedoch der Bau der Eisenbahnlinie beendet und werden dieselben Arbeiter zur Errichtung von Wohnungen und öffentlichen und kulturellen Gebäuden beschäftigt, haben sie eine ungerechtfertigte Lohnsenkung. Diese verschiedenen Faktoren weisen darauf hin, daß die Vorteile einer landesweiten zentralisierten Lohnregulierung in vielerlei Hinsicht einen fiktiven Charakter tragen, da diese prinzipiell nicht auf der Berücksichtigung der eigentlichen Arbeitseffizienz beruhen kann, sondern immer nach dem „Soll-aus-Ist"-Prinzip realisiert wird. Angesichts der Komplexität des realen Lebens verliert die Lohnregulierung das Merkmal der Zentralisierung, verändert ihre Natur und folgt letztendlich einer halbspontanen Dynamik.

Die neue Wirtschaftsstrategie der Partei zielt auf die Abschaffung der administrativen Methoden der Lohnregulierung zugunsten ökonomischer, marktorientierter Methoden ab. Es muß vorangestellt werden, daß diese bereits Ende der fünfziger, Anfang der sechziger Jahre Gehör fanden. Damals wirkte z.B. die landesweit berühmt gewordene Arbeitsgruppe von Maschinenfahrern unter Perwizki, die nach einem Prinzip arbeitete, das man heute als Kollektivleistungsvertrag bezeichnen würde. Zur selben Zeit begann auch der sich kompromißlos und uneigennützig für die Effizienz der sozialistischen Beziehungen einsetzende Iwan Chudenko, in der Landwirtschaft seine hochinteressanten, äußerst anspruchsvollen und absolut erfolgreichen Experimente durchzuführen, bevor er von den damaligen kasachischen Machtträgern verleumdet wurde und 1974 im Gefängnis von Alma-Ata als krimineller Straftäter umkam. Die Ausgangsidee Chudenkos war sehr einfach. Er und seine Mitarbeiter verpflichteten sich, die geplante Produktionsmenge zum halben Preis an den Staat abzuliefern, unter einer Bedingung, nämlich, daß sie selbst das erzielte Einkommen so aufteilen könnten, wie sie es für richtig erachteten, und insbesondere selbständig das Aufteilungsverhältnis zwischen Entlohnungsfonds und Investitionsfonds bestimmen könnten. Chudenko stellte sich selbst seinen Mitarbeiterstab zusammen, wobei er die gleiche Arbeit von immer weniger Arbeitskräften ausführen ließ. Seine Experimente führte er sukzessive in mehreren Sowchosen durch. In einer von ihnen reduzierte er den Personalbestand für den Ackerbau von 830 Beschäftigten auf 69 und die Zahl der Traktoren von 319 ebenfalls auf 69 und erzielte dabei höhere Ernteerträge. Die Arbeitsproduktivität in der Landwirtschaft wurde in verschiedenen Versuchen Chudenkos auf das drei-, fünf- und sogar zehnfache erhöht. Zeitungen berichteten über ihn, Filme wurden gedreht. Er war gleichzeitig eine wandelnde Legende und Gegenstand heißer Debatten. Denn sein Kollektiv leistete nicht nur viel, sondern verdiente auch gut, baute gediegene Wohnhäuser und legte Gärten an. Kurz, die Beteiligten konnten ihre Lebensbedingungen rapide verbessern. Daraus entstand wahrscheinlich auch das Gerücht, daß Chudenkos Aktivitäten nicht sozialistisch, sondern „kulakenhaft" seien und der persönlichen Bereicherung dienten. Als jedoch Gerichtsvollzieher kamen, um urteilsgemäß sein Vermögen zu beschlagnahmen, fanden sie außer Unterlagen, Manuskripten und einigen lebensnotwendigen Gegenständen nichts vor. Iwan Chudenko besaß weder Villa noch Wagen noch finanzielle Reichtümer. Ich kannte Chudenko persönlich und war von seiner selbstlosen Tätigkeit begeistert. Es ist bitter, daß er die Zeit nicht erleben konnte, die er die seine hätte nennen können und die ihn, wenn auch posthum, richtig zu schätzen weiß. Doch Chudenkos Versuche waren bei weitem kein Einzelfall. In verschiedenen Varianten entwickelten auch der Baumeister Serikow und der Agronom Schulin grundsätzlich dieselbe Idee. Später begannen auch andere Produktionsvereinigungen aus den Gebieten Sumy, Kaluga u.a. in diese Richtung zu experimentieren. In den Goldschürfergenossenschaften von Magadan wurde jahrzehntelang nach dem Prinzip des Leistungsvertrags (Akkordprinzip) gearbeitet und entlohnt. Die staatlichen Betriebe teilten diese Kollektive in Abschnitte ein, wo der Einsatz leistungsfähiger Technik nicht möglich war, versorgten sie mit allem, was sie zum Leben und Arbeiten brauchten und fixierten einen Abbauplan und den Abnahmepreis für das Gold. Alles weitere wurde auf der Basis von Marktbeziehungen geregelt. Je mehr Gold gefördert und abgeliefert wurde, desto mehr wurde bezahlt; je mehr Fahrzeuge, Bulldozer, Zelte und Nahrungsmittel verwendet wurden, desto mehr wurde vom auszuzahlenden Lohn abgezogen. Und was geschah? Die Arbeitsergebnisse, d.h. die Fördermenge pro Genossenschaftsmitglied, lagen unveränderlich um ein Vielfaches über denen der Arbeitskräfte des Betriebs. Das motivierende Entlohnungsschema und die unmittelbare Interessiertheit der Genossenschaft daran, möglichst viel Gold mit möglichst wenig Aufwand abzubauen, hatten gewirkt.

Ähnlich verhält es sich in Hunderten von Bautrupps auf dem Land, die alljährlich aus den nord- und transkaukasischen Republiken, der Westukraine und aus Moldawien in den Ural, nach Sibirien und in den Fernen Osten ziehen. Im Vorfrühling schließen sie mit den Kolchosen und Sowchosen Verträge über den Bau von Betriebsgebäuden, Wohn- und Krankenhäusern, Schulen usw. ab. Sie erhalten Kost und Quartier; Baustoffe und -geräte werden ihnen zur Verfügung gestellt. Man einigt sich über die Gesamtkosten und den etwaigen Fertigstellungstermin des Bauobjekts. Die meisten Saisonbauarbeiter liefern in mustergültiger, rastloser Arbeit, ohne mit Kräften und Kenntnissen zu geizen, qualitativ hochwertige, solide und ästhetische Bauwerke. Dementsprechend hoch ist auch die Entlohnung: durchschnittlich rund 1000 Rubel pro Monat. Für außergewöhnliche Arbeit eine außergewöhnliche Bezahlung — ist das vielleicht nicht gerecht? Bei den „Schwarzarbeitern", wie sie in der Sowjetunion genannt werden, ist die Arbeitsproduktivität um ein Vielfaches höher als bei normalen Bauarbeitern. Würden sie aber für 300—400 Rubel pro Monat ihre Familie auf sieben oder acht Monate verlassen und eine so angespannte Arbeit akzeptieren? Wohl kaum.

Diese verschiedenen Beispiele führe ich deswegen an, um beim Leser nicht den Eindruck entstehen zu lassen, daß in der UdSSR bis Mitte der achtziger Jahre ausschließlich ein administratives, die Arbeitsergebnisse ignorierendes Lohnregulierungssystem in Kraft war. Dieses dominierte freilich, doch wurde es im Laufe einiger Jahrzehnte, wie Asphalt von Gras durchstoßen wird, von neuen Ansätzen der Leistungsbewertung und -entlohnung „durchlöchert", welche ihre Effizienz durch wesentlichen Lohnzuwachs und noch stärkeren Anstieg der Arbeitsproduktivität zur Genüge unter Beweis stellten. Dieses System der gesellschaftlichen Leistungsbewertung hat mit den erzielten Ergebnissen unveränderlich seine Vorteile sowohl für die Arbeitskräfte im einzelnen als auch für die Gesellschaft im allgemeinen bewiesen. Doch die neuen Entlohnungskonzepte wurden hauptsächlich in Randbereichen der Volkswirtschaft eingeführt und beibehalten, dabei meistens in Situationen, wo man ohne diese überhaupt keine Aussicht auf Er-

folg gehabt hätte. In den wichtigsten Wirtschaftsbranchen jedoch wurden sie nicht zugelassen und als „unsozialistisch“, „kleinbürgerlich“, „kulakenhaft“ und „eigennützig“ abgestempelt.
Auf dem ZK-Plenum von April 1985 und dem 27. Parteitag wurde die Schaffung eines Entlohnungssystems in direkter Abhängigkeit von den Arbeitsergebnissen als generell notwendig erkannt. Von Wissenschaftern und Politikern wurden verschiedene Lösungsmethoden je nach Gebieten, Branchen und Betriebsformen vorgeschlagen und gutgeheißen. Doch am meisten Zustimmung fand der Kollektivleistungsvertrag, der sich dem von Chudenko erprobten Modell stark nähert. Nur war die von Chudenko geleitete Sowchose vertraglich direkt an das Kasachische Landwirtschaftsministerium gebunden, während die meisten heutigen Leistungsvertragskollektive in Landwirtschaft und Industrie die entsprechenden Verträge mit der eigenen Betriebsleitung abschließen. Vertraglich festgehalten werden einerseits die Bedingungen der materiellen und technischen Ausstattung der Kollektive, andererseits die Preise, die die Direktion pro Produktionseinheit bezahlt. Der Leistungsvertrag ist selbstverständlich kein Wundermittel, mit dem alle Mißstände beseitigt werden können, vor allem, wenn er nur formell ausgeführt wird, was nicht selten vorkommt. Wenn er jedoch ernst genommen wird und demokratisch zur Anwendung gelangt, sind die Ergebnisse gut. Dasselbe läßt sich auch von den anderen leistungsbezogenen Entlohnungsschemen feststellen.
Die neuen Modelle der Leistungsbewertung und -abgeltung verstärken in der Regel merklich die Einkommensdifferenzierung zwischen den einzelnen Arbeitskräften. Initiativbereitschaft, Unternehmergeist, Qualifizierung, marktwirtschaftliches Flair, Körperkraft und Vielseitigkeit können die Löhne hinaufschnellen lassen, während Arbeitskräfte, die keine hohen beruflichen Qualitäten anzubieten haben, das Nachsehen haben, da der Gleichmacherei und dem Lohnzwang ein Ende gesetzt wird. Vielen, die sich an die „Annehmlichkeiten“ des alten Systems gewöhnt haben, wird das neue ungerecht erscheinen, obwohl sie nur selten so weit gehen, es „unsozialistisch“ oder gar „bürgerlich“ zu nennen, nachdem es die offizielle Unterstützung der Partei erhalten hat.
Der marktähnliche Charakter des Leistungsvertrags zwischen Betrieb und Belegschaftsgruppe drückt sich darin aus, daß erstens zwischen Produzent (Lieferant) und Abnehmer (Kunde) der Preis für die zu erbringende Leistung (pro Einheit oder pauschal) auf Vereinbarungsbasis festgelegt wird, und zweitens der Verkauf (die

Lieferung) der fertigen Produktion an den Abnehmer an und für sich eine zentrale Rolle spielt. Und dennoch handelt es sich noch nicht um einen richtigen Markt. Denn die Preisfestlegung erfolgt aufgrund des individuellen Aufwands des jeweiligen Betriebs oder Betriebsteiles, nicht aber entsprechend dem auf Landesebene gesellschaftlich notwendigen Aufwand. Die Preise bleiben langfristig unveränderlich und sind den Schwankungen von Angebot und Nachfrage fast nicht ausgesetzt. Schließlich erfolgt die materielle und technische Ausstattung des Lieferanten durch den Käufer. So gesehen stellt die Entlohnung auf Leistungsvertragsbasis gewissermaßen eine Zwischenstufe zwischen zentralisierter Lohnregulierung und freien, marktwirtschaftlichen Kauf- und Verkaufsbeziehungen dar.

In vollem Ausmaß entstehen die Marktbeziehungen im Bereich der Einkommensbildung bei individueller und kleingenossenschaftlicher Erwerbstätigkeit und bei Familienbetrieben. Diese Formen der Erwerbstätigkeit wurden in der UdSSR bis Ende der zwanziger Jahre entwickelt, dann aber rasch auf ein Minimum beschränkt. Jahrzehntelang waren die einzigen Überreste davon die Nebenerwerbsbetriebe der Kolchosbauern und Sowchosarbeiter; 1970 durften auch die Stadtbewohner winzige Nutzgärten (300—400 m^2 pro Familie) anlegen. Doch nach den Partei- und Regierungsbeschlüssen der letzten Jahre entwickelten sich die individuelle Erwerbstätigkeit und die neuen Kooperativen relativ schnell. Allein im Januar 1988 wurden in Moskau über 700 Kooperativen gebildet und befanden sich mehrere Hundert im Gründungsstadium. Landesweit erwarben über 300.000 Personen eine Konzession für individuelle Erwerbstätigkeit. Besonderen Anklang fanden die kleinen Produktionsformen in den transkaukasischen und den baltischen Unionsrepubliken.
In der individuellen Unternehmerschaft bzw. den Kooperativen wird das persönliche Einkommen der Arbeitskräfte nach den Marktprinzipien gebildet. Der Entlohnungsfonds entsteht aus der Differenz zwischen dem Verkaufserlös einerseits und dem Produktionsaufwand und den an den Staat abzuführenden Beträgen andererseits. Die direkte Interessiertheit der Unternehmer an den Endergebnissen ihrer Tätigkeit motiviert nicht nur zur Intensivierung der Arbeitsprozesse, sondern auch zur Mobilisierung geistiger Kapazitäten und zwischenmenschlicher Beziehungen, zur Suche nach den gewinnträchtigsten Leistungseinsatzbereichen und den sicher-

sten Absatzmärkten. Dadurch liegt das Einkommensniveau erfolgreicher Genossenschaftsmitglieder und „Individueller" um ein Vielfaches über dem durchschnittlichen Lohnniveau im staatlichen Wirtschaftssektor. Wer jedoch erfolglos bleibt, geht in der Regel bankrott, muß aus dem Spiel ausscheiden und sich mit einer Stelle in der gesellschaftlichen Produktion zufriedengeben.
Meines Erachtens steht das hohe Einkommensniveau erfolgreicher Kleinproduzenten in keiner Weise im Widerspruch zur sozialistischen Gerechtigkeit. Der staatliche Wirtschaftssektor, der fast ausschließlich aus großen Betrieben und Vereinigungen besteht, hat nämlich seine Unflexibilität und die Unfähigkeit zur Schließung zahlreicher Produktionslücken, unter denen die Bevölkerung leidet, zur Genüge bewiesen. Das bezieht sich nicht nur auf High-Tech-Produkte wie Personalcomputer und Videogeräte, sondern auch auf einfachste Artikel wie beispielsweise gestrickte Sportmützen, Hausschuhe, Jeans oder Blumen, von Frischfleisch, Milch, Gemüse und Obst ganz zu schweigen. Verständlicherweise konzentrieren sich die Kleinproduzenten auf die Branchen, in denen große Nachfrage herrscht. Dies ist nicht nur für sie, sondern auch für die Gesellschaft von Vorteil, da den Bedürfnissen der Bevölkerung besser entsprochen wird.
Bei der Beurteilung des Einkommensniveaus der Kleinunternehmer im Verhältnis zu den geleisteten Arbeitsstunden und -tagen muß außerdem eine Reihe weiterer Faktoren berücksichtigt werden. Erstens arbeitet ein Großteil der Selbständigen und ein Fünftel der Genossenschaftsmitglieder in der gesellschaftlichen Produktion, so daß ihre individuelle Erwerbstätigkeit für die Gesellschaft eine zusätzliche Leistung darstellt. Zweitens entstehen sämtliche Waren, die sie verkaufen, in Eigenproduktion, da Lohnarbeit in diesem Sektor streng verboten ist. Weiters übernehmen sie die gesamte Tätigkeit, die mit der Beschaffung von Technik, Ausrüstung, Roh- und Werkstoffen, Energie, Produktionslokalen etc. zusammenhängt. Ich spreche hier absichtlich nicht vom Kauf (der viel leichter wäre), sondern ausdrücklich von der Beschaffung dieser Ressourcen, von denen die meisten schwer erhältlich sind. Viertens gehen sie das Risiko ein, Konkurs zu machen und die aus persönlichen Mitteln finanzierten Investitionen zu verlieren. Fünftens wird die individuelle Erwerbstätigkeit nicht als Dienstzeit im Sinne des Pensionsrechts betrachtet; es besteht keine Krankenversicherung, keine Aussicht auf Betriebswohnungen, Plätze in Betriebskindergärten etc. Unter Berücksichtigung all dieser Umstände er-

scheint mir das Einkommensniveau vieler individuell Erwerbstätiger, das die in der gesellschaftlichen Produktion bezogenen Löhne um das drei-, vier- oder gar fünffache übersteigt, als ökonomisch und sozial gerechtfertigt. Es besteht keine Veranlassung, diese Einkünfte als nicht erarbeitet oder ausbeuterisch zu betrachten. Freilich werden bei den Kleinproduzenten die Preise vieler Produktsorten noch hoch angesetzt. Doch die Leute bezahlen sie freiwillig: niemand zwingt sie, diese Ware zu kaufen. Sie kommt lediglich Bedürfnissen entgegen, die auf andere Weise nur schwer oder gar nicht befriedigt werden können. Ich glaube, daß in dem Maße, wie die individuelle und genossenschaftliche Erwerbstätigkeit zunehmen wird, auch eine gesunde Konkurrenz zwischen den Produzenten auftreten und die Gesetze des Marktes zu hoch angesetzte Preise regulieren werden.

Auf diese an sich selbstverständlichen Einzelheiten gehe ich in erster Linie deswegen so genau ein, weil sowohl in der Fachliteratur als auch in der Presse und, noch wichtiger, der öffentlichen Meinung die Kleingenossenschaften und die individuelle Erwerbstätigkeit in einem schlechten Licht dargestellt werden. Das Augenmerk wird auf heimliche Ausnützung von Lohnarbeit und gestohlenes Material gelenkt, auf das Bestreben, die Preise in die Höhe zu treiben, um maximalen Gewinn zu erzielen, auf das niedrige berufliche Kompetenzniveau und die schlechte Qualität der Produkte. Als Beispiel wird auf Fälle verwiesen, in denen Leute für 100 oder 150 Rubel eine Konzession erwarben und anschließend für angebliche Investitionen hohe Bankkredite aufnahmen, diese aber in Wirklichkeit zweckentfremdet verwendeten und somit den Staat betrogen[22]. Solche Vorfälle gibt es tatsächlich, aber finden in der gesellschaftlichen Produktion nicht ungleich größere Betrügereien und Machenschaften statt?

Die Entwicklung des Kleinunternehmertums entspricht der praktischen Verwirklichung der Wirtschaftsstrategie der Partei. Ihr sozioökonomischer Inhalt steht in absolut keinem Widerspruch zur sozialistischen Gerechtigkeit, auch wenn die Handlungen von individuell oder genossenschaftlich Erwerbstätigen in Einzelfällen rechtswidrige Züge enthalten können und der sozialen Kontrolle bedürfen. Dennoch möchte ich noch einen anderen, wichtigeren

[22] Vgl. z.B. die Artikel „Konzession gepachtet" in der Zeitung Moskowskaja Prawda vom 22. Dezember 1987 und „Inkognito hinter dem Ladentisch" in der Prawda vom 1. Februar 1988 u.a.

Aspekt dieses Themas anschneiden. Eben weil die Förderung der genossenschaftlichen und individuellen Erwerbstätigkeit eine der Haupttendenzen der Perestroika darstellt, stößt sie bei vielen leitenden Arbeitskräften auf hartnäckigen Widerstand. Die Führungskräfte sind besser als sonst jemand darüber im Bilde, welche Gefahr die kleinen Unternehmungen für sie selbst und die von ihnen geleiteten Betriebe darstellen. Denn der individuelle und genossenschaftliche Sektor beginnt bereits, trotz seiner geringfügigen Ausmaße (sein Anteil am Bruttonationalprodukt bewegt sich offensichtlich in der Größenordnung von Zehntelprozenten), als fähiger und erfolgreicher Konkurrent zu den Staatsbetrieben eine Rolle zu spielen, besonders was die Leichtindustrie und den Tertiärsektor betrifft.

Ein Beispiel nur aus dem Gaststättenwesen. In vielen staatlichen Restaurants, die teilweise enorme finanzielle Zuschüsse erhalten, ist es eine wahre Qual, zu Mittag zu essen. Es dauert lange, das Essen ist teuer und schlecht. In einem genossenschaftlichen Kaffeehaus ist ein Mittagessen für gewöhnlich um die Hälfte oder doppelt so teuer, und häufig muß man auch hier Schlange stehen. Doch dafür wird man erstklassig bedient, und das schmackhafte, würzige Essen bleibt noch lange in angenehmer Erinnerung. Der Konkurrenzdruck, den die immer zahlreicheren genossenschaftlichen und privaten Kaffeehäuser auf die Staatsbetriebe ausüben, verstärkt sich merklich. Es fehlt nicht viel, und man wird ihre Anzahl begrenzen müssen; die Arbeit in dieser Branche wird aber äußerst vorteilhaft sein, stellt sie doch ein urtypisches Modell für einen Markt dar, auf dem der Produzent seine Bedingungen diktiert. Folglich muß die Konkurrenz eingeschränkt und wie auch immer versucht werden, die Erteilung neuer Konzessionen zu verbieten oder zumindest aufs äußerste zu erschweren.

Bezeichnend sind die Ergebnisse einer soziologischen Befragung der Arbeitskräfte lokaler Verwaltungsinstanzen, die vom Institut für soziologische Forschungen der Sowjetischen Akademie der Wissenschaften gemeinsam mit der Zeitung Iswestija durchgeführt wurde. Nur 26% der Befragten schlossen sich der Meinung an, daß der genossenschaftliche und individuelle Wirtschaftssektor weiter zu entwickeln sei. Auf die Notwendigkeit einer strengeren Kontrolle der genossenschaftlichen Tätigkeit wiesen die Arbeitskräfte zu 41% in den Verwaltungs- und zu 60% in den Rechtsschutzorganen hin. Was hingegen die Genossenschafter betrifft, so wurden 35% bereits im Organisationsstadium mit großen Schwierigkeiten konfrontiert. Einem Zehntel aller Genossenschaften wurde anfänglich die Registrierung verwehrt; die Aufnahme der Arbeit wurde ihnen erst nach Ansuchen bei höheren Instanzen gewährt. Auch nach Inbetriebnahme der Genossenschaften bleiben die Beziehungen zu den lokalen Behörden gespannt. Jeder dritte Genossenschafter betrachtet Mißtrauen und übertriebene Bevormundung von seiten der örtlichen Behörden als wichtigstes Hindernis der genossenschaftlichen Entwicklung. 37% geben Zweifel an der Unterstützung durch die Behörden als Hauptgrund dafür an, daß Millionen von individuell Erwerbstätigen ihre Aktivität nicht legalisieren wollen, indem sie die entsprechende Konzession erwerben. Durch die Auswertung der Umfrageergebnisse gelangten die Autoren zu dem Schluß, daß die staatlichen Organisationen, deren Rolle es wäre, die Kooperativen zu unterstützen, ihrer Entwicklung in der Praxis oft Steine in den Weg legen.

Diese Schlußfolgerung läßt sich durch zahlreiche Tatsachen belegen. In der Stadt Jewpatorija (Gebiet Krim) schlossen die Lokalbehörden eine Schmuckkooperative aus dem einzigen Grund, daß die Mitglieder ihrer Meinung nach zuviel verdienten. Die in diesem Zusammenhang durchgeführte Umfrage ergab, daß 30% der Bevölkerung das Vorgehen der Behörden für richtig hielten, 14% für übereilt und dem Geist der Transparenz entgegengesetzt; 56% betrachteten die Vorgangsweise als Irrtum. Interessant ist dabei, daß ein Teil der Befragten, die die Aktion der Behörden gutgeheißen hatten, ihre Meinung damit begründeten, daß die Genossenschaft Schmuck erzeugte und die Schließung bei der Herstellung „nützlicherer" Produkte vielleicht nicht notwendig gewesen wäre. Wie dem auch sei, die Mehrheit der Berufstätigen spricht sich ziemlich eindeutig für die genossenschaftlichen Produktionsformen aus. Dazu ein Leserbrief, den der Student W. Kulitschkow aus Tscheljabinsk (Ural) an die Zeitschrift Ogonjok schreibt: „Bei der Bewertung der Tätigkeit der Beamten, die die genossenschaftliche Aktivität sabotieren, sind strenge Maßstäbe anzulegen — bei den Genossenschaften handelt es sich um die landesweit einzigen Produktions- und Handelsvereinigungen, die nach einem flexiblen und verlustfreien System arbeiten." Die Hausfrau S. Schukowskaja aus Riga pflichtet ihm bei, daß „man vor den Einkünften der Genossenschafter keine Angst haben dürfe, sondern lernen müsse, diese mit ökonomischen Hebeln zu regulieren. Einen Betrieb wegen seines hohen Einkommens zu schließen, ist barbarisch und flegelhaft."[23] Dieser Beurteilung kann nur zugestimmt werden. Die Probleme der Genossenschafter mit der Bürokratie sind allerdings nur kleine Fische neben den Schwierigkeiten, die die individuell Erwerbstätigen durchzustehen haben, und sei es nur deswegen, daß es sich allein schwerer kämpft. Die ganze Sowjetunion kennt die Geschichte Nikolai Siwkows, über die in der Iswestija und der Fernsehsendung „Der Bauer von Archangelsk" berichtet wurde. Nikolai Siwkow, der mit seiner Frau und einem erwachsenen Sohn auf einem Bauernhof lebte, züchtete und lieferte an den Staat rund zwanzig Jungrinder, also etwa soviel Fleisch, wie von einer kleineren Viehzuchtbrigade produziert wird. Natürlich verdiente die Familie außergewöhnlich viel, was die lokalen Behörden irritierte. Sie untersagten Nikolai Siwkow, weiterhin einer ähnlichen Beschäftigung nachzugehen, obwohl Fleisch in der Sowjetunion Mangelware ist. Die Iswestija brachte noch einige Informationen über die Weiterentwicklung dieser Affäre, die dank der Presseintervention gut ausging. Der „Bauer von Archangelsk" ist heute Vorsitzender der Genossenschaft „Roter Hügel", die so nach dem Bauernhof benannt wurde. Der Genossenschaft wurden kostenlos 200 ha Nutzfläche überlassen, zu der auch Inseln in der Flußniederung der Sewernaja Dwina gehören, auf denen das Vieh praktisch ohne Aufsicht weiden kann. Die Bank für Landwirtschaft und Industrie gewährte der neuen Kooperative einen langfristigen, 0,75prozentigen Kredit zur Einrichtung der Wirtschaft und einen kurzfristigen, mit 1% verzinsten Kredit. Bei Zahlungsrückstand erhöht sich der Zinssatz auf 3%, so daß schließlich ökonomische Hebel in Bewegung gesetzt werden.

Doch nicht immer löst sich eine Angelegenheit in Wohlgefallen auf. In mehreren Bezirken werden Selbständige nach wie vor fast als Feinde des Sozialismus betrachtet. Der Journalist Andrei Nuikin schreibt darüber: „Die Fakten, die I. Gamajunow in seinem Artikel ‚Kriminelle Tomaten' anführt, gehen mir nicht aus dem Kopf. Nicht monatelang, seit Jahren schon schikanieren übereifrige Beamte der Bezirke Primorsk und Dubowka (Gebiet Wolgograd) die Bewohner der ihnen anvertrauten Territorien, und insbesondere ältere Leute, Pensionisten, Arbeitsinvaliden und Kriegsveteranen. Der Zweck: ‚Schutz der Staatsinteressen'. Es gilt, selbstsüchtige Privatinteressen zu unterdrücken und bei der Jugend die

[23] Ogonjok, 1988.

Treue zu den gesellschaftlichen Produktionsformen zu fördern. Die Methoden: kriminell. Die gesamte ‚Öffentlichkeit' der Bezirke — staatliche Behörden, Parteiorgane, Miliz, Staatsanwaltschaft, Presse, zur Arbeit eingeteilte Kurzzeithäftlinge, Studenten — verschwenden tagtäglich die Zeit, in der sie sich um einer so hohen Aufgabe willen von Arbeit und Studium freigemacht haben, indem sie sich mit Feuereifer an die Hetzjagd auf jene machen, die mit ihrem Blut die Ufer der Wolga bedeckten, die ohne Ehemann die jetzigen Stützen der Wirtschaft heranzogen, die das Land aus dem Ruin geführt haben. Man dringt in ihre Häuser ein, in die Gemüsegärten, zählt die Tomatenstöcke, kriecht mit Maßbändern die Glashäuser entlang, mobilisiert eine ganzes Heer von Spitzeln, die überwachen, wer von den Alten nachts (heimlich!) in den Gewächshäusern die von der Stadtverwaltung verbotenen Öfen beheizt ... Wie sehr gehen uns bei Tisch die herrlichen Tomaten vom unteren Wolgatal ab, und wie sehr hängen uns die weiß der Himmel woher gelieferten geschmacklosen Mißgeburten beim Hals heraus! Und dort werden sie am Stock vernichtet, bleiben bei Hitze ohne Wasser, fährt man die Glashäuser mit Bulldozern nieder, bestraft die Gärtner und bildet die übereifrige Miliz Postenketten, damit die Ernte (die auch nicht im Genossenschaftshandel akzeptiert wird) nicht auf den Markt gelangen kann. Die Verladestellen werden geschlossen, Dokumente gefälscht."[24]
„Was?", fragt der Autor weiter, „und diese ‚Diener des Volkes', die durchaus nicht von ungefähr mit Rowdies, die vom Gericht als solche erkannt wurden, unter einer Decke stecken, sie sollen sich mit einigen Verweisen aus der Affäre ziehen? Und sollen weiterhin in den weiten russischen Landen die Sowjetmacht und die Kommunistische Partei vertreten? ... Angesichts derartiger Fakten kann man nur, wenn sie ruchbar werden, entweder die Schuldigen verurteilen und die Komplizen (von der Gebietsverwaltung) ihrer Ämter entheben, oder aber mit den schönen Reden über unseren Revolutionsgeist und unser Kommunistentum Schluß machen."[25]

Ich glaube, daß die Sozialpolitik hinsichtlich der genossenschaftlichen und individuellen Erwerbstätigkeit genau und klar sein muß. Der Staat begnügt sich nicht damit, die Kooperativen zu registrieren und an Selbständige Konzessionen zu verkaufen, sondern be-

[24] A. Nuikin: „Ideale oder Interessen?", Nowy Mir, 1988, Nr.2, S.226.
[25] Ebenda.

grüßt und fördert diese Betätigungsformen, ist behilflich bei der Pacht von Arbeitslokalen, der Anschaffung ausgemusterter Ausrüstungen und wertvoller Industrieabfälle von großen Betrieben etc. Die Kleinproduzenten und Selbständigen haben das Recht, in allen Produktionsbereichen aktiv zu werden, jene ausgenommen, die eigens als verboten aufgelistet wurden. Daß kein Unternehmensgegenstand gesetzlich vorgeschrieben wurde, wirkt sich zum Vorteil der Produzenten aus. Die Finanz- und Kontrollorgane achten darauf, daß Genossenschaften und Selbständige keine Ungesetzlichkeiten begehen. Mit zunehmender Entwicklung dieser Wirtschaftsform und dem Platzgreifen gewinnträchtiger Unternehmen wird auch die Ausarbeitung eines Systems der progressiven Einkommensbesteuerung und der zuverlässigen Steuereinhebung notwendig werden. Auch die juridischen Aspekte der individuellen Erwerbstätigkeit werden sorgfältig untersucht werden müssen, insbesondere die Beziehungen der Genossenschaftsmitglieder und Selbständigen zu den Staatsbetrieben, das Absatzsystem und die Verkaufsbedingungen ihrer Produkte. Die Erwerbs- und Vertriebstätigkeit der Kleinunternehmer ist dabei hauptsächlich mit ökonomischen Methoden zu regeln. Administrative Eingriffe sollen nur in Ausnahmefällen vorgenommen werden.

So weit, so gut. Der Dramatiker Aleksandr Gelman formulierte es treffend: „Gerechtigkeit besteht nicht darin, daß in gleiche Teile geteilt wird, sondern daß in gerechte, ungleiche Teile geteilt wird.“[26] Gerecht, das heißt, im Verhältnis zur aufgewendeten Leistung, ihrer Quantität, Qualität, vor allem aber zu ihrem Ergebnis. Doch dieser Standpunkt wird bislang noch nicht von allen geteilt. In einigen Leserbriefen von Zeitungen und Zeitschriften, aber auch in den Arbeiten mehrerer Wissenschafter und Journalisten wird hartnäckig die Idee vertreten, daß der Staat die Einkünfte und Ausgaben jedes Staatsbürgers streng überwachen und „alles, was über die gesetzlichen Bestimmungen hinaus erworben und errichtet wurde“ dem persönlichen Besitz der Familien entziehen müßte. Es wird auch vorgeschlagen, das Recht, den Kindern das erworbene Gut zu vererben, abzuschaffen, da die Kinder dieses nicht durch eigene Arbeit erworben haben. Meistens wird dabei kein Unterschied gemacht zwischen auf unrechte Weise (z.B. auf Kosten des gesellschaftlichen Eigentums) erworbenem Vermögen

[26] Zeitschrift Literaturnaja Gaseta, 10.9.1986.

und den Gütern, die sich besonders begabte Personen durch besonders effiziente Arbeit angeschafft haben.
Nuikin tritt entschieden gegen diesen Standpunkt auf. In der angeführten Arbeit schreibt er: „Es ist aufschlußreich, daß ... fast alle, die für die Enteignung von übermäßigem Geld- und Sachvermögen eintreten, in allgemeinen Diskussionen gegen unrechtmäßige Einkommen ins Feld ziehen, bei konkreten Vorschlägen aber in seltener Eintracht die ‚Entkulakisierung' nur jener fordern, die sich mittels Nutzgärtnerei, Handwerk, kurz, ihrer Fähigkeiten ‚übermäßig bereichern'. Hier ist keine Rede mehr von illegalen Einkünften, sondern davon, daß das Gesetz das Vermögen quantitativ begrenzen soll. Wie dieses jedoch erworben wurde, wird mit mit keinem Wort erwähnt. Der Erfinder, dem das Land Milliarden Rubel an Einsparungen verdankt, der Bauarbeiter, der jahrzehntelang im Polargebiet arbeitet, der Dichter, dessen Hunderttausend-Auflagen innerhalb weniger Stunden vergriffen sind — sie werden rechtlich über den selben Kamm geschoren wie der Schmiergeldempfänger, der Veruntreuer von Staatseigentum, der Literaturbeamte, der den von ihm abhängigen Verlagshäusern und Zeitschriften seine stümper- und fehlerhaften, dafür umso aufgeblähteren Romane aufdrängt. Es stellt sich die Frage, zu wessen Gunsten die Grenze zwischen einem, der viel erarbeitet, und einem, der viel gestohlen hat, verwischt werden soll? Mit auffallender Hartnäckigkeit bemüht man sich, die Weichen für unser zukünftiges Leben so zu stellen, daß Gauner ewig den Sieg davontragen und die Arbeitenden immer den kürzeren ziehen. Mehr noch, angeprangert werden sie dabei wie Gauner. So sieht also die ‚proletarische Ideologie' aus".[27]
Diesen Aussagen kann man nur beipflichten. In der Tat besteht der Hauptinhalt der sozialistischen Gerechtigkeit hinsichtlich der Einkommensverteilung darin, entscheidende Beiträge zur gesellschaftlichen Entwicklung zu honorieren und jeglichen Versuch, sich unrechtmäßig zu bereichern, kompromißlos zu bekämpfen — ob es sich nun um Amtsmißbrauch, überhöhte Abgabenforderungen, finanzielle Machenschaften, organisiertes Verbrechen oder was sonst immer handelt. Doch die langen Jahre der Gleichmacherei konnten nicht ohne Auswirkungen auf das Kollektivbewußtsein bleiben, das nicht mehr dem Gebot der modernen Realität ent-

[27] „Ideale oder Interessen?", Nowy Mir, 1988, Nr.2.

sprach und sich in einen zusätzlichen Hemmschuh der wirtschaftlichen Entwicklung verwandelte. Deswegen erscheint heute die Arbeit der Aufklärung der Bevölkerung als eine der wichtigsten Bedingungen zur Konsolidierung der sozialistischen Gerechtigkeit. Es muß diese elementare Tatsache klargestellt werden, daß man sich für einen hohen Lohn nicht zu genieren braucht, sobald dieser dem tatsächlichen Beitrag der Arbeitskraft zur Volkswirtschaft entspricht; daß die russische Redewendung „Von ehrlicher Arbeit erbaut man keine steinernen Paläste" auf die Gegenwart nicht mehr zutrifft und viele Besitzer „steinerner Paläste" diese sehr wohl mit Fleiß und Talent erarbeitet haben; daß die leistungsorientierte Verteilung nicht mit der Verteilung nach aufgewendeter Zeit gleichzusetzen ist und auch nie war; daß die unterschiedliche Entlohnung für effiziente bzw. unrentable Arbeit sozial gerecht, die gleiche Entlohnung aber zutiefst ungerecht ist.

In diesem Zusammenhang muß darauf hingewiesen werden, daß hinter den Besonderheiten des administrativen und des ökonomischen Leistungsbewertungssystems sich das tiefergreifende und allgemeinere Problem der gesellschaftlichen Honorierung der kreativen Arbeitskomponente abzeichnet. Wissenschaftliche, technische, organisatorische und wirtschaftliche Kreativität ist die Haupttriebkraft des wissenschaftlich-technischen Fortschritts und der gesamten Wirtschaftsentwicklung überhaupt. Nun liegt aber der große Schwachpunkt der sowjetischen Gesellschaft darin, daß die Arbeitskräfte ihre Pflicht ohne die geringste Kreativität erfüllen und im Grunde genommen nur ihre Arbeitszeit absitzen. Ein geringes Rationalisierungs- und Erfindungspotential unter den Arbeitern, Kompetenzverlust bei vielen Ingenieuren, niedrigere Anforderungen bei den Dissertationen zum Erwerb akademischer Grade, geringe Initiativbereitschaft bei den Lokalinstanzen zur Durchführung sozioökonomischer Experimente, fehlender Unternehmergeist bei den wirtschaftlichen Führungskräften, all diese Phänomene treten als Konsequenzen davon auf, daß das administrative Lohnregulierungssystem die kreative Leistungskomponente ignoriert. Der sowjetischen Kollektivpsychologie ist der Gedanke fremd, daß eine wissenschaftliche oder organisatorische Idee eine wertvolle Ware darstellt, die nicht kostenlos abgegeben und schon gar nicht mit Gewalt aufgezwungen werden soll, sondern um einen angemessenen Preis auf Konkurrenzbasis an den Verbraucher weiterzugeben ist. Es ist kein Zufall, wenn in der UdSSR nur wenige kostendeckend arbeitende wissenschaftliche Bera-

tungsfirmen existieren und die in den entwickelten Ländern geltenden Urheberrechtsbestimmungen nicht beachtet werden.
Aus einer Analyse der tatsächlichen Entlohnungsverhältnisse der verschiedenen Leistungsarten geht hervor, daß die bestehenden Unterschiede eher Merkmalen wie Schweregrad, Arbeitsrhythmus, Monotonie und technische Komplexität Rechnung tragen, doch der kreative Charakter der einzelnen Leistungsarten und die relative Bedeutung der eventuell vorhandenen kreativen Komponenten prinzipiell nicht hoch genug eingeschätzt werden. Im Grunde genommen kommt dies einer unbewußten oder kaum bewußten Ausbeutung kreativer Beschäftigtengruppen durch unkreative gleich und innerhalb dieser Gruppen der Ausbeutung kreativ veranlagter Persönlichkeiten durch unkreative. In der genossenschaftlichen und individuellen Erwerbstätigkeit ist diese Art von Ausbeutung übrigens inexistent. Darauf gründet sich unter anderem das hohe Effizienz- und Einkommensniveau. Dasselbe trifft auch auf jene Entlohnungsschemen in der gesellschaftlichen Produktion zu, die auf der Beurteilung des Endresultats beruhen.

Ich komme zu meiner Schlußfolgerung. Die wichtigsten Prinzipien einer sozial gerechten Politik der Einkommensverteilung zeichnen sich ziemlich eindeutig ab. Es handelt sich dabei um die Koppelung der Arbeitsentlohnung in der gesellschaftlichen Produktion an das jeweilige Endergebnis in Quantität, Qualität, Absatzorientiertheit und ökonomischer Effizienz der Produktion. Weiters sind zu nennen: vernünftige ökonomische Regulierung jener Einkommen, die die genossenschaftlich und individuell Erwerbstätigen erhalten; Bewertung der steigenden Differenzierung von Löhnen und Realeinkommen als eine natürliche und gemeinnützige Tendenz; prinzipielle Unterscheidung zwischen verschiedenen hohen Einkommen, je nachdem, ob sie auf rechtmäßige oder unrechte Weise erworben wurden, anders ausgedrückt, entweder durch Talent und Fleiß oder durch Bestechung und Diebstahl; konsequente und kompromißlose Bekämpfung der Wirtschaftskriminalität und Befreiung der Gesellschaft von der Schmutzschicht, die sich diesbezüglich in langen Jahren angelagert hat; zunehmende Transparenz bezüglich der Einkommensverteilung und insbesondere Veröffentlichung der für jede Arbeitskräftekategorie fixierten Bezüge, der Bedingungen zum Erhalt von Prämien und das Ausmaß derselben sowie des tatsächlichen Entlohnungsniveaus der einzelnen Leistungsarten in der Volkswirtschaft. Letztendlich ist auch die eigentliche Ermittlung des Wertes einer Arbeit zu demokratisieren und aus den Chefzimmern in die Belegschaftsversammlungen zu verlagern, die wohl am besten wissen, welche Arbeit wieviel wert ist. Ich glaube, wenn wir diese Ziele anstreben, werden wir innerhalb historisch kurzer Fristen die Distributionsbeziehungen der sowjetischen Gesellschaft um vieles gerechter gestalten können.

Die Entwicklung des Verbrauchermarktes

Im vorhergehenden Abschnitt dieses Kapitels wurde die erste Stufe der Entstehung materiellen Wohlstandes, nämlich die Erlangung finanzieller Einkünfte durch die Nutzung der Arbeitskraft angesprochen. Hier soll die zweite Stufe dieses Prozesses behandelt werden, und zwar die Umsetzung finanzieller Einkünfte in die notwendigen Gebrauchsgüter, ein Aspekt, der unter den in der Sowjetunion herrschenden Bedingungen eine ebenso große Bedeutung hat. Vom sozialen Gesichtspunkt aus am erstrebenswertesten erscheint ein soziales Beziehungsgefüge, bei dem der Verbrauchermarkt nicht aufgeteilt ist in Elemente, die untereinander durch relativ komplexe Beziehungen, u.a. auch durch die sogenannte Schattenwirtschaft, verbunden sind, sondern für das ganze Land einheitlich ist.

Unter einem einheitlichen Verbrauchermarkt verstehe ich ein System, bei dem die Einzelhandelspreise durch den Marktwert der jeweiligen Ware bestimmt werden, d.h. erstens durch den durchschnittlichen gesellschaftlich notwendigen Aufwand für die Reproduktion der entsprechenden Waren, zweitens durch die durchschnittlichen Transportkosten zur Lieferung an den gegebenen Ort und drittens durch das Verhältnis von Angebot und Nachfrage auf dem lokalen Markt. Der Preis für ein und dieselbe Ware muß auf einem einheitlichen Verbrauchermarkt nicht in allen Landesteilen gleich sein. So können z.B. Tomaten, die im unteren Wolgagebiet um 20 oder 30 Kopeken pro Kilogramm abgegeben werden, im Polargebiet ein Vielfaches davon kosten; das ist auch ökonomisch fundiert. Die Einheitlichkeit bezieht sich nicht auf die Preise selbst, sondern auf die Prinzipien der Preisbildung, und drückt sich im formal, nicht aber ökonomisch gleichen Zugang aller Käufer zu den am Markt vorhandenen Waren aus. So muß ein Bewohner des Polargebiets, der zu Hause nur selten frische Tomaten zu sehen bekommt, diese, wenn er in den Süden fährt, zu den selben Preisen erstehen können wie die Ortsansässigen. Gegenüber dem aufgesplitterten oder segmentierten Verbrauchermarkt weist der einheitliche Verbrauchermarkt zumindest drei soziale Vorteile auf. Erstens wird der Handel demokratisch organisiert und sind alle Bevölkerungsgruppen hinsichtlich der Möglichkeit, Geschäfte, Gaststätten, Restaurants und Kantinen, Dienstleistungsbetriebe etc. in Anspruch zu nehmen, gleichgestellt. Zum zweiten wird der

Zugang zu den Waren lediglich durch die Einkommenspolitik geregelt, ohne daß irgendwelche administrative Beschränkungen zum Einsatz gelangen. Drittens hat der Rubel bei den einzelnen Haushaltskategorien dieselbe Kaufkraft, gibt es keine versteckte Umverteilung der Einkommen, sobald sie in Waren oder Dienstleistungen umgesetzt werden sollen. Auch der Spekulation mit defizitären Gütern und verschiedentlich praktizierten Aufzahlungen wird der Boden entzogen. Der einheitliche Verbrauchermarkt ist sozial gesund; deswegen entspricht er einer der Zielsetzungen der neuen Sozialpolitik.

Gegenwärtig ist der Waren- und Dienstleistungsmarkt in der UdSSR nicht einheitlich, es existieren vielmehr verschiedene Kanäle zur Versorgung mit Konsumgütern, die sich in Sortiment, Qualität, Preis und Anschaffungsmodalitäten (Wartezeiten, Möglichkeiten, im voraus zu bestellen etc.) unterscheiden. Es können bis zu zehn parallel funktionierende Versorgungsnetze für die verschiedenen Bevölkerungsgruppen unterschieden werden. Die wichtigsten davon will ich in der Folge kurz beschreiben.

1. Staatlicher Handel mit Lebensmitteln und Industriegütern des täglichen Bedarfs. Er ist in erster Linie auf urbane Siedlungen konzentriert und im ländlichen Raum praktisch inexistent. Die staatlichen Kaufhäuser stehen sowohl Ortsfremden als auch der ortsansässigen Bevölkerung offen. Dieses Handelsnetz ist am demokratischsten und wird durch unveränderliche, (besonders für Lebensmittel) relativ niedrige Preise gekennzeichnet. Als Nachteile ist zum einen die systematische Verknappungssituation, u.a. auch bei Gebrauchsgütern des täglichen Bedarfs, und andererseits die extrem starke Differenzierung des Versorgungsniveaus je nach Siedlungstyp anzuführen. In den Hauptstädten (Moskau, Leningrad, Kiew, Minsk usw.) ist in den staatlichen Geschäften fast alles Notwendige erhältlich. Die Auswahl an Fleisch- und Milchprodukten, Obst und Gemüse ist relativ breit gefächert; man bekommt auch modische, hübsche Kleidung und Schuhe. In den übrigen Städten ist das Warenangebot spürbar geringer; viele Waren sind nur sporadisch erhältlich. Noch schlechter versorgt werden die kleinen Städte. Die Einwohner vieler Satellitenstädte behelfen sich mit einem seit Jahrzehnten funktionierenden Selbstversorgungssystem, indem sie regelmäßig nach Moskau oder Leningrad reisen und dort reichlich Fleisch, Wurst, Obst und andere Waren einkaufen. Nah-

und Fernverkehrszüge, in denen Koffer, Rucksäcke und Reisetaschen von Einkäufen überquellen, verlassen täglich zu Hunderten die Moskauer Bahnhöfe.

2. Staatlicher genossenschaftlicher Lebensmittelhandel. Dieser vom Zentralverband für Verbrauchergenossenschaften (Zentrosojus) organisierte Handelszweig hat sich in den letzten fünf bis sieben Jahren besonders stark entwickelt. Über lange Jahre hinweg bestand die Hauptaufgabe des Zentrosojus darin, der Landbevölkerung die in den Nebenerwerbswirtschaften erzeugten Agrarprodukte (lebendes Vieh und Geflügel, Milch, Eier, Kartoffeln und Gemüse) abzukaufen und die Menschen dafür mit Bedarfsgütern des täglichen Lebens zu versorgen. Später erhielt der Zentrosojus das Recht, die eingekauften Agrarprodukte in eigenen Läden in der Stadt zu weit höheren als den staatlichen Preisen weiterzuverkaufen. Kostet 1 kg Fleisch in den staatlichen Kaufhäusern ungefähr 2 Rubel, so wird es von den Genossenschaften um 3,50—5 Rubel abgegeben. Heute gibt es in jeder Stadt Genossenschaftskaufhäuser, in denen zwei oder drei Fleisch-, mehrere Wurstsorten, Tafelbutter und andere Waren angeboten werden, die im staatlichen Handel fehlen.

3. Ebenfalls vom Zentrosojus organisierter genossenschaftlicher Handel mit Industriewaren auf dem Land. Für den größten Teil der ländlichen Gebiete ist dies die einzige Form organisierten Handels mit Lebensmitteln und defizitären Waren, wobei die Preise gleich oder etwas höher sind als im staatlichen Detailhandel. Die Mitglieder der Verbrauchergenossenschaft zahlen einen bescheidenen Beitrag für die Inanspruchnahme des Services und kümmern sich auch um die Selbstverwaltung und Kontrolle der administrativen Tätigkeit. Zur Versorgung des ländlichen Raums werden dem Zentrosojus 20—25% der gesamten Warenmenge zugeteilt. Der Anteil der Landbevölkerung beträgt gegenwärtig zwar 35%, doch ist die Nachfrage der Landbewohner, die teilweise in Naturalien entlohnt werden, bezüglich käuflicher Waren und Dienstleistungen geringer als in der Stadt. Außerdem ziehen es die meisten Dorfbewohner vor, wichtige und größere Einkäufe in den städtischen Kaufhäusern zu erledigen.

4. Gebrauchtwarenhandel über Geschäfte, die die entsprechenden Gegenstände von Privatpersonen übernehmen und eine Verkaufskommission einbehalten. Die Preise sind flexibel und liegen bei ab-

satzschwacher Ware unter dem Nominalpreis, bei gefragten Artikeln weit darüber. Gebrauchtwarengeschäfte gibt es in jeder Stadt, doch halten sie nicht immer der Konkurrenz mit dem Flohmarkt stand, auf dem Käufer und Verkäufer ohne Vermittlung noch Kommission ins Geschäft kommen können.

5. Flohmarkt, auf dem jeder nicht mehr benötigte Gegenstände oder Fehlkäufe zu frei vereinbarten Preisen verkaufen kann. Der Flohmarkt ermöglicht es, sowohl überflüssig gewordene, aber noch gebrauchsfähige Dinge loszuwerden, als auch Notwendiges, das im Staatshandel nicht aufzutreiben ist, anzuschaffen. Warenverknappung ist auf dem Flohmarkt ein Fremdwort; man bekommt praktisch alles, vom ausländischen Videogerät bis zu Kosmetikartikeln und Eisenwaren. Der Preis hängt von Angebot und Nachfrage ab, deswegen ist Mangelware teuer. Da neben ehrlichen Leuten auch Spekulanten, Hehler oder Schmuggler agieren, stehen die Lokalbehörden meist in einem gespannten Verhältnis zu den Flohmärkten. Eine Zeitlang begann man, sie nacheinander zu schließen, doch diese Maßnahme traf vor allem die Bevölkerung und rief eine Flut von Protestbriefen und Bitten, die Flohmärkte wieder zuzulassen, hervor. Seit einigen Jahren erleben diese mit der Entwicklung der individuellen Erwerbstätigkeit eine Wiedergeburt oder, genauer, einen neuerlichen Aufschwung, da sie das wichtigste Vertriebsmedium für die Kleinproduzenten darstellen.

6. Verkauf von Agrarprodukten auf den städtischen Kolchosmärkten. Verkäufer auf diesen Märkten, die in der Regel ein breitgefächertes Angebot, erstklassige Qualität und die höchsten Preise aufweisen, sind entweder Vertreter von Kolchosen oder Sowchosen, die eigene Verkaufsstände haben, oder Privatpersonen, die die Eigenproduktion zum Verkauf anbieten, oder aber berufsmäßige Zwischenhändler, die Agrarprodukte auf dem Land ein- und in der Stadt weiterverkaufen. Obwohl der Staat diese Tätigkeit nicht fördert und sogar verfolgt, hat sie beachtliche Ausmaße angenommen. Auf einem guten Kolchosmarkt bekommt man normalerweise jede beliebige notwendige Ware, wenn man bereit ist, entsprechend viel dafür auszulegen.

7. Brancheninterne Versorgung der Arbeitskräfte mit Lebensmitteln und Industriewaren entweder über eigene, auf dem Betriebsgelände plazierte Geschäfte, über spezielle Bestellabteilungen, oder

aber mittels Verteilung von Bezugscheinen, die zum Kauf einer gewissen Menge von Fleisch, Butter, Wurst etc. berechtigen.

8. Organisierte Versorgung der Bevölkerung mit schwer erhältlichen Lebensmitteln. Vorgegangen wird nach geographischen Verwaltungseinheiten (Stadt oder Gebiet), wobei die Versorgung ebenfalls über Bestellabteilungen, Bezugscheine o.ä. erfolgt. Im Gegensatz zur brancheninternen Versorung werden mit diesem System alle Einwohner eines Gebiets unabhängig von ihrer Beschäftigung erfaßt. In Akademgorodok bei Nowosibirsk hat beispielsweise jeder Einwohner, unabhängig davon, ob er arbeitet, studiert oder in Pension ist, das garantierte Recht darauf, zu den staatlich festgelegten Preisen allmonatlich 2 kg Fleisch, 1 kg Wurstwaren, 600—700 g Tafelbutter u.a. zu kaufen. Das ist zwar in den meisten Haushalten zur völligen Befriedigung der Bedürfnisse nicht ausreichend, stellt aber ein Ernährungsminimum der Leute sicher. Den Rest besorgen sich die Familien je nach Einkommenslage im Genossenschaftshandel und auf den Kolchosmärkten.

9. „Berjoska"-Geschäfte, in denen mit erstklassigen, vorzugsweise importierten Qualitätswaren gehandelt wird. Als Zahlungsmittel werden nur spezielle Schecks akzeptiert, die im allgemeinen gegen ausländische Währung erhältlich sind. Einige Kategorien von Beschäftigten des Außenhandels, des Außenministeriums und anderer Behörden erhielten bis vor kurzem einen Teil ihres Gehalts in Form von Schecks zum Einkauf in Berjoska-Geschäften.

Diese Aufzählung verschiedener Handelssysteme erhebt keinen Anspruch auf Vollständigkeit, doch gibt sie bereits einen guten Überblick darüber, wie vielschichtig der sowjetische Verbrauchermarkt ist und welch verschiedenartige Formen und Mittel er kennt. Prinzipiell stellt diese Vielschichtigkeit ein Merkmal des ökonomischen Pluralismus dar, auf den wir hinarbeiten müssen. Die verschiedenen Handelssysteme ergänzen einander, konkurrieren um den Rubel des Käufers und ermöglichen es diesem insgesamt, auch in Verknappungssituationen, wenn der staatliche Handel nicht mithalten kann, seine Versorgungsprobleme zu lösen. Dies ist aber nur ein Aspekt. Die Kehrseite der Medaille läßt sich so zusammenfassen, daß die verschiedenen Versorgungsmöglichkeiten nicht allen sozialen Schichten und Gruppen der sowjetischen Gesellschaft im gleichen Ausmaß offenstehen. Einmal sind die Einwohner reicherer und besser versorgter Republiken (z.B. Baltische Staaten, Weißrußland) privilegiert, dann sind es die Beschäftigten der angesehensten Branchen, ein andermal wiederum die Führungskräfte zentraler, brancheneigener oder lokaler Verwaltungsorgane. Die Zugänglichkeit der einzelnen Handelsnetze wird dabei nicht nur von wirtschaftlichen Faktoren wie dem Einkommensniveau bestimmt — was der Natur des Marktes entspräche —, sondern auch von administrativen Faktoren, die mit dem Markt nichts gemein haben.

Durch die Geschlossenheit gewisser brancheneigener Versorgungsnetze kommt es in der Sowjetunion zur Existenz mehrerer, voneinander relativ abgeschotteter Märkte, die verschiedene soziale Zielgruppen haben. Dem jeweiligen Kunden steht ein unterschiedliches Warenangebot zu ungleichen Preisen offen, wobei über bestimmte privilegierte Kanäle bessere Waren zu geringeren Preisen erhältlich sind als die qualitativ schlechteren Waren im offenen Handel. Hinter dieser Art, den Handel mit Konsumgütern und Dienstleistungen zu organisieren, verbirgt sich eine versteckte Einkommensumverteilung zugunsten jener sozialen Gruppen, die zu den privilegierten Versorgungssystemen Zutritt haben. Im Endeffekt besitzt jeder Rubel, der von den Angehörigen dieser Gruppen ausgegeben wird, gewissermaßen eine größere Kaufkraft als ein „normaler" Rubel. In den schlecht versorgten Bereichen hingegen wird der Rubel effektiv entwertet, weil man nichts dafür bekommt. Aus diesen Gründen verursacht die gegenwärtige Vielschichtigkeit des Handels Unzufriedenheit bei zahlreichen Bevölkerungsgruppen und soziale Spannungen.

Es ist offensichtlich, daß diese Sphäre des öffentlichen Lebens normalisiert werden muß, was in den Aufgabenbereich der neuen Sozialpolitik fällt. Besonders das Berjoska-System bildet einen Stein des Anstoßes. Die eleganten, hell erleuchteten Geschäfte ziehen automatisch die Aufmerksamkeit jedes Passanten auf sich. Er kann sie betreten, sieht seltene, importierte Waren, erkundigt sich nach dem Preis. Bei dem Versuch, etwas zu kaufen, erfährt er aber, daß hier der übliche, in der Fabrik oder auf dem wissenschaftlichen Institut verdiente Rubel nicht gefragt ist, sondern ein sogenannter Scheck. Und diejenigen, die auf irgendeine schleierhafte Weise solche Schecks verdienen, kaufen hier, was den anderen vorenthalten wird. Es ist natürlich, daß dieses System Unmut hervorruft und die „Normalverdiener" erniedrigt, als zweitklassig abstempelt. Die Antwort darauf? Die Regierung faßte den Beschluß, die Firma Berjoska mit 1. Juli 1988 zu liquidieren. Der Beschluß wurde von der Bevölkerung mit großer Befriedigung zur Kenntnis genommen. Der Konsolidierung der sozialistischen Gerechtigkeit und der Abschaffung administrativer Steuerungsmethoden zugunsten ökonomischer ist man damit ein kleines, aber bedeutendes Stück nähergekommen.

Und dennoch, wie ist der tatsächlichen Segmentierung der Verbrauchermärkte beizukommen, wie deren allmähliche Verschmelzung zu einem komplexen, vielschichtigen, doch einheitlichen Markt zu erreichen, der in seiner Funktion objektiven ökonomischen Gesetzen gehorcht? Ich nehme an, daß in erster Linie die allgemeine Verknappungssituation von Gebrauchsgütern behoben werden muß. Denn all diese Bestellabteilungen, geschlossenen Verkaufsstellen, Bezugscheine, Kantinen und Speisesäle, zu denen nur ausgewählte Beschäftigtenkategorien Zutritt haben, sind nicht aus irgend einer Laune, sondern unter dem Druck der Notwendigkeit entstanden. Gäbe es sie nicht, müßte man die Produktion teilweise überhaupt aufgeben, da die anderen Kanäle einfach nicht funktionieren.
Prinzipiell kann zwischen der absoluten und der relativen Warenverknappung unterschieden werden. Von absoluter Verknappung spricht man, wenn die Mindestbedürfnisse der Bevölkerung nicht befriedigt werden können: ausreichende Nahrung, Unterkunft, notwendige Kleidung und Schuhe. Relative Warenverknappung tritt dann ein, wenn das Warenangebot nicht der zahlungsfähigen Nachfrage der Bevölkerung entspricht. Die absolute Verknappung kann lediglich durch Produktionssteigerung behoben werden; die Beseitigung des bedeutend öfter auftretenden relativen Warendefizits kann auch mittels der Preisregulierung erfolgen. Bekanntlich geht die Nachfrage mit steigenden Preisen zurück, deswegen kann mit einer entsprechenden Preiserhöhung erreicht werden, daß auch die defizitärsten Waren immer auf dem Ladentisch angeboten werden. Mit genau diesem Phänomen sind wir übrigens auf dem Kolchos- und dem Flohmarkt konfrontiert: man bekommt alles, nur zu sehr hohen Preisen. In den staatlichen Kaufhäusern z.B. kostet das (meistens tiefgekühlte) Rindfleisch zwei Rubel pro Kilogramm, während es auf dem Kolchosmarkt frisch und von erstklassiger Qualität um sieben oder acht Rubel verkauft wird. Weiters wird in den meisten Städten Fleisch im staatlichen Handel nicht frei verkauft; auf dem Markt gibt es aber genug davon. Folg-

lich ist die Politik der Einzelhandelspreise für Konsumgüter ein wichtiges Mittel zur Normalisierung und Vereinheitlichung des Marktes und zur Beseitigung der Engpässe.

Das sozialistische Gesellschaftsgefüge bietet die Möglichkeit, die normalerweise als sozialer Vorteil geltend gemacht wird, die Preisentwicklung bewußt vom gesellschaftlichen Warenwert abzukoppeln. Die Preise gewisser Waren wie Wodka, Tabak u.ä. betragen in der UdSSR ein Vielfaches ihres Wertes, damit ihr Genuß durch ökonomische Barrieren gebremst wird. Auf der anderen Seite werden Kinderartikel, Bücher und Schallplatten unter ihrem Wert verkauft, um der Bevölkerung den Zugang zu ihnen zu erleichtern, den Leserkreis zu erweitern und die allgemeine Kultiviertheit zu fördern.

Bei den Grundnahrungsmitteln (Fleisch, Brot, Milch) ist die Preisbildung anders begründet. In den letzten Jahrzehnten sind die Selbstkosten dafür ständig gestiegen, da der technische Fortschritt in der Landwirtschaft nur äußerst zögernd Platz gegriffen hat, während die Löhne relativ schnell angehoben wurden. Heute sind die Selbstkosten von Fleisch, Tafelbutter und einigen anderen Produkten mehr als doppelt so hoch wie die staatlichen Einzelhandelspreise. In der Erkenntnis, daß die alten Milch- und Fleischpreise unter den neuen Wirtschaftsbedingungen nicht vertretbar sind, haben Spezialisten der Regierung wiederholt vorgeschlagen, diese Preise anzuheben. Man konnte sich jedoch nicht zu dieser Maßnahme entschließen, da starke soziale Spannungen befürchtet wurden. Der Bevölkerung wurde vielmehr suggeriert, daß die Preisstabilität bei Grundnahrungsmitteln, Mieten und anderen sozialen Gütern so gut wie das wichtigste Merkmal des Sozialismus sei. Nachdem sie sich das einmal gemerkt hatten, betrachteten die Leute jede beliebige, selbst ökonomisch unumgängliche Preiserhöhung bei Konsumgütern als Angriff auf das eigene Wohlergehen und die soziale Gerechtigkeit. Dieses Stereotyp des gesellschaftlichen Bewußtseins zu überwinden und der Bevölkerung die Zweckmäßigkeit der Anpassung willkürlich gedrückter Preise bei den knappsten Lebensmitteln klarzumachen, ist keine leichte soziopsychologische Aufgabe.

Indessen entstehen für die Gesellschaft durch jede wesentliche Abweichung der Detailpreise vom Warenwert neue Probleme. Das ist z.B. der Fall bei den Spirituosen, deren Preise derzeit auf einem prohibitiven Niveau fixiert sind. Da nun nur die wohlhabenden Bevölkerungsteile in staatlichen Kaufhäusern Wodka und Kognak kaufen können, sind die Verkaufszahlen zurückgegangen. Doch das Bedürfnis nach Alkohol bleibt natürlich auch bei den weniger gut situierten Gruppen bestehen. In der Folge häuften sich bald nach der Preiserhöhung die Fälle von Schwarzbrennerei aus Zukker in zahlreichen Haushalten, wobei ein Liter Wodka im staatlichen Handel rund 20 Rubel kostet, der selbstgebrannte, ebenso starke Branntwein aber auf etwa einen Rubel kommt. Vom Genuß verschiedener gesundheitsschädlicher, für technische Zwecke bestimmter Flüssigkeiten anstelle von Spirituosen will ich erst gar nicht sprechen.

Auch die künstliche Stabilisierung der Konsumgüterpreise unter dem Selbstkostenniveau hat ernstzunehmende negative Konsequenzen. Die niedrigen Fleisch-, Milch- und Brotpreise fördern die Entstehung von Engpässen, indem die zahlungsfähige Nachfrage nach diesen Produkten künstlich hinaufgeschraubt wird. Niedrige Inlandspreise veranlassen zu unrationellem, verschwenderischem Umgang mit Waren, von denen ein bedeutender Teil um Devisen importiert wird. So füttern viele Landbewohner ihre Schweine und Kälber mit Brot, da sie das billiger kommt als der Kauf von Kraftfutter. Die Bevölkerung kauft mehr Brot, als sie verbrauchen kann und wirft das hartgewordene Brot weg, weil es ohnehin fast nichts kostet. Die geringen staatlichen Fleischpreise ermöglichen Machenschaften im Handel. Fleisch, das zum Verkauf in staatlichen Geschäften bestimmt ist, wird beispielsweise in Genossenschaftsläden doppelt so teuer verkauft, und die Differenz zwischen den an der Operation beteiligten Personen aufgeteilt. Indem sie die primären Lebenshaltungskosten willkürlich verbilligen, schwächen die niedrigen Lebensmittelpreise die Anreize zu angestrengter, qualitativ hochwertiger Arbeit ab.

Schließlich gelingt es nicht, die gesamte Bevölkerung mit Milch und Fleisch zu den staatlichen Preisen zu versorgen. Das Recht, diese Waren in ausreichender Auswahl zu kaufen, wird faktisch einem Teil der Städte auf Kosten der anderen Städte und des ländlichen Raums, den zentralen Gebieten auf Kosten der übrigen Landesteile, den Beschäftigten privilegierter Wirtschaftsbehörden auf Kosten der anderen Arbeitskräfte und den Führungskräften auf Kosten der Befehlsempfänger zugebilligt. Auf diese Weise wird die sozialistische Gerechtigkeit nicht nur nicht konsolidiert, sondern sogar unterwandert. Die willkürliche Beibehaltung der niedrigen Preise bei Mangelware schafft einen spezifischen Mechanismus der schleichenden Einkommensumverteilung, der die richtigen Entloh-

nungsproportionen in der gesellschaftlichen Produktion stört und zerstört.
Diese Argumente führen zu der Erkenntnis, daß die Orientierung der Preise am gesellschaftlichen Warenwert der Konsumgüter unter Berücksichtigung der auf dem Weltmarkt üblichen Preise vorzuziehen ist. Da jedoch das bestehende sowjetische Einzelhandelspreissystem auf völlig anderen Prinzipien aufbaut, entsteht die dringende Notwendigkeit, dieses zu refomieren. Eines darf allerdings nicht geschehen: die Preise zu verändern und das Einkommenssystem dabei unverändert zu lassen, denn dadurch könnten die Interessen vieler Bevölkerungsgruppen zu kurz kommen. Die Neugestaltung des Entlohnungssystems in der gesellschaftlichen Produktion setzt jedoch eine Abstimmung mit den Einkünften der Selbständigen und Genossenschafter voraus. Ich spreche absichtlich nicht von Angleichung, sondern von Abstimmung, mit Berücksichtigung der tatsächlich bestehenden Unterschiede bezüglich Streß, Qualität und Kreativität der Arbeit, aber auch der sozialen Bedingungen. Zum wichtigsten wirtschaftlichen Einkommensregulator für Kleinproduzenten muß das Steuersystem werden, dessen Bildung und Entwicklung ebenfalls zu den Reformzielen zählt. Mit anderen Worten, die Gesellschaft braucht eine umfassende Reform, mit der das Lohnsystem, die Einkommensbesteuerung, die Preisbildung für den Konsumgütereinzelhandel, das Tarifsystem für öffentliche Dienstleistungen sowie die Pensionen, Stipendien und die staatlichen Beihilfen für verschiedene Bevölkerungsgruppen neu geregelt werden sollen.
Die wichtigste Zielsetzung dieser Reform besteht in der praktischen Verwirklichung der Prinzipien der sozialistischen Gerechtigkeit, d.h. in der Gewährleistung einer gerechteren und konsequenteren Verteilung des Konsumtionsfonds zwischen den einzelnen sozialen Gruppen je nach Quantität, Qualität und Effizienz der aufgewendeten Arbeit. Seit Bestehen der Sowjetmacht wurde noch keine Reform durchgeführt, die die Interessen ausnahmslos aller Bevölkerungsgruppen so direkt und unmittelbar betroffen hätte. Es ist eine unwahrscheinlich komplexe und verantwortungsvolle Aufgabe, die allgemeine Notwendigkeit, die konkrete Orientierung und die alternativen Varianten der Reform wissenschaftlich zu begründen, die wahrscheinlichen ökonomischen und sozialen Konsequenzen jeder einzelnen Variante zu analysieren und schließlich die beste davon auszuwählen. Voreilige Lösungen sind zu vermeiden, doch ebenso gefährlich ist es, die Zieldurchsetzung auf die

lange Bank zu schieben, da die allzulange Beibehaltung ungerechter Distributionsbeziehungen bei den Leuten Zweifel an der Perestroika hervorrufen kann. Die von der KPdSU angestrebte Konsolidierung der sozialistischen Gerechtigkeit kann und darf kein frommer Wunsch bleiben. Von einer schweren Arbeit sagt man manchmal, daß „sich die Augen davor fürchten, aber die Hände sie tun". In diesem Fall ist die Komplexität der Aufgabe, die der Wissenschaft und der Politik überantwortet wurde, offen gesagt, ebenfalls beängstigend, doch man muß einfach die Zähne zusammenbeißen und eine Lösung finden. Die Arbeit daran hat auch schon begonnen. Wissenschaftliche Arbeitsgemeinschaften spielen zahlreiche Reformvarianten durch, stellen Vergleiche an und versuchen, die besten Lösungsansätze herauszukristallisieren.

Die umfassende Reform der Distributionsbeziehungen muß folgende wichtige Komponenten beinhalten:

1. Erhöhung der staatlichen Einzelhandelspreise für jene Waren, die derzeit unter ihrem Wert verkauft werden und deren Produktion mit staatlichen Zuschüssen finanziert wird. Mit dieser Maßnahme werden die Ausgaben des Staatshaushaltes und der Konsumtionsfonds der Bevölkerung um rund 50 Milliarden Rubel verringert.

2. Senkung der staatlichen Einzelhandelspreise für jene Waren, die gegenwärtig um ein Vielfaches ihres Werts verkauft werden (PKW, bestimmte Arten von Kleidung und Schuhen, Geschirr und andere Konsumgüter). Damit wird der Konsumtionsfonds der Bevölkerung um mehrere Milliarden Rubel erhöht, die Verteuerung der Lebensmittel jedoch nicht völlig kompensiert.

3. Abschaffung der Lohn- und der Ledigensteuer, die ihre ehemalige wirtschaftliche und soziale Bedeutung verloren haben. Die Lohnsteuer wurde in der Tat vor mehreren Jahrzehnten zwecks einer gewissen Angleichung der Einkommen zwischen gut und schlechter bezahlten Arbeitskräftekategorien eingeführt. Löhne bis sechzig Rubel wurde überhaupt nicht besteuert, zwischen 60 und 100 Rubel betrug der Steuersatz 7—8%, ab 100 Rubel betrug er 13%. Jetzt verdient die überwältigende Mehrheit der Berufstätigen über hundert Rubel pro Monat, so daß die ausgleichende Funktion der Besteuerung verlorengegangen ist. Außerdem wird die Lohnsteuer den Arbeitskräften gar nicht erst ausbezahlt, son-

dern von der Buchhaltung im Betrieb oder der Organisation automatisch einbehalten. Diese relativ aufwendige Operation ist ganz offensichtlich sinnlos. Es müßte entweder von der Besteuerung der Löhne gänzlich Abstand genommen werden, womit die Kaufkraft der Bevölkerung, die ihren Lohn unangetastet erhält, großteils wieder hergestellt wäre, oder aber die Löhne um 13% gesenkt und den Arbeitskräften gleich soviel verrechnet werden, wie sie tatsächlich beziehen.

4. Erhöhung der Löhne, Pensionen, Stipendien und Beihilfen um jenen Betrag, den die entsprechenden Bevölkerungsgruppen aufgrund der drei ersten Maßnahmen einbüßen. Anders ausgedrückt, völliger Ausgleich der Lebensmittelverteuerung mittels Verbilligung anderer Waren, Abschaffung der Steuer und Erhöhung der Löhne.

5. Schaffung weiterer Möglichkeiten zur Betätigung im individuellen und genossenschaftlichen Produktionsbereich und zur Leistungssteigerung und somit zur Erhöhung der Einkünfte. Einführung von Steuererklärungen, in denen Selbständige und Genossenschafter ihr Einkommensniveau bekanntgeben. Festsetzung einer progressiven Besteuerung, die so dimensioniert ist, daß individuelle und genossenschaftliche Einkommen, die dem Durchschnittslohn in der gesellschaftlichen Produktion entsprechen, nicht besteuert, doppelt bis dreimal so hohe Einkommen mit 15—20% und noch höhere Einkommen mit 30—50% oder noch mehr veranlagt werden. Der springende Punkt dabei ist, das Steuersystem so anzulegen, daß die Anreize zur unternehmerischen Aktivität erhalten bleiben und gleichzeitig der leistungsunabhängigen Bereicherung durch Machenschaften im Handel und Ausnützung der Marktgesetze der Boden entzogen wird.

Die genannten Maßnahmen können durch die Bildung eines Marktes ergänzt werden, auf dem mit Gütern gehandelt wird, die auf die Bevölkerung eine große Anziehungskraft ausüben, aber derzeit außerhalb des Marktes, z.B. kostenlos oder zu günstigen Bedingungen verteilt werden. Dies trifft unter anderem auf den Boden zu, der für Nutz- oder Wochenendgärten zugeteilt wird, auf staatlichen Wohnraum und eine Reihe anderer Güter. Dieses Thema möchte ich im nächsten Abschnitt genauer behandeln.

Die neuen Aufgaben des Sozialstaates

Die konsequente Realisierung des Prinzips „Jeder nach seinen Fähigkeiten, jedem nach seiner Leistung“ ist ein wichtiger, doch nicht der einzige Aspekt der sozialistischen Gerechtigkeit. Bereits Marx und Lenin bemerkten, daß dieses Prinzip ein gewisses „bourgeoises“ Element beinhaltet, das sich in der Äquivalenz der Beziehungen zwischen Persönlichkeit und Gesellschaft ausdrückt: wer der Gesellschaft so und so viel gegeben hat, muß in einer anderen Form genauso viel von ihr erhalten. Die sozialistische Gesellschaft hat sich jedoch nicht nur um diejenigen zu kümmern, die arbeiten können, sondern ist verpflichtet, für die soziale Absicherung all ihrer Mitglieder zu sorgen. Eine konsequente Verwirklichung der sozialistischen Gerechtigkeit impliziert das Zusammenwirken zweier gesellschaftlicher Mechanismen: der ökonomischen Motivierung der Arbeitskräfte und der Gewährleistung der sozialen Garantien. Mit der ersten Art von Mechanismen soll die Passivität der Arbeitskräfte bei der Sicherung eines hohen Lebensstandards überwunden, das ökonomische Verantwortungsbewußtsein für das eigene Wohlergehen verstärkt und ihre berufliche Aktivität gesteigert werden. Die sozialen Garantien dienen der sozialen Absicherung der Staatsbürger, der bedingungslosen Verwirklichung des allgemeinen Rechts auf Arbeit und der materiellen Kranken- und Altersversorgung sowie der Befriedigung der grundlegenden soziokulturellen Bedürfnisse.

Damit wird auch klar, warum mehr als ein Viertel des Konsumtionsfonds der Bevölkerung nicht über das Entlohnungssystem in der gesellschaftlichen und individuellen Produktion verteilt wird, sondern über Kanäle, die mit den sogenannten gesellschaftlichen Konsumtionsfonds in Zusammenhang stehen. Diese Fonds sind drei verschiedenen Zwecken gewidmet:

a) finanzielle Zuwendungen an verschiedene nicht berufstätige Gruppen,

b) Investitionen zur Entwicklung der sozialen und öffentlichen Infrastruktur (Wohnbau, Errichtung kultureller und öffentlicher Bauten),

c) Erbringung öffentlicher Dienstleistungen, die der Bevölkerung unentgeltlich oder zu günstigen Bedingungen angeboten werden.

Die Verteilungsprinzipien für jeden dieser Verwendungszwecke will ich in der Folge genauer beleuchten.

1986 zählte die Bevölkerung der Sowjetunion rund 282 Millionen Menschen, davon waren 131 Millionen als Arbeiter, Angestellte oder Kolchosbauern beschäftigt. Die übrigen 151 Millionen waren auf Kinder, Jugendliche oder junge Erwachsene, die noch nicht ins aktive Leben eingetreten waren, Pensionisten, nicht berufstätige Mütter, chronisch Kranke und Invalide aufgeteilt. Folglich nahm mehr als die Hälfte der Bevölkerung an der Produktion des Nationaleinkommens nicht teil, brauchte aber Mittel zum Lebensunterhalt und die Hilfe des Staates. Viele von ihnen werden natürlich von den berufstätigen Familienmitgliedern erhalten. Doch deren Mittel reichen erstens nicht immer zur Befriedigung aller Bedürfnisse; zweitens stellt die ökonomische Abhängigkeit von den Verwandten oft eine psychologische Belastung dar; drittens ist ein Teil der Arbeitsunfähigen alleinstehend und ohne Familie. Schließlich ist die ausschließliche Belastung der berufstätigen Familienmitglieder sozial ungerecht für jene, die mehr Arbeitsunfähige zu versorgen haben. Soziologische Untersuchungen, die wir in sibirischen Dörfern durchführten, haben ergeben, daß gegenwärtig die Differenzierung der Pro-Kopf-Einkommen in den Familien nur zur Hälfte durch die erbrachten Leistungen der Arbeitskräfte in der gesellschaftlichen Produktion bestimmt wird. Die andere Hälfte der Unterschiede wird durch die Anzahl der zu erhaltenden Personen pro berufstätigem Familienmitglied bedingt. Diese Tatsache weist auf die Notwendigkeit hin, die arbeitsunfähige Bevölkerung von Staats wegen mit einem eigenen Einkommen zu versorgen: Pensionen, Stipendien, Beihilfen.

Das Gros der über diesen Kanal ausbezahlten Beträge betrifft die Altersversorgung, zu der Männer ab sechzig und Frauen ab 55 Jahren (in Branchen mit besonders schweren Arbeitsbedingungen fünf oder sogar zehn Jahre früher) berechtigt sind. 1986 wurden an Pensionen fast 50 Milliarden Rubel (fast doppelt so viel wie zehn Jahre vorher) an die Bevölkerung ausbezahlt. Diese Summe wird in Zukunft aufgrund der zunehmenden Überalterung der Bevölkerung und aufgrund der Pensionserhöhungen noch anwachsen.

Positiv hervorzuheben sind beim sowjetischen System der Altersversorgung: die Allgemeinheit des Rechts auf Pension, die niedrige Altersgrenze, die geringe Anzahl von Dienstjahren, die zur Erreichung der vollen Pension notwendig ist (25 Jahre für Männer und 20 für Frauen), garantierte Mindestpension sowie Berücksichtigung der erbrachten Leistungen bei der Festsetzung des Pensionsbetrags. Die Durchschnittspension des Sowjetbürgers hat eine zunehmende Dynamik: bei Arbeitern und Angestellten ist sie zwischen 1970 und 1980 von 53 auf 72 Rubel gestiegen und hat 1986 89 Rubel pro Monat erreicht. Die Pension der Kolchosniki ist im selben Zeitraum von monatlich 14 auf 48 Rubel gestiegen.

Das geltende Pensionssystem hat unterdessen auch wesentliche Nachteile, die sich im Laufe der Zeit verschlimmern. Das bezieht sich in erster Linie auf die fixe Pensionshöhe, die den steigenden Preisen nicht angepaßt wird und dadurch das Realeinkommen der Pensionisten senkt. Weiters wurde die Höchstgrenze der Pension auf 120 Rubel pro Monat festgelegt — eine äußerst großzügige Summe, als 1956 das Pensionsgesetz verabschiedet wurde. Heute beziehen aber aufgrund des stark angestiegenen Durchschnittslohns mehr als die Hälfte aller neu in den Ruhestand tretenden Personen die Höchstpension. Somit sind wir auch hier wieder mit der ewigen „Gleichmacherei“ konfrontiert, die die Arbeitskräfte, die kurz vor der Pensionierung stehen, nicht dazu stimuliert, zwecks Erhöhung der erwarteten Pension maximale Leistung im Arbeitsbereich zu erbringen. In mehrfacher Hinsicht ungerechtfertigt erscheinen die geltenden Bestimmungen bezüglich der Pensionistenarbeit. In den meisten Fällen ist es ihnen verboten, mehr als zwei Monate pro Jahr in der gesellschaftlichen Produktion zu arbeiten; andernfalls wird ihnen die Pension entzogen. Lediglich in Berufsgruppen, in denen ein besonders krasses Arbeitskräftedefizit herrscht, werden Pensionisten ganzjährig zur Arbeit zugelassen, ohne ihre Pension zu verlieren. Im Endeffekt wird ein Teil der noch arbeitsfähigen Pensionisten willkürlich vom Produktionsprozeß verdrängt. Ziel der sozialen Garantien einschließlich der Pension ist es aber, die persönlichen Einkunftsquellen der Bevölkerung zu erweitern und nicht etwa einzuschränken. Andernfalls verlieren die Garantien ihren humanitären Charakter und erschweren den Leuten in unnötiger Weise das Leben.

In den letzten Jahren hat der Staat eine Reihe von Maßnahmen zur Optimierung der Altersversorgung in die Wege geleitet. 1986 wurden die Pensionen im ländlichen Raum für ehemalige Beschäftigte in der Landwirtschaft erhöht. Weiters wurden die Pensionen jener ehemaligen Arbeiter und Angestellten angehoben, die sich bereits über zehn Jahre im Ruhestand befanden und maximal 60 Rubel pro Monat bezogen. Ihre Pension beträgt nunmehr gleichviel wie die der jüngsten Arbeitsabgänger vergleichbarer Berufe und Qualifikationsniveaus. Eigene Zulagen wurden für alleinstehende Pensionisten ohne Familienangehörige u.ä. eingeführt.

Da diese Einzelmaßnahmen jedoch keine umfassende Lösung des Problems gewährleisten, wurde für die nächsten Jahre eine ganzheitliche Reform der sowjetischen Altersversorgung vorgemerkt. Ihre Grundideen werden von Wissenschaftern und Politikern genau durchgearbeitet und einer vorbereitenden Diskussion unterzogen. Nach Abschluß dieser Phase wird das Reformprojekt zur öffentlichen Diskussion vorgelegt und entsprechend den Diskussionsergebnissen in eine endgültige Fassung gebracht werden. Vorläufig können nur folgende wesentliche Grundgedanken des Reformprojekts genannt werden: allgemeine Erhöhung des durchschnittlichen Pensionsniveaus; Milderung der Kluft zwischen Pensionen und Löhnen; Ausgleich sozial ungerechtfertigter Unterschiede zwischen den Pensionen der Land- und Stadtbewohner bzw. der Staats- und Kolchospensionisten; Einführung der „Aufschubspension“, bei der jedes zusätzliche Dienstjahr den zu erwartenden Pensionsbetrag erhöht; automatische Angleichung der Pensionen an die steigenden Lebenshaltungskosten; Abschaffung der Obergrenze; Gewährung des Rechts auf Pensionsaufbesserung mittels Einzahlungen im Laufe des Berufslebens in einen eigens dafür gegründeten Pensionsfonds.

Neben den Alterspensionen gewährt der Staat auch verschiedenen anderen Bevölkerungsgruppen Beihilfen. Fast 15 Milliarden Rubel jährlich werden von der Sozialversicherung ausgegeben: als Krankengelder für krankgeschriebene Arbeitskräfte, für wegen Erkrankung der Kinder daheimgebliebene Mütter und für Mutterschaftsurlaube. Die Bedingungen zur Erlangung der Beihilfen verbessern sich systematisch. 1987 wurde z.B. die Pflegeperiode für kranke Kinder von sieben auf vierzehn Tage verlängert. Mütter von vier und mehr Kindern erhalten monatliche Beihilfen. Berufstätige oder studierende Mütter erhalten bei Geburt des ersten Kindes eine einmalige Beihilfe von fünfzig Rubel, bei der Geburt des zweiten und dritten Kindes je hundert Rubel. Familien mit einem Pro-Kopf-Einkommen von höchstens fünfzig Rubel, Kinder von Wehrdienstleistenden, Familien gefallener Soldaten, Kindheitsinvaliden und einige andere Bevölkerungsgruppen erhalten ebenfalls monatliche Beihilfen.

Die meisten Studierenden beruflich-technischer Schulen, mittlerer Fachschulen und höherer Schulen beziehen staatliche Stipendien, die je nach Studienerfolg und von den Studentengruppen selbst verteilt werden. Bis 1987 waren die Stipendien gering (30—50 Rubel monatlich). Gegenwärtig betragen sie fast doppelt so viel, reichen jedoch nicht zur Deckung aller Bedürfnisse der Jugend aus. Deswegen erhalten die meisten Jugendlichen entweder finanzielle Zuwendungen von ihren Eltern oder verdienen selbst, z.B. in den Ferien, etwas dazu. Die Ferialjobs sind nicht nur für die Gesellschaft von großem Nutzen, sondern ermöglichen es auch den Studenten, wertvolle Lebenserfahrungen zu sammeln und sich in sozialer Hinsicht zu profilieren. 1985 nahmen 764.000 Studenten an verschiedenen Bauvorhaben teil und lieferten dabei Leistungen im Gesamtwert von über einer Milliarde Rubel. Doch nicht alle Studenten sind in der Lage, mit körperlicher Arbeit ihren Lebensunterhalt zu verdienen. Außerdem wirkt sich die ständige Ablenkung vom Studium auf ihr Wissensniveau aus. Deswegen sind die Stipendien für Studierende auch weiterhin unbedingt zu erhöhen.

Den zweiten Anwendungsbereich staatlicher Gelder für Sozialzwecke stellt die Wohnraumschaffung und die Errichtung kultureller und öffentlicher Bauten, d.h. der Ausbau der sozialen Infrastruktur dar. Auch hier erhebt sich eine Reihe von Fragen, die um das Thema der sozialen Gerechtigkeit und somit der Sozialpolitik kreisen.

Die Mittel, die der Staat zum Ausbau der sozialen Infrastruktur und der öffentlichen Dienstleistungen bereitstellt, werden einerseits nach geographischen Verwaltungseinheiten (Republiken, Gebiete, Städte und Gemeinden), andererseits zwischen den einzelnen Branchen des öffentlichen Dienstleistungssektors (Wohnungswesen, Volksbildung, Gesundheitswesen, Kindergärten und -krippen, Kultureinrichtungen etc.) aufgeteilt. Allerdings sind die planmäßigen Entscheidungen in keinem der beiden Verteilungsmodi ausreichend kohärent.

Zunächst einmal zur Aufteilung der Investitionen zwischen den verschiedenen Branchen des öffentlichen Dienstleistungssektors. Über viele Jahrzehnte hinweg wurde hier hartnäckig ein Mißverhältnis in der Verteilung der Mittel beibehalten, das Millionen von Menschen das Leben schwer macht! Der Wohnbau ist der Schaffung der Dienstleistungsinfrastruktur stets um mehrere Jahre voraus. In neu errichteten Wohnblocks werden erst nach und nach Bäckereien, Obst- und Gemüsegeschäfte, Kindergärten, Schulen, Postämter etc. eingerichtet. Ein vollständiges Netz für öffentliche Dienstleistungen ist in der Regel erst acht bis zehn Jahre nachdem die ersten Wohnungen bezogen wurden, verfügbar. Woran liegt das? Warum wird nicht gleich für eine umfassende Realisierung

der Bauprojekte gesorgt? Diese werden schließlich und endlich ja doch fertiggestellt, aber zu einem Zeitpunkt, bis zu dem die Bevölkerung mit enormen Schwierigkeiten zu kämpfen hat.
Zur Erklärung dieser Methode werden meistens zwei Gründe angeführt. Einmal wird darauf hingewiesen, daß der Wohnraum am dringendsten gebraucht werde. Manche Familien hätten überhaupt kein eigenes Dach über dem Kopf, andere seien auf engstem Raum zusammengedrängt. Deswegen seien den Leuten in erster Linie die Wohnungen zur Verfügung zu stellen, der Rest sei dann nicht mehr so wichtig. Doch es stellt sich die Frage, wie kann es für berufstätige Eltern „nicht so wichtig" sein, daß kein Kindergarten, keine Schule, keine Poliklinik und keine Geschäfte da sind? Es ist wohl klar, daß Wohnhäuser, die „aufs nackte Feld" gestellt werden, allein noch keine normalen Lebensbedingungen schaffen.
Der zweite Grund besteht darin, daß es für Baumeister vorteilhafter und einfacher ist, mit industriellen Methoden Wohnblocks zu bauen, als so komplizierte Objekte wie Schulen oder Kulturhäuser zu errichten. Deswegen erfüllen sie in den ersten Jahren ihren Bauplan (immer nach der berüchtigten „Tonnenideologie") mit den für sie vorteilhafteren Objekten und beginnen erst anschließend, wenn sie keine Wahl mehr haben, mit der Errichtung der Infrastruktur. Hier haben wir es mit einem typischen Merkmal des bis zuletzt geltenden Wirtschaftsmechanismus zu tun, nämlich mit dem sogenannten Produzentenmarkt, der dem Konsumenten nicht die Waren anbietet, die er braucht, sondern ihm jene aufzwingt, die vorteilhafter zu vertreiben sind. Meines Erachtens ist dieses zweite Argument das wesentliche. Deswegen wird die Wirtschaftsreform auch zu einer ausgewogeneren Entwicklung der verschiedenen Branchen beitragen.
Nun zur Verteilung der Sozialinvestitionen zwischen Gebieten und Siedlungstypen. Von Gleichstellung oder Gerechtigkeit kann hier derzeit noch keine Rede sein. Der größte Teil der Investitionssummen in nicht für die Produktion bestimmte Bauvorhaben wird in die Hauptstädte der Unionsrepubliken und in andere Großstädte gelenkt. Die mittleren Städte profitieren weitaus weniger von den Investitionen, und an letzter Stelle stehen kleinere Siedlungstypen (Kleinstädte und ländlicher Raum). Der Grund dafür ist in den vom Staatlichen Planungskomitee und dem Staatskomitee für Bauwirtschaft erstellten Normrichtlinien zu suchen, in denen die Ausstattung der Gemeinden mit sozialer Infrastruktur je nach Verwaltungsstatus und Einwohnerzahl geregelt wird. Die Städte

Minsk und Nowosibirsk zum Beispiel zählen je rund eine halbe Million Einwohner. Man könnte annehmen, daß sie aufgrund der gleichen Einwohnerzahl einen gleichen Ausstattungsgrad an Infrastruktur beanspruchen können. Minsk ist jedoch die Hauptstadt einer Unionsrepublik, während für Nowosibirsk, das lediglich Gebietshauptstadt ist, ein weitaus geringeres Ausstattungsniveau vorgesehen ist. Jemand, der die Möglichkeit hat, das soziale Entwicklungsniveau und die Gesamtheit der Lebensbedingungen in den beiden Städten zu vergleichen, wird kaum zugeben können, daß die festgestellte Diskrepanz als sozial begründet erscheint. Sowjetische Wissenschafter sind der Meinung, daß die in Normrichtlinien fixierte Grundlage zur Errichtung der sozialen Infrastruktur gründlich revidiert werden muß.
An die Einwohnerzahl dürfen diese Normrichtlinien nicht allzu stark gekoppelt werden, auch wenn dieses Kriterium relevant ist. Es ist z. B. bekannt, daß die Landbevölkerung einen bedeutenden Teil der öffentlichen Dienstleistungen in den Bezirkshauptstädten, d.h. in Kleinstädten, in Anspruch nimmt. Bei der Entwicklung der sozialen Infrastruktur dieser Städte muß nicht nur deren eigene Einwohnerzahl, sondern die des gesamten Einzugsbereichs berücksichtigt werden, was gegenwärtig nicht der Fall ist.
Dieses Problem hat noch einen anderen Aspekt. Die Landbevölkerung geht zurück, und die Landwirtschaft hat beachtliche Schwierigkeiten aufgrund des Arbeitskräftedefizits. Die sowjetische Presse berichtet immer wieder über die Verödung kleiner Dörfer und weist dabei auf die Notwendigkeit hin, diese sowohl als Basis für landwirtschaftliche Betriebe als auch als historische Kostbarkeit, die uns von Vätern und Großvätern hinterlassen wurde, zu erhalten. Dieselben ländlichen Gemeinden aber, deren Einwohnerzahlen ständig zusammenschrumpfen, fallen in die benachteiligste Kategorie hinsichtlich sozialer Versorgung. Streng genommen, wenn man sich an die Vorschriften hielte, dürfte man in ihnen nicht nur keine neuen Sozialeinrichtungen öffnen, sondern müßte sogar einen Teil der bestehenden schließen. Nun ist aber die Erklärung einer Gemeinde zu einem „aussichtslosen Dorf" und das Abbrechen jeglicher sozialer und öffentlicher Bautätigkeit ein weiterer Anlaß zur Landflucht der Jugend. Die demographische Bevölkerungsstruktur verzerrt sich zunehmend; das Dorf beherbergt allmählich nur mehr alte Menschen und leert sich mit der Zeit gänzlich. Folglich muß die Entwicklung der sozialen Infrastruktur für jede Ortschaft individuell geplant werden, und zwar unter Berücksichti-

gung aller Umstände und nicht nur formaler Kriterien wie Verwaltungsstatus und Einwohnerzahl, auf denen die gegenwärtig geltenden Normrichtlinien beruhen.
Hinsichtlich der Verteilung der Investitionen und der Dichte des sozialen Infrastrukturnetzes ist noch ein letzter Faktor zu beachten: die Wirtschaftsbehörden. In der Tat werden in der Sowjetunion die öffentlichen Dienstleistungen über zwei Kanäle finanziert, nämlich über die territorialen Verwaltungsinstanzen einerseits und die einzelnen Branchenministerien und -behörden andererseits. In fast allen Städten sind sowohl gewöhnliche (von der Stadt, dem Bezirk, dem Gebiet abhängige), allen Bevölkerungsgruppen offenstehende Schulen, Spitäler, Ambulatorien, Kindergärten, Bibliotheken, Geschäfte etc. anzutreffen, als auch Einrichtungen von Wirtschaftsbehörden, die den Arbeitskräften der jeweiligen Branchen vorbehalten sind. Meistens werden Wohnhäuser, Kindergärten, Kantinen, medizinische Versorgungsstellen, Kulturhäuser, Pensionen, Erholungsheime, Ferienlager etc. angeboten.
Die nicht für die Produktion bestimmten Mindestfonds, die den Wirtschaftsbehörden zur Verfügung stehen, nähern sich wertmäßig den analogen Fonds der lokalen Verwaltungsinstanzen. Mit anderen Worten werden die vorhandenen Mittel des öffentlichen Dienstleistungssektors mehr oder weniger gleichmäßig zwischen Wirtschaftsbehörden und territorialer Verwaltung aufgeteilt. In neuen Städten, die auf neu errichtete Produktionsobjekte zugeschnitten und unter der Leitung der entsprechenden Behörde durch dieselben Bauherren erbaut werden, ist die Exklusivität der Dienstleistungseinrichtungen bis zu einem gewissen Grad gerechtfertigt. In gewachsenen Städten mit einer heterogenen Wirtschaftsstruktur ist diese jedoch ein Anachronismus und führt zu sozialen Konflikten. Die brancheneigene Infrastruktur liegt in der Tat in Stadtvierteln, in denen alle Einwohner die entsprechenden Dienstleistungen brauchen. Diesen wird aber erklärt, daß der Kindergarten (die Poliklinik, das Schwimmbad) nur den Beschäftigten einer bestimmten Produktionseinheit (wissenschaftlichen Institution, Hochschule etc.) offensteht. Es ist verständlich, daß diese Situation als ungerecht empfunden wird, da die je nach Beschäftigungssituation unterschiedlich gewährten Berechtigungen der im Kollektivbewußtsein tief verwurzelten Idee von der allgemeinen Gleichheit widersprechen.
Um diese Ungerechtigkeit zu beseitigen, haben die Staats- und Parteiorgane mehrerer Städte die betriebseigenen Sozialeinrich-

tungen gewissermaßen „vergesellschaftet" und deren Dienste somit gerechter auf alle Bevölkerungsgruppen aufgeteilt. In der altaischen Kreishauptstadt Barnaul, zum Beispiel, gibt es neben dem städtischen und dem Kreiskrankenhaus auch mehrere brancheneigene Spitäler, die jeweils der Eisenbahn, einer Motoren-, einer Reifenfabrik und anderen Betrieben angehören. In Übereinstimmung mit den betroffenen Betrieben und Wirtschaftsbehörden hat die Kreisverwaltung eine relativ weitgehende Spezialisierung aller Krankenhäuser veranlaßt. So ist das Spital der Reifenfabrik auf verschiedene chirurgische Fächer, das der Motorenfabrik auf Kardiologie und Hämatologie und das Eisenbahnspital auf Gastrologie spezialisiert. Jetzt werden die Patienten nicht mehr aufgrund ihrer Betriebszugehörigkeit in die einzelnen Spitäler überwiesen, sondern je nach Erkrankung. So wird nicht nur die Gerechtigkeit, sondern auch eine qualitativ bessere Behandlung und höhere Qualifizierung der Ärzte gefördert.
Aus den obigen Ausführungen geht, wie mir scheint, klar hervor, daß die zentralisierte, auf Normrichtlinien beruhende Verteilung der Sozialinvestitionen keine hinreichende Befriedigung der Bedürfnisse gewährleisten kann, da sie den nationalen, demographischen, sozialen und beruflichen Besonderheiten der verschiedenen Bevölkerungsgruppen nicht Rechnung trägt, aber auch die Besonderheiten ihres gesellschaftlichen Bewußtseins und ihre Vorstellungen von den aktuellsten Tendenzen im sozialen und öffentlichen Bauwesen nicht berücksichtigt. Das bestehende System ist einerseits nicht demokratisch genug und andererseits mit den Ideen der Wirtschaftsreform insofern nicht vereinbar, als künftig der Sozialentwicklungsfonds jedes Betriebs von der Effizienz seiner Wirtschaftsführung abhängen wird. Auch die Einkünfte der lokalen Verwaltungsinstanzen, von denen die Sozialinvestitionen in der betreffenden Verwaltungseinheit abhängen, werden an die wirtschaftlichen Resultate der darin befindlichen Betriebe gekoppelt werden. Diese verschiedenen Faktoren werden zu einer Dezentralisierung des sozialen Bauwesens, möglicherweise aber auch zu einer Vielzahl noch unbekannter Probleme führen. Das bis zuletzt geltende System der zentralisierten Investitionsverteilung auf Basis von wirtschaftsunabhängigen Richtlinien wird unter den neuen Gegebenheiten wahrscheinlich hinfällig werden.

Der dritte Verwendungszweck der Gelder aus den gesellschaftlichen Konsumtionsfonds betrifft die Erbringung von Leistungen —

Bildungswesen, Kultur, Gesundheitswesen, Sport —, die der Bevölkerung kostenlos oder zu günstigen Bedingungen zur Verfügung gestellt werden. Entwicklung und Betrieb dieser Sektoren kommen den Staat relativ teuer zu stehen, während die Bevölkerung die entsprechenden Dienste vielleicht nicht immer kostenlos, aber zumindest zu einem Tarif, der nur einem geringen Teil der reellen Kosten entspricht, beanspruchen kann. Die Differenz wird aus dem Staatshaushalt — aus ökonomischer Sicht aus den gesellschaftlichen Konsumtionsfonds — beglichen.

Welche Argumente können nun zugunsten der kostenlosen oder vergünstigten Bereitstellung gewisser Leistungen vorgebracht werden? Warum sind z.B. das Bildungswesen und die medizinische Versorgung in der UdSSR unentgeltlich, während die Dienste eines Friseur- oder Kosmetiksalons bezahlt — und relativ teuer bezahlt — werden müssen?

Nach Ansicht der Fachleute ist die wichtigste soziale Grundlage unentgeltlicher (günstiger) Sozialleistungen darin zu suchen, daß bei der Gesellschaft ein ganz besonderes Interesse an deren Verbreitung und Inanspruchnahme geweckt werden soll; wenn möglich ein Interesse, das über das der Konsumenten selbst hinausgeht.

Untersuchen wir dies am Beispiel des Bildungswesens. Die sowjetische Gesellschaft ist erheblich daran interessiert, daß Bildungsniveau und -qualität der jüngeren Generationen angehoben, die vermittelten Kenntnisse erweitert und vertieft und in ihnen das Bedürfnis nach kontinuierlicher Vervollständigung ihres kulturellen und wissenschaftlich-technischen Wissens geweckt werden. Nun haben aber das Studium, das Bekanntwerden mit allen kulturellen Reichtümern und die berufliche Profilierung bei weitem nicht für alle die gleiche Anziehungskraft. Trotz des Bestehens der allgemeinen Schulpflicht und ihrer Unentgeltlichkeit kann keine lückenlose Schulbildung gewährleistet werden, da ein Teil der Jugendlichen den Wissenserwerb nicht als Chance betrachtet, aber auch nicht mit Gewalt zum Lernen gezwungen werden kann. Wäre die Schulbildung jedoch nicht kostenlos, würde sich die Zahl der Schüler und Studierenden noch weiter auf Kosten jener verringern, die zwar über Fähigkeiten und Lernwillen, nicht aber über die nötigen Mittel verfügen.

Ähnlich ist die Situation im Gesundheitswesen. Die sozialistische Gesellschaft ist an einer möglichst hohen physischen und psychischen Widerstandsfähigkeit all ihrer Mitglieder, von jung bis alt, in

Stadt und Land, interessiert. Da aber zwischen den verschiedenen sozialen Gruppen Einkommensunterschiede bestehen, sind auch die Möglichkeiten unterschiedlich, gegen Bezahlung ärztliche Hilfe in Anspruch zu nehmen. Wäre das Gesundheitswesen in der Sowjetunion nicht unentgeltlich, blieben viele Krankheiten unentdeckt, könnte man nicht rechtzeitig Vorkehrungen gegen epidemische Erkrankungen treffen und hätte die durchschnittliche Lebenserwartung von 32 Jahren im Jahre 1913 nicht auf heute 69—70 Jahre erhöht werden können. Es geht aber dabei nicht nur um finanzielle Möglichkeiten: Das rechtzeitige Aufsuchen des Arztes setzt ein gewisses Niveau an allgemeiner Kultiviertheit, hygienischen und sanitären Kenntnissen und das Bewußtsein des unersetzlichen Wertes, den die Gesundheit zur Verwirklichung der Lebensziele darstellt, voraus. Diese Bedingungen werden aber häufig nicht erfüllt. Sogar relativ kultivierte Personen, die von Familiensorgen, geschäftlichen oder privaten Interessen absorbiert werden, ignorieren eine Verschlechterung ihres Gesundheitszustandes oft und konsultieren den Arzt zu spät. Deswegen ist die medizinische Versorgung in der UdSSR nicht nur unentgeltlich, sondern auch aktiv: man wartet nicht, bis die Patienten von selbst kommen, sondern versucht, allmählich den Schwerpunkt von der Heilung auf die Prophylaxe zu verlegen. Zu diesem Zweck werden systematisch vollständige Gesundenuntersuchungen vorgenommen, um Lungen-, Magen-, Herzerkrankungen, Tumore u.ä. aufzudecken. Das sowjetische Gesundheitswesen ist in allen Teilen kostenlos: das gilt ebenso für Arztbesuche wie für ambulante therapeutische Behandlungen, diagnostische Untersuchungen und stationäre Krankenhausaufenthalte. Über das gesamte sowjetische Territorium erstreckt sich ein Netz von spezialisierten Vorsorge- und Betreuungsstellen (u.a. für Tuberkulose, Psychiatrie, Dermatologie und Venerologie), von spezialisierten Sanatorien, Waldschulen für gesundheitlich angegriffene Kinder u.ä. In den Tuberkulosesanatorien wird den Erkrankten monatelanger, wenn nötig sogar jahrelanger völlig kostenloser Aufenthalt gewährt, bis die Krankheit restlos ausgeheilt ist.

Auch im kulturellen und geistigen Bereich profitiert die sowjetische Bevölkerung von erheblichen materiellen Vergünstigungen. So kostet in den besten Moskauer und Leningrader Theatern die Eintrittskarte für eine Premiere höchstens 4—5 Rubel; ins Kino kommt man bereits um 50—70 Kopeken. Tageszeitungen werden um 4—5 Kopeken und Wochenzeitungen um 20 Kopeken verkauft; umfangreiche Monatszeitschriften kommen im Jahresabonnement auf 10—12 Rubel. Bücher kosten in der UdSSR nur einen Bruchteil der im Westen üblichen Preise, Schulbücher werden den meisten Studierenden kostenlos zur Verfügung gestellt. Diese Fakten weisen auf die enormen sozialen Errungenschaften des Sozialismus hin, auf die Entwicklung des Sozialsystems und die Verstärkung der sozialen Absicherung aller Mitglieder der Gesellschaft.

Es wäre allerdings ein Irrtum zu glauben, daß die Unentgeltlichkeit der wichtigsten Sozialleistungen nur positive Konsequenzen hat. Auch hier gilt: kein Licht ohne Schatten, oder keine Organisation des öffentlichen Lebens ohne gewisse negative Folgeerscheinungen. Diese treten demnach auch bei der kostenlosen (vergünstigten) Sozialversorgung der Bevölkerung auf.

Die kostenlose Bereitstellung von Gütern, deren Produktion einen hohen materiellen Aufwand erfordert, unterbricht den natürlichen Lauf der ökonomischen Reproduktion im nichtproduktiven Bereich. Es ist, als ob wichtige Wirtschaftszweige sich weder entwikkelt noch ihre Tätigkeit vervollständigt hätten: die Sozialbranchen werfen keinerlei wirtschaftlichen Gewinn ab und sind nur auf der Ausgabenseite des Staatsbudgets präsent. Im Zusammenhang mit der langsamen Wirtschaftsentwicklung entstehen zunehmend Schwierigkeiten, die letztendlich zu einem wesentlichen Rückstand sowohl der materiellen und technischen Ausstattung als auch der Entlohnung der Arbeitskräfte in den entsprechenden Sektoren führen. In der Folge werden die wichtigsten, brennendsten Bedürfnisse der Bevölkerung immer ungenügender befriedigt; in Gesundheitswesen, Bildung und Kultur vergrößert sich das Defizit an qualifizierten Dienstleistungen.

Dieses Defizit veranlaßt seinerseits die Gruppen, die über die nötigen Möglichkeiten und Einflußbereiche verfügen, sich selbst besondere, privilegierte Bedingungen zum Erhalt der betreffenden Leistungen zu verschaffen. In weiterer Folge entsteht ein System privilegierter, den Führungsspitzen vorbehaltener medizinischer Einrichtungen und Sanatorien, werden eigene Hebel zur bevorzugten Aufnahme ihrer Kinder in die angesehensten Hochschulen in Bewegung gesetzt und den „elitären" Gesellschaftsschichten eigene Formen des Kulturgenusses vorbehalten.

Wer zu diesen „Schleichwegen" keinen Zugang hat, aber über finanzielle Mittel verfügt (Beschäftigte im Handel, Gaststättenwesen, in Autowerkstätten, qualifizierte Facharbeiter, Oberschicht der Intelligenzia), versucht, sich erstklassige Leistungen zu verschaffen, indem er entweder Gegenleistungen oder, häufiger, wertvolle Geschenke oder Geld dafür anbietet. Dadurch entsteht unter den Kunden eine Konkurrenz zwischen jenen, die die Dienste kostenlos in Anspruch nehmen wollen, und jenen, die bereit sind, sie illegalerweise und dabei ziemlich teuer zu bezahlen. Diese Praxis, deren Ursprung in den transkaukasischen Republiken zu suchen ist, hat sich relativ rasch auf die europäischen Städte und unter anderem auch auf Moskau ausgebreitet. Im Endeffekt ist die formal unentgeltliche medizinische Versorgung faktisch kostenpflichtig geworden. Von einem Arzt wird das System folgendermaßen beschrieben: „... Einen Rubel der Frau, die in der Portiersloge des Spitals sitzt, damit sie die Tasche mit Lebensmitteln und anderen Gegenständen entgegennimmt. Einen Rubel der Sanitäterin — und sie bringt die Leibschüssel. Einen Rubel der Krankenschwester, dann sucht sie ein passendes Nachthemd oder einen passenden Pyjama heraus; für einen weiteren Rubel finden sich auch Hausschuhe. Die Bettwäsche wird um einen Rubel gewechselt. Wenn Sie mit der Nachtschwester reden, ist sie bereit, für zehn Rubel Ihren altersschwachen Verwandten anständig zu betreuen."[28] In den Krankenhäusern, in denen sich diese Praxis eingebürgert hat, können nur die Patienten mit einem Heilerfolg rechnen, die viel dafür bezahlen können. Daß die anderen diese Situation als höchst unsozialistisch betrachten, braucht nicht eigens betont zu werden.

Weiters veranlaßt die Unentgeltlichkeit zu verschwenderischem Umgang mit nur spärlich verfügbaren Sozialleistungen. Es ist eine Binsenweisheit: was leicht erworben wird, wird leicht wieder ausgegeben. Ich habe zum Beispiel mehr als einmal Leute getroffen, die ausgezeichnete Sanatorien lange vor dem Abschluß der Kur verlassen haben. In all diesen Fällen hatten die Patienten die Einweisungsscheine nicht um den vollen Tarif (normalerweise 160—200 Rubel), sondern mit einer siebzigprozentigen Ermäßigung oder überhaupt kostenlos erhalten. Die meisten hatten einen Kuraufenthalt auch gar nicht notwendig, sondern bekamen ihn einfach vom Betrieb kostenlos angeboten, manchmal wurden sogar die Reisekosten ersetzt. So fuhr derjenige auf Kur und blieb solange im Sanatorium, bis es ihm nicht mehr gefiel. Wirklich kranke Menschen müssen sich aber oft jahrelang auf eine Warteliste setzen lassen, bis sie — zum vollen Tarif — überwiesen werden.

[28] A. Raschebek, „System im System", Literaturnaja Gaseta, 1987.

Die Unentgeltlichkeit schädigt zu Unrecht das Prestige der entsprechenden Leistungen, setzt ihren sozialen Wert herab und führt zu einer nachlässigen Einstellung bezüglich ihrer Inanspruchnahme. Um mit den negativen Folgen des unentgeltlichen Sozialsystems abzuschließen, möchte ich noch einmal darauf hinweisen, daß Verteilungsproportionen zwischen den sozialen Gruppen und Schichten von krasser Ungleichmäßigkeit geprägt sind, daß eine versteckte Umverteilung der gesellschaftlichen Konsumtionsfonds zugunsten einflußreicher und wohlhabender Gruppen existiert, daß weiters in Bildung, Gesundheitswesen und Kultur Korruption um sich gegriffen hat und daß die Bereiche, die Entwicklung und Wohlstand des Menschen sichern sollen, im Vergleich zur Produktion weit im Rückstand sind. In Erkenntnis dieser Tatsachen kommen viele Wirtschaftswissenschafter und Soziologen zu dem Schluß, daß eine Erweiterung des Angebots zusätzlicher kostenpflichtiger Sozialleistungen zielführend wäre. Ich betone ausdrücklich, daß es sich keinesfalls um eine Abschaffung der kostenfreien Sozialleistungen in dem Ausmaß, wie es vom derzeitigen Entwicklungsstand der sozialistischen Wirtschaft gesichert wird, handelt. Tatsächlich diskutieren wir über die Methoden — und dazu gehört auch der Griff in die eigene Tasche —, mit denen ein Leistungssystem, das den Bedürfnissen der Bevölkerung entspricht, raschest entwickelt werden kann. Den Leuten muß die Möglichkeit geboten werden, auch über das staatlich garantierte System hinaus ihre Bedürfnisse zu stillen, wenn dies ihren Wertvorstellungen, spezifischen Wünschen und Neigungen entspricht. Dieser Lösungsansatz bedeutet keineswegs ein „Abweichen von den sozialistischen Prinzipien“, wie dies im Westen oft angenommen wird. Er verspricht im Gegenteil zum einen die Normalisierung der ungünstigen Atmosphäre, die in den betreffenden Sektoren herrscht, und andererseits eine weitere Demokratisierung der Wirtschaftsbeziehungen, die aus der Einkommensverwendung der Arbeitskräfte entstehen. Heute würde es effektiv niemandem einfallen, sich darin einzumischen, wieviel Geld die einzelnen Haushalte für Lebensmittel, Kleidung und Schuhe ausgeben. Dies gilt zu Recht als Privatangelegenheit. Aber die Möglichkeit, mit einem Teil ihres Einkommens eine bessere medizinische Versorgung oder Aufenthalte in gefragten Kurorten zu bezahlen, ist den meisten Familien verwehrt. Sie müssen sich mit den für ihren Fall oft nicht ausreichenden kostenlosen Leistungen zufriedengeben. Vor einigen Monaten wurde in Moskau erstmals eine genossenschaftliche Poliklinik geöffnet, in der gegen zusätzliche Bezahlung qualifizierte Fachärzte, diagnostische Untersuchungen, Physikotherapeuten, Akupunkteure etc. in Anspruch genommen werden können. Gleich von den ersten Tagen an überstieg die Nachfrage nach kostenpflichtiger ärztlicher Hilfe die Aufnahmefähigkeit der neuen Einrichtung bei weitem. Es stellte sich heraus, daß zur Deckung der Bedürfnisse in Moskau mindestens ein Dutzend und landesweit mehrere Hundert solcher Ambulatorien notwendig wären. Was bedarf es da noch vieler Beweise?

Zum Abschluß komme ich noch auf ein äußerst brisantes Problem zu sprechen, das mit der Verwendung der Gelder aus den gesellschaftlichen Konsumtionsfonds im Zusammenhang steht, und zwar die fast unentgeltliche Bereitstellung staatlicher Wohnungen. Der Mietzins für diese Wohnungen wird auf der Basis von 13 Kopeken pro Quadratmeter im Monat berechnet, was für eine Wohnung durchschnittlich 5—6 Rubel ausmacht. Mit den Gebühren für Gas, Strom und Wasser und den übrigen Betriebskosten kommt das Wohnen auf 10—15 Rubel monatlich (3—5% des Familienbudgets). Normalerweise dürfte dieses System nur Begeisterung hervorrufen: das Recht der Staatsbürger auf eine Wohnung ist in der Verfassung verankert, und darüber hinaus wohnt man fast umsonst. Die Realität sieht leider komplexer aus.
Zunächst erhebt sich einmal die Frage, warum der Wohnraum zu den Leistungen gezählt wird, deren Inanspruchnahme für die Gesellschaft von größerem Interesse ist als für die einzelnen Staatsbürger. Seit den dreißiger Jahren gehört die Wohnungssituation zu den größten Problemen für die sowjetische Gesellschaft. Die durchschnittliche Wohnfläche pro Person beträgt in der Sowjetunion rund vierzehn Quadratmeter, in den meisten europäischen Ländern aber 25—30 und in den USA über 50 m^2. Die am häufigsten verwendete Formel zur Wohnflächenvergabe lautet „n-1“ oder „n-2“, d.h., daß die Wohnung immer um einen oder zwei Räume weniger aufweist, als die Familie Mitglieder zählt. Die Stadtbevölkerung lebt teilweise bis heute in Gemeinschaftswohnungen, in denen mehrere Familien je ein oder zwei Zimmer haben und sich Küche, Badezimmer und Toilette teilen. Die auf dem 27. Parteitag beschlossene Zielsetzung, jede Familie mit einer eigenen Wohnung zu versorgen, kann nach Ansicht der Fachleute frühestens im Jahre 2000 Wirklichkeit werden. Ein Fünftel des städtischen Wohnraums ist bis heute nicht mit dem geringsten Komfort, sprich Fließwasser, Abfluß und Zentralheizung ausgestattet. In je-

dem Betrieb und jeder Organisation gibt es lange Wartelisten für Wohnungen; die Wartezeiten betragen oft Jahre. Kurz, der Wohnraum gehört zu den knappsten Gütern, und man ist bereit, die größten Opfer auf sich zu nehmen, z.B. seinen Arbeitsplatz gegen einen uninteressanteren, prestigeärmeren oder schlechter bezahlten Posten einzutauschen, wenn damit die Aussicht auf eine Wohnung verbunden ist. Wie ist es zu erklären, daß diese Mangelware praktisch kostenlos verteilt wird? Weder mit dem Gesundheitswesen, noch mit der Bildung oder der Kultur besteht hier eine Analogie.

Die Ausgrenzung des Wohnraums aus den Marktbeziehungen, d.h. das Fehlen eines freien Immobilienmarktes hat eine Reihe negativer Folgen, die ich hier kurz umreißen möchte. Das Fehlen jeder Möglichkeit, sein Einkommen zur Verbesserung der Wohnungssituation zu verwenden, schwächt die stimulierende Wirkung des Lohns und das Interesse an einer intensiven und effizienten Arbeit ab. Da die für den Wohnbau bestimmten staatlichen Mittel sehr knapp bemessen und die individuelle Bautätigkeit mit schier unüberwindlichen Schwierigkeiten verbunden sind, wird die Behebung der Wohnungskrise verzögert und die Diskrepanz zwischen dem materiellen Wohlstand der Familien und ihrer Wohnungssituation (Qualität und Quantität des Wohnraumes) verschärft. Nachdem der niedrige Mietzins durchschnittlich gerade ein Drittel der laufenden Betriebs- und Instandhaltungskosten abdeckt — von der Amortisierung der Gebäude ganz zu schweigen —, stellt das Wohnungswesen einen permanent defizitären Sektor dar, der ständig steigende Zuschüsse aus dem Staatshaushalt verschlingt. Weiters bestehen zwischen einzelnen Wohnungen und Gebäuden große Unterschiede bezüglich Wohnfläche, Ausstattung, Komfort, Lage usw. Der Mietzins wird aber ausschließlich aufgrund der Fläche, ohne Berücksichtigung der Qualitätsunterschiede berechnet. Somit werden die Summen aus den gesellschaftlichen Konsumtionsfonds, mit denen die niedrigen Mieten kompensiert werden, zwischen den verschiedenen sozialen Gruppen ungerecht verteilt. Die Haushalte, die in gediegenen Wohnungen leben, profitieren bedeutend mehr von diesen Geldern als der Großteil der Bevölkerung, während die Bewohner individueller oder genossenschaftlicher Wohnhäuser, die selbst für die Bau-, Instandhaltungs- und Betriebskosten ihrer Wohnungen aufkommen, das Nachsehen haben.

Schließlich ruft die kostenlose Bereitstellung dieser Mangelware par excellence verschiedene dubiose Geschäfte bei der Wohnungsvergabe hervor. In der sowjetischen Presse wurde nicht nur über Trinkgeld- oder Bestechungsaffären, sondern auch über organisierte Verbrechergruppen berichtet, die durch die Verteilung staatlicher Wohnungen ein großes Vermögen erwarben.
Eine starke Verbreitung hat auch der Tauschhandel mit ungleichen Wohnungen gefunden, bei dem die formell besser aussteigende Familie der übervorteilten eine hohe Geldsumme bezahlt. Im Grunde handelt es sich hier um Marktbeziehungen, die sich illegal ins Wohnungswesen eingeschlichen haben und dabei entstellt wurden. Denn die Personen, die ihre Wohnung „verkaufen", haben sie ja nicht gekauft, sondern unentgeltlich übernommen. Der Gewinn, den sie dabei erzielen, ist somit als spekulativ zu bezeichnen.
Eine andere Art von Schattenoperation besteht in der Untervermietung staatlicher Wohnungen um eine stark überhöhte Miete. In Moskau etwa kostet eine Einzimmerwohnung in Untermiete 60—80 Rubel, während der Inhaber seinerseits nicht mehr als fünf Rubel an den Staat bezahlt. Die Untervermietung wird von Leuten praktiziert, die entweder aus beruflichen Gründen langfristig abwesend sind oder mit ihrer Familie eine größere Wohnung erhalten hatten und, nunmehr als Alleinstehende, über einen relativen Platzüberschuß verfügen. Denn in der Sowjetunion erfolgt die Wohnungsvergabe unbefristet und kann aufgrund keinerlei Vorschriften wieder rückgängig gemacht werden. So kann es geschehen, daß gewisse Haushalte auf nur sechs Quadratmeter pro Person leben, während andere 25 oder 30 m^2 für sich haben. Wäre die Wohnungsmiete wertorientiert, würden die meisten Familien mit Platzüberschuß eine kleinere Wohnung beantragen. So aber kann aus der geringen Miete ein beachtlicher Gewinn geschlagen werden.
Unter Berücksichtigung dieser Argumente sprechen sich zahlreiche sowjetische Wirtschaftswissenschafter und Soziologen für die Einführung eines freien Immobilienmarktes aus. Ein erster Schritt in diese Richtung besteht in der Anhebung der Wohnungsmieten auf ein Niveau, das die Abdeckung der laufenden und betrieblichen Ausgaben und eine Gewinnerzielung gestattet. Bei der Festsetzung der Mietzinse ist die Qualität der Wohnungen zu berücksichtigen. Nachdem in den Wohnungsgenossenschaften und erst recht im individuellen Sektor bereits jetzt Marktgesetze herrschen, würde ein ökonomisch fundierter Mietzins auch für staatliche Wohnungen

eine Annäherung an die sozialistische Gerechtigkeit bedeuten. Als Alleinmaßnahme könnte die Wohnungsverteuerung den Lebensstandard der Bevölkerung beeinträchtigen, doch dank des Plancharakters der sozialistischen Wirtschaft kann diese zur Gänze mit Lohn- und Pensionserhöhungen sowie mit einer Budgeterweiterung für Gesundheitswesen, Bildung und andere öffentliche Dienstleistungen wettgemacht werden.

Wir sehen also, daß sich das Prinzip der sozialistischen Gerechtigkeit nicht in der Nutzung aller Fähigkeiten und der leistungsorientierten Entlohnung erschöpft. Parallel dazu wird die Schaffung eines Mechanismus vorausgesetzt, anhand dessen bestimmte Güter von der Leistung unabhängig nach sozialen Gesichtspunkten angeboten werden. Die Erfahrungen haben gezeigt, daß die unentgeltliche Bereitstellung nicht immer die besten Ergebnisse zeitigt und nur hinsichtlich jenes Mindestmaßes an medizinischer Versorgung, Bildung und Kultur gerechtfertigt ist, das auch wirklich für jedes Mitglied der Gesellschaft gewährleistet werden kann. Leistungen, die über dieses Minimum hinausgehen, sollen in der Regel mit erarbeiteten Eigenmitteln bezahlt werden. Die Neugestaltung des historisch entstandenen Verteilungssystems der gesellschaftlichen Konsumtionsfonds ist nicht nur in ökonomischer Hinsicht schwierig, sondern wird wahrscheinlich auch auf soziopsychologischen Widerstand stoßen, da ein neues Kollektivbewußtsein vorausgesetzt wird. Gleichzeitig stellt diese Neuverteilung aber ein notwendiges Teilstück des Erneuerungs- und Normalisierungsprozesses in der sowjetischen Gesellschaft dar. In diese und allein in diese Richtung weisen die Zeichen der Zeit.

Viertes Kapitel:

Die Strategie der Perestroika

Die Hindernisse auf dem Weg zum Sozialismus

Ausgangspunkt für die anschließenden Überlegungen ist die Tatsache, daß die Perestroika in der Sowjetunion mit Schwierigkeiten zu kämpfen hat. Das in den letzten Abschnitten dargestellte Konzept der Perestroika als *soziale Revolution*, die die Gesellschaft auf den Weg des Sozialismus zurückführen soll, wird im Grunde genommen nicht verwirklicht. Können im Bereich der Presse und der Transparenz noch revolutionäre Veränderungen verzeichnet werden, so ist die Modernisierung der Wirtschaftsverwaltung — und damit die Grundlage für andere Reformen — von einem ausgesprochenen Kompromißcharakter geprägt, so daß die Veränderungen, wie sie schließlich und endlich realisiert werden, von der Ausgangsidee oft weit entfernt sind.
Die meisten Wirtschaftsministerien, zum Beispiel, versuchen trotz allem, die gesamte Macht über die Betriebe in ihren Händen zu behalten. 1988 wurden die Betriebe sogar mit mehr Plan- und analytischen Kennziffern überhäuft als in den Vorjahren[29]. Auch die Rechenschaftspflicht der Betriebe gegenüber den Partei- und Staatsorganen nimmt weiterhin zu. So liefern das Metallurgiewerk von Tscheljabinsk 4100 und das Petrowski-Metallurgiewerk von Dnepropetrowsk 900 Kennziffern täglich (!) an das Ministerium, davon jeweils 985 und 190 Plankennziffern[30].
Die Idee des uneingeschränkten Rentabilitätsprinzips und der Selbstfinanzierung, die in organischem Zusammenhang mit der Selbständigkeit der Betriebe steht, wird durch alles verschlingende staatliche Aufträge ersetzt, die eigentlich nur den ehemaligen detaillierten Plan in einer anderen Form darstellen. Laut Informationen des Genossen Reut, Erster stellvertretender Vorsitzender des Staatlichen Planungskomitees, stellen staatliche Aufträge der Ministerien für die Buntmetall-, Baustoff- und Automobilindustrie jeweils 67, 39 und 63% des geplanten Produktionsvolumens. In den Branchen Landtechnik und Schwermaschinenbau sind es rund 70% des Produktionsvolumens, die auf Staatsauftrag produziert

[29] R. Jaremtschuk: „Abschied von den Dogmen“, Prawda, 21.11.1987.
[30] W. Romanjuk: „Information zum Nachdenken oder zur Kenntnisnahme?“; Iswestija, 11.1.1988.

werden[31]. Unter diesen Bedingungen kann keine Rede davon sein, daß die Betriebe eine ökonomisch fundierte Auswahl der Produktpalette treffen, von sich aus horizontale Verbindungen zu anderen Betrieben herstellen u.a. Zu diesem Beziehungsschema zwischen Ministerien und Betrieben schreibt E. Sasonow: „Die gesamte Produktpalette wurde durch Staatsauftrag bestimmt, und um der Selbständigkeit des Betriebs den Gnadenstoß zu geben, wurde darüber hinaus noch das Sortimentsprofil festgesetzt ... Ein derartiger Plan ist keine Perestroika, sondern ein brutales und völlig unbegründetes Diktat ... Durch solche Handlungen wird in den Leuten das Vertrauen in die Veränderungen gebrochen und die von der Partei in die Wege geleitete Wirtschaftsreform diskreditiert."[32]
Keinen geringeren Schaden fügt der Perestroika die gebräuchlich gewordene Praxis zu, den Gewinnanteil, den die Betriebe an das betreffende Branchenministerium abzuführen haben, willkürlich in Normrichtlinien festzulegen. Nicht nur, daß die Sätze für jeden Betrieb einzeln festgelegt werden, wobei sie in der Regel ein höheres Niveau als zuvor erreichen. Darüber hinaus sind die Bestimmungen insofern instabil, als sich die Ministerien unter dem Vorwand der Brancheninteressen das Recht herausnehmen, den Betriebsbudgets zusätzliche Gewinnanteile zu entnehmen. Dieses Vorgehen rüttelt an den eigentlichen Grundfesten der Reform: einem soliden, ökonomisch fundierten Interesse der Arbeitskräfte an einer Verbesserung der Arbeitsergebnisse.
Nach wie vor sind die Betriebe fix an bestimmte Zulieferer gebunden und somit ihrer wirtschaftlichen Manövrierfähigkeit beraubt. Die seit langem kritisierte Ausstattung der Betriebe mit Produktionsmitteln wird weiterhin praktiziert, womit willkürlich Verknappungserscheinungen und ein unnützes Horten von Material gefördert werden. Die Wirtschaftsbehörden können ihren Formalismus im Umgang sowohl untereinander als auch mit den untergeordneten Betrieben nicht ablegen. Schließlich wird auch bei der Bildung des Führungskaders das Nomenklatursystem beibehalten, ein System, das zum Parteikurs — tiefgreifende Demokratisierung der Wirtschaft, Wählbarkeit der wirtschaftlichen Führungskräfte und deren verstärkte Verantwortlichkeit gegenüber den Mitarbeitern — in grundlegendem Widerspruch steht. Der für dieses System charakteristische Platzwechsel unfähiger Führungskräfte

[31] Information des Geschäftsklubs EG. Ekonomitscheskaja Gaseta, 1988, Nr.1.
[32] E. Sasonow: „Spiel ohne Spielregeln", Prawda, 22.12.1987.

von einem Direktorensessel in den anderen senkt das Qualitätsniveau der Leitung, die ohnehin die anstehenden Probleme kaum zu bewältigen vermag. Nicht zuletzt ist als bedeutende Konsequenz dieses Systems auch der äußerst schleppend vor sich gehende Personalabbau in der Wirtschaftsverwaltung, in einzelnen Fällen sogar dessen Aufstockung, zu nennen. Lauter Faktoren, die darauf hinweisen, daß die zentralen, brancheneigenen und lokalen Verwaltungsorgane immer noch ein unerschütterliches Bollwerk für bürokratische Verwaltungsmethoden darstellen und die ökonomischen Methoden kaum noch Fuß gefaßt haben.

Die Realisierung der Sozialpolitik verläuft ähnlich. Die Durchsetzung ihrer Ziele — Konsolidierung und Entwicklung der sozialistischen Gerechtigkeit und beschleunigtes Wohlstandswachstum — hängt in entscheidendem Ausmaß von der Situation in der Wirtschaft und ihren Wachstumsraten ab. Jede Sozialmaßnahme, egal, ob es sich um Pensionsreform, Lohnregulierung oder forcierte Wohnraumschaffung handelt, erfordert in der Tat zusätzliche Mittel, die nur durch das Wirtschaftswachstum, das bislang eindeutig unzureichend ist, geschaffen werden können.

Der zögernde Rhythmus der gesellschaftlichen Veränderungen und die Tendenz der Exekutivorgane, die grundlegenden Perestroika-Ideen starrsinnig ihres Inhalts zu entleeren, beeinflußt das öffentliche Bewußtsein negativ und untergräbt das Vertrauen auf Erfolg. So sind laut Ergebnissen einer Umfrage, die vom Institut für soziologische Studien der Sowjetischen Akademie der Wissenschaften durchgeführt wurde, nur 16% der Befragten der Meinung, daß die Perestroika zufriedenstellend verlaufe. 31,4% fanden, daß sie langsam und mit großen Schwierigkeiten vorangehe und 32,3%, daß ihre Wirkung nicht wahrzunehmen sei. Die verbleibenden 20,3% enthielten sich der Antwort oder äußerten sich unentschieden.[33] Als wichtigste Hindernisse der Perestroika wurden Formalismus, Diskrepanz zwischen Wort und Tat und Bürokratisierung der gesellschaftlichen Beziehungen genannt. 80% der Befragten gaben an, daß sie persönlich mit formalistischen Phänomenen konfrontiert seien. Auf die Abneigung von Amtspersonen, in aktuellen Fragen die Verantwortung für Entscheidungen zu übernehmen, wiesen 57% der Befragten hin, auf Gleichgültigkeit und Passivität dieser Personen 47%, auf die Straffreiheit von Arbeitskräf-

[33] W. N. Iwanow: „Unser soziales Selbstgefühl“, Argumente und Fakten, 1988, Nr. 1.

ten, die Formalismus zuließen 42%, und auf ernstliche Unzulänglichkeiten in der Kaderpolitik und die Unfähigkeit von Amtspersonen 34%.[34]
Besondere Aufmerksamkeit erregt die Tatsache, daß der soziale Optimismus der Berufstätigen bezüglich der Perestroika in letzter Zeit nachzulassen begann. So stieg laut Untersuchungen R. W. Rywkinas unter den wirtschaftlichen Führungskräften des Agrar-Industrie-Sektors im Kreis Altai der Anteil der Perestroika-Befürworter zwischen 1980 und 1986 von 12 auf 39% an. 1987 hingegen war nicht nur keine Zunahme zu verzeichnen, sondern sank dieser Anteil sogar auf 31%. Eine analoge Tendenz kommt in den soziologischen Studien S. T. Toschtschenkos zum Vorschein. 1986 waren mehr als die Hälfte aller befragten Arbeiter der Ansicht, daß Arbeitssteigerung eine Lohnzunahme zur Folge hätte. Ein Jahr später schlossen sich nur mehr 28% der Arbeiter und 21% der leitenden Kräfte dieser Meinung an. Ein Viertel der Arbeiter und ein Drittel der leitenden Kräfte waren diesbezüglich im Zweifel, die übrigen beantworteten die Frage negativ. Ebenfalls nach Toschtschenko war der Anteil der Personen, die in der Tätigkeit leitender Organe und gesellschaftlicher Organisationen positive Veränderungen bemerkt hatten, 1987 mit 7—14% nur halb so groß wie im Jahr davor.[35] So gesehen legt die öffentliche Meinung bezüglich des Erfolgs der Perestroika-Politik keinesfalls übertriebenen Optimismus an den Tag und neigt auch immer weniger dazu.

Im Prinzip darf man diese Schwierigkeiten bei der Zieldurchsetzung, das schleppende Tempo der realen Veränderungen und den systematischen Wechsel zwischen Durchbrüchen und Rückfällen kaum als unerwartet bezeichnen. Weitblickende Politiker und Wissenschafter rechneten von vornherein mit unvermeidlichen Schwierigkeiten und warnten im voraus davor. Unter den Faktoren, die in der UdSSR die Perestroika wesentlich erschweren würden, wurden insbesondere folgende genannt:

1. Die riesigen Ausmaße des Landes, die Vielfalt der sozioökonomischen Lebens- und Arbeitsbedingungen; nicht nur geographische, sondern auch soziale Distanz zwischen zentralen und peripheren Landesteilen, Vielschichtigkeit des Systems der gesell-

[34] Ebenda.
[35] S. T. Toschtschenko: „Im Spiegel der Meinungen“, Sozialistitscheskaja Industrija, 9.2.1988.

schaftlichen Steuerung, die es erschwert, zwischen politischen Machtträgern und Volk ein Feedback herzustellen. Kurz, die enorme Komplexität und der Umfang des zu reformierenden Systems.

2. Erinnerung an eine Reihe mißglückter Wirtschaftsreformversuche; darin begründetes Mißtrauen gegenüber den aktuellen Maßnahmen; Hinnahme, wenn nicht gar Erwartung einer möglichen politischen Kehrtwendung und bei vielen Arbeitskräften damit verbundene soziale und politische Passivität, die zudem durch die Divergenz zwischen Wort und Tat verstärkt wird.

3. Fehlen großer wirtschaftlicher Reserven, die in die anfängliche Beschleunigung der wirtschaftlichen Entwicklung investiert werden könnten. Widerspruch zwischen den von der Propaganda genährten Hoffnungen auf eine rasche Beseitigung der Verknappungssituation, die rapide Anhebung des Lebensstandards und anbrechenden Überfluß einerseits und andererseits den in Wirklichkeit bevorstehenden wirtschaftlichen und sozialen Schwierigkeiten, die unweigerlich jede großangelegte Reform, geschweige denn eine Revolution, begleiten.

Die genannten Umstände sind tatsächlich von Bedeutung. Doch die größte Schwierigkeit ist darin zu suchen, daß die Perestroika sich im Brennpunkt lebenswichtiger, miteinander verflochtener Interessen einzelner Klassen, Schichten und Gruppen vollzieht. Die von der Partei vorgesehenen und in die Wege geleiteten Maßnahmen betreffen die Menschen auf verschiedene Weise, indem sie den Interessen der einen entgegenkommen, die der anderen aber schmälern und beeinträchtigen. Nun sind aber die Klassen, Schichten und Gruppen, die bei den Verschiebungen in den Gesellschaftsbeziehungen entweder gewinnen oder verlieren, absolut nicht unbedeutende Beobachter, sondern die Hauptdarsteller der Perestroika. Haben sie ein Problem zu lösen, handeln sie durchaus nicht immer im Sinne der entsprechenden Parteibeschlüsse, die das Allgemeininteresse widerspiegeln, und verlieren meistens ihre eigenen Vor- und Nachteile nicht aus den Augen. Vom Endergebnis dieser Wechselwirkung zwischen den Gruppen, die in der Gesellschaft verschiedene Positionen einnehmen und unterschiedliche oder gar entgegengesetzte Interessen haben, hängt schließlich auch der praktische Verlauf der Perestroika ab.
Aus diesem Blickwinkel möchte ich jene Aspekte der Perestroika untersuchen, die auf die Situation der gesellschaftlichen Gruppie-

rungen den größten Einfluß ausüben. Ohne Anspruch auf Vollständigkeit der Liste würde ich folgende wichtige Teilbereiche herausstreichen:

1. Verstärkte Transparenz des öffentlichen Lebens, deutliche Aktivierung der Massenmedien, zunehmende Aufweichung der sozialen Abgrenzungen, die die Führungskader von der Bevölkerung isolieren. Damit zusammenhängende Evolution der Führungsarbeit (deutliche Komplizierung des Inhalts und Veränderung der Bedingungen).

2. Funktionelle Trennung zwischen Partei-, Staats- und Wirtschaftsverwaltung. Beseitigung der unnützen und schädlichen Bevormundung der Betriebe durch die politischen Organe. Konzentration der Parteiorgane auf die strategischen Probleme der politischen Entwicklung, die Weiterführung der marxistischen Ideologie und die Auswahl und Schulung des Kaders. Vornehmliche Beschäftigung der staatlichen Verwaltungsorgane mit der umfassenden sozioökonomischen Entwicklung der Regionen, der Konsolidierung der Rechtsordnung und der sozialistischen Gesetzlichkeit, sowie mit der besseren Befriedigung der materiellen und sozialen Bedürfnisse der Bevölkerung.

3. Bewußtseinsbildung in weiten Kreisen der Gesellschaft bezüglich der Irrigkeit vieler scheinbar unwandelbarer Dogmen, der Bewältigung zentraler historischer Ereignisse und grundlegender Fragen der Philosophie, Politökonomie und Soziologie. Notwendigkeit für Wissenschafter und Politiker, neue gesellschaftswissenschaftliche Konzepte auszuarbeiten, die die geschichtliche Realität und die Besonderheiten der gegenwärtigen Etappe im Aufbau des Sozialismus adäquat wiedergeben und geeignet sind, die Perestroika ideell zu „betreuen“ und richtig zu orientieren.

4. Dezentralisierung des Wirtschaftsmanagements, d.h. Übertragung eines bedeutenden Teils der Rechte, die die Verfügung über das gesellschaftliche Eigentum betreffen, von den höheren auf niedrigere Verwaltungsinstanzen. Verstärkte wirtschaftliche Selbständigkeit der Betriebe, Produktionsstätten, Betriebsteile, Abteilungen etc. Erweiterung nicht nur der Rechte, sondern auch der Verantwortung der Führungskräfte auf allen Ebenen.

5. Erweiterte Rechte für Belegschaften, Entwicklung der Selbstverwaltung und Demokratie, Abschaffung des Ernennungssystems wirtschaftlicher Führungskräfte zugunsten der Wahl durch die Belegschaften, verstärkte Verantwortlichkeit der Vorgesetzten gegenüber den Untergebenen bezüglich der getroffenen Entscheidungen, Transparenz in der Verwaltung und Berücksichtigung der öffentlichen Meinung der Arbeitskräfte.

6. Stärkere Abhängigkeit der Löhne und Gehälter von den Arbeitsergebnissen (Quantität und Qualität der gefertigten Produktion) und den aufgewendeten Produktionskosten. Stärkere Lohndifferenzierung je nach Gewinnträchtigkeit der Betriebe, und innerhalb eines Betriebs je nach den erbrachten Leistungen. Weitere Verbreitung verschiedener Formen des Leistungsvertrags in den Betrieben.

7. Aufhebung der unbegründeten Verbote, mit denen in der gesellschaftlichen Produktion und auch außerhalb alle Arten nützlicher unternehmerischer, wirtschaftlicher, organisatorischer und technischer Betätigung eingeschränkt werden. Weitgehende Entwicklung des kleinen sozialistischen Unternehmertums in Form von genossenschaftlicher Erwerbstätigkeit und Familienbetrieben. Bedeutende Ausweitung der Möglichkeiten, die persönlichen Einkünfte jener Gruppen, die mehr und besser arbeiten wollen und können, zu erhöhen.

8. Deutliche gesellschaftliche Höherbewertung der technisch, sozial oder humanitär orientierten, kreativen Arbeit. Eröffnung weiterer Möglichkeiten für alle Berufstätigen, sich auf wissenschaftlicher, wirtschaftlicher und sozialer Ebene schöpferisch zu betätigen, Förderung vernünftiger sozioökonomischer Versuche, Gewährleistung einer aktiveren Verwendung des kreativen Potentials der Bevölkerung.

9. Spürbare Personalreduzierung in der materiellen Produktion und vor allem im Verwaltungssektor. Überstellung von Millionen Arbeitskräften aus der Verwaltung in den Produktionsbereich. Notwendige Neuerlernung von Berufen, Umschulung und Arbeitsplatzsuche. Wahrscheinlich auftretende Probleme in der Beschäftigungssituation der arbeitsfähigen Bevölkerung, vor allem der Jugend, in mehreren Sowjetrepubliken mit geringer Bevölkerungs-

mobilität und in einigen Regionen mit rohstoffgewinnender Industrie oder Landwirtschaft. Mögliche Verschärfung der Schwierigkeiten bei der Arbeitsplatzsuche für Frauen mit Kleinkindern. Gesellschaftliche Höherbewertung der Ämter und Stellen, wahrscheinliche Unterbindung der Arbeitskräftefluktuation (aber Forcierung der organisierten Versetzungen), allgemeine Verbesserung der Einstellung zur Arbeit, Verstärkung der Arbeits- und Produktionsdisziplin.

10. Entwicklung des Genossenschaftshandels sowie der Floh- und Kolchosmärkte, die zur besseren Deckung der Bedürfnisse der Bevölkerung beitragen. Allmähliche Senkung der Verbraucherpreise aufgrund der zunehmenden Anzahl von Produzenten und deren Konkurrenzposition gegenüber der Nachfrage des Käufers; Reduzierung und Aufhebung der Engpässe bei Waren und Dienstleistungen im staatlichen Sektor; Beseitigung der speziellen Versorgungsnetze für hohe Verwaltungsbeamte; Bildung eines landesweiten allgemeinen Verbrauchermarktes, der allen Bevölkerungsgruppen offensteht.

11. Durch Einführung ökonomischer Wirtschaftsmethoden unumgängliche Anpassung der Einzelhandelspreise an den gesellschaftlichen Warenwert; Anhebung der staatlichen Milch-, Fleisch- und Brotpreise. Ökonomisch fundierte Erhöhung der Wohnungsmieten und Differenzierung je nach Qualität des Wohnraums. Bedeutende Erweiterung des Angebots an entgeltlichen Dienstleistungen zwecks Beseitigung der Engpässe. Wahrscheinlich nur partieller Ausgleich der steigenden Lebenshaltungskosten durch Zunahme der finanziellen Einkünfte und somit eine gewisse Senkung des Realeinkommens im Verhältnis zur geleisteten Arbeit. Verstärkte Abhängigkeit der Lebensbedingungen jedes Haushalts von seinen Leistungen und deren Entlohnung durch die Gesellschaft.

In dieser Aufzählung werden bei weitem nicht alle vielfältigen Einflußbereiche der Perestroika auf die Situation der verschiedenen gesellschaftlichen Gruppierungen angesprochen. Doch sie ermöglicht es, wie mir scheint, einerseits die Tragweite und zum anderen die Widersprüchlichkeit der sozialen Konsequenzen dieses historischen Prozesses abzuschätzen. Um dessen Verlauf erfolgreich steuern zu können, muß man wissen, welche Klassen, Schichten und Gruppen bei den einzelnen Maßnahmen gewinnen bzw. verlieren.

Vorbedingung für dieses Wissen ist eine richtige Vorstellung von der Sozialstruktur der Gesellschaft, von den Elementen und Beziehungen, aus denen sie besteht. In der Sowjetunion wird die Thematik der Sozialstruktur anhand des historischen Materialismus, des wissenschaftlichen Kommunismus, der Soziologie und der politischen Ökonomie erforscht. Doch in diesem Bereich der Gesellschaftswissenschaft haben sich zahlreiche Dogmen angesammelt, die weder durch theoretische Überlegungen noch empirische Untersuchungsergebnisse zu belegen sind. Deswegen ist hier eine grundlegende Erneuerung und Entwicklung notwendig.

Seit den dreißiger Jahren gelangt in den Staatsdokumenten, der wissenschaftlichen Literatur und den Lehrbüchern die „dreigliedrige Formel" der sozialen Klassenstruktur der sowjetischen Gesellschaft zur Anwendung. Gemeint sind damit zwei Klassen und eine Schicht: Arbeiterklasse, Kolchosbauernschaft und Intelligenzia. Die Unterschiede zwischen diesen Gruppen werden als Klassenunterschiede betrachtet; sie stellen somit die prinzipiellen, oder, wie man heute sagen würde, systembildenden Unterschiede dar. Die anderen werden als zweitrangige (klasseninterne oder klassenexterne) Unterschiede betrachtet. Klassenintern sind z.B. Unterschiede zwischen den beruflichen Qualifikationsschichten der Arbeiter, Kolchosbauern und Intellektuellen (jede für sich genommen), als klassenextern bezeichnet man z.B. die Unterschiede zwischen der Stadt- und der Landbevölkerung oder den Land- und Industriearbeitern.

Soziologische Untersuchungen stellen allerdings die Inadäquatheit dieser Lehre bezüglich der tatsächlichen Ordnung zeitgenössischer sozialistischer Gesellschaftssysteme unter Beweis.

In den meisten sozialistischen Ländern, die UdSSR eingeschlossen, ist erstens die Kolchosbauernschaft durch ihre Situation vom ländlichen Teil der Arbeiterklasse kaum zu unterscheiden. In sozialer Hinsicht haben die Sowchosarbeiter mit den Kolchosniki viel mehr gemeinsam als mit Industriearbeitern. Folglich erscheint die soziale Abgrenzung zwischen Land- und Stadtbevölkerung viel relevanter als jene zwischen Arbeitern und Bauern.[36]

Zweitens werden die vor einigen Jahrzehnten noch bedeutenden

[36] Vgl. z.B. J. W. Arutjunjan: „Soziale Struktur der Landbevölkerung", Moskau, Mysl, 1971; „Sozioökonomische Probleme des Übergangs der sowjetischen Gesellschaft in eine klassenlose Struktur", herausgegeben von W. G. Wenscher, Institut für Wirtschaftswissenschaften der Sowjetischen Akademie der Wissenschaften, 1982, S. 7, 26—27, und zahlreiche andere Arbeiten.

sozialen Unterschiede zwischen Industriearbeitern und Kolchosbauern jetzt verwischt. Wichtiger sind die Unterschiede zwischen den sozialen Schichten innerhalb jeder Klasse.
Ferner werden auch die Differenzen zwischen den qualifiziertesten Arbeitern und gewöhnlichen Ingenieuren und Technikern gründlich aufgeweicht. Wesentliche Unterschiede zwischen ihnen bestehen weder bezüglich der Art der Kenntnisse und Fähigkeiten, noch hinsichtlich ihrer Rechte und Pflichten, noch ihres Lebensstandards und der Lebensweise. Es ist bezeichnend, daß in vielen Industriezweigen 10—15% der Arbeiter eine Hochschulbildung absolviert haben, d.h. eigentlich der Intelligenz zuzurechnen sind.
Viertens ist die klassenähnliche Schicht der Intelligenzia, für die Hochschulbildung und intellektuelle Arbeit das spezifische Merkmal darstellen, in sozialer Hinsicht äußerst heterogen. Sie umfaßt sowohl die „Proletarier der geistigen Arbeit" wie z.B. Sprengelärzte, Kindergärtner oder Bibliothekare, als auch die politische Führungsspitze und die intellektuelle und künstlerische Elite.
Fünftens bietet die dreigliedrige Formel keinen Platz für eine Reihe von Gruppen, die in der Gesellschaft eine wichtige Position einnehmen und im Kampf, der um die Perestroika entsteht, keine unbedeutende Rolle spielen. Das betrifft die Gruppen der wirtschaftlichen Führungskräfte verschiedener Ebenen, Arbeitskräfte, die in Warenverteilung und -austausch beschäftigt sind, kleine sozialistische Unternehmer, Buchhalter und Sachbearbeiter (Angestellte), Macher der Schattenwirtschaft etc.
Diese Argumente weisen auf die Notwendigkeit hin, ein konkreteres und vor allem relevanteres wissenschaftliches Modell der sowjetischen Gesellschaftsstruktur zu erstellen. Es besteht dabei Grund zur Annahme, daß diese, ebenso wie die Strukturen der sowjetischen Gesellschaft in den zwanziger und zu Beginn der dreißiger Jahre, nicht einfacher, sondern eher komplexer ist als die kapitalistischen Gesellschaftsstrukturen. Das liegt daran, daß laut den allgemeinen Gesetzen der Natur die allmähliche Entwicklung eines Systems (ob es sich um einen Organismus, eine Lebensgemeinschaft zwischen Fauna und Flora oder um eine Gesellschaft handelt) immer zur Komplizierung ihres internen Aufbaus, zum zunehmenden Pluralismus von Elementen und Beziehungen, keinesfalls aber zu einer Vereinheitlichung führt. Aus diesem Grund ist die langjährige Annahme, daß die sozialistische Gesellschaft sich zu einer „völligen sozialen Gleichartigkeit" hinentwickeln würde, aus meiner Sicht schlicht unwissenschaftlich. Etwas anderes ist es,

daß die sozialen Unterschiede in dieser Gesellschaft ihren klassenspezifischen Charakter verlieren und inhaltlich neu zu bewerten sein werden; diese Perspektive steht außer Zweifel. Dennoch wird sich die soziale Gesellschaftsstruktur nicht vereinfachen, sondern komplexer werden, was übrigens im Laufe der vergangenen Jahrzehnte praktisch beobachtet werden konnte und die Wissenschafter absolut nicht zur Kenntnis nehmen wollten. Es wird angenommen, daß die sowjetische Gesellschaft gegenwärtig in sozialer Hinsicht ungleich komplexer ist als in der Nachkriegszeit, von der Periode vor dem Krieg ganz zu schweigen.

Zur Feststellung der tatsächlichen Struktur, die unserer Gesellschaft zugrunde liegt, kann die Methodologie der Erforschung sozialer Unterschiede, auf der die Leninsche Klassendefinition beruht, herangezogen werden. Bekanntlich hat Lenin in dieser Definition drei grundlegende Kriterien genannt, mit deren Hilfe die wichtigsten Elemente der Gesellschaftsstruktur, nämlich die Klassen, unterschieden werden können. Diese Kriterien sind die Rolle in der gesellschaftlichen Organisation der Arbeit, die Stellung zum Eigentum an Produktionsmitteln, Ausmaß und Quellen des Anteils am gesellschaftlich produzierten Reichtum, die den arbeitsorientierten oder parasitären Charakter der Einkünfte wiedergeben. Nach Lenin sind umfangreiche Personengruppen, die sich gleichzeitig in allen drei Kriterien voneinander unterscheiden, als Klassen zu bezeichnen. Ich möchte hingegen die Aufmerksamkeit darauf lenken, daß jedes der Leninschen Kriterien, auch wenn es isoliert von den anderen betrachtet wird, zur sozialen Differenzierung geeignet ist und die Einteilung in soziale Gruppen ermöglicht, auch wenn diese keinen klassenartigen Charakter aufweisen, dafür aber eine wichtige Rolle für das Funktionieren und die Entwicklung der Gesellschaft spielen. Diesen Gedanken möchte ich näher ausführen.
Die *Rolle in der gesellschaftlichen Organisation der Arbeit* spiegelt wichtige qualitative Merkmale der Beiträge wider, die die verschiedenen sozialen Gruppen zum Funktionieren und zur Entwicklung der Gesellschaft leisten. Diese Rolle wird durch den spezifischen Platz, den jede Gruppe im legislativen und exekutiven Gewaltensystem einnimmt, durch ihren funktionellen Tätigkeitsbereich (Verwaltung, Produktion, Warenverteilung und -tausch, soziale Betreuung der Bevölkerung, Kultur, Erziehungs- und Bildungswesen etc.) und durch die Art der erbrachten Leistung (Verhältnis zwi-

schen organisatorischen und ausführenden, geistigen und körperlichen, komplexen und einfachen Komponenten) bestimmt.
Beim *Verhältnis zu den Produktionsmitteln* müssen zum einen die Eigentumsformen und zum anderen die Mittel und Formen des Besitzes, der Verfügung über und der Nutzung der Arbeitsmittel und -gegenstände unterschieden werden. Dieser Aspekt der gesellschaftlichen Situation kann anhand von Anzeichen wie Teilnahme an der Bestimmung der staatlichen Wirtschaftsstrategie, Ausmaß der Verfügungsgewalt über die gesellschaftlichen Produktionsmittel (z.B. Verteilung, Umverteilung, Kauf und Verkauf), ökonomische Formen der Verwertung des sozialistischen Eigentums durch die verschiedenen Kategorien von Arbeitskräften, Besitz von Produktionsmitteln (Boden, Dauerkulturen, Vieh und Geflügel, Wirtschaftsgebäude, Transportmittel, landwirtschaftliches und anderes Inventar u.ä.) festgestellt werden. Andere sozial relevante Anzeichen, die sich auf dasselbe Merkmal beziehen, sind meines Erachtens die Art der verwendeten gesellschaftlichen Produktionsmittel (Technifizierungsniveau, Kosten, Verknappungsgrad, soziales Prestige) sowie die Möglichkeit, die zugeteilten Produktionsmittel unentgeltlich oder zu günstigen Bedingungen für persönliche Zwecke oder zur Ausführung von Schwarzarbeit in Anspruch zu nehmen.
Ausmaß und Quellen des Anteils am gesellschaftlichen Reichtum, den die verschiedenen sozialen Gruppen erhalten, geben die Menge der konsumierten materiellen, sozialen und kulturellen Güter wieder. Als Quellen können Arbeitsentlohnung in der gesellschaftlichen Produktion, Einkünfte von kleinunternehmerischer Erwerbstätigkeit, Vererbung des Vermögens Dritter und Beanspruchung bestimmter Vergünstigungen aus den gesellschaftlichen Konsumtionsfonds (unter anderem auch in Zusammenhang mit der Dienststellung) genannt werden. Dieser Aspekt der sozioökonomischen Situation kann beschrieben werden anhand von Merkmalen wie: allgemeines Niveau der laufenden Einkommen und Wert des angehäuften oder ererbten Vermögens, Verhältnis der verschiedenen Einkommensarten zueinander, Heranziehen von oder Verzicht auf illegale Einkunftsquellen, ökologische Qualität des Standorts, an dem gelebt und gearbeitet wird, Versorgungsqualität mit Konsumgütern und Dienstleistungen, Dichte der sozialen Infrastruktur, Wert und Art der Güter, die kostenlos oder zu günstigen Tarifen beansprucht werden können.
Obwohl die Anzahl der Kriterien, die die Stellung einer Gruppe be-

stimmen, insgesamt sehr groß ist, stehen die meisten in engem Zusammenhang. So bestimmt die Rolle, die eine Gruppe in der Organisation der gesellschaftlichen Arbeit einnimmt, in der Regel ihr Verhältnis zu den Produktionsmitteln; zusammen ergeben diese Kriterien aber ihrerseits die Art und das Ausmaß des Anteils am gesellschaftlichen Reichtum. Folglich ist die sozioökonomische Situation nicht das Ergebnis des zufälligen Zusammenwirkens einer Reihe von Merkmalen, sondern die qualitative Charakterisierung gesellschaftlicher Gruppen, die in der Geschichte und der gegenwärtigen Gesellschaftsordnung verwurzelt ist.
In einer unserer Arbeiten[37] haben wir versucht, die Gesamtheit der Leninschen Merkmale zur sozialen Klassendifferenzierung auf die Strukturierung der zeitgenössischen sowjetischen Gesellschaft anzuwenden. Trotz der Bemühungen, eine möglichst generelle Struktur mit großen Elementen zu erhalten, wurden nach den oben genannten Merkmalen mehrere Dutzend sozialer Gruppen herauskristallisiert.
Die Zielsetzungen des vorliegenden Buches machen es nicht erforderlich, all diese Gruppen zu beschreiben und zu analysieren, da wir uns hier nur mit jenen Unterschieden in Situation und Interessen der Leute befassen, die deren Einstellung zur Perestroika und ihre tatsächliche Rolle bei ihrer Realisierung bestimmen. Deswegen werde ich mir erstens erlauben, von der Besprechung einer ganzen Reihe gesellschaftlicher Gruppen, die auf die Perestroika keinen wesentlichen Einfluß nehmen (unqualifizierte Arbeiter und Angestellte, kleines Dienstleistungspersonal, Pensionisten, Schüler und Studenten, deklassierte Elemente etc.), Abstand zu nehmen. Zweitens werde ich durch Zusammenlegung jeweils mehrerer Gruppen die ursprünglich erarbeitete Struktur zu einer Grobklassifizierung zusammenfassen. In diesem Fall geht eine bessere Übersicht über das Gesamtbild zwar auf Kosten der Homogenität jedes Elements, doch dieser Kompromiß ist hier unumgänglich. Aus meiner Sicht sind folgende Gruppen zu nennen, die die Perestroika maßgebend beeinflussen und faktisch ihre Entwicklung bedingen:

1. Arbeiter, die durch berufliche Befähigung, Qualifikation sowie in sozialer und politischer Hinsicht die Avantgarde bilden.

---

[37] T. I. Saslawskaja, R. W. Rywkina: „Soziologie des wirtschaftlichen Lebens", Nowosibirsk, Sibirische Abteilung des Verlags Nauka.

2. Die breite Masse der Arbeiter (sie bilden zahlenmäßig die stärkste Gruppe), die durchschnittlich qualifiziert sind und deren Arbeitsplatz einen mittleren technischen Ausrüstungsgrad aufweist.

3. Arbeiter, die durch den fortwährenden Bezug unverdienter Einkünfte bis zu einem gewissen Grad verdorben und daran gewöhnt sind, für die Gesellschaft weniger zu leisten, als sie von ihr empfangen.

4. Kolchosbauern.

5. Wissenschaftlich-technische Intelligenz (Fachleute in der Volkswirtschaft, Wissenschafter naturwissenschaftlicher oder technischer Orientierung).

6. Wirtschaftsmanager in der materiellen Produktion.

7. Führungskräfte im Handel und Dienstleistungssektor.

8. Kleine sozialistische Unternehmer, die in Genossenschaften, Familienbetrieben oder individuell tätig sind.

9. Intelligenzia der Lehr-, Gesundheits- und Kulturberufe (Lehrkräfte, Ärzte, Journalisten, Schriftsteller, Künstler, Wissenschafter gesellschafts- und humanwissenschaftlicher Orientierung u.a.).

10. Hohe Verwaltungsfunktionäre (in Staats-, Partei- und Gesellschaftsorganisationen).

11. Politiker.

12. Gruppen des organisierten Verbrechertums, die korrupte Verwaltungsbeamte, Akteure der Schattenwirtschaft, leitende Angestellte im Handel und Dienstleistungssektor und den verdorbenen Teil der Arbeiterklasse umfassen.

Im nächsten Abschnitt werde ich versuchen, die Besonderheiten der gegenwärtigen Position jeder dieser Gruppen zu umreißen und ihre Interessen und ihre Einstellung zur Perestroika zu analysieren.

Gewinner und Verlierer der Perestroika

Als führende und zahlenmäßig stärkste Gruppe der sowjetischen Gesellschaft erscheint die *Arbeiterklasse*, die im staatlichen Produktionssektor beschäftigt ist. Ihre Funktion in der gesellschaftlichen Organisation der Arbeit besteht darin, materielle Güter und Dienstleistungen zu produzieren, die Produktionseffizienz zu steigern und die sozialistische Demokratie zu entwickeln. Die Arbeiterklasse ist Mitbesitzerin des staatlichen Eigentums an Produktionsmitteln, hat das Recht, über diese Mittel im Zuge der Produktionsselbstverwaltung zu verfügen, und setzt diese unmittelbar im Arbeitsprozeß ein. Der größte Teil der Einkünfte besteht aus dem Lohn am Arbeitsplatz und den Gütern, die aus den gesellschaftlichen Fonds in einem Ausmaß erhalten werden, das sich dem landesweiten Niveau nähert. Die Differenzierung der Löhne erfolgt normalerweise je nach Komplexität, erforderlichem Qualifikationsniveau, Schwere, Schädlichkeit und anderen Eigenschaften der Arbeit, die nicht direkt mit dem Arbeitsergebnis zu tun haben. Doch mit den neuen Organisationsformen werden die Löhne mehr und mehr von der Arbeitsqualität im ökonomischen Sinn, d.h. ihren Endergebnissen und der Rentabilität, bestimmt werden.

Die Ideen der Perestroika kommen dem Interesse der Arbeiterklasse vorbehaltlos entgegen. Diese profitiert sowohl von der besseren Befriedigung der Bedürfnisse an Waren und Dienstleistungen als auch von der Aufhebung der Verbote hinsichtlich zusätzlicher Erwerbstätigkeit sowie von der Demokratisierung der Produktionsverwaltung und von der Absage an administrativ-bürokratische Verwaltungsmethoden. Anhebung des Lebensstandards, sachlichere und effizientere Lösung sozialer Probleme, forcierte Wohnraumschaffung, Normalisierung der Wohnungsvergabe, erweiterte Rechte der Belegschaft im Kampf gegen Formalismus und Bürokratie, all diese gegenwärtigen Phänomene können den Arbeitern nur zugute kommen.

Selbstverständlich bringt die Perestroika für sie auch gewisse Nachteile, die nicht übersehen werden dürfen. Darunter fallen die mögliche Anhebung der Grundnahrungsmittelpreise auf ein Niveau, auf dem sich ihre Produktion rentiert, die wahrscheinliche Erweiterung des Bereichs entgeltlicher Dienstleistungen, die Mietzinserhöhung, wenn der Wohnraum über das staatlich garantierte Minimum hinausgeht etc. Doch diese von ökonomischer Zweckmäßigkeit diktierten Maßnahmen werden weitgehend kompensiert werden, so daß die große Mehrheit der Arbeiter darunter nicht leiden wird.

Komplizierter sieht die Lage mit der realen Bedrohung durch den Abbau ineffizienter und unnötiger Arbeitsplätze in der Volkswirtschaft aus. Mit der Schließung unrentabler Betriebe, der Freistellung der vormals gehorteten Arbeitskräfte in wirtschaftlichen Organisationen und den Bemühungen der Belegschaften, dasselbe Arbeitsvolumen mit weniger Personal zu erledigen, wird es unweigerlich zu Entlassungen kommen, die die betroffenen Arbeitskräfte vor die Notwendigkeit stellen, neue Berufe zu erlernen, den Betrieb und eventuell sogar den Wohnort zu wechseln. Das ist der soziale Preis für die Beschleunigung der sozioökonomischen Entwicklung, die ohne besondere Anstrengungen nicht erreicht werden kann.

Dies ist meines Erachtens der Rahmen, in dem sich die Beziehungen zwischen Perestroika und den Interessen der Arbeiter als Klasse abspielen werden. Den einzelnen Schichten dieser Klasse eröffnet die Perestroika jedoch unterschiedliche Aussichten, die nicht ohne Auswirkungen auf ihre Einstellung zu den vorgehenden Veränderungen und folglich auf ihr Verhalten bleiben können.

Ich beginne mit der *Arbeiter-Avantgarde*, die gebildete, hochqualifizierte, initiativfreudige, kreative und politisch aktive Menschen vereinigt. In der Regel sind die Vertreter dieser Schicht im Bereich der Spitzentechnologie (Gerätebau, flexible automatisierte Produktionssysteme, anspruchsvolle Zweige der chemischen Industrie, EDV-Technik usw.) beschäftigt. Unter qualifiziertem Einsatz einer für sowjetische Verhältnisse hochmodernen, häufig importierten und nur knapp verfügbaren Technik erzeugen sie erstklassige Produkte von hohem technologischem Anspruch, die nicht nur auf dem Binnenmarkt, sondern auch im Ausland Absatz finden. Umfassende berufliche Fertigkeiten und Kenntnisse und die Befähigung, einzigartige Produktionsmittel effizient zu nutzen, sichern diesem Teil der Arbeiterklasse hohe Löhne (die vielfach merklich über den Gehältern von Ingenieuren liegen), erstklassige Wohnungen, Zugang zu qualifizierter medizinischer Versorgung, mit hohem Selbstwertgefühl und Selbstvertrauen gepaartes soziales Prestige und intensive soziale Aktivität.

Im System der Kommandowirtschaft lag ein Teil der wirtschaftlichen, organisatorischen und technischen Fähigkeiten dieser Arbeiter insofern brach, als sie nach Vorschrift, innerhalb eines streng

definierten Rahmens arbeiten mußten und nur wenig wirklich kreative Funktionen wahrzunehmen hatten. An der Perestroika gewinnt diese Gruppe mehr als andere. Sie ist erstens an der Abschaffung der Gleichmacherei und des Lohnzwangs bei der Arbeitsentlohnung, an einer angemessenen und gerechten Honorierung gewissenhafter und qualitativ hochwertiger Leistungen und an deren Differenzierung von nachlässiger und ineffizienter Arbeit interessiert. Die konsequente Einhaltung des leistungsorientierten Verteilungsprinzips wird es ihnen ermöglichen, sowohl in der Wirtschaft als auch in der Gesellschaft einen höheren und angemesseneren Platz einzunehmen. Zweitens ist die Arbeiter-Avantgarde ganz besonders an der Verbreitung neuer Organisationsformen der Produktion — Leistungsvertrag, Pacht, wirtschaftliche Genossenschaften, Akkordbrigaden zur Erledigung komplexer Aufgaben — interessiert. Drittens legen hochqualifizierte Arbeiter viel Wert auf die Möglichkeit, in kleinen Kooperativen ihr Kreativitätspotential voll verwerten zu können. Schließlich erscheinen sie aufgrund ihrer sozialen und politischen Betätigung oft als Triebfeder für die Entwicklung der Selbstverwaltung, beteiligen sich gerne an den Aktivitäten gesellschaftlicher Organisationen, an Belegschaftsräten, an der Organisation von Wahlen wirtschaftlicher Führungskräfte und am Kampf für Transparenz im Verwaltungswesen.
Was jedoch die sozialen Schwierigkeiten betrifft, die im Zusammenhang mit der Perestroika auftreten — Erhöhung der Lebenshaltungskosten, Arbeitsplatzkürzungen usw. —, so sind diese Arbeiter am wenigsten davon betroffen. Aus diesem Grund stellt dieser Teil der Arbeiterklasse eine wichtige und absolut zuverlässige soziale Stütze für die Reformtätigkeit der Partei dar.
Viele dieser Argumente treffen auch auf die *breite Masse der Arbeiter* mit mittlerer Qualifikation und durchschnittlichem technischen Ausrüstungsgrad zu. Auch diese Schicht bringt den vertragsmäßig organisierten Produktionsformen großes Interesse entgegen. Allerdings werden sich gewissenhafte Arbeiter und Stümper deutlicher als zuvor scheiden, wenn die gewohnte Lohnberechnungsmethode (bei der so gut wie nach abgesessener Zeit bezahlt wurde) durch die Berücksichtigung der Arbeitsergebnisse abgelöst werden wird. Erstere werden gerecht belohnt werden, während letztere (die absolut keine Einzelfälle darstellen) einen klaren Verlust erleiden und die Perestroika sicher nicht begrüßen werden.
Viele durchschnittlich qualifizierte Arbeiter gehen gerne verschieden gearteten Nebenbeschäftigungen in Genossenschaften oder

Familienbetrieben nach. Sie verfügen einerseits über die Möglichkeit dazu — berufliche Fähigkeiten, Werkstoffe —, verspüren andererseits aber auch das dringende Bedürfnis danach, da ihr Einkommensniveau weit unter dem der Arbeiter-Avantgarde liegt. Profitierend von der allmählichen Beseitigung der Warenverknappung und der Normalisierung des Konsumgüterhandels, kann die breite Masse der Arbeiter gleichzeitig aber auch relativ schnell die Auswirkungen des Rentabilitätsprinzips und des technischen Fortschritts in den Betrieben zu spüren bekommen. Teilweise werden sie gezwungen sein, ihre Betriebe zu verlassen und neue Arbeitsplätze zu suchen, was in den Großstädten kaum Probleme bereiten dürfte, zumindest nicht in absehbarer Zeit, aber in kleinen Städten und auf dem Land mit Schwierigkeiten verbunden sein kann. Am schwierigsten wird die Lage wahrscheinlich für ältere, kaum qualifizierte Menschen, die nicht mehr die Fähigkeit zur Umschulung aufbringen, aber auch für die beschränkt arbeitsfähige Bevölkerung sein. Der Staat muß natürlich die Lösung dieser komplexen Fragen in die Hand nehmen, doch einen Teil der Arbeiter erwartet zweifellos eine problematische Situation. Dennoch bringt die Perestroika für die breite Arbeiterschicht insgesamt weit mehr Vorteile als Verluste. Deswegen ist auch die Mehrheit ihrer Vertreter den Befürwortern oder zumindest den Verbündeten der Perestroika zuzurechnen.

Unterdessen erscheint es mir gefährlich, sich mit dieser positiven Schlußfolgerung zufriedenzugeben. Der Mensch muß in der Tat, wenn er zum aktiven Verfechter einer bestimmten Idee werden soll, diese durch und durch erfassen, mit dem eigenen Bewußtsein verarbeiten und mit seinen Werten, Bedürfnissen und Interessen in Beziehung stellen. Die Behauptung, daß die breite Masse der Arbeiter das Konzept der Perestroika durchgehend erfaßt, den inneren Zusammenhang ihrer Maßnahmen erkannt und ihren Bezug zu seinen eigenen grundlegenden Interessen verstanden hätte, erscheint indessen noch als verfrüht. Denn bislang umfaßt die sowjetische Arbeiterklasse keinen geringen Anteil an kaum gebildeten, schlecht qualifizierten Menschen mit einem beschränkten sozialen und politischen Horizont, die sich auf ihre eigenen engen Interessen konzentrieren. Deswegen findet man unter den Arbeitern neben aufrichtigen Perestroika-Befürwortern auch zahlreiche sozial passive Leute, von denen ein Teil eine skeptische Haltung einnimmt („Das haben wir alles schon einmal gehört, schon klar, früher hat es nicht geklappt, warum soll es jetzt klappen"), der andere

Teil sich aber überhaupt nicht für die gesellschaftlichen und wirtschaftlichen Vorgänge interessiert, in der Meinung, daß die Wirtschaftsreform in den Aufgabenbereich der Direktoren und Spezialisten gehört.
Weiters möchte ich das Augenmerk auch auf die *verdorbenen Arbeiter* lenken, die im alten Beziehungssystem einen besonders vorteilhaften Platz innehatten und der Perestroika negativ gegenüberstehen. Diese der sozialen Zusammensetzung nach ziemlich heterogene Schicht hat ein gemeinsames Merkmal, nämlich die Gewohnheit, „umsonst" ein Einkommen, einen unverdienten Lohn zu beziehen, Vergünstigungen und Privilegien zu beanspruchen, denen keine Gegenleistungen entsprechen. Die Rede ist von den Arbeitern, die aus bestimmten Gründen die Möglichkeit haben, von der Gesellschaft mehr zu nehmen, als sie ihr geben. Eine derartige Situation verdirbt die Menschen, deswegen ist für diese Schicht ein ziemlich niedriges moralisches Niveau und der eindeutige Vorrang von Privat- und Gruppeninteressen vor den kollektiven und gesellschaftlichen Interessen kennzeichnend.
Wer ist dieser Schicht konkret zuzurechnen? Es handelt sich erstens um jenen Teil der Arbeiterklasse, der in privilegierten Ämtern oder Wirtschaftsbehörden beschäftigt ist und komfortablere Arbeitsbedingungen, höhere Löhne und einen größeren Anteil an den Gütern aus den gesellschaftlichen Konsumtionsfonds hat. Dies alles jedoch nicht aufgrund entsprechender Leistungen, sondern einzig und allein wegen des besonderen Arbeitsplatzes. In dieser Lage befinden sich beispielsweise die persönlichen Chauffeure leitender Funktionäre, das Bedienungspersonal privilegierter Sanatorien oder medizinischer Einrichtungen etc. Zweitens fallen in diese Gruppe jene Arbeiter, die aufgrund des Personalmangels in ihrer Berufssparte in der Lage sind, unabhängig von der erbrachten Leistung vom Vorarbeiter die „Erzwingung" des geforderten Lohns zu verlangen, und von dieser Möglichkeit auch tatsächlich Gebrauch machen. Dabei wird damit argumentiert, daß die schlechte Arbeitsorganisation an den ungenügenden Leistungen die Schuld trage. Wie dem auch sei, der Bezug eines unveränderlichen, von den Leistungen unabhängigen Lohns führt jedenfalls unweigerlich zu Desinteresse und Korruption der Arbeitskräfte und fördert ihren beruflichen Qualitätsverlust.
Als drittes Element würde ich die eigentlichen Betrüger anführen, deren einzige „Leistung" darin besteht, aus guten Rohstoffen schlechte Produkte zu erzeugen. Für diese Arbeit dürfte man sie

nicht bezahlen, sondern müßte eher eine Wiedergutmachung von den Arbeitskräften verlangen. Aber sie beziehen natürlich einen Lohn, ohne der Wirtschaft irgendeinen Nutzen zu bringen. Solche Arbeiter gibt es en masse. Sie sind es, die Häuser bauen, die über den Köpfen der Bewohner einstürzen, die nach einem Saufgelage Brände in den Fabriken verursachen, die Züge aufeinander zurasen lassen usw. Und für das alles werden sie bezahlt.

Den vierten Typus repräsentieren Arbeiter, die umfangreiche Einnahmen unter der Hand beziehen. Sie sind zum Beispiel im Kfz-Service, Gaststättenwesen, staatlichen Handel, auf Kolchosmärkten etc. beschäftigt. Die „Zuschläge“, „Anerkennungen“, Trinkgelder, oft aber auch direkte Gebühren von seiten der Verbraucher machen einen bedeutenden, wenn nicht den größten Teil ihres Einkommens aus. Mit ihnen verwandt ist der fünfte Typus von Arbeitskräften, die ihren Wohlstand auf kleinen, größeren, manchmal aber auch umfangreichen Diebstählen von Rohstoffen und fertigen Produkten aufbauen. In der Kohleindustrie oder dem Eisenhüttenwesen ist es natürlich schwierig, Produkte mitgehen zu lassen, doch die Betriebe in der Leicht- und der Nahrungsmittelindustrie, in der Bau- und der Landwirtschaft leiden derzeit noch sehr stark unter dem systematischen, organisierten Diebstahl. Die Zeitschriften strotzen von Berichten über die fortwährende Tätigkeit der sogenannten „Mitnehmer“.

Es gibt auch noch andere Gruppen von Arbeitern, die von der Gesellschaft mehr empfangen, als ihrer Leistung entspricht. Die vorstehenden Ausführungen zeigen aber mit hinreichender Deutlichkeit, daß nicht nur in ihren Büros festsitzende Bürokraten die Perestroika bremsen. Verschiedene Schichten und Gruppen, darunter auch aus der führenden Kraft der sowjetischen Gesellschaft, der Arbeiterklasse, beteiligen sich an diesem Vereitelungsprozeß, und zudem nicht in Einzelfällen, sondern in durchaus spürbaren Ausmaßen. Denn wie unterschiedlich die aufgezählten Typen von Arbeitern, die mehr als nur ein Arbeitseinkommen beziehen, auch sein mögen, keiner von ihnen legt Wert darauf, seine Vorteile aufzugeben und mit dem Kampf für soziale Gerechtigkeit bei sich selbst zu beginnen.

Die *Kolchosbauern* stellen zahlenmäßig die zweitstärkste soziale Gruppe der sowjetischen Gesellschaft. Ihre Aufgabe in der gesellschaftlichen Organisation der Arbeit besteht darin, das Land mit Nahrungsmitteln und anderen Agrarprodukten zu versorgen. Die

wichtigsten Merkmale ihrer Situation sind das genossenschaftliche Eigentum der Arbeitskollektive an Produktionsmitteln und der kostenlose Besitz des staatlich zur Verfügung gestellten Bodens. Da sie theoretisch nach dem Rentabilitätsprinzip arbeiten, müssen die Kolchosbauern per definitionem das Recht, selbständig über die Produktionsmittel zu verfügen, sowie ausreichende ökonomische Bewegungsfreiheit besitzen. Dabei muß der zwischen den Kolchosbauern aufzuteilende Entlohnungsfonds als Ergebnis der wirtschaftlichen Tätigkeit des betreffenden Kollektivs, d.h. als Teil ihres Bruttoeinkommens, gebildet werden. Daraus wird ersichtlich, daß die Neugestaltung der Wirtschaftsbeziehungen in ihren Grundgedanken gänzlich mit den Prinzipien der Produktions- und damit auch der landwirtschaftlichen Zusammenarbeit auf kooperativer Basis in Einklang stehen. Leider wurden im gesamten Zeitraum seit dem Zweiten Weltkrieg alle Merkmale eigentlich kooperativer Beziehungen, von der freien Entscheidung über den wirtschaftlichen Tätigkeitsbereich angefangen bis hin zur Art der Einkommensbildung und -verteilung, aus dem Kolchossektor ausgemerzt. Es vollzog sich ein beständiger und ausgesprochen schädlicher Prozeß der allmählichen Verstaatlichung der Kolchosen, ihre Verwandlung in Quasi-Sowchosen, die nach denselben Methoden und mit denselben wirtschaftlichen Ergebnissen geführt wurden. Zahlreiche sowjetische Spezialisten der Agrarwirtschaft (W. G. Wenscher, A. A. Nikonow, L. W. Nikiforow, M. J. Lemeschew, A. M. Jemeljanow u.a.) sprachen sich gegen diese Tendenz aus und stellten unter Beweis, daß die Kolchoswirtschaft unter den sozialistischen Bedingungen effizienter ist als die Sowchoswirtschaft, doch ihre Stimmen gingen im Chor der Behauptungen unter, daß das Kolchoseigentum eine „niedrigere“ Eigentumsform darstelle als das Staatseigentum und deswegen die Grenze zwischen Kolchosen und Sowchosen rasch „verwischt“ werden müsse. Ich bin überzeugt davon, daß, hätten die Kolchosen in den dreißiger, vierziger Jahren die Möglichkeit gehabt, unter ihrer ökonomischen Natur entsprechenden Bedingungen zu arbeiten, wir heute nicht nur keine Lebensmittelengpässe hätten, sondern sogar Nahrungsmittel in andere Länder exportieren könnten.
Für die Kolchosbauern bedeutet die Perestroika weniger die Einführung neuer, unerprobter Wirtschaftsmethoden als die lange erwartete Rückbesinnung auf die Leninschen Ideen über die Entwicklung der Kooperativen, die entschiedene „Entstaatlichung“ der Kolchosen, die Wiederherstellung ihres ursprünglichen recht-

lichen und ökonomischen Status und die Befreiung von kleinlicher und unqualifizierter bürokratischer Bevormundung von seiten der Verwaltungsorgane. Vor allem gilt es, die stark verkümmerte Demokratie in den Kolchosen wieder zum Leben zu erwecken, die Selbstverwaltung der Kollektive zu entwickeln und ihnen das Recht zu gewähren, nicht nur eine vorteilhafte Wirtschaftsstruktur, sondern auch die besten Organisations- und Verwaltungsmodelle frei auszuwählen. Von hervorragendem Interesse ist insbesondere die in einer Reihe von Bezirken gutgeheißene Idee, die Kolchosen als „Verbände von Primärkooperativen", d.h. kleiner Leistungsvertragsbrigaden, Höfe und anderer Einheiten, zu organisieren[38]. Doch am wichtigsten ist es nicht, überall dieselbe, wenn auch die beste Idee einzuführen, sondern das intellektuelle Potential der Kolchosbauern für einen kreativen Suchprozeß nach effizienten Organisationsformen unter den konkreten Bedingungen jedes Bezirks und jedes Betriebs zu mobilisieren.
Selbstverständlich ist der Übergang der Kolchosen auf das uneingeschränkte Rentabilitätsprinzip — der im Grunde mit der Streichung nicht zurückzahlbarer staatlicher Zuschüsse, mit der Abschaffung des garantierten staatlichen, von den Arbeitsergebnissen unabhängigen Mindestlohns in annähernder Höhe des Sowchosenlohns, dafür aber mit der Verteilung der tatsächlich in jedem Kollektiv erwirtschafteten Einnahmen einhergeht —, ist dieser Übergang also kein einfacher Prozeß, der konfliktfrei ablaufen kann. Er wird unweigerlich die unter den bisherigen Bedingungen kaschierten Unterschiede in der wirtschaftlichen Lage der Kolchosen ans Tageslicht zerren, den einen Kolchosen den Weg zur Entwicklung weit öffnen und gleichzeitig die anderen mit der Gefahr der Liquidierung konfrontieren. Genau hier werden das ökonomische Wirtschaftsmanagement und vor allem eine umfassende Preisreform für die Agrarprodukte benötigt. In der Tat gewährleistet die gegenwärtige geographische Preisdifferenzierung keine gerechte Umverteilung der Differentialrente und teilt die Wirtschaften von vornherein je nach den natürlichen Gegebenheiten in Gewinn- und Verlustunternehmen ein.
Demnach fällt, strategisch gesehen, das Interesse der Kolchosbauern auf lange Sicht zweifellos mit dem Perestroika-Kurs zusammen. Mit dem unmittelbaren, taktischen Interesse sieht es aller-

---

[38] W. Jefimow, T. Kadyrow: „Die Kolchose als Verband von Kooperativen", Iswestija, 1988, Nr. 96 (5.4)

dings weitaus komplizierter aus. Denn das alte Wirtschaftssystem mag ineffizient gewesen sein, die Freiheit der Kolchosen eingeschränkt haben, sie gezwungen haben, nicht optimal zu funktionieren, mag unnütze Verluste verursacht haben — aber es funktionierte und sicherte sogar den schlechtesten Kolchosen einen Ausgleich der erlittenen Verluste und keine schlechte Bezahlung. Es stimmt, daß den Kolchosen praktisch jegliches wirtschaftliche Recht entzogen wurde. Doch dafür trugen sie keine reelle ökonomische Verantwortung für ihre Arbeitsergebnisse, gingen kein ernstzunehmendes Risiko ein. Ein typisches Bild der Stagnationsperiode? Zweifelsohne. Doch man hatte sich daran gewöhnt, sich damit abgefunden, während man sich selbständiges Haushalten, das Analysieren von Alternativvarianten, Risikofreude und Kreativität abgewöhnt hatte. Deswegen ruft die Perestroika bei einem beträchtlichen Teil der Kolchosbauern ernstliche Befürchtungen hervor. Ihre Einstellung läßt sich mit der der Arbeiterklasse vergleichen: der energische, kreative, selbstsichere und qualifizierte Teil der Kolchosbauern unterstützt die Perestroika, beteiligt sich bereitwillig an Leistungsverträgen und erzielt mit den erbrachten Leistungen Resultate, die die vormaligen um ein Vielfaches übertreffen. Träge Kolchosbauern, besonders wenn sie in materiell, technisch und sozial schlecht ausgestatteten Kolchosen arbeiten, zweifeln an der Möglichkeit, ohne größere staatliche Investitionen Fortschritte erreichen zu können. Relativ stark vertreten ist auch jene Schicht, die den Sinn der Perestroika nicht erfaßt und sie als ein Phänomen betrachtet, das sich irgendwo in ganz anderen Sphären abspielt und allenfalls für ihre Vorgesetzten von Belang ist. Diese Haltung ist typisch für ältere, kinderreiche, ungebildete und unqualifizierte Kolchosbauern und -bäuerinnen.

Bis hierher habe ich die Kolchosbauern als Kollektiveigentümer der Produktionsmittel und fertigen Erzeugnisse betrachtet. Mehr als ein Drittel der Kolchosprodukte kommt allerdings aus den Nebenerwerbswirtschaften, für die die Kolchose den Boden bereitstellt, die Kolchosbauern aber selbst die Produktionsmittel und die Arbeitskraft einbringen. Wie man weiß, hat der Sowjetische Staat seine Position gegenüber den Nebenerwerbshöfen häufig radikal geändert: von ihrer Förderung als „Teil der sozialistischen Wirtschaft" bis zur forcierten Liquidierung als „Überrest bürgerlich-eigentümlerischer Verhältnisse". Die Perestroika gab der bäuerlichen Hoflandwirtschaft gleichsam ein zweites Leben, indem sie allen Arten von individueller Erwerbstätigkeit und Familienbetrie-

ben den Weg freimachte. Es genügt, auf die ständig zunehmende Verbreitung des Familienleistungsvertrags im Ackerbau und besonders in der Viehzucht hinzuweisen. Familien von Kolchosbauern übernehmen unter Leistungsvertrag jeweils mehrere Dutzend Jungrinder sowie Schweine und Kleinvieh, die sie entweder in eigenen oder verlassenen und revitalisierten Zuchtgebäuden mästen. Die Kolchose steuert ihrerseits Futtermittel, Streu, tierärztliche Versorgung etc. bei und kauft anschließend die Tiere zu den abgemachten Bedingungen auf. Bei einer derartigen Organisierung der Produktion wächst die individuelle Wirtschaft im Grunde mit dem gesellschaftlichen Sektor zusammen, wobei beide Teile, Bauern und Kolchosen, ja, und auch die Gesellschaft Profit daraus ziehen. Die mit der Perestroika angestrebte bessere Nutzung des individualwirtschaftlichen Potentials entspricht den bäuerlichen Interessen durchaus und findet ihre aufrichtige Unterstützung. Als umso besorgniserregender erscheint der Umstand, daß der sozialistische Charakter der individuellen Nebenerwerbshöfe bis heute nicht von allen lokalen Partei- und Staatsfunktionären anerkannt wird und viele von ihnen zwar der Perestroika das Wort reden, aber in Wirklichkeit der raschen Entwicklung der individuellen Landwirtschaft entgegenarbeiten.
Insgesamt haben die Kolchosbauern nicht weniger, vielleicht sogar auch um einiges mehr an der Perestroika zu gewinnen als die Arbeiter. Wie bei der Arbeiterklasse stellt der fortschrittlich orientierte Teil der Kolchosniki die Basis der Wirtschaftsreform, während die breite Masse als zuverlässiger Verbündeter auftritt.

Die *wissenschaftlich-technische Intelligenzia* setzt sich aus mittleren Führungskräften, Spezialisten der Volkswirtschaft und naturwissenschaftlich und technisch orientierten Wissenschaftern zusammen. Diese Schicht hat gestalterische Aufgaben wahrzunehmen, die auf die effiziente Organisation der materiellen Produktion und vor allem die Entwicklung des wissenschaftlich-technischen Fortschritts, die Konstruktion, Einführung, Modernisierung und effektive Nutzung der gesellschaftlichen Produktionsmittel hinauslaufen. Allerdings entspricht die sozioökonomische Situation dieser Schicht nicht ihrer Rolle in der Organisation der gesellschaftlichen Arbeit. Einmal besteht im Verhältnis zu den vorhandenen Bedürfnissen ein wesentliches Überangebot an Ingenieuren und Technikern, während sie punkto Qualifiziertheit an das Weltniveau nicht heranreichen. Es spricht für sich, daß viele Fachleute häufig die Arbeit kleiner Angestellter erledigen, die mit der Erstellung von Berichten, Sachbearbeitung etc. verbunden ist. Sie sind nicht kreativ tätig, verdienen wenig und genießen ein geringes soziales Ansehen. Was den qualifizierten, schöpferischen, kompetenten Teil der Spezialisten betrifft, so leiden diese stärker als andere unter den bürokratischen Managementmethoden. Ihre Tätigkeit ist mit einer Unzahl unnötiger Vorschriften verflochten. Jahre- und jahrzehntelang müssen sie oft auf die praktische Verwirklichung ihrer Neuerungen und Erfindungen warten. Dem muß hinzugefügt werden, daß die Gehälter der Fachleute sich kaum von den Löhnen der Arbeiter abheben und manchmal sogar darunter liegen. Die Möglichkeit zu zusätzlichen Verdiensten sind bei ihnen stark eingeschränkt; der letztendlichen Effizienz ihrer schöpferischen Leistungen wird bei der Entlohnung kaum Rechnung getragen.

Aus den erwähnten Besonderheiten ihrer Lage ergibt sich eine uneinheitliche Einstellung der Fachkräfte zur Perestroika. Den hochqualifizierten, produktiven Ingenieuren verspricht sie eine deutliche Verbesserung ihrer Lage, sowohl was die Arbeitsmöglichkeiten (effizientere Realisierung ihrer Vorschläge) als auch ihre persönliche Situation (Einkommen, Prestige) betrifft. Die Spezialisten der Volkswirtschaft werden in Leistungsvertragskollektiven oder in Kooperativen zur Herstellung fehlender High-Tech-Produkte gebraucht. Gemeinsam mit den anderen Gruppen der Intelligenzia stehen sie mehrheitlich einer Zunahme der Transparenz und der allgemeinen Demokratisierung der Gesellschaft positiv gegenüber. Andererseits ist das Kollektivbewußtsein dieser Schicht hochgradig von Skeptizismus hinsichtlich der Realisierbarkeit wirtschaftlicher Veränderungen geprägt. Ihre Vertreter sind öfter als sonst jemand mit der bürokratischen Entstellung fortschrittlicher Ideen, deren formalistischer Sinnentleerung und mit der Kaschierung faktisch unveränderter Praktiken durch modische Phrasen und Schlagwörter konfrontiert. Deswegen glauben viele Ingenieure, Agronomen, Wirtschaftswissenschafter nicht daran, daß die Perestroika realisierbar ist, daß der Bremsmechanismus neutralisiert werden kann, auch wenn sie dieses Konzept als dem gesellschaftlichen Interesse entgegenkommend betrachten.

Schließlich gibt es eine recht große Gruppe in der wissenschaftlich-technischen Intelligenz, die sich an die alte Ordnung, warme Plätzchen und sichere Bezüge, ohne größere Verantwortlichkeit für erbrachte Leistungen, gewöhnt hat. Die Vertreter dieser Gruppe haben ihre fachliche Qualifikation (falls sie je eine besaßen) verloren und sind unfähig, unter den intensivierten Wirtschaftsbedingungen zu arbeiten. Aus diesem Grund sind sie an keiner Perestroika interessiert und wünschen sich nur, ihre Jahre bis zum Ruhestand unter möglichst stabilen Bedingungen abdienen zu können.

In die Gruppe der *Wirtschaftsmanager* reihe ich Direktoren, Vorsitzende und Leitende Spezialisten von Betrieben, Kolchosen, Sowchosen, Produktionseinheiten, Bau- und Transportorganisationen sowie von größeren Untereinheiten wie Produktionsstätten, Betriebsteilen etc. ein. Diese soziale Gruppe ist für das Management der materiellen Produktion, ihr effektives Funktionieren und die wissenschaftlich-technische und sozioökonomische Entwicklung verantwortlich. Sie ist weitgehend berechtigt, über gesellschaftliche Produktionsmittel, aber auch im Rahmen der gültigen wirtschaftlichen Gesetzgebung über die Tätigkeit der untergebenen Belegschaften zu verfügen. Sie beziehen hohe Gehälter und zahlreiche Prämien, profitieren von großzügigen Privilegien und Vergünstigungen aus den gesellschaftlichen Konsumtionsfonds und haben darüber hinaus die Möglichkeit, bis zu einem gewissen Grad sowohl zu gesellschaftlichen als auch zu persönlichen Zwecken mit den Produktionsmitteln und Erzeugnissen zu jonglieren. Sie sind sowohl materiell als auch sozial sehr gut situiert, doch ist auch ihre Arbeit ausgesprochen komplex, intensiv und mit großen physischen und nervlichen Belastungen verbunden. Man denke nur an die berüchtigte Bevormundung der Betriebe durch Staat und Partei, die bürokratischen Verwaltungsmethoden der Wirtschaftsbehörden, an die Schwankungen bei den wirtschaftlichen Betriebsbedingungen, die Unausgeglichenheit zwischen Produktionsplänen und Ressourcen, die desorganisierte materiell-technische Versorgung etc.
Mit der Perestroika werden sich die Grundlagen für die Tätigkeit dieses Personenkreises radikal verändern, wobei sich der Wechsel weder ganz positiv noch absolut negativ für sie auswirken wird, sondern einen recht widersprüchlichen Charakter hat. Einerseits werden die Möglichkeiten für ökonomische, organisatorische, wissenschaftlich-technische und soziale Tätigkeit wesentlich erweitert. Die Führungskräfte werden mit ihren Mitarbeiterstäben souverän in den anvertrauten Abteilungen haushalten, von Tausenden schikanöser Verbote befreit werden. Der Übergang vom Ernennungsprinzip durch vorgesetzte Instanzen zur Wahl der Führungskräfte

durch die Belegschaften wird ihre Lage zusätzlich konsolidieren und die Regelung von Fragen mit den höhergestellten Führungseinheiten erleichtern. Auf die Produktion wird sich die geringere Fluktuation des Personals und die Verstärkung der Arbeitsdisziplin positiv auswirken.

Das ist allerdings nur ein Aspekt. Auf der anderen Seite müssen die alten Führungsmodelle prinzipiell revidiert werden, muß an die Stelle gehorsamer Befolgung der Befehle von oben die selbständige, manchmal risikoreiche organisatorische und technische Entscheidungsfindung treten. Unter den neuen Gegebenheiten werden steigende Anforderungen an die Qualifikationen, ja, und an die Persönlichkeit der Manager gestellt. Ihre Arbeit wird komplexer, verantwortlicher. Das allein genügt schon, damit ein bedeutender Teil der leitenden Kräfte flugs eine konservative Haltung einnimmt und bei der praktischen Neugestaltung seines Führungsstils keinen Übereifer an den Tag legt. Außer den genannten Faktoren müssen aber noch ungenügende Durchdachtheit, schlechte Koordinierung und chaotische Zustände angeführt werden, die in den meisten Branchen mit den ersten Versuchen, den Betrieb auf neue Wirtschaftsgeleise zu stellen, auftreten werden. Es liegt zum Beispiel auf der Hand, daß chronisch Verluste schreibende Betriebe nicht auf Rentabilität und Selbstfinanzierung übergehen können, wenn nicht zuvor die Preise ihrer Produkte an die Selbstkosten angeglichen werden. Die Preisbildungsreform läßt indes auf sich warten. Einige andere Beispiele für praktische Sinnentleerung der Perestroika-Maßnahmen wurden bereits im ersten Abschnitt besprochen. Die Ausweitung dieser Praktiken erweitert künstlich den Kreis der Manager, die mit der Durchführung der Perestroika nicht zufrieden sind. Sie vertreten zwar im Prinzip die Ideen der Perestroika, sind aber der Ansicht, daß deren Realisierung nicht möglich ist und vielmehr zahlreiche Neuerungen die Stellung der administrativen Kommandoführung eigentlich verstärken: erneut bleibt es bei Worten, die nicht mit Fakten bestätigt werden.

Die materielle Situation der Wirtschaftsmanager dürfte sich mit der Reform insofern verbessern, als die unbegründeten Höchstgrenzen der Prämien für hocheffiziente Tätigkeit (Anhebung wirtschaftlicher Kennziffern, Einführung neuer Technologien, Exporterweiterung auf dem Weltmarkt usw.) abgeschafft werden sollen. Gleichzeitig werden ihre Gehälter von den Leistungen der entsprechenden Belegschaften stärker abhängig und damit auch die Unterschiede in der Entlohnung der Direktoren analoger Betriebe,

auch innerhalb derselben Branche, spürbarer. Folglich können nicht alle Führungskräfte einen realen wirtschaftlichen Gewinn aus der Reform ziehen, sondern nur jene, die die neuen Wirtschaftsbedingungen zur rapiden Produktionssteigerung auszunützen wissen. Dieser Umstand bewirkt ebenfalls eine Differenzierung der Einstellungen gegenüber der Perestroika.
Zusammenfassend läßt sich feststellen, daß die Perestroika die Interessen der Wirtschaftsmanager zu stark und zu unmittelbar berührt, als daß sie ihr gegenüber neutral oder gleichgültig bleiben könnten. Doch ihre Haltung ist nicht einfach. Erstens variiert sie je nach sozialer Persönlichkeit und sozioökonomischer Couleur. Zweitens kann dieser Personenkreis besser als jeder andere zwischen theoretischem Konzept und praktischer Realisierung unterscheiden, wobei ihre jeweilige Einstellung zu ersterem und letzterer vielfach stark divergiert. Angesichts dieser Tatsachen wäre es wichtig, im gesamten Landesgebiet eine repräsentative Umfrage unter den Wirtschaftsmanagern darüber durchzuführen, wie die Wirtschaftsreform in die Praxis umgesetzt wird und in welchem Ausmaß dies ihren theoretischen Zielsetzungen entspricht.

Die nächste Gruppe umfaßt *Führungskräfte des Handels, des Gaststätten- und Hotelwesens und des Dienstleistungssektors*, sowie von Organisationen, die die Güter aus den gesellschaftlichen Konsumtionsfonds verteilen. Ihre Rolle besteht darin, den Tausch und die Verteilung der Konsumgüter aus der gesellschaftlichen Produktion zu organisieren. Ihr Verhältnis zu den Produktionsmitteln weist keine spezifischen Merkmale auf, dafür befindet sich diese Gruppe in einer besonderen Position hinsichtlich der Waren und Dienstleistungen, die in der Volkswirtschaft produziert werden: sie ist zwar nicht deren Besitzerin, kann aber in ziemlich hohem Ausmaß über die Produkte, die für die Bevölkerung bestimmt sind, verfügen und diese bis zu einem gewissen Ausmaß zu ihren eigenen Gunsten manipulieren.
Die Gehälter dieser Arbeitskräfte sind durchschnittlich. Soziologischen Untersuchungen zufolge, die durch zahlreiche Presseberichte bekräftigt werden, stellen sie jedoch die begütertste Gruppe überhaupt dar: sie besitzen Villen am Meer, ausländische Wagen, finanzielle Vermögen etc. Größtenteils werden ihre Einnahmen nicht durch Arbeit, sondern mittels verschiedener Methoden, mit dem Defizit zu jonglieren, erworben: Spekulation, Schmiergelder (z.B. bei der Wohnungsvergabe), das sogenannte „Umsortieren“,

bei dem Waren zweiter Wahl um den Preis erstklassiger verkauft werden, Weitergabe von für den staatlichen Handel bestimmten Waren an Genossenschaftsläden, wo sie mehr kosten usw.
Der Wohlstand dieser Gruppe gründet unmittelbar auf den bürokratischen Wirtschaftsmanagementmethoden und vor allem auf der dadurch entstandenen Konsumgüterverknappung. Eine ebenso bedeutende Rolle spielen die Schwächung der sozialistischen Gesetzlichkeit, die Möglichkeit des Einvernehmens zwischen den Handelsangestellten und dem korrupten Teil der Staats-, Partei- und Justizorgane, die ungenügende Transparenz in der Verwaltung und die langjährig herrschende Atmosphäre von Straffreiheit und Permissivität der Machtinhaber.
Dieser Gruppe entzieht die Perestroika den Boden. Durch Rentabilität und Selbstfinanzierung werden die Betriebe an einer strengen Buchführung über die erzielten Verkaufserlöse interessiert. Der Übergang vom Kontingentierungsprinzip zum freien Verkauf von Produktionsressourcen beseitigt die Monopolsituation der bisherigen Verteiler. Transparenz und beharrliche Demokratisierung fördern die Aufdeckung von Machenschaften, die sich früher über Jahre hinweg halten konnten. Augenzudrücken wird allmählich unweigerlicher Bestrafung weichen. Schließlich bilden die genossenschaftliche und individuelle Erwerbstätigkeit und die Familienbetriebe eine reelle Konkurrenz zu den staatlichen Einzelhandels- und Dienstleistungsbetrieben und zu den Gaststätten, und das umso mehr, als sich dieser Sektor entwickeln wird. Kurz, das alte System geht zu Ende. Deswegen wird jener Teil dieser sozialen Gruppe, der mit diesem System entstanden und verwachsen ist, der Perestroika mit allen möglichen Mitteln entgegenarbeiten und vor allem versuchen, in den Augen der Werktätigen die Idee der Perestroika an sich schlechtzumachen. Es ist bezeichnend, daß laut Presseberichten in einer Reihe von Städten, trotz ausreichender Lebensmittelvorräte in den Lagern, auf den Ladentischen gähnende Leere herrscht. Die Bevölkerung gelangt selbst zu der Vermutung, daß die leitenden Angestellten des Handels und des Gaststättenwesens auf diese Weise versuchen, die Leute von der Sinn- und Aussichtslosigkeit der Perestroika zu überzeugen. Für die ehrlichen und moralisch soliden Personen aus diesem Kreis hingegen ist die Perestroika mit der Hoffnung auf Normalisierung und Erneuerung des Milieus und mit der Möglichkeit der berufswürdigen Arbeit und normaler, erarbeiteter Entlohnung verbunden.

Kleingenossenschafter und individuell Erwerbstätige befinden sich in einer vergleichbaren Situation und bilden eine gemeinsame soziale Gruppe. Ihre Rolle in der Organisation der gesellschaftlichen Arbeit besteht in der eigenständigen Produktion von notwendigen Gütern und Dienstleistungen, hauptsächlich mit Hilfe von Produktions-, Arbeits- und geistigen Ressourcen, die der gesellschaftlichen Produktion nicht zugänglich sind. Die sozialistischen Kleinunternehmer versuchen, die Lücken zu füllen, die systematisch bei der Zusammenarbeit großer Betriebe und Behörden entstehen. Die Kleinproduzenten überzeugen durch Flexibilität, Mobilität und Anpassungsfähigkeit an die Bedürfnisse der Konsumenten. Da sie nicht jeden Schritt unendlich mit den verschiedenen Instanzen abstimmen müssen, können sie neue technische und ökonomische Ideen viel schneller aufgreifen. Diese besondere Rolle in der Organisation der gesellschaftlichen Arbeit ist gepaart mit einem spezifischen Verhältnis zu den Produktionsmitteln: diese werden entweder als persönliches (Kooperativ-) Eigentum angeschafft oder vom Staat gepachtet (Boden, Produktionsgebäude) oder auf Kredit übernommen (Jungvieh). Die Kleinproduzenten besitzen die erforderlichen Produktionsmittel, verfügen darüber und bearbeiten sie selbständig. Im Gegensatz zu den Beschäftigten der gesellschaftlichen Produktion wird ihr Einkommen aus dem Verkauf ihrer Produkte (Waren oder Dienstleistungen) zu Marktpreisen, die von Angebot und Nachfrage abhängen, gebildet. Aus dem erzielten Erlös deckt die Genossenschaft (oder der Einzelunternehmer) die materiellen Aufwendungen ab, bildet einen Produktionsentwicklungsfonds und verteilt den Rest unter den Arbeitskräften. Im Prinzip erinnert die Bildung und Verteilung der Einkommen an die Kolchose, was auch natürlich ist, da es sich in beiden Fällen um genossenschaftliche Produktion handelt. Allerdings hängen die Einkünfte der Kleinkooperativen ungleich stärker vom Markt ab, sind dadurch deutlicher differenziert, stärker von der Aktivität und dem Unternehmergeist des betreffenden Kollektivs abhängig und liegen im Durchschnitt höher. Andererseits ziehen die Kleinunternehmer im Vergleich zu anderen Gruppen den kürzeren, was die Nutzung der gesellschaftlichen Konsumtionsfonds betrifft (staatliche Wohnungen, Altersversorgung, Krankengeld usw.).

Das neue Genossenschaftswesen, die verschiedenen Formen individueller Erwerbstätigkeit und die Familienbetriebe erhalten ständig mehr Zulauf. Allein in Moskau sind mehr als 1400 Genossenschaften in den verschiedensten Bereichen tätig — von der Produktion mangelnder Zuliefererzeugnisse für große staatliche Firmen bis zur Heiratsvermittlung. Die Erfahrung zeigt, daß die genaue Ermittlung der Marktlücken sich für die Genossenschafter sehr lohnt, und an Ideen, was man mit relativ wenig Aufwand alles machen kann, mangelt es kreativen Leuten keineswegs. Deswegen ist an der weiteren Entwicklung und Ausweitung der kleinunternehmerischen Tätigkeit ein ziemlich großer Personenkreis interessiert, der nicht nur die bereits funktionierenden Kooperativen umfaßt, sondern auch die potentiellen, die sich vorläufig noch nach einem möglichen Tätigkeitsbereich umsehen. All diese Personen sind Verbündete der Perestroika, da sie es ihnen ermöglicht, nicht nur ihr Einkommen zu erhöhen, sondern auch ihre wirtschaftlichen Fähigkeiten besser auszunützen.

Der Leser kann sich die Frage stellen, ob es gerechtfertigt sei, die Kleinproduzenten als selbständige soziale Gruppe anzusehen, wenn die individuelle Erwerbstätigkeit im Gesetz nur als zweitrangige, eine andere Beschäftigung ergänzende Tätigkeit angeführt ist. In der Tat steht dieser Sektor nur Beschäftigten der gesellschaftlichen Produktion, Studenten, Pensionisten und Hausfrauen (von denen die meisten Kinder haben) offen. In den Augen des Gesetzgebers kann weder die individuelle Erwerbstätigkeit noch die Arbeit in kleinen Genossenschaften eine Hauptbeschäftigung darstellen. Doch das Leben nuanciert diese Auffassung. So betrachten laut Presseinformationen 80% der Kleingenossenschafter ihre Tätigkeit als Haupt- und nur 20% als Nebenbeschäftigung. Diese Tatsache erscheint im Prinzip ziemlich natürlich. Außerdem ist die Aufzählung der Kategorien von Staatsbürgern, denen individuelle Erwerbstätigkeit gestattet ist, ziemlich vage formuliert und nennt keine präzisen sozialen Kriterien. Insbesondere kann unter der Kategorie „Hausfrau“ im Grunde jede erwachsene Frau der individuellen Erwerbstätigkeit als Hauptbeschäftigung nachgehen.

Doch die Hauptsache liegt nicht in den gesetzlichen Formulierungen, sondern in der objektiven Notwendigkeit und Unumgänglichkeit, in organisatorischer und ökonomischer Hinsicht zwischen gesellschaftlichem Sektor einerseits und genossenschaftlich-familiärem (im Grunde genommen privaten) Sektor andererseits zu unterscheiden. Die Erfahrungen Ungarns und anderer sozialistischer Länder mit relativ stark entwickelter Privatwirtschaft haben gezeigt, daß die gleichzeitige Beschäftigung von Arbeitskräften in beiden Sektoren gewöhnlich zum Verlagern nicht nur der Arbeitszeit und der geistigen und körperlichen Kräfte, sondern auch gewisser materieller Ressourcen vom gesellschaftlichen in den privaten Sektor führte. In der gesellschaftlichen Produktion bemühen sich die doppelt beschäftigten Arbeitskräfte, auf jede Weise Kräfte zu sparen, während sie in der Genossenschaft oder dem Familienbetrieb maximale Kraft investieren. Damit ist die Annahme gerechtfertigt, daß mit der Zeit die Kleinproduzenten auch in der UdSSR eine eigenständige Schicht bilden werden.

Was die *Intelligenzia der Gesundheits-, Lehr- und Kulturberufe* (Lehrkräfte, Ärzte, Kunst- und Kulturschaffende, Wissenschafter gesellschafts- und humanwissenschaftlicher Orientierung) betrifft, so ähnelt ihre Situation in vielerlei Hinsicht der bereits besprochenen wissenschaftlich-technischen Intelligenzia. Dennoch nimmt sie in der gesellschaftlichen Organisation der Arbeit einen anderen Platz ein: sie sichert die Erziehung und Ausbildung der heranwachsenden Generationen, bildet geistige und moralische Wertsysteme, kümmert sich um Erhaltung und Entwicklung der gesellschaftlichen Kultur. Sie ist zwar formelle Mitbesitzerin der gesellschaftlichen Produktionsmittel, hat jedoch zu ihrer praktischen Verfügung und Nutzung ein sehr entferntes Verhältnis. Als Einkommensquellen sind das relativ niedrige Gehalt auf dem Arbeitsplatz, verschiedene Arten (im allgemeinen niedriger) Zusatzverdienste zu nennen, sowie ziemlich hohe Honorare für Bücher, Artikel, Konzertauftritte etc., die allerdings nur von einem kleinen Teil dieser Gruppe bezogen werden. Vielleicht hat sich in der Stagnationsperiode die Praxis eingebürgert, daß als gewisse Kompensierung der Unterbewertung der äußerst schwierigen und verantwortungsvollen Arbeit von Ärzten und Lehrkräften medizinische und pädagogische Leistungen privat bezahlt wurden. Allerdings darf die aufrichtige Dankbarkeit eines Patienten für die wiederhergestellte Gesundheit nicht mit einem organisierten System von Trinkgeldforderungen verglichen werden, wo für Hospitalisierungen, Untersuchungen, Operationen etc. bestimmte Sätze verlangt werden. Natürlich trifft diese Praxis nur auf bestimmte Städte und Krankenhäuser zu, sie darf jedoch nicht unberücksichtigt bleiben.
In der Zeit der Undurchsichtigkeit, der geistigen Stagnation und Zersetzung war die Situation der Intelligenzia der Gesundheits-, Lehr- und Kulturberufe sowohl in materieller als auch in geistig-moralischer Hinsicht ungünstig. Die niedrigen Gehälter, äußerst beschränkte Zusatzeinkommen, das minimale soziale Ansehen

und, am wichtigsten, die Unmöglichkeit, individuelle Kreativität auszuüben, weder in der Pädagogik, noch in der Medizin, der Literatur, Kunst und Wissenschaft, waren erniedrigend. Die Vertreter dieser Gruppe standen vor der Alternative, entweder nach der Pfeife der Machthaber zu tanzen, oder ihrem Beruf unter sehr schwierigen, manchmal unerträglichen Bedingungen nachzugehen. Diese Gruppe hatte stärker als andere unter der Unterdrückung von Demokratie und Transparenz, unter der Entstellung der sozialistischen Beziehungen und dem gesellschaftlichen Moralverlust zu leiden. Doch man darf auch vor der Tatsache die Augen nicht verschließen, daß diese Situation unter ihrer Teilnahme entstand. Heute sehen wir in diesem Kreis viele Personen, die einen durchaus ernstzunehmenden „Beitrag" zur Entstehung der Stagnationsideologie, zur Hemmung des wissenschaftlichen Fortschritts und zum moralischen Verfall der Gesellschaft geleistet haben.

Andererseits sind hier auch Menschen, die ihre sozialistischen Werte durch alle Schwierigkeiten dieser Zeit zu bewahren wußten und allein dadurch der Perestroika den Weg bereiteten. Wie Aleksandr Gelman es bemerkte, ist „der moralische Kern der Partei (und des Volkes — Anmerkung der Autorin) nie gestorben; er erstarrte vor Schreck, vor Hilflosigkeit unter der Stalin-Schreckensherrschaft, konnte aber, zusammengekauert, zusammengepreßt, seine innere Würde erhalten. Anders könnte es keinen zwanzigsten Parteitag, keine heutige Perestroika geben."[39]

Wie wir sehen, ist die Einstellung der Intelligenzia der Gesundheits-, Lehr- und Kulturberufe der Gesellschaftsreform gegenüber nicht nur nicht einheitlich, sondern hat sich im Gegenteil polarisiert. Der Großteil begrüßt die Perestroika, hauptsächlich wegen der wachsenden Freiheit für persönliche geistige Kreativität, der Entwicklung der Transparenz, der Demokratie, wegen der öffentlichen Diskussion in der Presse über die offenen sozialen Probleme, die diese einer Lösung näherbringt. Die radikal eingestellten Schriftsteller, Journalisten, Historiker, Wirtschaftswissenschafter, Soziologen, Juristen, Film- und Theaterschaffenden verstehen die Perestroika als soziale Revolution, deren Rolle es ist, die sowjetische Gesellschaft auf den Leninschen Weg der sozialistischen Konstruktion zurückzuführen. Sie widmen ihrer Sache alle Kräfte, treten als Initiatoren, Ideologen, Interpreten und Schöpfer auf.

---

[39] A. Gelman: „Zeit, seine Kräfte zu sammeln", Sowetskaja Kultura, 9. April 1988.

Am entgegengesetzten Ende dieser Gruppe stehen jene, die die Träger und manchmal auch die Autoren der alten ideologischen Dogmen verkörpern und auch nicht auf Knopfdruck ihre Ansichten grundlegend verändern können. Sie weinen der Vergangenheit nach, sehen in der Perestroika keinen Fortschritt, sondern ein „Abweichen von den Prinzipien des Sozialismus", entrüsten sich über „übertriebene" Transparenz, zu offene Enthüllungen über das Vergangene usw. Ein schlagkräftiges Beispiel für die offene Darlegung solcher Ansichten ist der Leserbrief Nina Andrejewas[40] an die Zeitung Sowetskaja Rossija. Obwohl diese Menschen, ebenso Andrejewa, sich mehrheitlich offen für die Perestroika aussprechen, akzeptieren sie doch in Wirklichkeit ihre Konzeption nicht und nehmen konservative, wenn nicht reaktionäre Positionen ein. Man muß auch bedenken, daß die überwältigende Mehrheit der Gesellschaftswissenschafter, aber auch der Lehrkräfte für ideologische Disziplinen durch ihre Aussagen und Publikationen innerlich an die vorhergehende Periode gebunden sind. Ihre einstmaligen Ansichten sind nicht nur ihnen selbst, sondern auch ihren Kollegen und Schülern bekannt. Heute, da die Irrigkeit dieser Meinungen immer augenfälliger wird, durchleben viele eine wahre Krise und versuchen, zumindest einen Teil der vertretenen Ideen aus der Vergangenheit herüberzuretten. Darin liegt eine weitere Begründung für den Konservatismus eines beachtlichen Teils dieser Gesellschaftsgruppe. Schließlich befinden sich zahlreiche Angehörige dieser Gruppe gewissermaßen auf halbem Wege zwischen den früher vertretenen und den heute verbreiteten Meinungen und Wertsystemen, oder aber nehmen eine skeptische Haltung ein, als wollten sie sich nicht erlauben, an die Möglichkeit einer ernstzunehmenden Veränderung des gesamten öffentlichen Lebens zu glauben. Insgesamt stellt diese Gruppe offensichtlich die heterogenste aller hier untersuchten gesellschaftlichen Schichten dar.

Die *hohen Verwaltungsfunktionäre* realisieren die politische und ideologische Linie der Partei, führen deren Kaderpolitik durch, verkörpern die staatliche Exekutivgewalt, modernisieren und betreiben den Wirtschaftsmechanismus und regulieren die sozialistischen Eigentumsverhältnisse, indem sie als bevollmächtigte Vertre-

---

[40] Durch diesen Leserbrief ist Nina Andrejewa, eine Chemie-Lektorin aus der Umgebung von Leningrad, als Perestroika-Gegnerin berühmt geworden. Ihr Name ist als Symbol für alles Konservative in den Sprachgebrauch eingegangen (Anm. d. Ü.).

ter des eigentlichen Eigentümers, des Volkes, auftreten. Die materiellen Lebensbedingungen dieser Gruppe sind weitaus besser als die der Mehrheit der Bevölkerung. Neben den Gehältern verfügen sie über hohe materielle, soziale und kulturelle Privilegien.
Unter der alten Gesellschaftsordnung verfügten die hohen Verwaltungsbeamten über enorme politische Machtbereiche. Diese rapide anwachsende Gruppe dominierte das Land im Grunde und grenzte sich von der übrigen Gesellschaft durch strenge soziale und politische Barrieren immer stärker ab. Fast könnte man den Kommandostil nach unten und die bedingungslose Befolgung der Anweisungen von oben, die formalistische Regelung der meisten Fragen und die tunliche Vermeidung der Kontakte mit den Werktätigen als typischste Merkmale für das Verhalten dieser Gruppe in der Stagnationsperiode bezeichnen.
Unter den neuen Gegebenheiten ändert sich ihre Situation grundlegend. Durch die Absage an administrativ-bürokratische Verwaltungsmethoden in der Wirtschaft, die erweiterten Rechte der Betriebe und die Entwicklung der Demokratie im Produktionssektor werden viele der Funktionen, die vormals der politische Apparat wahrgenommen hatte, hinfällig. Sowohl sein Einflußbereich als auch der Personalbestand werden eingeschränkt. Folglich droht gewissen Arbeitskräften der Verlust angesehener und vorteilhafter Ämter und die Versetzung in den Produktionssektor, wo neue berufliche Kenntnisse gefordert werden. Diese Aussicht ruft natürlich keine Begeisterungsstürme hervor, schon gar nicht bei jenen, für die es noch zu früh ist, an Pensionierung zu denken.
Aber auch die verbleibenden Funktionäre müssen sich auf ernstliche Schwierigkeiten gefaßt machen. Mit der Reform muß sich der eigentliche Inhalt der politischen Führungstätigkeit ändern, sich aus einer kommando- und befehlsorientierten in eine ideenbezogene, geistige Tätigkeit verwandeln. Auf die damit verbundenen Schwierigkeiten hinweisend schreibt A. Gelman, daß die ideenbezogene Steuerung der Gesellschaftsentwicklung „komplexer ist, als jahraus, jahrein, Verantwortliche zu ernennen und abzuberufen, wieder zu ernennen und wieder abzuberufen. Die Partei muß lernen, unter Einsatz einer ideellen, geistigen Macht zu handeln. Dieser können sich die Menschen aber nur freiwillig fügen.
Wenn man befehlen kann, wird man niemand überzeugen. Wenn man befehlen kann, werden beliebige Schwierigkeiten im Leben, in einer Tätigkeit, vereinfacht, auf Schemata, auf Dogmen reduziert. Genau das Kommandoprinzip wurde zur Ursache für die massive

Simplifizierung... Dies ist eine der Ursachen für den Widerstand gegen die Demokratisierung: viele Parteifunktionäre sind einfach nicht fähig, mit komplexen Aufgaben zurechtzukommen, weisen nicht die dafür erforderlichen Eigenschaften auf. Jeder will aber das, was er kann. Und wenn jemand etwas nicht schafft, so sagt er, es sei nicht notwendig, sondern schade und gefährde die Grundfesten des Sozialismus."[41]
Diese von einem Dramatiker gelieferte glänzende Charakteristik der soziopsychologischen Faktoren für den Konservatismus des Apparates bedarf, wie mir scheint, keines Kommentars.
Zur Ergänzung obiger Ausführungen muß gesagt werden, daß die hohen Verwaltungsfunktionäre aus durchaus verständlichen Gründen möglicherweise als hartnäckigste Vertreter der ideologischen Ansichten aus der Stagnationsperiode auftreten. Viele von ihnen glauben bis heute noch an die Effizienz des Kommandostils, erfassen den wechselseitigen Zusammenhang zwischen Planung und Markt nicht und hoffen auf die Rückkunft vergangener Zeiten.
Die besondere Funktion, die diese Gruppe in der Realisierung der Perestroika spielt, hängt damit zusammen, daß sie einerseits vornehmlich konservativen Ansichten anhängt und andererseits über eine weitgehende Exekutivgewalt verfügt (und noch ziemlich lange verfügen wird). Sie spielt somit eine führende Rolle im sozialen Bremsmechanismus gegen die Demokratisierung. Deswegen betrifft eine der zentralen Fragen in der Perestroika-Strategie die Möglichkeiten, diese Gruppe zu neutralisieren.
Das soll natürlich nicht heißen, daß unter den Funktionären keine progressiven Menschen und qualifizierten Fachleute anzutreffen sind, die das Konzept der Perestroika nicht nur unterstützen, sondern die auch produktiv an seiner Erarbeitung und Ausfeilung mitwirken und aktiv zu seiner Verwirklichung betragen. Doch dies geschieht zumeist aus ideellen Überlegungen, d.h. nicht auf der Basis, sondern eher entgegen den eigenen Gruppeninteressen.

Die Gruppe der *Politiker* hat die Partei- und Staatsmacht auf höchster Ebene inne. Darunter fallen Mitglieder und Mitgliedskandidaten des Zentralkomitees der KPdSU, Mitglieder der Zentralen Revisionskommission der KPdSU, Abgeordnete des Obersten Sowjets der UdSSR, Leiter der Unionsministerien und -behörden, die höchste Generalität der Sowjetischen Armee, führende

[41] A. Gelman: „Zeit, seine Kräfte zu sammeln", Sowetskaja Kultura, 9. April 1988.

Diplomaten, leitende Staats- und Parteifunktionäre der Republiken, Gebiete und großen Städte und andere Personen vergleichbaren Rangs. Es handelt sich dabei um die höchsten Vertreter der legislativen und exekutiven Gewalt, um die Leiter des politischen Lebens im Lande. Bei der Abschätzung der zahlenmäßigen Zusammensetzung dieser Gruppe darf nicht vergessen werden, daß die meisten ihrer Mitglieder gleichzeitig an führenden Posten in verschiedenen regierenden Organen präsent sind: so sind Mitglieder und Mitgliedskandidaten des Zentralkomitees der KPdSU gleichzeitig auch Abgeordnete des Obersten Sowjets, Parteiführer auf Republiks- und Regionsebene auch ZK-Mitglieder etc. Die Gruppe der Politiker stellt den tatsächlichen regierenden Kern der KPdSU und des sowjetischen Staates.

Dadurch, daß in der Führung der sowjetischen Gesellschaft das zentralistische gegenüber dem demokratischen Element eindeutig dominierte, übernahm die politische Führungsspitze eine im Vergleich zu vielen modernen, entwickelten Gesellschaften bedeutende Rolle, was die Entscheidungsfindung bezüglich verschiedener Entwicklungstendenzen und der Lösung aktueller Probleme betrifft. In dieser Hinsicht kamen mehrere Faktoren zum Tragen: ungenügende historische Erfahrung der demokratischen Institutionen in Rußland (von den meisten südlichen Republiken ganz zu schweigen), Fehlen einer zuverlässigen Meinungsforschung und der Berücksichtigung der öffentlichen Meinung sowie Vorherrschen des administrativen Kommandostils in der Zusammenarbeit zwischen den verschiedenen Verwaltungsebenen. Die sowjetische Gesellschaft war durch ihre ganze Geschichte hindurch von hoher Konzentration der politischen Macht geprägt. In der stalinistischen Periode ist dieser Zug ganz besonders deutlich zutage getreten, während sich das politische System in den allerletzten Jahren etwas liberalisiert und sich dem Menschen und seinen Problemen zugewandt hat. Dennoch sind in der Verteilung der politischen Macht zwischen den verschiedenen gesellschaftlichen Strukturen, aber auch zwischen ihren vertikalen Einheiten, noch keine prinzipiellen Verschiebungen eingetreten. Daraus erklärt sich auch das hervorragende Interesse, das der Persönlichkeit der sowjetischen Politiker sowohl von der landeseigenen Bevölkerung als auch von der übrigen Welt entgegengebracht wird.

Die spezifische Rolle dieser Gruppe in der Organisation der gesellschaftlichen Arbeit besteht darin, die wirtschaftliche und soziale Entwicklungsstrategie zu entwerfen, langfristige Ziele zu definie-

ren, effiziente Wege der Zieldurchsetzung einzuschlagen, die Außenpolitik der UdSSR zu führen und ihre Stellung in der Welt zu konsolidieren. Ein äußerst wichtiges Vorrecht dieser Gruppe besteht in der Bildung (Bestellung, Versetzung, Enthebung) des Stabes hoher politischer Verwaltungsbeamten.
Materiell und sozial gesehen befindet sich diese Gruppe an der Spitze, was einem Maximum an Verantwortlichkeit und Komplexität der erbrachten Leistungen entspricht. Doch das wichtigste Merkmal ihrer Stellung besteht weniger in ihrem hohen Konsumniveau als in der politischen Macht über wichtige Bereiche des öffentlichen Lebens und über das Schicksal Tausender und Millionen von Menschen, sowie in der eigentlich uneingeschränkten Vollmacht der Verfügung über das nationale Eigentum. In dieser Lage finden sich äußerst weitgehende (manchmal unbegrenzte) Befugnisse mit enormer moralischer und politischer Verantwortung vereint. Es ist nicht jedermanns Sache, solche Funktionen wahrzunehmen, und, wie die Geschichte es zeigt, ist ihnen auch nicht jeder gewachsen.
Die Hauptinteressen der Angehörigen dieser Gruppe sind politischer Natur und lassen eine Unterscheidung in zwei Komponenten, die gesellschaftliche und die persönliche, zu. Das gesellschaftliche Interesse der Staats- und Parteiführer ist darauf gerichtet, die Gesellschaft so schnell wie möglich aus der Stagnations- und Stillstandsperiode herauszuführen, die sozioökonomische Entwicklung zu beschleunigen und auf der Weltbühne die Rolle der Sowjetunion zu stärken und ihre zuverlässige Verteidigungsposition zu gewährleisten. Es ist in der Tat leichter und mit mehr Prestige verbunden, ein Land mit dynamischer Entwicklung und hohem Wirtschaftsstandard zu regieren als ein sozial und technisch rückständiges. Außerdem hängt die Stabilität der politischen Macht, wie solide diese auch eingepflanzt sein mag, letztendlich von der sozialen Stimmung des Volkes, die ihrerseits von Lebensstandard und -qualität und Wohlstandswachstum bestimmt wird, ab. Aus diesen Gründen decken sich die gesellschaftlich orientierten Interessen der Politiker mit den Interessen des Volkes.
Was die persönlichen Interessen der Politiker betrifft, so treten diese am stärksten in dem Bestreben nach Erhaltung und Konsolidierung ihres Amtes und somit auch ihrer Macht zutage. Es wäre naiv zu glauben, daß der Machtkampf (auch einzelner Persönlichkeiten), der sich durch die ganze Menschheitsgeschichte hindurchzieht, im Sozialismus seine Grundlagen verliert und verschwindet.

Weitgehend veröffentlichte Informationen über die zwanziger, dreißiger und die darauffolgenden Jahre zeigen die Irrigkeit einer solchen Annahme eindeutig auf. Unterdessen führen zwei verschiedene Wege zur Stärkung und Erhaltung der politischen Machtstellung: entweder über hocheffiziente theoretische und organisatorische Arbeit und erfolgreiche Regelung komplexer Probleme oder mittels Gruppierungen von Persönlichkeiten, die einander aufgrund sozialer und verwandtschaftlicher Beziehungen unterstützen. Wer den ersten Weg einschlägt, muß fundiertes politisches, ökonomisches und soziales Wissen, ungeheure Zivilcourage und Willensstärke aufweisen und von der historischen Notwendigkeit der Perestroika zutiefst überzeugt sein. Der breiten, öffentlichen Meinung zufolge verfügen Michail Gorbatschow, seine engsten Mitarbeiter, aber auch zahlreiche andere Politiker über diese Eigenschaften.
Gleichzeitig sind aber auch viele politische Ämter noch von Leuten besetzt, die in der Stagnationsperiode geformt wurden und die an befehlsorientierte Verwaltungsmethoden, ständiges Kundtun ihrer Überlegenheit über die Untergebenen und das Gefühl der Allmacht und Willkür gewöhnt sind. Diese Personen unterstützen weder die neue Ordnung, noch entsprechen sie größtenteils den beruflichen, sozialen und persönlichen Anforderungen, die heute an Politiker gestellt werden. Außerdem sind viele von ihnen durch Taten und Aussagen aus der Vergangenheit, die dem Leninschen Verständnis von Sozialismus und Demokratie widersprechen, vorbelastet. Es handelt sich meist um ältere Leute, die ihre frühere Aktivität eingebüßt haben, den Zeitgeist weder verstehen wollen noch können und sich einem konservativen Wertsystem zugehörig fühlen. Sie sprechen sich zwar offiziell für die Perestroika aus, behalten aber in der Praxis die alten Führungsmethoden bei und sind der Demokratisierung der Gesellschaft hinderlich. Aus diesem Grund haben sich bislang in unserer Gesellschaft nicht wenig „Tabuzonen“ erhalten, die von den vorgehenden Veränderungen praktisch unberührt bleiben. Durch den Schichtwechsel bei den leitenden Arbeitskräften entwickelt sich die Situation langsam zum besseren; jedoch läßt sich dieser Prozeß nicht von heute auf morgen bewerkstelligen.

Bis hierher habe ich zur Unterscheidung zwischen den Gruppen in erster Linie ihren Platz in der gesellschaftlichen Organisation der Arbeit und ihr Verhältnis zu den Produktionsmitteln sowie ihren

Zusammenhang aufgrund von Spezialisierung, Zusammenarbeit und leitenden bzw. ausführenden Funktionen als Merkmale herangezogen. Um jedoch von der Struktur der sowjetischen Gesellschaft ein vollständiges Bild zeichnen zu können, muß noch eine spezifische, gruppenübergreifende Schicht behandelt werden. Ich meine damit den zahlenmäßig vielleicht nicht sehr starken, dafür aber äußerst einflußreichen und gefährlichen Clan des *organisierten Verbrechens*, in der die verdorbenen Handels- und Dienstleistungsangestellten, die Macher der Schattenwirtschaft, aber auch der korrupte Teil der Behörden, unter anderem auch der Justizorgane, zusammengefaßt werden. Ich glaube nicht, daß hier auf die hinlänglich bekannten Beispiele hingewiesen werden muß, die von den verbrecherischen Aktivitäten der Firma Okean, den Operationen um den Diamantenexport, den umfangreichen Baumwollaffären in Usbekistan, dem Skandal um den Ex-Parteichef des Kreises Krasnodar Medunow und seine Umgebung, sowie von Entdeckungen, die nach fünfjähriger Ermittlungstätigkeit über die Mafia in Buchara jüngst veröffentlicht wurden, geliefert werden. In diesen Fällen geht es nicht mehr um „Mitnehmer", kleine Spekulanten und Schmiergeldempfänger, sondern um große Gruppen organisierten Verbrechertums, die in den „beaufsichtigten" Gebieten ein Regime der Gesetzlosigkeit aufstellen und jahrelang aufrechterhalten. Teilweise wurden diese Verbrecher bereits aufgedeckt, vor Gericht gestellt und bestraft, andere sind jedoch nur „untergetaucht". Sie können es sich nicht erlauben, passiv abzuwarten, da die Perestroika für sie nicht nur das Ende von Karriere, Prestigesituation und Machtausübung bedeutet, sondern mit Freiheitsentzug oder Tod gleichzusetzen ist. Sie stellen die unversöhnlichsten, vor nichts zurückschreckenden Gegner der Perestroika dar. Wir haben es hier nicht mit Konservatismus zu tun, sondern mit einer grimmigen, der Perestroika ideell entgegengesetzten Reaktion. Wenn radikal denkende Wissenschafter und Politiker für die revolutionäre Konzeption der Perestroika eintreten und Konservative nur für eine allmähliche Verbesserung des geltenden Sozialsystems, so sind den reaktionär eingestellten Gruppen die sozialistischen Werte überhaupt fremd und zuwider. Wenn es nach ihnen ginge, würden sie die Gesellschaft auf den Weg des Kapitalismus oder gar der Feudal-Bürokratie führen.

Ich möchte noch den Vorbehalt äußern, daß die hier ausgeführten Überlegungen über jene Elemente der sowjetischen Gesellschaftsstruktur, deren Zusammenwirken den Verlauf der Perestroika bestimmt, nicht durch ausreichend zuverlässige und repräsentative soziologische Untersuchungen belegt sind und deswegen einen hypothetischen Charakter tragen. Sie gründen auf Materialien, die in der sowjetischen Presse oder der Fachliteratur veröffentlicht wurden, auf Briefen, die ich von Lesern als Echo auf Publikationen erhielt, auf Diskussionen in verschiedenen Gesprächskreisen, persönlichen Gesprächen mit Vertretern verschiedenster gesellschaftlicher Gruppen und schließlich auf den Ergebnissen leider unvollständiger und vereinzelter soziologischer Untersuchungen, die zu verschiedenen Zeitpunkten in diesen oder jenen Gebieten durchgeführt wurden.

Gezielte, fundierte und methodologisch zuverlässige Untersuchungen des sowjetischen Sozialgefüges werden zutage bringen, welche Teile der an dieser Stelle formulierten Hypothese richtig sind und welche einer Korrektur bedürfen.

Verfechter, neutrale Beobachter und Gegner der Perestroika

Im letzten Abschnitt wurde die Einstellung der Menschen zur Perestroika als Funktion ihrer Stellung in der Gesellschaft und ihrer Zugehörigkeit zu einer bestimmten sozialen Gruppe behandelt. Doch die Handlungen und Ansichten der Menschen hängen in Wirklichkeit auch von zahlreichen anderen Umständen ab.

So spielen z.B. das Bildungs- und Qualifikationsniveau, die Informiertheit über aktuelle soziale Prozesse, beruflicher und politischer Lebenslauf, der geistige Horizont und der Grad des Bewußtseins über persönliche, kollektive und gesellschaftliche Interessen eine Rolle. Je weiter jemand sozial und politisch entwickelt ist, desto positiver und aktiver ist in der Regel seine Haltung gegenüber der Perestroika. Letztere wird von fortschrittlichen Bevölkerungsteilen in erster Linie nach ihrer prinzipiellen Tendenz, der historischen Notwendigkeit und nach den erreichten Veränderungen beurteilt, während träge und ungebildete Bevölkerungsgruppen nach ihrer eigenen, oft beschränkten Erfahrung urteilen, die nicht immer den allgemeinen Gesetzmäßigkeiten entspricht.

Einen wesentlichen Einfluß auf die Einstellung zur Perestroika übt die Zugehörigkeit zu einer Generation aus. Auf den ersten Blick könnte man meinen, daß in den Altersgruppen, je jünger sie sind, die Befürworter radikaler Veränderungen umso zahlreicher und die Konservativen umso schwächer vertreten sind. In Wirklichkeit muß diese Annahme jedoch nuanciert werden. Meinen Beobachtungen zufolge stechen zwei Altersgruppen als sozial am aktivsten hervor, und zwar handelt es sich um junge Menschen bis maximal 35—38 Jahre und um ältere Leute über 55—60 Jahre. Diese Generationen konnten in ihren jüngeren Jahren, bevor noch eine gewisse Erstarrung der Geisteshaltung eintritt, einen großen „Schluck Freiheit“ genießen: entweder jetzt, seit 1983, oder in der Mitte der fünfziger, Anfang der sechziger Jahre. Die dazwischenliegenden Kohorten, die als Jugendliche und junge Erwachsene ausschließlich schwere Zeiten erlebten, sind in vielfacher Hinsicht „verloren“. Sie sind von starkem Pessimismus geprägt, glauben kaum an die sozialistischen Werte und stehen der Möglichkeit, die gesellschaftlichen Beziehungen zu verbessern, skeptisch gegenüber.

Die subjektive Einstellung einer Persönlichkeit der Perestroika gegenüber hängt auch von ihrer Kreativität und ihrem allgemeinen

Engagement ab. Schöpferisch veranlagte Menschen bestechen zumeist durch ihre Energie, die Radikalität ihrer politischen Überzeugungen und ihre Neigung zur revolutionären Veränderung der Wirklichkeit. Die Vertreter des entgegengesetzten Typs sind hingegen normalerweise träger, passiver. Weiters spielt auch eine wichtige Rolle, ob jemand persönlich an früheren wirtschaftlichen oder anderen Reformen teilgenommen hat, inwieweit er in das alte Gesellschaftssystem persönlich einbezogen war, wie und wie stark er sozial gebunden ist und ob er mit seiner Situation zufrieden ist. Schließlich wirken sich auch Eigenschaften wie Redlichkeit, Ehrenhaftigkeit, Gewissenhaftigkeit, Betroffenheit vom Leiden anderer etc. auf das individuelle Verhältnis zur Perestroika aus.
Aus diesen Gründen können unter den Vertretern jeder Klasse, sozialen Schicht und Gruppe, wie bereits oben angemerkt wurde, Menschen angetroffen werden, die zur Perestroika nicht nur verschiedene, sondern manchmal sogar entgegengesetzte Einstellungen aufweisen. Arbeiter, die an benachbarten Werkzeugmaschinen stehen, Wissenschafter, die am selben Problem arbeiten, Funktionäre, die analoge Ämter innehaben, befinden sich oft aufgrund ihrer Überzeugungen auf zwei verschiedenen Seiten einer Grenze, die quer durch die Gesellschaft geht. Folgedessen ist die Differenzierung der Bevölkerung hinsichtlich ihrer Position zur Perestroika gewissermaßen zweidimensional. Einerseits eignet jeder sozialen Gruppe eine „typische Einstellung“ zur Perestroika, anhand deren sich die Gruppen voneinander unterscheiden. Andererseits sind auch die typischen Einstellungen nicht hundertprozentig vertreten: in jeder Gruppe finden sich, wenn auch in unterschiedlichen Proportionen, sowohl Perestroika-Befürworter als auch -Gegner.
Doch die Unterscheidung in Pro und Kontra stellt bereits eine starke Vereinfachung dar. Das tatsächliche Spektrum verbaler und realer (im Verhalten ausgedrückter) Einstellungen zu den vorgehenden Veränderungen weist eine weitaus größere Bandbreite und Vielfältigkeit auf. Es erscheint insbesondere zweckmäßig, in der Position der Gesellschaftsmitglieder gegenüber der Perestroika folgende Typen herauszukristallisieren:[42]

[42] Ich möchte betonen, daß es sich hierbei um Gruppen handelt, die nach völlig anderen Kriterien als im vorhergehenden Abschnitt, nämlich nicht nach der Situation in der Gesellschaftsstruktur, sondern nach den sozialen und moralischen Wertsystemen, Interessen und Überzeugungen gebildet wurden. Jede der nachstehend beschriebenen Gruppen kann prinzipiell sowohl Minister als auch Arbeiter, Lehrer oder Kolchosbauern umfassen, wenn das Mengenverhältnis auch in jedem Fall anders aussehen wird.

1. Initiatoren und Ideologen der Perestroika

In dieser Gruppe sind Menschen vereint, die von der Notwendigkeit einer radikalen, revolutionären Neugestaltung der von der Vergangenheit geerbten Gesellschaftsordnung zutiefst überzeugt sind. Ihnen ist klar, daß es zu diesem Wandel keine akzeptable Alternative gibt und daß das Abweichen vom eingeschlagenen Weg oder eine spürbare Verlangsamung und umso mehr ein unauffälliges Abstoppen der Perestroika das Schicksal des Sozialismus nicht nur in der UdSSR, sondern auf der ganzen Welt bedroht. Sie wissen, daß die entschiedene Demokratisierung der Wirtschaft und der Politik, die Säuberung der Gesellschaft von unsozialistischen Phänomenen und die offene und ehrliche Bewältigung des jüngsten Geschichtsabschnittes und der Gegenwart die einzige Möglichkeit darstellen, mit der die Sowjetunion die Tendenz zur wissenschaftlich-technischen und sozialen Rückständigkeit überwinden und ihren hervorragenden Platz in der internationalen Gemeinschaft beibehalten kann. Bei den Vertretern dieser Gruppe herrscht tatsächliche Einheit zwischen Wort und Tat: sie treten nicht nur in der Presse für die Perestroika ein, sondern kämpfen ohne Rücksicht auf eigene Kräfte oder Gesundheit auch in der Praxis dafür. Sie spielen die Rolle der Bannerträger, begegnen den größten Schwierigkeiten und eröffnen den anderen den Weg. Diese Gruppe ist zwar zahlenmäßig nicht sehr stark, hat aber eine ausnehmende historische Bedeutung. Sie könnte mit der Hefe verglichen werden, die den Teig zum Gehen bringt oder mit dem Motor, der eine Maschine treibt.

2. Aktive Befürworter der Perestroika

Zu dieser größeren Gruppe gehören Leute, die das Konzept der Initiatoren aufrichtig unterstützen, ihre Ideen teilen, manchmal auch kreativ weiterentwickeln und sich um deren Verwirklichung bemühen. Sie stellen den besten, progressivsten, energischesten und kreativsten Teil der sowjetischen Gesellschaft, der bereit ist, im vollen Ausmaß seiner Kräfte und Fähigkeiten zu arbeiten, um einerseits zur Erneuerung und zum Gedeihen der Gesellschaft beizutragen und andererseits das eigene Wohlstandsniveau anzuheben und seine Lebensweise zu vervollkommnen. Darunter fallen Menschen mit demokratischen und humanitären Ansichten, die die Ideen der sozialistischen Gerechtigkeit hochhalten. In der Konfrontation mit den Faktoren, die die Perestroika hemmen, nehmen sie den Kampf zwar auf, tragen aber aufgrund ihrer Streuung bei weitem nicht immer den Sieg davon. Viele müssen große Schwierigkeiten und Enttäuschungen hinnehmen, bleiben aber im allgemeinen ihren Überzeugungen treu.

3. Sozial Verbündete

In diese Gruppe würde ich jene Personen einordnen, die nicht als überzeugte Befürworter des Perestroika-Konzepts insgesamt auftreten — an gewissen Aspekten zweifeln, sich davon distanzieren oder sich nicht dafür interessieren —, aber an einzelnen Punkten der Reformen sehr wohl interessiert sind (z.B. an der Entwicklung der kleinen Kooperativen oder der individuellen Erwerbstätigkeit, an der Ausdehnung der Selbstverwaltung, der Verstärkung der Transparenz in der Verwaltung, der Beschleunigung des wissenschaftlich-technischen Fortschritts). Ihre Position, nicht so beständig und zuverlässig wie die der Befürworter, hängt stark von den Schwierigkeiten ab, denen sie begegnen, wenn sie versuchen, ihre Interessen im Zusammenhang mit der Perestroika durchzusetzen. Konfrontiert mit Formalismus, Bürokratismus, Korruption oder der Unmöglichkeit, die Wahrheit zu beweisen, werden viele potentielle Verbündete der Perestroika enttäuscht und sehen von einer aktiven Betätigung ab.

4. Quasi-Befürworter der Perestroika

Dieser Gruppe gehören Leute an, die weder tiefverankerte Prinzipien noch politische Überzeugungen aufweisen. Sie sind bereit, jedem „Herrn“ zu dienen, jegliche „Wahrheit“ zu behaupten, das „Volk“ zur Lösung jeder beliebigen Aufgabe zu mobilisieren, wenn sie dadurch nur mit dem Strom schwimmen, ein gutes Verhältnis zu den Vorgesetzten bewahren und auf Beförderung hoffen dürfen. Nach ihren Beteuerungen zu schließen, müßte man sie unter die leidenschaftlichen Befürworter der Perestroika reihen. Doch es genügt, daß die politische Stimmung im Lande umschlägt, damit sie plötzlich verstummen, mit ihrer Meinung hinter dem Berg halten. Unter günstigen Bedingungen können die Vertreter dieser Gruppe prinzipiell nützlich sein. Die Gefahr besteht in ihrer Prinzipienlosigkeit, die mit betonter äußerer Aktivität und dem Bestreben nach Karriere und Beförderung einhergeht. Die Unterwanderung der Führungskräfte mit solchen Personen ist leider unleugbar und gleichzeitig gefährlich, da sie in der entscheidenden Minute die Sache der Perestroika verändern können, indem sie auf die Seite des aus ihrer Sicht wahrscheinlichen Siegers überlaufen.

5. Beobachter

Es handelt sich hier um Menschen, die das Konzept der Perestroika im Prinzip unterstützen, doch entweder mit früheren sozialen Reformversuchen oder im Lauf der aktuellen Reform bedeutende negative Erfahrungen gemacht haben. Sie sind davon überzeugt, daß die Perestroika zwar dringend notwendig, die Gesellschaft aber nicht stark genug ist, um gegen die starke, omnipotente Schicht der Bürokratie ankämpfen zu können. Deswegen, so ihre Argumentation, könnten sich ihre Verfechter noch so bemühen, die Perestroika würde so oder so durch die Gegenkräfte gebremst und wieder rückgängig gemacht werden. Dabei würden aber die aktiven Mitkämpfer der Perestroika zum Handkuß kommen und ihre politischen Positionen einbüßen. Deswegen ziehen sie selbst es vor, aus einer Beobachterposition den Konflikt zu verfolgen, zwar auf der Seite der Befürworter, ohne aber an deren Triumph zu glauben. Es muß darauf hingewiesen werden, daß die Einstellung dieser Gruppe ebenfalls nicht von großer Konstanz geprägt ist, sondern weitgehend vom tatsächlichen Erfolg der Perestroika abhängt. Jeder Schritt in Richtung Demokratisierung der Gesellschaft wird ihren Skeptizismus abschwächen, jeder Mißerfolg diesen aber verstärken. Insgesamt stellt diese Gruppe jedoch eine wichtige soziale Reserve der Perestroika dar.

6. Die „Neutralen"

Die „Neutralen", oder der sozial inerte Teil der Bevölkerung, hat zu den vorgehenden Prozessen keine bestimmte Meinung. Diese auf persönliche oder enge kollektive Interessen fixierte Gruppe ohne weitgehende Bildung und soziale Erfahrung ist von sozialer Passivität gekennzeichnet, versucht nicht, die konkreten Tendenzen der Perestroika zu ergründen, erkennt ihre historische Bedeutung nicht und läßt Informationen aus den Massenmedien über die aktuellen Vorgänge an sich abgleiten. Sie umfaßt nicht wenig Persönlichkeiten konservativen Typs, die der herkömmlichen Lebensweise nur aus Gewohnheit treu bleiben und alle neuen Strömungen von der Hand weisen. Aufgrund ihrer sozialen Passivität fügt diese Gruppe der Perestroika keinen großen Schaden zu, bringt ihr aber auch nicht den geringsten Nutzen und steht ihr somit eher im Wege, als daß sie ihren Verlauf beschleunigt.

7. Konservative liberalen Typs

Es handelt sich hier um eine Gruppe, deren persönlicher Werdegang in die Zeiten der Unterdrückung der Demokratie und die Blütezeit der administrativ-autoritären Verwaltung fällt. Der Psyche dieser Personen wurde von der Gesellschaftsordnung in der Stagnationsperiode ein unauslöschlicher Stempel aufgedrückt. Die meisten von ihnen sind von der Allmächtigkeit „Seiner Majestät des Plans“, der Sozialismuswidrigkeit der Marktbeziehungen, von der entscheidenden Rolle der Genialität Stalins im Zweiten Weltkrieg u.ä. überzeugt. Unter dem Druck, sich der neuen Situation anpassen zu müssen, sind sie bereit, die Notwendigkeit dieser oder jener Veränderungen anzuerkennen und verwenden nicht selten perestroika-eigene Begriffe, vor allem in der Öffentlichkeit. Unter sich, im kleinen Kreis, sind jedoch andere Töne zu hören. Sie lehnen das Konzept der Perestroika als „antisozialistisch“ ab, unternehmen praktische Bemühungen, um die Gesellschaftsreform versanden zu lassen, ihren Rhythmus zu bremsen und die Demokratisierung, die die Perestroika irreversibel machen würde, nicht zuzulassen. Sozial gesehen sind sie es im wesentlichen, die immer wieder die „Perestroika-Bremse“ ziehen. Sie hoffen nach wie vor, daß sich alles noch „legen“ und „in geordnete Bahnen“ zurückkehren wird. Aufgrund ihrer Präsenz in führenden Positionen stellen sie eine wesentliche Bedrohung für eine erfolgreiche Realisierung der Perestroika dar.

8. Konservative reaktionären Typs

Sie sind den Ideen der Perestroika ebenfalls, allerdings aus tieferliegenden Gründen, nicht zugänglich. Begegnen die „Liberalen“ diesen Ideen mit dogmatischen Vorstellungen von den Vorteilen des Stalinschen „Kasernensozialismus“, so sind den Reaktionären die sozialistischen Werte überhaupt fremd. Teilweise sind sie von habgierigen Interessen beseelt, sind alle ihre Bestrebungen darauf gerichtet, möglichst viel gesellschaftliches Gut in ihre Hände zu bekommen, ohne sich an rechtlichen oder moralischen Bedenken zu stoßen. Anderen ist die zuvor ausgeübte unbegrenzte Macht über andere Menschen in den Kopf gestiegen. Sie versuchen folglich, eine Situation, in der sie ihrer Willkür freien Lauf lassen können, wiederherzustellen oder zu erhalten.

Das Auftauchen derartiger Gruppen in einer sozialistischen Gesellschaft bedeutet ein Abweichen vom richtigen Weg und eine Entstellung der sozialistischen Gesellschaftsordnung. Die Angehörigen dieser Gruppen wissen das selbst sehr gut und können sich auch genau vorstellen, was auf sie zukommt, wenn die Perestroika gelingt. In diesem Fall verschärft sich der Widerspruch zwischen

Gruppen- und Gesellschaftsinteressen bis zum Antagonismus. Die Frage lautet eindeutig „Wer besiegt wen?“, wobei die Antwort in historischer Hinsicht nicht den geringsten Zweifel hervorruft. Doch momentan wird noch erbarmungslos gekämpft zwischen den mächtigen Reaktionären und den konsequenten Vertretern der Perestroika.

Es wären noch mehrere andere typische Einstellungen gegenüber der Perestroika anzuführen. Gewisse junge Leute, die nicht fähig sind, vergängliche von realen Werten zu unterscheiden, folgen zum Beispiel blind Pseudo-Führern und „Neuerern“, in der Meinung, für die Perestroika zu kämpfen, während ihre Betätigung in Wirklichkeit schädlich ist. Als Beispiel dafür kann der Verein Pamjat („Erinnerung“) genannt werden, der zum Bollwerk zeitgenössischer Schwarzhundertschaftler[43] geworden ist. Aber die wesentlichsten, d.h. die einflußreichsten Gruppen sind jene, die ich oben beschrieben habe.

Welches Verhältnis besteht nun zwischen den zwei Klassifikationen, die die Menschen einerseits nach ihrer Zugehörigkeit zu einer sozialen Gruppe und andererseits nach ihren Ansichten und Überzeugungen einteilen? Wenn man dieses Verhältnis in einer Tabelle darstellen will, in der die Zeilen den sozialen Gruppen und die Spalten den verschiedenen Positionen gegenüber der Perestroika entsprechen, so ist wahrscheinlich, daß die meisten Kästchen angekreuzt werden müssen, wenn man dic Bcvölkcrung auf diesem Gitter repräsentieren will. Nur werden manche Kreuzchen Dutzende Millionen von Personen darstellen und andere nur wenige Einzelfälle. Deswegen werde ich in der Folge versuchen, die wahrscheinliche Verteilung der typischen Einstellungen in allen sozialen Gruppen und Schichten zu prognostizieren, indem ich nur die Kästchen ankreuze, die, wie mir scheint, sozial gesehen am relevantesten sind. Die Gruppen und Schichten sind in der Reihenfolge abnehmend positiver und zunehmend ablehnender Einstellung gegenüber der Perestroika angeführt; ebenso sind die Einstellungen von links nach rechts in zunehmend negativer Reihenfolge angeordnet. In der Liste der sozialen Gruppen und Schichten habe ich der Ein-

[43] Schwarzhundertschaftler (Tschernosotenzy): Bewaffnete, regierungstreue Gruppen, die insbesondere während der Revolution von 1905 Massaker unter Sozialisten und Juden anrichteten (Anm. d. Ü.)

fachheit halber zwei Veränderungen an der Aufzählung aus dem Abschnitt „Gewinner und Verlierer der Perestroika" vorgenommen: die fortschrittlichsten Teile der Arbeiter und der Kolchosbauern wurden zusammengefaßt; ebenso die breite Masse der Arbeiter mit der der Kolchosbauern, da die jeweilige Einstellung gegenüber der Perestroika dieselbe ist. Wenn ein Kästchen leer ist, heißt das nicht, daß die betreffende Kombination nicht vertreten ist, sondern nur, daß diese Personen für ihre soziale Gruppe eher untypisch sind.

Als Kommentar zu dieser Tabelle läßt sich feststellen, daß die fortschrittlichen Schichten der Arbeiter und Kolchosbauern in der Regel Perestroika-Befürworter sind. Die kreativsten unter ihnen (wie z.B. Serikow, Gitalow oder Perwizki) unterstützen nicht nur die Ideen, die von Wissenschaftern und Politikern vorgebracht werden, sondern eilen Wissenschaft und Politik bis zu einem gewissen Grad voraus, indem sie selbst die Initiative ergreifen. Dennoch geben sich zahlreiche hochgebildete und -qualifizierte Arbeiter auch nur mit der Unterstützung jener Aspekte zufrieden, die für sie selbst von Vorteil sind. In diesem Fall handelt es sich weniger um Befürworter als um Verbündete der Perestroika.
Die Politiker stellen jene relativ breit gefaßte Gruppe, die Staats- und Parteifunktionäre vom Politbüro-Mitglied bis herunter zum führenden Mitarbeiter in der parteilichen oder staatlichen Gebiets- oder Stadtverwaltung umfaßt. Heutzutage ist diese Gruppe heterogen. Selbstverständlich sind Initiatoren und Befürworter tonangebend. Doch darf man nicht außer acht lassen, daß ein gewisser Teil der Regionalpolitiker ihre Reformtätigkeit nur vortäuscht und entweder eine Sache sagt und das Gegenteil davon tut (Quasi-Befürworter) oder überhaupt zu den Konservativen gehört. Wie A. Gelman bemerkt, würden diese Politiker die revolutionäre Demokratisierung der Gesellschaft gerne mit ihrer evolutionären Liberalisierung vertauschen. „Worin liegt der Unterschied?", schreibt er. „Mit der Demokratisierung werden Macht, Rechte, Freiheiten neu umverteilt und eine Reihe unabhängiger Verwaltungs- und Informationsstrukturen geschaffen. Bei der Liberalisierung werden die Grundlagen des administrativen Systems beibehalten, nur in einer gemilderten Form. Die Liberalisierung, das ist eine Faust, die sich öffnet. Aber die Hand bleibt dieselbe, und sie kann sich jederzeit wieder zur Faust ballen. Nur äußerlich erinnert die Liberalisierung manchmal an die Demokratisierung, in der Tat ist dies aber ein

Typische Positionen der sozialen Gruppen und Schichten gegenüber der Perestroika

Einstellung zur Perestroika / Soziale Schichten und Gruppen	Initiatoren	Befürworter	Verbündete	Quasi-Befürworter	Beobachter	Neutrale	Konservative	
							Liberale	Reaktionäre
1	2	3	4	5	6	7	8	9
1. Avantgarde der Arbeiter und Kolchosniki	x	x	x					
2. Politiker	x	x		x			x	
3. Wirtschafts-Manager	x	x		x			x	
4. Gesundheits-, Lehr- und Kulturberufe	x	x		x	x		x	x
5. Kleine sozialistische Unternehmer		x	x	x				
6. Breite Masse der Arbeiter und Bauern		x	x		x	x	x	
7. Wissenschaftlich-technische Intelligenzia		x		x	x		x	
8. Hohe Verwaltungsfunktionäre		x		x			x	x
9. Handel, Dienstleistungen					x		x	x
10. Privilegierte und teilweise verdorbene Arbeiter					x		x	x
11. Organisiertes Verbrechen							x	x

entscheidender und unzulässiger Tausch."[44] Ein Standpunkt, dem man nur schwerlich nicht zustimmen kann, umso mehr, als sogar auf höheren Ebenen der politischen Macht liberal-konservative Ansichten bislang nicht wenig Anhänger haben.
Eine ähnliche Struktur weist die Einstellung der Wirtschaftsmanager auf. Am stärksten vertreten sind die Befürworter; weiters gibt es direkte Initiatoren, aber auch nicht wenig Quasi-Befürworter und gezwungenermaßen auch „liberale" Konservative.
Dieselben Typen finden wir ebenfalls, wenn auch in anderen Proportionen und anderen konkreten Formen, in der Intelligenzia der Gesundheits-, Lehr- und Kulturberufe. Die Rolle von Initiatoren spielen hier Gesellschaftswissenschafter, die diese Ideen bereits in der Stagnationsperiode vertraten, Schriftsteller und Journalisten, die mutig gegen die bürokratischen Entstellungen des Sozialismus aufgetreten sind, sowie Dichter und Liedermacher wie Okudschawa, Wysozki u.a. Die Gesinnungsgenossen dieser Menschen, die jetzt gegen die Bürokratie und für die moralische und soziale Sanierung der Gesellschaft eintreten, sind unter die Befürworter zu reihen. Die politischen Plappermäuler, die heute große Reden über die Bedeutung und Tragweite der Perestroika schwingen und gestern noch das Gegenteil behaupteten, stellen die typischen Quasi-Befürworter dar. Schließlich sind hier noch die relativ zahlreichen konservativ-reaktionären Gesellschaftswissenschafter, die überholte gesellschaftswissenschaftliche Dogmen einführten und verbreiteten und jetzt zum Schweigen verurteilt sind oder höchstens vor sich hinbrummen können, daß „das alles kein gutes Ende nehmen wird". Das Credo genau dieser Gruppe brachte N. Andrejewa in ihrem oben erwähnten Schreiben zum Ausdruck. Im Gegensatz zu den bisher behandelten Gruppen gibt es in der Intelligenz der Gesundheits-, Lehr- und Kulturberufe eine beträchtliche Anzahl von Beobachtern, die den Verlauf der Ereignisse gespannt verfolgen, jedoch kaum an die Möglichkeit eines Sieges der demokratischen Kräfte glauben und sich ebensowenig in der Auseinandersetzung engagieren möchten. Ihr Wunsch ist die Demokratisierung der Gesellschaft, ihre Position: „abwarten und weitersehen", ihre Prognose: „es wird kaum etwas herauskommen".
Die kleinen sozialistischen Unternehmer (unter die ich aus diesem Blickwinkel nicht nur die neuen Genossenschafter und individuell Erwerbstätigen reihen würde, sondern auch die Familien-Lei-

[44] A. Gelman: „Zeit, seine Kräfte zu sammeln", Sowetskaja Kultura, 9.4.1988.

stungsvertragskollektive, die „Pfuscher“-Brigaden und verschiedene andere Arbeitsgemeinschaften auf Rentabilitätsbasis), setzen sich vor allem aus Verbündeten der Perestroika zusammen, da diese es ihnen ermöglicht, ihre Interessen zu verwirklichen. Der progressivere Flügel dieser Gruppe sieht seine Tätigkeit nicht nur aus dem persönlichen, sondern auch aus einem breiteren, gesellschaftlichen Blickwinkel, so z.B. als praktischer Beitrag zur Perestroika, und zählt somit zu den Befürwortern. Der andere Flügel kümmert sich vor allem um eine möglichst rasche Bereicherung, ohne sich von moralischen oder rechtlichen Bedenken aufhalten zu lassen. Die Verbraucher stellen jedoch an die Waren und Dienstleistungen, die von Genossenschaften oder einzelnen Personen geliefert werden, keine geringen qualitativen Ansprüche. So gesehen beeinträchtigt diese Art von Unternehmern die insgesamt wichtige und fortschrittliche Bewegung, die die Entstehung und Entwicklung der Kooperativen darstellen. Deswegen würde ich sie als Quasi-Befürworter der Perestroika bezeichnen.

Die breite Masse der Arbeiter und Kolchosbauern (und somit der gesamten Bevölkerung) setzt sich aus zahlreichen Befürwortern und Verbündeten der Perestroika zusammen, ist aber in nur ungenügendem Ausmaß von sozialer Aktivität und Initiativbereitschaft geprägt, da sie mehr an Befehlserfüllung als an Handeln mit dem eigenen Verstand gewöhnt ist. Einen bedeutenden (vielleicht den dominierenden) Teil dieser Gruppe stellen erstens die Beobachter, die den Perestroika-Verlauf in Zeitungen und Fernsehen verfolgen, und zweitens Leute, die in erster Linie von eigenen Interessen beherrscht werden, in der Vergangenheit aufhörten, den Massenmedien Glauben zu schenken und diesen jetzt kein Interesse mehr entgegenbringen. Das ist der trägste Teil des Volkes überhaupt. Er setzt sich wahrscheinlich aus einem relativ hohen Anteil von Frauen, alten Leuten, Kranken und vielleicht auch Einwohnern nationaler Randgebiete, zu denen die Perestroika noch nicht richtig vorgedrungen ist, zusammen. Unter den Arbeitern und Kolchosbauern gibt es ebenfalls konservativ eingestellte Menschen, die der „guten alten Zeit“ nachtrauern.

Die wissenschaftlich-technische Intelligenz ohne führende Funktion differenziert sich etwa in der gleichen Weise wie die der Gesundheits-, Lehr- und Kulturberufe. Durch ihren Tätigkeitsbereich steht sie der Technik aber näher als den gesellschaftlichen Beziehungen. Deswegen gibt es in dieser Gruppe fast keine Initiatoren.

Die hohen Verwaltungsfunktionäre lassen sich, wie mir scheint, in tatsächliche Befürworter, Quasi-Befürworter, liberale und reaktionäre Konservative einteilen. Über die tatsächlichen Befürworter brauchen nicht viele Worte verloren zu werden, hier ist alles klar. Aber die Quasi-Befürworter an verantwortungsvollen Verwaltungsposten stellen eine reale Gefahr dar. Unter dem Anschein großer Aktvität und tätiger Teilnahme an der Erarbeitung richtungsweisender Dokumente und Vorschriften machen sie in der Praxis unauffällig die Anstrengungen der Reformer zunichte. Die zu Beginn dieses Kapitels erwähnte Diskreditierung der Perestroika in den Augen eines Teils der Bevölkerung ist vorwiegend das Werk dieser Gruppe.

Was die Konservativen betrifft, so stellen sie leider bislang die Mehrheit des Apparates dar. Ihr linker Flügel wäre noch bereit, irgendeine Verwaltungsdemokratisierung zu akzeptieren, wenn auch sehr widerstrebend. Der rechte, unverhüllt reaktionäre Flügel möchte hingegen überhaupt keine Positionen aufgeben, sieht sogar über ziemlich kritische, scharfe Artikel in der zentralen Presse hinweg. Die Perestroika-Gegner konnten sich insgesamt nicht schlecht an die Transparenz anpassen. Das wichtigste haben sie verstanden, nämlich, daß Enthüllungen und eindeutige Beweise in der Presse bezüglich der unschönsten Fakten allein noch keine Katastrophe und nicht das Ende einer Karriere bedeuten. Die endgültige Regelung einer in der Presse aufgeworfenen Affäre erfolgt auf anderen Wegen, auf Basis anderer Mechanismen, in den höchsten Büros und — bereits ohne Transparenz. Darin liegt einer der wichtigsten Gründe dafür, daß die Perestroika so schleppend weitergeht und daß in gewissen Republiken, Gebieten, Betrieben, Behörden, ländlichen Bezirken etc. noch fast keine Anzeichen einer Reform festzustellen sind.

Die vornehmlich in der Versorgung beschäftigten, privilegierten, teilweise durch höherstehende Gruppen bestochenen und verdorbenen Arbeiter sind natürlich an keiner Reform interessiert. In den schlimmsten Fällen handelt es sich um unverhüllt konservative, wenn nicht gar reaktionäre Personen (so wie die Chauffeure, die an die Scheiben ihrer Autos Stalin-Porträts kleben). Bestenfalls aber sehen die betroffenen Gruppen die Unangemessenheit ihrer Lage und ihres Verhaltens und die Ungerechtigkeit der gewährten Privilegien und Vergünstigungen ein und nehmen eine neutrale, der Perestroika gegenüber fatalistische Haltung ein, nach dem Motto: „Und wenn sie mir auch einige Vorteile wegnehmen, aber nicht nur mir, sondern allen, dann ist das schon nicht so schlimm.“

Insgesamt sind sie aber eher Gegner als Verfechter der Perestroika, allerdings nicht sehr überzeugte Gegner (mit Ausnahme der Arbeiter in der Verteidigungsindustrie), die keine starke soziale Strömung darstellen.

Ähnlich verhält es sich mit den Führungskräften im Handel und Dienstleistungssektor (die Arbeiter dieser Branchen sind in die vorhergehende Gruppe einzuordnen). Bekanntlich ist in diesen Bereichen ein ziemlich verläßliches selbstreproduzierendes sozioökonomisches System entstanden, das alle Beteiligten mit zusätzlichen Einkünften versieht. Deswegen sind Befürworter und Verbündete der Perestroika in dieser Gruppe nur selten anzutreffen, auch die Quasi-Befürworter sind nur schwach vertreten. Der Tätigkeitsbereich rund um die Verteilung und den Tausch mit fertigen Gütern (von Produktionsmitteln bis zu öffentlichen und sozialen Dienstleistungen) bleibt und wird wahrscheinlich noch lange eine Hochburg des Konservatismus und der Reaktion bleiben. Was die Gruppen organisierten Verbrechertums betrifft, so ist klar, daß hier nur zwei Varianten der Einstellung zur Perestroika möglich sind: entweder leise, still und heimlich den Neuerungen Steine in den Weg zu legen, oder offen jeglichen Reformversuchen den Krieg zu erklären.

So sieht eine Analyse der Tabelle nach Zeilen aus. Ebenso kann ihr Inhalt aber spaltenweise untersucht werden. Auf diese Weise wird ersichtlich, wie die verschiedenen Positionen gegenüber der Perestroika nach sozialer Herkunft zusammengesetzt sind.

Als Initiatoren treten progressive Politiker und Wirtschaftsmanager auf, ebenso wie radikal eingestellte Vertreter der Gesundheits-, Lehr- und Kulturberufe und fortschrittliche Arbeiter und Bauern.
Die Befürworter sind die am breitesten vertretene Gruppe. Sie sind in jeder gesellschaftlichen Schicht, mit Ausnahme der konservativsten, anzutreffen.

Die Verbündeten setzen sich aus Arbeitern, Bauern und Kleinunternehmern zusammen.

Unter den Quasi-Befürwortern sind Vertreter aller Gruppen der Intelligenzia anzutreffen, sowohl in leitenden als auch in ausführenden Funktionen. Den Arbeitern, Bauern und Handwerkern bringt so ein Theaterspiel nicht viel.

Die Rolle des interessierten Beobachters ist ebenfalls sehr breit gestreut. Ausgenommen sind jene Gruppen, deren Tätigkeitsart an sich eine ziemlich genau festgelegte Position erfordert, und zwar

Politiker und Wirtschaftsmanager, hohe Verwaltungsfunktionäre sowie progressive Arbeiter.
Die neutrale Haltung ist typisch für die am wenigsten gebildeten und passiven Arbeitskräfte mit körperlicher Tätigkeit.
Ein bedrückendes Bild zeichnet sich in der vorletzten Spalte der Tabelle ab, die zeigt, daß die „liberalen" Konservativen auf praktisch alle Gruppen verteilt sind, außer der eigens abgesonderten Schicht der Arbeiter- und Kolchosniki-Avantgarde sowie der kleinen Unternehmer, die ihr Schicksal sicher nicht mit der Perestroika verketten würden, wenn sie konservative Ansichten hätten.
Der übelste Teil der Konservativen, d.h. die unverhüllten Reaktionäre, sind auf eine begrenzte Anzahl von Gruppen konzentriert, denen bei der Durchführung der Perestroika eine ganz besondere Aufmerksamkeit zu widmen ist. Es sind dies erstens die korrupten Staats- und Parteifunktionäre, zweitens die Führungskräfte im Handel und Dienstleistungssektor, drittens die von den eben genannten Gruppen bestochenen Arbeiter und schließlich die organisierte Kriminalität, in der sich Vertreter dieser Gruppen zusammenfinden.

Wie wir sehen, ergibt sich ein ziemlich komplexes Bild. Die Gesellschaft ist einerseits in Gruppen aufgespalten, die sich durch ihre Beziehung zu den durchgeführten Veränderungen wesentlich (sogar diametral) unterscheiden. Der Konflikt zwischen diesen sozialen Kräften wird alltäglich in der Presse beleuchtet, ruft heftige Zwischenfälle und Diskussionen hervor. Mehr noch, er ist für jeden von uns im geschäftlichen und Familienleben zu verspüren. Die Gesellschaft wird immer stärker in die Perestroika einbezogen; die Gruppen der Neutralen und der Beobachter werden kleiner, während die Gegensätzlichkeit zwischen überzeugten Verfechtern und überzeugten Gegnern immer evidenter wird.
Andererseits sind die Standpunkte, die die Leute der Perestroika gegenüber beziehen, nicht unmittelbar von ihrer Zugehörigkeit zu konkreten sozialen Schichten und Gruppen abhängig. Die Perestroika, die von Michail Gorbatschow als soziale Revolution bezeichnet wurde und deren Rolle es ist, die sowjetische Gesellschaft auf den Weg des konsequenten Aufbaus des Sozialismus zurückzuführen, darf nicht als Revolution der Arbeiter und Bauern gegen die Angestellten des bürokratischen Verwaltungsapparates angesehen werden, wie dies manchmal versucht wird. Die moderne Gesellschaft kann sich nicht nur ohne qualifizierte Arbeiter oder Bau-

ern, sondern auch ohne Spezialisten der Volkswirtschaft, ohne Intelligenzia des Gesundheitswesens, Lehr- und Kulturbereiches, ohne Wirtschaftsmanager und Politiker, ohne kleine Handwerker und Händler nicht entwickeln. Folglich kann hier nur von einer Revolution des progressiven Teils der Gesellschaft (die ersten drei Spalten in der Tabelle) gegen ihren reaktionären Teil (die beiden letzten Spalten) die Rede sein, wobei die bislang noch unentschiedenen Gruppen (die drei mittleren Kolonnen) immer stärker in den Kampf hineingezogen und polarisiert werden. Natürlich kann man aus der Tabelle auch eine gewisse Wechselbeziehung zwischen den Zeilen und den Spalten herauslesen; diese ist aber nicht sehr prägnant und erst recht nicht absolut.
Aus diesen Ausführungen wird eines ersichtlich: wie komplex die Ausarbeitung einer effizienten Perestroika-Strategie ist. Vor allem, auf welche Gruppierungen soll sie angewendet werden: auf die objektiv durch ihren Platz in der Organisation der gesellschaftlichen Arbeit unterscheidbaren sozialen oder aber auf die durch die subjektive Haltung gegenüber der Perestroika gebildeten Gruppen? Für erstere gilt, daß sie offen daliegen, ihre Situation, Probleme und Schwierigkeiten mehr oder weniger klar sind oder jedenfalls ermittelt werden können. Deswegen ist es auch leichter, Maßnahmen zu entwerfen, die ihren Stellenwert in der Perestroika verstärken. Doch genau bezüglich ihrer Einstellung zur Perestroika sind diese Gruppen heterogen — und gleichmacherische Maßnahmen, die gleichzeitig für Befürworter und Gegner bestimmt sind, können kaum ihren Zweck erfüllen. Die Einteilung nach dem zweiten Kriterium ergibt zwar Gruppen, die sich eher als Objekt der Perestroika-Strategie eignen, aber verdeckt und schwer identifizierbar sind. Selbst eine flächendeckende soziale Umfrage der erwachsenen Bevölkerung könnte hier nicht helfen, da sich kein einziger Konservativer oder Reaktionär als solcher zu erkennen geben wird.
Es bleibt eine einzige Lösung: eine zweidimensionale Strategie zu entwerfen, die gleichzeitig die Entwicklung und das Verhalten beider Arten von gesellschaftlichen Gruppierungen steuert. So können dort, wo jene Maßnahmen nicht greifen, die an die durch ihre Einstellung zur Perestroika gebildeten Gruppen gerichtet sind, jene nützlich sein, die an bestimmte soziale Gruppen adressiert sind. Kurz, die Perestroika-Strategie muß aus mindestens zwei komplementären Subprogrammen bestehen. Doch bevor ich kurz deren Inhalt umreiße, möchte ich noch auf eine allgemeinere und

fundamentale Frage eingehen. Sie betrifft jenen „sozialen Preis", den unsere Gesellschaft für die Überwindung ihrer Rückständigkeit, die Befreiung von der angelagerten Schmutzschicht, ihre moralische Erneuerung und die Beschleunigung ihrer Entwicklung bezahlen kann, muß und subjektiv auch zu zahlen bereit ist.

Das strategische Konzept

Michail Gorbatschow und andere Parteiführer haben wiederholt auf den mehr als nur tiefgreifenden, auf den wahrhaft revolutionären Charakter der Perestroika aufmerksam gemacht. Aus der Sicht der Aufgaben, die zur Lösung anstehen, können die vorgehenden gesellschaftlichen Veränderungen nur schwerlich anders denn als eine relativ unblutige und friedliche (obwohl in Sumgait bereits Blut vergossen wurde) *soziale Revolution* bezeichnet werden. Es wird sich folglich um die Erstellung einer Steuerungsstrategie nicht für einen gewöhnlichen, wenn auch äußerst komplexen, evolutionären Prozeß handeln, sondern für eine *Revolution*, die an den Grundfesten essentieller Gesellschaftsstrukturen rüttelt, die eine radikale Neuverteilung von Macht, Rechten, Pflichten und Freiheiten herbeiführt.

Die Wirksamkeit der Strategie, die die Partei auswählt und realisiert, wird an zwei Kriterien meßbar sein: erstens, dem Ausmaß und der Geschwindigkeit, mit der das theoretische Konzept der Perestroika als Revolution verwirklicht wird, und zweitens, die Schärfe und Art der entstehenden sozialen Spannungen und Konflikte. Die Frage, die unbedingt eine Antwort erfordert, läuft eben darauf hinaus, welche Spannungen und Konflikte wir um der Perestroika willen zu akzeptieren bereit sind.

In den Zeitungen und den Reden von Politikern wird manchmal der Gedanke formuliert, daß die Perestroika gänzlich den Interessen aller gesellschaftlichen Gruppen und aller Mitglieder der Gesellschaft entspreche, daß von Gegensätzen hier keine Rede sein könne und daß alle auf der selben Seite der Barriere stünden. Die vorhin durchgeführte Analyse zeigt allerdings eindeutig, daß dem nicht so ist. Wenn zudem alle sozialen Kräfte in der Gesellschaft dieselbe Position einnähmen, wäre die Barriere überhaupt nicht notwendig. Diese (oder, genauer, eine Vielzahl unsichtbarer, aber deutlich fühlbarer Barrieren) zerteilt die sowjetische Gesellschaft in sich allmählich konsolidierende und sich als solche bewußt werdende Gruppen, die einerseits Befürworter und Verbündete und andererseits Gegner der Perestroika umfassen.

Die Frage, ob eine revolutionäre Verwandlung der Gesellschaft ohne wesentliche Verschärfung des Widerspruchs zwischen den Gruppeninteressen möglich ist, muß natürlich negativ beantwortet werden. Solch eine Verwandlung verändert radikal die relative und

absolute Situation der Klassen, Schichten und Gruppen, von denen die einen bis zu einem gewissen Grad auf Kosten der anderen gewinnen. Die Unabwendbarkeit nicht nur einer Konfrontation, sondern eines erbitterten Kampfes um die Perestroika zwischen den Gruppen mit unterschiedlichen Interessen zu leugnen, würde nicht nur ein Vergessen der Anfangsgründe des Marxismus bedeuten, sondern auch Blindheit gegenüber der Realität, die schon jetzt, anläßlich der ersten Schritte in Richtung einer wirklichen Umgestaltung, vom sozialen Kampf buchstäblich durchsetzt ist.
Es liegt auf der Hand, daß die Perestroika-Strategie darauf abzielen muß, die sozialen Konflikte zu minimieren und die sozialen Spannungen zu entschärfen, damit die Durchsetzung ihrer Ziele mit dem geringstmöglichen sozialen Preis verbunden sei. Anders ausgedrückt sollen weniger Leute unter der Perestroika zu leiden haben, und die erlittenen Verluste sollen so gering wie möglich gehalten werden. Nur unter diesen Bedingungen kann die Perestroika Konsolidierung und nicht Auflösung der Gesellschaft, Wiederherstellung und nicht Zerrüttung der öffentlichen Moral bewirken.
Freilich liegt die ganze Schwierigkeit in der richtigen Dosierung. Da die Interessen des fortschrittlichen und des reaktionären Teils der Gesellschaft einander gegenüberstehen, droht eine zu stark betonte Besänftigung der Konflikte in eine Sinnentleerung der Perestroika-Ideen umzuschlagen. Genau in diesem Kontext muß meines Erachtens die Gesamtheit der Phänomene in Betracht gezogen werden, die auf einen langsamen Verlauf der Perestroika und auf Unzufriedenheit breiter Bevölkerungsteile mit den bislang erreichten Resultaten hinweisen. Natürlich muß die Perestroika-Strategie die Möglichkeit und Wahrscheinlichkeit, daß eine Reihe sozialer Konflikte auftauchen werden, berücksichtigen und auf ihre Verhinderung und Abschwächung ausgerichtet sein. Doch zu starke soziale Kompromißbereitschaft und übertriebene Angst, die Interessen der Perestroika-Opposition zu verletzen, können zu einem sehr starken Hemmfaktor für die quantitative und qualitative Entwicklung dieses Prozesses werden.

Bekanntlich hat alles seinen Preis — auch die revolutionäre Umgestaltung der Gesellschaft. Ihr Preis besteht in heftigen Kämpfen, in angespannten Konflikten zwischen den Gruppen. Dazu müssen unsere Politiker bereit sein, das muß der Bevölkerung klargemacht werden, davor darf man schließlich keine Angst haben, wenn man das Wort „Revolution" nicht fürchtet. Die soziale Strategie zielt nun darauf ab, das Boot, in dem wir sitzen, über den stürmischen Ozean der Perestroika mit möglichst wenig Schäden und Verlusten zum angestrebten Ufer zu steuern.

Ich mache es mir hier nicht zur Aufgabe, den konkreten Inhalt der Perestroika-Strategie zu begründen. Dieser wurde in Kollektivarbeit erstellt, vor allem im Zuge der Vorbereitung und Durchführung der 19. Parteikonferenz der KPdSU. Ich werde mich hier auf eine kurze Skizzierung der wichtigsten Maßnahmen beschränken.
Ich beginne mit der Politik, die sich an die durch ihre Einstellung zur Perestroika gebildeten Gruppen richtet. Das Hauptziel dieser Politik muß meines Erachtens darin bestehen, ein System demokratischer Institutionen zu schaffen, die die Irreversibilität und die zunehmende Entwicklung der Perestroika bewirken, indem Befürworter in Initiatoren und Ideologen, Verbündete in überzeugte Befürworter, Beobachter zumindest in Verbündete, gleichgültige und inerte Personen in interessierte Beobachter und Konservative aller Schattierungen in gegenüber der Perestroika loyale Staatsbürger verwandelt werden.
Als konkrete Schritte, die die Verwirklichung dieser Ziele ermöglichen, kämen aus meiner Sicht in Betracht:

1. Schaffung der politischen Voraussetzungen für eine ideelle und organisatorische Konsolidierung der Initiatoren, Ideologen und überzeugten Befürworter. Zu diesem Zweck, Organisation z.B. eines Volksverbandes zur Förderung der Perestroika unter der Leitung landesweit bekannter Journalisten, Wissenschafter, öffentlicher Persönlichkeiten, Autoren sozialer Experimente, fortschrittlicher Arbeiter und Bauern. Schaffung eines finanziellen Volksfonds zur Förderung der Perestroika. Berechtigung des Volksverbandes zur Förderung der Perestroika, eigene Publikationen — Informationsschriften, Zeitungen, Zeitschriften — zu veröffentlichen und über eine gewisse Sendezeit im Fernsehen zu verfügen. Organisation eines regionales Netzes des Volksverbandes in Form von Klubs oder auch von Kommissionen zur Förderung der Perestroika.

2. Überwindung des unbegründeten politischen Argwohns, mit dem informelle soziale Initiativen, die im allgemeinen die besten, gesündesten Kräfte unter jungen Menschen vereinigen, behaftet

sind. Eingliederung sozialistisch orientierter Klubs für soziale Initiativen in den Volksverband, Bereitstellung materieller, organisatorischer und moralischer Unterstützung sowie der notwendigen Arbeitslokale, Abschaffung der unbegründeten Verbote bezüglich bestimmer politischer Aktionsformen wie Massenveranstaltungen, Demonstrationen, Treffen mit Politikern u.ä. Herstellung geistiger und ideeller Kontakte zwischen Partei- und Komsomol-Mitgliedern und den Angehörigen informeller sozialer Initiativen.

3. Schaffung einer tatsächlich rechtsstaatlichen Gesellschaft, in der das Gesetz eine unverbrüchliche Kraft darstellt und jeder Rechtsbruch konsequent geahndet wird. Rasche Revision der existierenden Gesetze, Ausmerzen der Widersprüchlichkeiten und Zweideutigkeiten, Abschaffung überholter Vorschriften, die der Entwicklung der Perestroika hinderlich sind. Systematische Kontrolle, vor allem von seiten des Volksverbandes, ob die Gesetze, die die Perestroika unterstützen, von Verwaltungsorganen in Wirtschafts- und Branchenbehörden eingehalten werden. Einführung strenger Prohibitivmaßnahmen gegen Gesetzesunterlassung durch Amtspersonen, gerichtliche Verfolgung von Führungskräften, die die neuen Gesetze vorsätzlich verletzen, öffentliche Prozesse über Bürokraten, die die Perestroika blockieren. Stärkung des Vertrauens in die Zuverlässigkeit des Staates bei der Unterstützung der kleinunternehmerischen Betätigung. Organisierung juridischer Hilfe und rechtlicher Verteidigung der Perestroika-Befürworter und -Verbündeten vor administrativ-bürokratischen und anderen Ausschreitungen.

4. Weitere Verstärkung der Transparenz in der Perestroika. Aufklärung nicht nur über die vorgesehenen Maßnahmen und erwarteten Ergebnisse, sondern, viel wichtiger, über das soziale Konzept der Perestroika, ihren politischen Sinn, ihre historische Bedeutung und ihren Stellenwert für das Schicksal der Sowjetunion. Information aller nationalen und soziodemographischen Gruppen über diese Ideen. Verbreitung der positiven Perestroika-Erfahrungen, ausgedrückt nicht nur als Planerfüllung und Produktionssteigerung, sondern auch als veränderte gesellschaftliche Beziehungen und verbesserte Lebensbedingungen. Systematische Erforschung, aber auch Bildung der öffentlichen Meinung über die Perestroika, ihre Erfolge und Schwierigkeiten. Berücksichtigung der öffentlichen Meinung bei der Fällung wichtiger Entscheidungen, die das allgemeine Interesse berühren.

5. Tiefgreifende Demokratisierung der Personalpolitik. Abschaffung des Nomenklatursystems bei Auswahl und Verteilung der Kader, das eine natürliche Abwechslung der leitenden Angestellten und die Befreiung höchster Ämter von Konservativen und Reaktionären wesentlich bremst. Möglichst klare Enthüllung von und Differenzierung zwischen wahren Verfechtern der Perestroika und Quasi-Befürwortern, bei denen Wort und Tat nicht übereinstimmen. Systematische Information der Bevölkerung über die im Kampf nicht nur gegen die Gegner, sondern auch gegen die unter ihre Reihen gemischten Quasi-Befürworter erzielten Erfolge.

Bis hierher habe ich den ersten Aspekt der Perestroika-Strategie angerissen, der sich gewissermaßen an die gesamte Bevölkerung ohne Unterscheidung zwischen Klassen, Völkern, Schichten und Gruppen adressiert. Der zweite Aspekt richtet sich hingegen gezielt an die verschiedenen Elemente der sozialen Gesellschaftsstruktur. Er besteht darin, erstens jene Gruppen, die die soziale Grundlage der Perestroika darstellen, quantitativ zu verstärken, zu konsolidieren und zu aktivieren, zweitens, die Rolle der vornehmlich konservativen Gruppen, ihren zahlenmäßigen Bestand und ihren Machtbereich zu beschneiden, und drittens, die personelle Zusammensetzung der Gruppen, die über das Schicksal der Perestroika entscheiden, im Hinblick auf die Proportion zwischen „Radikalen" und „Konservativen" zu verbessern.
Die reale historische Alternative für Perestroika, Wirtschaftsreform und Demokratisierung lautet in der Tat nicht: *Sein oder Nichtsein*. Denn die Zahl jener, die dagegen sind, die die Breschnew-Ordnung noch jahrzehntelang beibehalten wollen, ist nicht groß. Die tatsächliche Alternative bezieht sich auf das *Wie* der Perestroika, der Wirtschaftsreform, der Demokratisierung: revolutionär (radikal) oder evolutionär (liberal-konservativ)? Das Schicksal des sowjetischen Volkes hängt genau davon ab, über welche von den beiden angeführten Möglichkeiten die Perestroika zur Wirklichkeit wird. Ist es der erste Weg, so wird die Welt Gelegenheit haben, nach dem japanischen, dem chinesischen und anderen „Wundern" auch das „sowjetische Wunder" zu bestaunen, das mit sprunghaft steigenden Zuwachsraten ein technisch und sozial rückständiges Land in eine starke, moderne und dynamische Macht verwandeln wird. Wird jedoch der zweite Weg eingeschlagen, so kann der in der letzten Periode angesammelte Nachholbedarf der UdSSR gegenüber den entwickelten kapitalistischen Staa-

ten unüberwindbar werden, und das einstmals bedeutende Land wird anfangen, Positionen preiszugeben, sein Volk von der übrigen Welt durch einen neuen Eisernen Vorhang abzugrenzen, den Widerstand demokratischer Kräfte durch Repressionen zu erstikken und sich in eine isolierte Peripherie der Welt zu verwandeln.
Die Alternative ist zu ernst, um ein fatalistisches Abwarten, welche Kräfte siegen werden, zu gestatten. Eine durchdachte Steuerungsstrategie ist notwendig, mit der dieser Prozeß in historisch fortschrittliche Bahnen gelenkt werden kann, insbesondere auch durch die Optimierung der sozialen Gesellschaftsstruktur. Zu diesem Zweck müssen erstens die Aufgaben, die hinsichtlich jeder Gruppe zu regeln sind, definiert werden und zweitens die Mittel zur Verwirklichung dieser Aufgaben gefunden werden.
Zu diesen Fragen werde ich eine Reihe von Überlegungen anstellen, angefangen bei jenen Gruppen, die sich als Basis für die radikale Reformvariante eignen, jedoch noch weiterer Konsolidierung und Stärkung bedürfen.

1. Politiker

Wie bereits bemerkt wurde, ist diese Gruppe heterogen. Neben Ideologen und Initiatoren umfaßt sie auch Konservative und sogar Reaktionäre (vgl. Gebiet Buchara in Usbekistan u.a.). Deswegen besteht eines der Ziele darin, ihre personelle Zusammensetzung zu verändern, die Gruppe zu verjüngen, ihre politischen und ökonomischen Ansichten zu radikalisieren, ihre Kompetenz und Qualifiziertheit anzuheben und ihre sozialen und persönlichen Eigenschaften zu verbessern. Dies ist durch dreierlei Arten von Maßnahmen möglich. Erstens kann das gesellschaftswissenschaftliche (historische, ökonomische, juridische und soziologische) Bildungsniveau der höchsten Machtträger angehoben werden. Zweitens ist rechtzeitig an die Vorbereitung von Nachwuchspolitikern für die Zukunft zu denken (die bevorzugt nicht im Verwaltungsapparat, sondern im Produktions- und sozialen Dienstleistungssektor zu rekrutieren sind). Drittens bedürfen die Beförderungsmethoden für Politiker der Demokratisierung, ist zu diesem Zweck die öffentliche Meinung stärker zu berücksichtigen, sind zwischen den Wahlkandidaten anhand der vorgeschlagenen Programme Wettbewerbe zu organisieren und sind den Wählern die politischen Biographien der Kandidaten bekanntzugeben, in denen nicht nur deren berufliche Laufbahn, sondern auch die Verhaltenslinie und ihr Vorgehen in schwierigen Augenblicken der Geschichte beleuchtet werden. Zu einer qualitativen Verbesserung der Politikergruppe würden auch Maßnahmen wie Beschränkung der Amtszeit auf maximal zwei oder drei Mandate und verstärkte Transparenz in ihrer Tätigkeit beitragen. Anhand solcher Maßnahmen könnte es gelingen, diese Gruppe in einen militanten Zusammenschluß gleichgesinnter Revolutionäre zu verwandeln, unter deren Leitung die Perestroika ihren Schritt zügig beschleunigen könnte.

2. Die Wirtschaftsmanager
stellen jene Gruppe, die in der Wirtschaftsreform eine zentrale Rolle spielen. Sie läßt sich ziemlich genau in zwei Lager einteilen, und zwar jene, „die wollen und können" und jene, die „nicht können und deswegen nicht wollen". Man müßte hier größere Eingriffe vornehmen, nämlich nur die Manager behalten, die in der Praxis ihre Befähigung zu effizienter Wirtschaftsführung unter Beweis stellen konnten, zu neuen Denkweisen fähig und alles Neue zu erfassen und einzuführen bereit sind, risikofreudig und doch gewinnbewußt arbeiten. Was hingegen die „Manager" betrifft, für die der Direktorensessel das höchste Gut und Willfährigkeit gegenüber den Vorgesetzten die wichtigste Fähigkeit darstellen, so muß man sich ihrer entledigen, und je eher, desto besser. Rentabilitätsprinzip und Selbstfinanzierung hätten diese beiden Arten von Managern automatisch getrennt, wenn sie seriös und nicht, wie es zeitweise noch der Fall ist, nur formal eingeführt wären. Eine gewisse Rolle in der Erneuerung kann die Wahl der Wirtschaftsmanager durch die Belegschaften spielen, aber auch nur, wenn sie unformalistisch durchgeführt werden, was bei weitem nicht immer geschieht. Einstweilen ist als Ergänzung zu den ökonomischen und demokratischen Ausscheidungsmechanismen eine gezielte Kaderpolitik von seiten der behördlichen und regionalen Organe erforderlich. Diese sind allerdings vom Bürokratismus infiziert und werden deswegen kaum diese Funktion zur Gänze wahrnehmen können.
Als weitere Maßnahmen für eine wirkungsvollere Beteiligung der wirtschaftlichen Führungskräfte an der Perestroika können angeführt werden: a) Modernisierung des Weiterbildungssystems in den Fachfakultäten und der Akademie für Volkswirtschaft, b) Erweiterung direkter Kontakte mit ausländischen Firmenchefs, Mitarbeit in gemischten Betrieben, c) Konkrete Verwirklichung der Gespräche über die Erweiterung ökonomischer Rechte der Betriebe und die Einführung des uneingeschränkten Rentabilitätsprinzips,

d) Schaffung rechtlicher und politischer Sicherheitsgarantien für jene Manager, die entgegen den Vorschriften, mit denen ihre Tätigkeit irregeleitet wird, die Perestroika-Ideen durchsetzen wollen.

3. Die Arbeiterklasse

stellt zwar nicht die wichtigsten Initiatoren und Ideologen, spielt aber dennoch eine entscheidende Rolle in der Weichenstellung für die Perestroika. Deswegen hängt letztendlich deren Schicksal eben von der Position der Arbeiterklasse ab. Ich habe bereits festgestellt, daß die Perestroika im Interesse der breiten Bevölkerung und vor allem der Arbeiterklasse und der Bauernschaft durchgeführt wird. Dies ist aber nicht allen klar. Deswegen zählt die Arbeiterklasse neben aktiven Befürwortern auch eine Anzahl passiver und gleichgültiger Personen, die, so wie die Beobachter, sich nicht um eine Standortbestimmung im vorgehenden Prozeß bemühen. Das Gelingen der Perestroika und ihr Übergang in ein Stadium der politischen Irreversibilität wird in entscheidendem Maße von der Aktivierung der Arbeiterklasse, dieser essentiellen gesellschaftsverändernden Kraft, abhängen. Die Aufgabe besteht nun darin, jene Arbeiter, die sich für die Perestroika derzeit nicht im geringsten interessieren, aus ihrer sozialen Apathie zu wecken und zumindest soweit zu bringen, daß sie die rundum geschehenden Vorgänge verfolgen und sich eine eigene Meinung über die aktuellsten Fragen bilden. Die Arbeiter hingegen, die mit Interesse, aber einer gewissen Ungläubigkeit die gesellschaftlichen Ereignisse beobachten, können und müssen in aktive Befürworter der Perestroika oder zumindest in Verbündete verwandelt werden.

Bei der Durchführung dieser Vorhaben spielt die Transparenz, die das soziale und politische Bewußtsein ausnahmslos aller gesellschaftlichen Gruppen mobilisiert, zweifellos eine wichtige Rolle. Die Transparenz allein reicht aber nicht aus. Die ständigen Meldungen über Skandale und Ungesetzlichkeiten verhelfen den Arbeitern endgültig zu der Schlußfolgerung, daß der Perestroika mit eigenen Kräften, nicht nur durch Produktionssteigerungen, sondern auch durch Neugestaltung der Gesellschaftsverhältnisse unter die Arme gegriffen werden muß. Um diesen Tendenzen Ausdrucksmöglichkeiten zu verleihen, ist es notwendig, effiziente organisatorische Strukturen ins Leben zu rufen. Teilweise entstehen diese auch spontan, dann handelt es sich um die informellen sozialen Initiativen, von den „Perestroika"-Diskussionsklubs in Moskau und Leningrad bis zur gesamtsowjetischen Bewegung für die

Errichtung eines Denkmals für die Opfer der Stalinschen Repressionen.
Das Entstehen solcher Initiativen zeugt davon, daß die Temperatur im Kessel steigt; allerdings ist kein brauchbares Ablaßventil für den aufgestauten Druck vorhanden. Diese Funktion könnte möglicherweise der bereits erwähnte Volksverband zur Förderung der Perestroika übernehmen, eine auf gesellschaftlicher Basis tätige (d.h. nicht aus staatlichen, sondern aus volkseigenen Mitteln finanzierte) Struktur. Die lokalen Zellen dieses Verbandes hätten völlige Freiheit bei der Wahl eines nützlichen Tätigkeitsfeldes und gleichzeitig einen zuverlässigen sozialen und politischen Status. Insbesondere müßte ihnen das Recht gewährt werden, die Durchführung der gesamtsowjetischen Beschlüsse mit Perestroika-Bezug durch lokale und wirtschaftliche Organe zu kontrollieren.

4. Kolchosbauern

Die Sowjetmacht hat viel dafür getan, um die Bauern in Lohnarbeiter zu verwandeln, die sich nicht als Herren des Bodens fühlen. Jetzt muß das gerettet werden, was noch zu retten ist, d.h. versucht werden, den Kolchosbauern die hervorragenden Züge der Bauernschaft zurückzugeben, als da sind: Kenntnis und Verständnis des Bodens und der Haustiere, Liebe zur landwirtschaftlichen Arbeit, Anhänglichkeit an seinen Heimatflecken und Fähigkeit, umsichtig und vorteilhaft eine Wirtschaft zu betreiben. Als ersten Schritt in diese Richtung könnte man die „Entsowchosivierung" der Kolchosen nennen, die vor 25 oder 30 Jahren durch einen bürokratischen Federstrich in Sowchosen umgewandelt worden waren, um die Befehlserteilung zu vereinfachen. In Litauen und den anderen baltischen Republiken verfügt man bereits über Erfahrungen, die bei der Umwandlung „höherer" landwirtschaftlicher Betriebsformen (Sowchosen) in „niedrigere" (Kolchosen) gemacht wurden: sie sind gut. Als Konsequenz dieser Maßnahme werden die Kolchosbauern auf Kosten der Arbeiterklasse zahlenmäßigen Zuwachs bekommen. In Wirklichkeit steht dahinter aber einerseits die formelle Wiedervereinigung zweier sozial äußerst verwandter Gruppen, nämlich der Kolchosbauern und der Sowchosarbeiter, und andererseits die Wiederherstellung des traditionellen, industriellen Bildes der Arbeiterklasse. Das ist aber nicht die Hauptsache. Wichtig ist es, der Landwirtschaft eine wirtschaftliche Organisationsform zu verleihen, die allen Besonderheiten dieses Wirtschaftszweiges in optimaler Weise Rechnung trägt. Im Sozialismus wird diese Organisationsform in der Genossenschaft verkörpert. Weiters ist den Kolchosbauern das Recht zu gewähren, auf Beschluß der Generalversammlungen ihre Wirtschaften auf ökonomisch vernünftige Ausmaße zu verkleinern. In der Landwirtschaft sind Riesenbetriebe in ihrer überwältigenden Mehrheit ineffizient — das ist eine durch weltweite Erfahrungen erwiesene Tatsache. Auch die versuchsweise Organisierung der Kolchosen in Kooperativen „zweiter Stufe", in denen die Primärkooperativen zur Erzeugung von Agrarprodukten auf wirtschaftlichen Grundlagen zusammengefaßt werden, ist bemerkenswert. Schließlich sind unbedingt der Familienleistungsvertrag in der gesellschaftlichen Produktion sowie die individuellen Nebenerwerbshöfe der Kolchosbauern weiterzuentwickeln. Derartige Maßnahmen berühren direkt die Gesamtheit der Kolchosniki und überhaupt alle Arbeitskräfte in der Landwirtschaft, wecken in ihnen Energie für Arbeit und Wirtschaftsführung und werden sie großteils entweder in Befürworter oder in Verbündete der Perestroika verwandeln. Ich glaube ebenfalls, daß sich zahlreiche Kolchosbauern bereitwillig am Verband zur Unterstützung der Perestroika beteiligen würden.

5. Intellektuelle

Ich möchte noch kurz auf diese Gruppe eingehen. Die fortschrittlichsten unter ihnen treten auch heute als treibende Kraft für die Perestroika auf. Je weiter sich diese ausbreiten wird, umso weniger gleichgültige und umso mehr interessierte und aktive Intellektuelle wird es geben. Ich möchte vielleicht zwei aktuelle Probleme im Zusammenhang mit dieser Gruppe anreißen. Ein bedeutender Teil der Ingenieure, Agronomen, Ärzte und Lehrer hat ein äußerst geringes Ausbildungsniveau. Diese Tatsache weist darauf hin, daß die Intelligenzia im eigentlichen Sinn innerhalb des Personenkreises mit Hochschulzeugnis in der Tasche nur eine sehr kleine Gruppe darstellt. Aus diesem Grund wäre es zweckmäßig, die Fachleute in der Volkswirtschaft zahlenmäßig einzuschränken (es wird allgemein zugegeben, daß sie jetzt überaus zahlreich sind) und die weniger qualifizierten unter ihnen auf hochtechnologisierte Arbeitsplätze für Arbeiter zu versetzen. Das Zusammenschrumpfen der Spezialistengruppe würde es gestatten, sowohl Entlohnung als auch Ansehen der verbleibenden Fachleute anzuheben.

Die zweite Überlegung betrifft die Gesellschaftswissenschafter, sowohl in forschender als auch in lehrender Tätigkeit. Es ist kein Geheimnis, daß die sowjetische Gesellschaftswissenschaft der Prüfung durch die Perestroika nicht standgehalten hat. Ihre herkömmlichen Dogmen wurden demoliert, die Aufstellung neuer Theorien erfordert aber viel Zeit. Die Forscher haben es leichter, da sie sofort wieder kreative Suchprozesse einleiten können. Schwieriger ist die Lage für die Lehrkräfte, denn auf die Fragen der Studenten müssen sie heute antworten — und was sie antworten sollen, ist den meisten unverständlich. Mit dieser Krisensituation kommen viele Lehrer gesellschaftswissenschaftlicher Disziplinen nicht zurecht; unfähig, ihre bisherige Denkweise zu ändern, werden sie wahrscheinlich in Pension gehen. Andere werden selbständig Antworten auf die tiefgehenden Fragen suchen. Doch für die Gesellschaft ist das keine Lösung. Zum Zeitpunkt einer grundlegenden Veränderung ihrer Verhältnisse braucht sie dringender als je zuvor eine methodologisch zuverlässige gesellschaftswissenschaftliche Theorie. Deswegen muß in dieser Richtung eine gezielte Arbeit in die Wege geleitet werden, wenn möglich auf Wettbewerbsbasis, das heißt, daß mehrere Arbeitsgemeinschaften parallel an der Lösung ein und desselben wissenschaftlichen Problems arbeiten.

So sieht es mit den Gruppen aus, die an der radikalen Perestroika-Variante am meisten interessiert sind. Ihre Aktivierung ist durchaus denkbar. Wie ist aber mit jenen gesellschaftlichen Gruppen vorzugehen, die der Perestroika hinderlich sind? Es ist klar, daß die Gruppen organisierten Verbrechertums ausgehoben, Ermittlungen unterzogen, verurteilt und anschließend mit aller Strenge des Gesetzes bestraft werden müssen. Von irgendeiner sozialen Strategie kann hier gar keine Rede sein. Anders verhält es sich aber mit den Gruppen, deren Tätigkeit nicht illegal ist und die die Perestroika trotzdem bremsen. Um welche Gruppen es sich handelt, wurde bereits besprochen.

1. Die hohen Verwaltungsfunktionäre
erscheinen als wesentliche Träger administrativ-bürokratischer Führungsmethoden, des alten ökonomischen und politischen Denkens. Anscheinend sind sie mehrheitlich einfach nicht in der Lage, die von der politischen Führung vorgeschlagenen Maßnahmen aufzunehmen, geschweige denn, auszuführen. Hier können folgende wesentliche Zielsetzungen definiert werden: 1) radikaler Personalabbau (mindestens auf die Hälfte oder ein Drittel), 2) Verjüngung und Erneuerung auf Kosten jener Führungskräfte, die aus

dem Apparat abgezogen werden, 3) entschiedene Überwindung der Trennung, die in der Vergangenheit zwischen den Funktionären und der übrigen Bevölkerung künstlich nicht nur in sozialer, sondern auch in räumlicher Hinsicht geschaffen wurde (Ansiedlung in eigenen Stadtvierteln und speziellen Häusern, Versorgung durch besondere Kaufhäuser, Gaststätten, Dienstleistungsbetriebe, Polikliniken, Behandlung in eigenen Sanatorien und Spitälern, Plazierung in Flugzeugen und Zügen über spezielle „VIP-Wartesäle" usw.). Aus meiner Sicht haben leitende Angestellte, die eine ausnehmend verantwortungsvolle Arbeit ohne geregelte Arbeitszeit haben, ein gewisses moralisches Recht auf Versorgung mit Konsumgütern, ohne lange Schlange stehen zu müssen. Aber dabei ist es wichtig, daß die Privilegien in offener, transparenter Weise gewährt, vor dem Volk nicht versteckt werden, aber auch, daß dieses Versorgungsnetz weder ein besseres Sortiment noch niedrigere Preise hat. Erst dann wird diese eigene Schicht die Nöte und Probleme des Volkes wirklich verstehen und sich innerlich damit identifizieren. Darüber hinaus werden die entsprechenden Posten damit nur mehr halb so attraktiv sein und nur mehr von beruflich interessierten und für diese Arbeit geeigneten Menschen besetzt werden.

Als wichtige Maßnahmen zur Anhebung der sozialen Qualität dieser Gruppe würde ich weiters anführen: erstens, Wiederherstellung des Primats der gesetzgebenden über die ausführenden Organe und somit wesentliche Einschränkung der Machtbereiche, die sich unter dem Einfluß des Apparats befinden, zweitens, Demokratisierung der Zusammenstellung, Ernennung und Beförderung des leitenden Verwaltungspersonals, drittens, Organisierung einer effektiven Anhebung ihrer sachlichen Qualifizierung, Überwindung des Provinzialismus in den politischen Ansichten, Einführung in sozioökonomisches Denken, Öffnung gegenüber Fakten, Ideen und Vorstellungen.

2. Angestellte im Handel und Dienstleistungssektor

Jene Arbeitskräfte, die in große Machenschaften und Veruntreuung staatlichen Eigentums verwickelt sind, habe ich bereits angesprochen. Hier will ich mich jenen Millionen von Arbeitskräften zuwenden, die sich in einer durchaus spezifischen Lage befinden. Eindeutig unterbezahlt (als ob die Ergänzung durch arbeitsloses Einkommen geradezu vorgesehen wäre) haben sie einerseits die Möglichkeit und sind sie andererseits gezwungen, zweifelhaften

Beschäftigungen wie Fehlmessen oder Fehlwägen, Handel unter dem Ladentisch, Verkauf von Mangelware an „ihre“ Kunden zu erhöhten Preisen u.a. nachzugehen. In der sowjetischen Gesellschaft hat sich die Ansicht eingebürgert, daß man im Handel nicht ehrlich überleben kann. Selbst wenn man nicht erpressen will, wird man dazu gezwungen. Deswegen bildet die gesamte Szene des Handels, Gaststättenwesens und der öffentlichen Dienstleistungen eine Art Krebsgeschwulst, die sich in alle benachbarten Teile des sozialen Organismus ausbreitet. Dennoch ist der Handel nicht nur in den kapitalistischen, sondern auch in anderen sozialistischen Ländern eine ebenso anständige und geachtete Beschäftigung wie beispielsweise die Arbeit an der Werkbank oder auf dem Traktor.
Dieses System hat weite Teile der Handelsangestellten zersetzt. Diese haben sich an die zusätzlichen Einkünfte gewöhnt, wollen nicht darauf verzichten und stemmen sich deswegen gegen die Perestroika. Dennoch können ohne ihre Hilfe, ihre ehrlichen Bemühungen, an der Perestroika mitzuwirken, deren Resultate nicht bis zum Hauptverbraucher, der Bevölkerung, vordringen. Die Ladentische werden leerbleiben, auch wenn die Lager voll sind. Dinge dieser Art sind bereits vorgekommen; auch darüber wurde in der Presse berichtet.
Wie können wir unseren Handel kultivieren, zivilisieren, so wie Lenin es wollte? Der wichtigste Weg dahin führt natürlich über eine Produktionserweiterung der notwendigen Waren, über eine Überwindung der Verknappung. Dies wird allerdings dauern. Als Sofortmaßnahme müßte meines Erachtens der Pluralismus in den Organisationsformen des Handels vergrößert werden, damit die verschiedenen Systeme um den Rubel des Käufers konkurrieren können. Zukunftsweisend ist der direkte Verkauf der Betriebserzeugnisse in firmeneigenen Geschäften; vielversprechend ist ebenfalls die Organisation lokaler Verbrauchergesellschaften, die den Genossenschaftshandel stimulieren; zukunftsorientiert ist schließlich die Verpachtung kleiner Geschäfte, Kaffeehäuser und Gaststätten an Arbeitskollektive etc. Die Entwicklung all dieser Formen von Handel und Dienstleistungen wird erstens unter den Verkäufern eine für uns ungewohnte Konkurrenz entstehen lassen und zweitens, und das ist vielleicht die Hauptsache, den Anteil der Befürworter in dieser konservativen Gruppe erhöhen.

Soweit einige Überlegungen zur sozialen Steuerungsstrategie für die Perestroika, unter dem Vorbehalt, daß sie eher vorgreifender

Natur sind, da sie nicht auf tiefgreifenden soziologischen Untersuchungen der entsprechenden Probleme, Meinungsumfragen etc. beruhen. Die Überlegungen, Einschätzungen, Schlußfolgerungen und Vorschläge, die hier zum Ausdruck gelangen, sind als Diskussionsgrundlage gedacht. So hoffe ich auch, daß in Zukunft über diese Themen spezielle Untersuchungen durchgeführt werden. Sie werden zeigen, welche der ausgeführten Vorstellungen richtig und welche irrig waren. Meine Rolle sehe ich vor allem darin, die anstehenden Probleme auszuformulieren und einer öffentlichen Diskussion zuzuführen.

Fünftes Kapitel:

Politische Erfolgsgarantien

Demokratisierung und Transparenz

Die Perestroika ist in ein entscheidendes Stadium eingetreten. Für ihren weiteren Verlauf sind zwei Varianten denkbar. Entweder sie wird aktiv vom Volk unterstützt, weitet sich zu einer Revolution aus und fegt die Hindernisse auf dem Weg zur Erneuerung der Gesellschaft hinweg, oder aber es tritt Enttäuschung über die erreichten Resultate ein, die Kräfte ihrer Befürworter lassen nach, die sozialen Reserven werden erschöpft, und die Gegner werden triumphierend den Mißerfolg der Perestroika und die Rückkehr zum alten System verkünden. Ich nehme an, daß sich der fortschrittliche, durch die Perestroika aufgeweckte und belebte Teil der Gesellschaft kaum mit seiner Niederlage abfinden wollen oder können wird. Wahrscheinlich wird er in der einen oder anderen Form den Kampf fortführen. Letzendlich wird eine viel heftigere Konfrontation als jetzt entstehen, deren Ausgang zwar ungewiß, deren sozialer Preis aber immens hoch sein wird. Darin liegt unter anderem der Grund dafür, daß die jetzige Etappe der Perestroika die Aufmerksamkeit eines Großteils der Menschheit fesselt. Einfach sieht die Situation allerdings nicht aus: Siegen der progressiven Kräfte folgen Gegenangriffe der Konservativen.
Um noch einmal vereinfachend auf die oben beschriebene Verteilung der sozialen Kräfte zurückzukommen, kann man festhalten, daß die oberste Machtinstanz die Perestroika lenkt und initiiert, die bürokratische Nomenklatura-Schicht sie wesentlich bremst, die fortschrittlichen Schichten der Intelligenz und der Arbeiter für die Perestroika eintreten und alles unternehmen, um ihr den Rücken zu stärken, während die breite Masse der Werktätigen langsam aus der sozialen Lethargie erwacht und im wesentlichen erst beginnt, eine eigene Position als Staatsbürger zu formulieren. Global gesehen verstehen Arbeiter und Bauern zunehmend, daß die gesellschaftlichen Veränderungen unbedingt notwendig sind. Immer mehr von ihnen werden sich dessen bewußt, daß es kein Zurück gibt und daß der Ausweg aus den akuten Schwierigkeiten über die konsequente Weiterverfolgung des Ziels, über die entschlossene Verwirklichung der angestrebten Linie führt. Die soziopolitische Aktivität des Volkes hat jedoch noch nicht das Niveau erreicht, das die Perestroika unwiderruflich machen würde. Dafür ist eine bedeutend stärkere Identifizierung der Menschen mit den neuen Ideen erforderlich, eine grundlegendere, praxisorientierte Einbin-

dung in die Veränderung sozialer Institutionen. Die Geschichte lehrt, daß Freiheit, Demokratie, soziale Gerechtigkeit und wirtschaftliche Blüte den Völkern nicht von oben geschenkt werden, sondern mit eigenen Anstrengungen erobert sein wollen. Die revolutionäre Umgestaltung der sowjetischen Gesellschaft kann nicht von oben durchgeführt werden. Das Volk selbst kann und muß sie vollbringen, ein Volk, das seine Interessen klar erkannt hat und bereit ist, dafür zu kämpfen.

Darüber ist sich Michail Gorbatschow besser als andere im klaren. Er, der die Erfahrungen seiner Vorgänger kritisch überdacht hat, führt die Mißerfolge der Reformen der fünfziger und sechziger Jahre darauf zurück, daß sie von oben, ohne Einbeziehung der Bevölkerung durchgeführt wurden. Wichtigste Beschlüsse, die sich tiefgreifend auf die Situation und das Schicksal der Menschen auswirkten, wurden im Kabinett, ohne die geringste Beratung mit dem Volk gefaßt. Zusätzlich wurde die Ausführung dieser Beschlüsse nicht denen übertragen, die an progressiven Veränderungen interessiert waren, sondern einem bürokratischen Apparat, der genau entgegengesetzte Interessen vertrat. Kein Wunder, daß so ein großer Teil der Reformideen in der Schublade landete. Im Bewußtsein dessen mißt Michail Gorbatschow der Demokratisierung der Gesellschaft als sicherstem Mittel zur Aufrüttelung und Aktivierung des Volkes eine entscheidende Bedeutung bei. „Die Demokratie", so seine Worte, „ist die Seele der Perestroika, und davon, wie sie sich entwickelt, hängt auch der Erfolg der Perestroika selbst ... und die Zukunft des Sozialismus insgesamt ab."

Die Situation ist insofern kompliziert, als jahrzehntelang jegliche Form der politischen und sozialen Betätigung verfolgt und sogar bestraft wurde — manchmal auch ziemlich streng. Allmählich führte dies zu einer tiefgreifenden Entfremdung zwischen dem Volk und nicht nur den politischen Machtorganen, sondern auch der politischen Sphäre überhaupt. Die meisten wollten mit ihr überhaupt nichts zu tun haben. Es ist bezeichnend, daß beispielsweise, wenn in einem freundschaftlichen Gespräch die Bemerkung fiel: „Das ist schon Politik", diese Worte als unmittelbares Signal für einen Themenwechsel gedeutet wurden. Politische Diskussionen waren gefährlich, doppelt so gefährlich waren aber selbständige politische Aktionen. In der Folge wurden die Interessen, Bedürfnisse und Wertvorstellungen der Menschen gezwungenermaßen auf die unmittelbare Umgebung gerichtet, „verprivatisierten" sich und verloren an Tiefgang.

Heute haben sich die gesellschaftlichen Umstände geändert, aber die frühere Einstellung zur Politik und insbesondere zu den von den Machtträgern ausgehenden Innovationen wird noch lange spürbar bleiben. Denn ein lange vom Regen durchnäßtes Holz läßt sich nicht mit dem ersten Zündholz entflammen, nur Kunstfertigkeit und Geduld können es zum Brennen bringen. Ebenso verhält es sich mit der Aktivierung der Massen: sie braucht nicht nur eine gewisse Zeit, sondern man muß sich auch um sie bemühen. Den „Sauerstoff", der ein rasches Entflammen erleichtert, stellt die Demokratisierung des öffentlichen Lebens dar. Sie ist eigenständiger Bestandteil der Perestroika und dient gleichzeitig als Schlüssel zum Erfolg aller anderen Teilbereiche. Allein die konsequente Demokratisierung der gesellschaftlichen Beziehungen wird die Interessen der obersten Machtinstanz und die Interessen des Volkes durch eine unzerstörbare Brücke verbinden.

Leider hat weder die russische vorrevolutionäre noch die sowjetische Politik-Kultur wirklich dauerhafte demokratische Traditionen gebildet. Jahrhundertelange Leibeigenschaft und autokratische Willkür, jahrzehntelange Gesetzlosigkeit unter Stalin und Breschnew sind am Volk nicht spurlos vorübergegangen. Die Kultur der politischen und nationalen Toleranz, der gegenseitigen Achtung in den sozialen Dialogen, der gemeinsamen Suche nach Kompromissen, der Erzielung einer überlegten, auf dem Gleichgewicht gegensätzlicher Interessen beruhenden Einigung, diese Kultur konnte das Volk entweder nicht erwerben, oder es verlor sie wieder. Dieses Manko führte dazu, daß einzelne Gruppen die Demokratisierungsmaßnahmen dahingehend auslegten, daß sie nun mit beliebigen, darunter auch undemokratischen Methoden für ihre Rechte kämpfen dürften. Der sowjetische Publizist Boris Wassiljew charakterisiert diese verzerrte Vorstellung von der Demokratie folgendermaßen: „Plötzlich wurde angeordnet, daß man von diesem oder jenem Datum an dürfe. Sie (die Demokratie, Anm. d. Autorin) muß aber in erster Linie als Nicht-Dürfen empfunden werden. Man darf nicht die Gesetze oder die Verfassung verletzen, Arbeitskräfte nach Wunsch des Vorgesetzten entlassen, die Preise unbegründet erhöhen, Dinge verbieten, nur an sein eigenes Wohl denken. Demokratie, das ist immer die Erfüllung von Gesetzen, wir aber glauben der Einfachheit halber, das wäre nur die Möglichkeit, zu sagen und zu schreiben, was uns durch den Kopf geht."

Angesichts der lange herrschenden Gesetzeslosigkeit und des zerrütteten Rechtssystems unterstreicht Michail Gorbatschow beharrlich die Verbindung zwischen Demokratie und Rechtsordnung. Er schreibt:

„Die Demokratie ist nicht der Ordnung entgegengesetzt. Sie ist im Gegenteil eine Ordnung höheren Niveaus, die nicht auf gedankenlosem Gehorsam, blinder Befehlsausführung, sondern auf der lebendigen, initiativefreudigen Teilnahme der Gesellschaftsmitglieder an allen öffentlichen Angelegenheiten beruht.

Demokratie ist nicht der Disziplin entgegengesetzt. Sie ist im Gegenteil jene bewußte Disziplin und Organisiertheit der Menschen in der Arbeit, der das Gefühl, wirklich Herr im Lande zu sein, Kollektivismus und Solidarität der Interessen und Bemühungen aller Staatsbürger zugrundeliegen.

Demokratie ist nicht dem Verantwortungsbewußtsein entgegengesetzt, ist nicht Unkontrolliertheit und Permissivität. Im Gegenteil, sie ist jene Selbstkontrolle der Gesellschaft, die auf dem Vertrauen, der staatsbürgerlichen Reife und dem Verständnis der Sowjetbürger für die gesellschaftliche Pflicht aufbaut; sie ist Einheit von Rechten und Pflichten."

Einigen westlichen Lesern werden diese Ausführungen möglicherweise als alte Weisheiten erscheinen; die Sowjetbürger haben jedoch noch lange nicht ausgelernt, was die Routine der wahren Demokratie betrifft. An und für sich ist das nicht katastrophal; schlimmer wäre es, alles beim alten zu lassen. Aber jede unrichtige oder ungeschickte Verwendung der neuen demokratischen Rechte, die eine Schwächung der Rechtsordnung herbeiführen, wird von den konservativen Kräften als Zeugnis für die „Voreiligkeit" der betreffenden Maßnahmen oder für die „Unreife" der Gesellschaft für ein demokratisches Leben gewertet. Nach Meinung der Perestroika-Gegner müßte das Volk zuerst im Rahmen eines totalitären Regimes auf die Demokratie vorbereitet werden, und erst dann sollte es Rechte und Freiheiten erhalten. Das ist natürlich Unsinn. So wie man nicht schwimmen lernen kann, ohne ins Wasser zu gehen, ebensowenig kann man das Leben in der Demokratie erlernen, wenn man deren Bedingungen nicht in der Praxis erfährt. Anfangs unvermeidliche Verletzungen der gesellschaftlichen Ordnung, Ausschreitungen, verschärfte soziale Konflikte, alles, was auf den Mangel an demokratischer Kultur zurückzuführen ist, sind „Kinderkrankheiten", die die Gesellschaft früher oder später durchmachen muß. Und je früher, desto besser.

Der Demokratisierungsprozeß in der UdSSR hat einen komplexen Charakter, weist viele Facetten auf und gewinnt an Weite und an Tiefe. Als seine zwei wichtigsten Grundideen würde ich nennen: 1. weitere Entwicklung der Transparenz und 2. Demokratisierung der politischen Institutionen, Verstärkung der Gesetzlichkeit, Pluralismus der Formen des gesellschaftlichen und politischen Lebens. In diesem Abschnitt werde ich auf die erste der beiden Grundideen eingehen.

Obwohl die Demokratisierung lediglich ein Element der Perestroika und die Transparenz ein Aspekt der Demokratisierung ist, werden die Begriffe „Perestroika" und „Glasnost" (= Transparenz) häufig wie gleichberechtigt nebeneinander gestellt. Dies kommt nicht von ungefähr, stellt doch die Entwicklung der Transparenz den wichtigsten Erfolg der Perestroika dar. In diesem Teilbereich konnte die sowjetische Gesellschaft bisher die meisten Ergebnisse verzeichnen.

Westliche Journalisten fragen oft, warum zur Bezeichnung der Transparenz nicht der allgemein akzeptierte Ausdruck „Pressefreiheit" verwendet wird. Transparenz ist ein viel umfassenderer Begriff als Pressefreiheit. Ich würde sie als gesellschaftliche Atmosphäre oder als politisches Klima bezeichnen, das sich durch größtmögliche Offenheit der Verwaltungsorgane gegenüber den Gesellschaftsmitgliedern auszeichnet. Die Natur des Sozialismus setzt einen offenen und gleichberechtigten Dialog zwischen den sozialen Gruppen voraus, die verschiedene Interessen und dennoch dasselbe Ziel haben. Damit die Gesprächspartner aber gleichberechtigt sind, muß die Bevölkerung über die gesamte Information verfügen, die zur Beschlußfassung notwendig ist. Transparenz bedeutet auch die vollkommene und wahrheitsgetreue Information der Bevölkerung über alles, was sich im In- und Ausland tut, über Erfolge, Mißerfolge und Probleme in der Wirtschaft, über soziale Differenzierung und die Situation verschiedener Gruppen, über politische Auseinandersetzungen an der Parteispitze, über den Umweltzustand in bestimmten Städten und Gebieten, über die Ausgaben für Ausrüstung und Erhaltung der Armee, die Höhe der Staatsverschuldung, die Aktivitäten des KGB und des Innenministeriums u.v.a.

Für Länder mit starker demokratischer Tradition ist die Information der Bevölkerung über Lebensbedingungen und -qualität selbstverständlich; in der UdSSR ist diese Tradition aber inexistent. Die Verwaltungsorgane haben sich daran gewöhnt, zwar im

Namen des Volkes, aber öfter an seiner Statt als unter seiner Mitwirkung zu handeln. Sie erschweren sich ihre Arbeit nicht, indem sie mit jenen, für die sie da sind, über Ziele und Ergebnisse ihrer Tätigkeit diskutieren. In der Resolution der 19. Parteikonferenz „Über die Transparenz" heißt es: „Ohne Transparenz gibt es keine Perestroika, keine Demokratie. Transparenz ist die natürliche Atmosphäre, in der ein demokratischer, humaner Sozialismus lebt und sich weiterentwickelt. . . Die Konferenz betrachtet Transparenz als einen fortschreitenden Prozeß und betont, daß ihre konsequente Ausweitung notwendige Bedingung dafür ist, daß das demokratische Wesen der sozialistischen Gesellschaftsordnung zum Ausdruck gelangt, daß diese sich den Menschen zuwendet, daß die Menschen an alle Angelegenheiten von Gesellschaft, Staat und Kollektiv herangeführt werden. Sie betrachtet Transparenz als wirksame Garantie gegen die Entstellungen des Sozialismus, auf der Basis der Kontrolle der Tätigkeit aller sozialen Institutionen, Macht- und Verwaltungsorgane durch das ganze Volk." Daß die Partei die Entwicklung der Transparenz ansteuert, erscheint hier sehr klar. Und dennoch wird jeder reale Schritt in diese Richtung nur unter großen Schwierigkeiten getan.

In den letzten drei, vier Jahren hat sich das Angebot an Informationsmöglichkeiten für Sowjetbürger, die sich für die Steuerung ihres Landes interessieren, bedeutend erweitert. Es wurde vor allem der Vorhang, der die Geschichte des Landes und somit die dramatischen zwanziger bis vierziger, die stürmischen fünfziger bis sechziger und die stagnierenden siebziger Jahre verhüllte, gelüftet. Systematisch, wenn auch nicht sehr schnell, werden die Archive geöffnet, deren Zugang in früheren Jahren sogar Historikern fest verschlossen war. Das Publikum kann seine Neugierde bezüglich jeder Periode der sowjetischen Geschichte mittels Lektüre der entsprechenden Zeitungen befriedigen. Die Bibliotheken haben bis vor einigen Jahren nur Periodika ausgegeben, die nicht älter als drei Jahre waren. Diese Tatsache spricht Bände über die Unbekümmertheit und den Zynismus, mit dem sich das Volk von den selbst erlebten Ereignissen isolierte. Zu einer äußerst wertvollen Wissenquelle sind zeitgenössische Zeitungen und Zeitschriften geworden, von denen viele systematisch über die „weißen Flecken" in unserer Geschichte debattieren, geschichtliche Persönlichkeiten in einem neuen, interessanten Licht darstellen, verschiedene Standpunkte über einzelne Momente unserer Vergangenheit oder über die Gegenwart und die Zukunft gegenüberstellen und miteinander konfrontieren.

All dies trägt dazu bei, daß in den Menschen das Bedürfnis danach entsteht, die Vergangenheit besser zu verstehen und die zu verschiedenen Zeitpunkten ergriffenen Maßnahmen und im Vergleich dazu die Effizienz eventueller Alternativen zu beurteilen. Dies bewirkt seinerseits, daß sich die Staatsbürger emanzipieren, sich ihrer Verantwortung für die Entwicklung des Landes bewußt werden und die Bereitschaft und Fähigkeit entwickeln, dessen Schicksal in die eigenen Hände zu nehmen.

Der zweite Faktor in der Entwicklung der Transparenz war die Öffnung von zuvor unveröffentlichten Abschnitten der Sozialstatistik. In der Stalinzeit waren diese Statistiken entweder völlig inexistent oder sie entsprachen nicht der Wirklichkeit. In der Tauwetterperiode erlebte die Statistik einen Aufschwung; während der Stagnation aber wurden die statistischen Jahrbücher wieder dünner und dünner. Immer neue Gebiete verschwanden daraus: über heikle Themen wie Kriminalität oder Selbstmordrate, aber auch über die durchschnittliche Lebensdauer, die Sterberate, Heirats- und Scheidungszahlen und die Geburtenrate wurden keine Daten mehr veröffentlicht. Informationen über Richtung und Umfang der Migrationsbewegungen wurden als Staatsgeheimnis eingestuft. Mit all diesen „Geheimnissen“ ist jetzt Schluß. Die Sozial- und Sittenstatistik wurde erstmals seit vielen Jahren wieder der Diskussion zugänglich gemacht. Dabei stellte sich heraus, daß das Statistische Staatskomitee der UdSSR über äußerst beschränkte Ressourcen an sozialer Information verfügt. Über die meisten aktuellen Themen sind die nötigen Daten ganz einfach nicht vorhanden. Um sie zu erhalten, müssen noch die entsprechenden Methoden ausgearbeitet, müssen Sammlung und Auswertung der Daten organisiert werden, was einer gewissen Zeit bedarf.

Der dritte Faktor bei der Verstärkung der Transparenz ist eine grundlegende Veränderung bei den Massenmedien. Früher waren Zeitungen, Rundfunk und Fernsehen in der Sowjetunion mit Lobpreisungen über inexistente Errungenschaften erfüllt, was die Bevölkerung äußerst irritierte. Nicht zufällig erzählte man unter Chruschtschow folgende Anekdote: Radio Eriwan wird gefragt, wie man in der Familie zu Lebensmitteln im Überfluß kommen könnte. Antwort: „Sehr einfach. Schließen Sie Ihren Kühlschrank an das Rundfunknetz an.“ So sah die treffsichere Reaktion des Volkes auf die damalige Situation aus.

Heute publiziert die Presse im Gegenteil eine Menge kritischer Materialien, die gegen die perestroikafeindliche Bürokratie und Mafia gerichtet sind. In Zeitungen und Zeitschriften werden Namen und konkrete Orts- und Zeitangaben zu den betreffenden Ereignissen genannt. Sie wenden sich an zentrale und lokale Verwaltungsorgane mit der Forderung nach demokratischer Diskussion und gerechten Lösungen. Sie greifen systematisch ältere Themen wieder auf, verfolgen die weitere Entwicklung der Ereignisse, kontrollieren die Tätigkeit der Verwaltungsorgane, fordern klare Antworten auf brisante Fragen. Außerordentlicher Beliebtheit erfreuen sich Fernsehsendungen, in denen über schwerwiegende, komplexe Probleme debattiert wird und Vertreter der betroffenen Gruppen — Behörden, Betriebe, soziale und berufliche Arbeitskräftekategorien, Altersgruppen usw. — als Diskussionsteilnehmer auftreten. Besonders erfolgreich sind die Leningrader Sendungen „Öffentliche Meinung", „Das fünfte Rad", „600 Minuten", aber auch die Jugendsendungen „Blick", „Leiter", „11. Stock" etc., in denen klare und unvoreingenommene Information über traditionell als Tabu geltende Themen geboten wird. Die lange Jahre geltenden Einschränkungen hinsichtlich der Kritik der jeweils jüngsten Partei- und Staatsbeschlüsse wurden aufgehoben. Heute beginnt diese Kritik bereits im Zuge der Debatten um die Entwürfe und setzt sich nach Annahme der endgültigen Beschlüsse fort, was auf demokratischere und normalere politische Zustände als früher hinweist.

Allmählich lösen sich die „diskussionsfreien Zonen" auf, d.h. jcnc Bereiche, über die keine Unterlagen veröffentlicht werden und über die man nicht spricht. Vor einigen Jahren gab es viele solcher Themen: die Präsenz sowjetischer Truppen in Afghanistan, der Anteil der militärischen Ausgaben am Budget, die Emigration von Juden aus der Sowjetunion, Protestkundgebungen gegen Regierungsbeschlüsse, durch menschliches Versagen verursachte Katastrophen, persönliche Positionen und Meinungsverschiedenheiten zwischen Politikern etc. Es galt als unzulässig, sich in die Angelegenheiten jener Republiken und Städte einzumischen, die von Mitgliedern des Politbüros geleitet wurden — so etwa die Ukraine (Schtscherbizki), Usbekistan (Raschidow), Kasachstan (Kunajew), Aserbaidschan (Alijew), Moskau (Grischin), Leningrad (Romanow) u.a. Diese Einschränkungen sind nun aufgehoben oder zumindest abgeschwächt. Die „unantastbaren Zonen" werden kleiner.

Transparenz, das ist aber nicht nur die Information der Werktätigen darüber, was sich in den „Korridoren der Macht“ abspielt. Sie beinhaltet auch die Möglichkeit, seiner eigenen Meinung über die Tätigkeit der Machtträger, über geplante oder gefaßte Beschlüsse auf Versammlungen, Kundgebungen und Demonstrationen Ausdruck zu verleihen und eine entsprechende Antwort zu erhalten. Dies bedeutet die Entwicklung einer Kritik von der Basis, die Entfaltung heftiger und offener Diskussionen zwischen Regierenden und Regierten. Zum Gegenstand solcher Diskussionen können die verschiedensten Themen werden, z.B. die Situation in Berg-Karabach, die bis heute ein „heißes Eisen“ geblieben ist; die Möglichkeit, Zweckmäßigkeit und die Methoden einer Umstellung der Unionsrepubliken auf Rentabilitätsprinzip und Selbstfinanzierung, die bis zur Einführung einer eigenen Währung gehen kann; die Neuverteilung der legislativen Befugnisse und Rechte zwischen zentraler und Republiksregierungen; die Verfassungstreue und Effizienz gewisser Beschlüsse und Erlässe des Präsidiums des Obersten Sowjets der UdSSR u.v.a.

Durch die Entwicklung der Transparenz wird das Leben der Funktionäre instabiler und unbequemer. Sie werden nicht nur mit Arbeitern, Kolchosbauern und Intellektuellen zu tun haben, die keine Routine im politischen Kampf haben, sondern auch mit Vertretern von Presse, Radio und Fernsehen, die unter den neuen Bedingungen zu den fortschrittlichsten Perestroika-Befürwortern geworden sind und von denen keine Schonung zu erwarten ist. So wird die Bürokratie unter dem Druck der Umstände gezwungen sein, nicht selten einen Dialog mit der Öffentlichkeit aufzunehmen. Denn wer die Transparenz eindeutig geringschätzt, kann dies heute mit dem Verlust seines Amtes büßen. Ein offener politischer Dialog zwischen den gesellschaftlichen Gruppen — das ist der vierte Faktor für die Entwicklung der Transparenz.

Als fünfter Faktor ist die Ausweitung und Vertiefung der soziokulturellen Beziehungen zwischen der sowjetischen Gesellschaft und der übrigen Welt zu nennen. Aus westlichen Ländern in die UdSSR ausgestrahlte Radiosendungen werden nun nicht mehr gestört, da dies keinen Sinn mehr hat. Früher lieferten sie den Sowjetbürgern Informationen, die sie in den sowjetischen Medien nicht erhielten, und weckten in ihnen eine kritische Einstellung gegenüber der Tätigkeit der Machtinhaber. Heute haben die sowjetische Presse und das Fernsehen die Informationsaufgabe übernommen und erledigen sie kompletter und mit besserer Sachkenntnis. Dadurch hat das Interesse gegenüber den westlichen Sendungen deutlich nachgelassen. Über die Tatsachen, die uns betreffen, wissen wir nun recht gut Bescheid; aber die Ansichten westlicher Wissenschafter und Journalisten sind für uns interessant. Denn wenn man sich innerhalb eines soziopolitischen Systems befindet, ist es schwierig, dieses durch und durch zu verstehen. In diesem Sinn ist ein objektiver Blick von außen sehr nützlich.

Dank Perestroika und Transparenz haben die Sowjetbürger nunmehr die Möglichkeit, direkt Fernsehsendungen aus den meisten westlichen Ländern zu sehen. Sehr beliebt wurden auch die internationalen „TV-Brücken", die mit jedem Mal freier, ungebundener und interessanter werden. Der Tourismus in die und aus der Sowjetunion erlebt einen raschen Aufschwung. In der UdSSR lassen sich internationale Betriebe nieder, in denen sowjetische mit ausländischen Arbeitskräften zusammenarbeiten. Traditionell sind nun auch direkte Begegnungen zwischen verschiedenen Ländern, z.B. den USA und der Sowjetunion. Seit der ersten Zusammenkunft 1985 in Chautauqua (USA) finden diese Treffen alljährlich abwechselnd in den Vereinigten Staaten und in der Sowjetunion statt. Hunderte von Personen beteiligen sich an diesen bunten, herzlichen, freundschaftlichen Begegnungen und bewahren die Erinnerung daran lange im Gedächtnis. Von besonderer Bedeutung ist der Austausch von Kinder- und Jugenddelegationen, die sich daran gewöhnen, in ihren ausländischen Altersgenossen keine potentiellen Feinde, sondern Freunde zu sehen, und sich ein unverfälschtes Bild über Lebensweise, Wertvorstellungen usw. dcr anderen machen können. Erwähnenswert ist auch der verstärkte Austausch von Filmproduktionen, die Publikation übersetzter Literatur etc. Dies alles weist darauf hin, daß die sowjetische Gesellschaft sich auch gegenüber den anderen Völkern der Erde öffnet.

Die Transparenz entwickelt sich aber nicht reibungslos, läuft sie doch den Interessen einflußreicher Gruppen zuwider, für die es bequemer war, im geheimen zu handeln. Unter dem Siegel des Staats- oder Partei-„Geheimnisses" konnte einiges unternommen werden — und wurde effektiv auch unternommen —, was dem Licht der Transparenz nicht standgehalten hätte.

Viele Parteikomitees versuchen weiterhin, die Presse vollständig unter Kontrolle zu halten, indem sie sich das Monopol der Entscheidung darüber anmaßen, was zu publizieren sei und was nicht, und die Redakteure für die Veröffentlichung „unpassender" Artikel rügen. An der Peripherie ist sogar eine Theorie über zwei Kategorien von Transparenz im Umlauf: eine für die zentrale und die andere für die Lokalpresse (natürlich zum Vorteil der ersteren). Es kommt vor, daß Landeszeitungen, die extrem kritische Beiträge bezüglich gewisser Lokalbehörden veröffentlichen, in den kritisierten Bezirken abgefangen und vernichtet werden und somit nicht zu den Abonnenten gelangen.

Auch die Transparenz in der Justiz läßt noch zu wünschen übrig. Laut Verfassung müssen die Verhandlungen in allen Gerichten Journalisten ohne Einschränkung offenstehen. Nichtsdestoweniger sind diese ständig mit dem Verbot, Prozessen beizuwohnen, konfrontiert. Eine soziologische Umfrage unter Richtern hat gezeigt, daß dies kein Zufall ist. Nur 60% der befragten Richter sind der Meinung, daß die Transparenz das effiziente Funktionieren des Gerichtswesens fördere. 50% sind bereit, Journalisten mit Unterlagen zu den betreffenden Fällen bekanntzumachen, 46% wollen ihnen erlauben, ebenso wie andere Staatsbürger bei den Verhandlungen anwesend zu sein. Nur 13% der Richter würden sich von einem Reporter-Tonband nicht beirren lassen, obwohl das Gesetz Tonbandaufzeichnungen in Gerichtssälen nicht verbietet.

Bis zu welchen Auswüchsen der Kampf um die Transparenz in einzelnen Fällen führen kann, zeigt folgendes Beispiel. Aufgrund systematischer Beschwerden der Einwohner von Swerdlowsk über die schlechte Brotqualität reiste eine Kommission aus Moskau an, um die öffentliche Meinung zu diesem Thema zu ermitteln. Zu diesem Zweck wurden in mehreren Geschäften Fragebögen aufgelegt. Die Leitung der Firma, die die Stadt mit Brot versorgt, stellte daraufhin eiligst einen Trupp von Arbeitskräften zusammen, die beauftragt wurden, sich in die betreffenden Geschäfte zu begeben und die Fragebögen selbst auszufüllen. Unterschreiben sollten sie entweder mit erfundenen Namen oder mit den Namen jener Bekannten und Verwandten, die „nichts ausplaudern" würden. Der Trupp wurde zwecks größerer Einsatzfähigkeit sogar mit einem eigenen Autobus ausgerüstet. So wurde die „öffentliche Meinung der Swerdlowsker" über die Brotqualität erhoben. Den Bericht über diese Operation veröffentlichte einer ihrer Teilnehmer in der Literaturnaja Gaseta vom 1. 4. 1987.

Aber das Volk, das bereits Transparenz und Freiheit genießen konnte, hat sich verändert. Für viele Menschen ist Transparenz so notwendig geworden wie die Luft zum Atmen. Deswegen stoßen die immer wieder auftretenden Versuche, die Transparenz einzu-

schränken oder gar wieder rückgängig zu machen, in der Regel auf Widerstand. Es finden Protestkundgebungen und Demonstrationen statt, es kommen dementsprechende Meldungen in die Presse, es ergehen tausendfach unterschriebene Petitionen an das Zentralkomitee der KPdSU, und es werden mit wasserfester Farbe Losungen und Aufrufe an Hauswände gemalt. Die Bürokraten müssen also nachgeben, da die „einfachen Leute", die sich ihrer Interessen bewußt wurden und bereit sind, dafür zu kämpfen, eine starke Kraft darstellen.
Die Resolution der 19. Parteikonferenz „Über die Transparenz" öffnet der Demokratisierung der Gesellschaft einen weiten Raum. Es wurden Vorschläge über die Offenheit von Parteiforen und -versammlungen, über eine weitgehende Information der Kommunisten und der Bevölkerung über die Arbeit der leitenden KPdSU-Organe, der lokalen Parteiorganisationen und ihrer Komitees, sowie Vorschläge über die substantielle Demokratisierung der Beförderung von Führungskräften in diese Resolution einbezogen. Sie sieht vor, daß die Mitglieder gewählter Parteiorgane das Recht auf freien Zugang zu den Sitzungen der ihnen rechenschaftspflichtigen Büros, darunter auch des Politbüros des ZK der KPdSU, erhalten. Es wird ihnen das Recht eingeräumt werden, die Dokumente, Mitteilungen und Daten, die dem Apparat der Parteikomitees zur Verfügung stehen, zu verwenden. Besonders betont wird die Notwendigkeit, die rechtlichen Garantien für die Transparenz zu schaffen und Gesetzestexte auszuarbeiten, die die Rechte und Pflichten des Staates, der Amtspersonen und der Bürger zur Realisierung der Prinzipien der Transparenz festhalten.
Zum Abschluß dieser Ausführungen über die Transparenz sind die Worte von Michail Gorbatschow passend: „Demokratisierung und Transparenz sind mehr als Werkzeuge zur Perestroika. In ihnen wird das Wesen unserer sozialistischen Gesellschaftsordnung realisiert. Wir müssen lernen, unter den Bedingungen der Transparenz zu leben, unter Bedingungen, in denen wir ständig kritisch analysieren, was wir getan haben, was gelungen ist, was erreicht wurde und welche Fehler uns unterlaufen sind. Transparenz und Kritik sind ein Mittel zur Kontrolle in den Händen der Massen, zur Kontrolle aller Prozesse durch die Gesellschaft... Auf die Frage, ob es für Transparenz, Kritik und Demokratie Grenzen gibt, antworten wir unerschütterlich: wenn Transparenz, Kritik und Demokratie den Interessen des Sozialismus, den Interessen des Volkes dienen, so sind sie unbegrenzt."

Umstrukturierung der politischen Institutionen

Entwicklung der Transparenz und politische Bewußtseinsbildung der Massen allein sind unzureichend, um die Perestroika unwiderruflich zu verankern. Die demokratische Zukunft der UdSSR muß durch zuverlässige politische Institutionen gewährleistet werden, die den Staatsbürgern die Möglichkeit sichern, nicht nur für sie wichtige Informationen zur erhalten und zu diskutieren, sondern auch an der Machtausübung real teilzunehmen und ihre Befugnisse wahrzunehmen.

Um dem westlichen Leser dieses Problem leichter verständlich zu machen, möchte ich kurz die derzeitige Struktur der politischen Macht in der UdSSR beschreiben. Laut Verfassung bilden die Sowjets der Volksabgeordneten die Basis des politischen Systems. Faktisch lebt die sowjetische Gesellschaft nach Meinung kompetenter Juristen[45] aber unter einer dreiteiligen Machtstruktur, deren Elemente (in der Reihenfolge abnehmender tatsächlicher Machtbefugnisse) folgende sind: a) Parteiapparat, b) Ministerien und Behörden und c) Sowjets (Räte) der Volksabgeordneten. Und auf keinen dieser Machtinhaber kann der Begriff Volksvertretung angewendet werden. Diese besteht nämlich im wesentlichen darin, daß alle politischen Machtorgane aufgrund freier, allgemeiner, gleicher, direkter und geheimer Wahlen gebildet und tätig werden. Wichtige Bedingung für eine Volkvertretung ist erstens die reale Möglichkeit zur Aufstellung von Kandidaten, die alle gesellschaftlichen Gruppen repräsentieren, und zweitens die Kontrolle der Abgeordnetentätigkeit durch die Wähler, eine Kontrolle, die bis zur vorzeitigen Abberufung jener Abgeordneten gehen kann, deren Tätigkeit für die Wähler nicht zufriedenstellend ist.

Nun ein Blick auf die Praxis. Die über einen maximalen Machtumfang verfügende Parteileitung entsteht auf der Basis der innerparteilichen und nicht der Volksvertretung und kann allein deswegen keinen Ersatz für die Sowjets bieten. Die gewählten Mitarbeiter stellen lediglich einen kleinen Teil des Apparats, der zum Großteil aus Funktionären besteht, die von den übergeordneten Parteiführern ernannt werden und praktisch nur ihnen gegenüber rechen-

[45] Prof. E. Ametistow: „...Ja, aber es sind die Hände des Volkes", in der Zeitung Sowetskaja Kultura vom 9. 8. 1988. Der folgende Abschnitt greift weitgehend auf die Gedanken dieses Artikels zurück.

schaftspflichtig sind. Zudem sind die Wahlen in der Partei nicht direkt, sondern mehrfach indirekt und deswegen bei weitem nicht demokratisch.

An zweiter Stelle stehen die Ministerien und Behörden, deren Gesamtzahl in der UdSSR astronomisch hoch ist — es sind etwa 900. Die millionenstarke Armee von Beamten der Ministerien und Staatskomitees hat mit Volksvertretung überhaupt nichts zu tun. Mit ihrer enormen Macht vertritt sie lediglich sich selbst und ihre eigenen Interessen. Indem sie eine Unzahl von verpflichtenden Weisungen erlassen und jeden Schritt der Menschen regeln, usurpieren die Behörden eigentlich die Macht der gesetzgebenden Organe und erdrücken diese.

Die Sowjets der Volksabgeordneten können im Gegensatz zu den beiden ersten Machtinstitutionen formell Anspruch auf die Rolle eines Volksvertretungsorganes erheben. Allerdings waren die Wahlen bis zuletzt formaler Natur, da den Leuten nur ein einziger Kandidat zur Auswahl stand. Außerdem lag die reale Macht nicht in den Händen der Sowjets, da diese gründlich blockiert waren: durch die lokale Parteiführung, die Behörden, Vereinigungen und Betriebe sowie durch den eigenen Exekutivapparat, der über uneingeschränkte Möglichkeiten verfügte, um die von den Abgeordneten verabschiedeten Beschlüsse eigenständig zu interpretieren. Für die Bevölkerung lebenswichtige Fragen werden formal von den Sowjets der Volksabgeordneten gelöst, tatsächlich aber von den Angestellten der Exekutivkomitees, d.h. vom Bürokratieapparat.

So präsentiert sich die Situation, die durch die radikale politische Reform verändert werden soll: ein so festgefügtes, zur Tradition gewordenes, komplexes System ist zu verwandeln. Dabei müssen als wichtigste treibende Kräfte für die revolutionäre Veränderung der Machtverhältnisse jene auftreten, die die Macht im Endeffekt verlieren. Rundheraus, die Situation ist alles andere als leicht. Eine entscheidende Grundidee ist für die 19. Parteikonferenz die Sicherung der Allmacht der Sowjets als Grundlage für den sozialistischen Staat und die Selbsverwaltung im Lande. Derselbe Gedanke wird in der kurzen, aber inhaltsreichen politischen Losung „Alle Macht den Räten“ wiedergegeben.

Die Realisierung der politischen Reform macht erstens eine Machtübergabe erforderlich, nämlich eines bedeutenden Teils der Machtbefugnisse der Parteiorgane, Ministerien und Behörden an die Sowjets, und zweitens eine grundlegende Demokratisierung der Bildung und Funktionsweise der Sowjets selbst. Dabei ist die erste Aufgabe unendlich komplizierter als die zweite, da sie ohne Umstrukturierung der Partei- und der Behördenorgane — das heißt, jener Säulen, auf die sich heute die Verwaltung des Landes stützt — unlösbar ist.

Beginnen wir bei den Behörden. Nach Ansicht der Wirtschaftswissenschafter besteht die Hauptaufgabe darin, ihr Personal drastisch auf einen Bruchteil zu kürzen. Und das nicht so sehr, um volkseigene Mittel einzusparen, sondern vielmehr, um die Behörden dazu zu zwingen, ihre Funktionen zu ändern, um ihnen die physische Möglichkeit zu nehmen, an Betriebe, Organisationen und Personen Befehle zu erteilen. Die Juristen sind im Prinzip mit der Zweckmäßigkeit dieser Maßnahme einverstanden, betonen aber, daß es damit allein nicht getan ist. Sie weisen auf die Notwendigkeit einer genaueren rechtlichen Reglementierung der Behördentätigkeit, einer gesetzlichen Eingrenzung ihrer Macht hin. Es wird beispielsweise eine Regelung vorgeschlagen, die die Registrierung im Justizministerium aller jener Normrichtlinien zur Pflicht macht, die über die Grenzen der internen Kompetenz der Behörden hinausgehen. Das Justizministerium wäre somit in der Lage — was derzeit nicht der Fall ist —, die Registrierung von Richtlinien, die der Verfassung oder der bestehenden Gesetzeslage nicht entsprechen, abzulehnen. Ein ähnliches Ziel wird mit der Schaffung eines Komitees für Verfassungskontrolle verfolgt. Denn in der heutigen verworrenen Situation der Gesetzgebung geraten sogar Regierungsbeschlüsse nicht selten in Widerspruch zu früher gültigen und noch nicht abgeschafften Gesetzen. In der Folge wird die „Vielmächtigkeit“ durch eine „Vielgesetzlichkeit“ ergänzt.

Wichtig ist es ebenfalls, die wirtschaftlichen Rechte einerseits der Branchenverwaltungsorgane (Ministerien) und der territorialen Sowjets andererseits ins Gleichgewicht zu bringen. Die jeweiligen Anteile am gesellschaftlichen Reichtum sind heute äußerst ungleich insofern, als erstere über alles und letztere über gar nichts verfügen. Deswegen hängen die Sowjets in ihrer praktischen Tätigkeit zur Gänze von der Gnade jener Ministerien ab, deren Betriebe sich auf ihrem Territorium befinden. Sogar in mehreren großen Städten (von den kleinen ganz zu schweigen) gehört den Ministerien nicht nur der gesamte Wohnungsbestand, sondern auch die soziale Infrastruktur inklusive öffentlicher Verkehrsmittel. Die Entscheidungen hinsichtlich der sozialen Entwicklungen dieser Städte fällen nicht die Sowjets, sondern die Direktoren der großen

Unternehmungen. Die Rolle der Volksabgeordneten beschränkt sich unter diesen Umständen hauptsächlich aufs Zusehen und Bitten.

Ein Ausweg aus dieser Situation bestünde in der Besteuerung der Ministerien zugunsten der Sowjets, die die umfassende sozioökonomische Entwicklung der Territorien zur Gänze übernehmen und die Interessen der Bevölkerung vertreten könnten. In diesem Fall blieben Betriebe und Wirtschaftsbehörden für die Produktion verantwortlich und die Sowjets der Volksabgeordneten für die soziale Infrastruktur und die Lebensbedingungen der Bevölkerung.

Die grundlegende Umverteilung der Machtbefugnisse zwischen Wirtschafts- und Volksvertretungsorganen beinhaltet bereits einige Schwierigkeiten. Noch komplizierter ist aber die geplante Trennung der Funktionen zwischen Partei- und Staatsmacht. Das Paradoxe am aktuellen System besteht darin, daß die Partei Beschlüsse faßt, aber für deren Ausführung keine Verantwortung trägt, während der Staat (die Sowjets) die Weisungen der Partei ausführt und für deren Wirkungen uneingeschränkt verantwortlich ist. Mit anderen Worten, die Rechte befinden sich auf der Seite des Parteiapparates und die Pflichten auf der Seite der Sowjets. Vernünftige Argumente für diese „Arbeitsteilung“ lassen sich natürlich nicht anführen. Sie ist daraus zu erklären, daß die Parteikomitees, die über die ganze Macht verfügen, sich nach und nach mit immer größeren Rechten auszustatten und sich der Verpflichtungen, die sie den Sowjets zuschoben, zu entledigen wußten. Kein Wunder, daß die Versuche einer adäquateren Funktionsteilung zwischen Partei und Staat nicht von Erfolg gekrönt waren, solange sie nicht mit einer radikalen Neuverteilung der politischen Macht einhergingen.

Heute wird diese Frage im Kontext einer umfassenden politischen und juridischen Reform behandelt, die nicht nur eine strenge Trennung der Funktionen, sondern auch die interne Reorganisation jeder Institution im Zusammenhang mit den neu zugewiesenen Funktionen vorsieht. Dies berechtigt zur Hoffnung, daß diese Aufgabe endlich einer Lösung zugeführt werden kann.

Gemäß den Unterlagen der 19. Parteikonferenz soll sich die KPdSU aus einer Organisation, die die Gesellschaft unmittelbar steuert, in die politische Avantgarde der Werktätigen verwandeln. Als solche soll sie für die Ausarbeitung strategischer, den neuen Ideologiebedingungen entsprechenden Entwicklungsideen sowie für die Schulung, Auswahl und Beförderung der Führungskräfte und für eine breite organisatorische Massenarbeit verantwortlich sein. Es wird vorgesehen, daß die Parteikomitees in Zukunft keine Beschlüsse fassen werden, die direkte Befehle an die Adresse staatlicher und wirtschaftlicher Organe enthalten. Der von ihnen ausgearbeitete politische Kurs wird nicht über Befehle und Weisungen realisiert werden, sondern über die Tätigkeit der in verschiedenen gesellschaftlichen Bereichen beschäftigten Kommunisten. Dadurch wird die Autorität der Partei nicht mehr davon abhängen, wie groß ihre Macht ist, sondern von der Qualifikation, der Aufrichtigkeit, Autorität und praktischen Tätigkeit der Kommunisten. Eine so ernstliche Veränderung der Funktionen zieht unweigerlich eine Umgestaltung der internen Organisation der Partei, aber auch ihrer Arbeitsformen nach sich. Die wichtigste Tendenz dabei ist die allseitige Demokratisierung der Beziehungen zwischen den Kommunisten. Konkret schlägt sich das vor allem in der einschneidenden Reduzierung des Personalbestandes des Apparats — dieses Bollwerks des Bürokratismus — und in der Schwerpunktverlagerung auf die Arbeit der Basisorganisationen nieder. Wir scheinen oft zu vergessen, daß die Partei nicht aus einer Million von Berufsfunktionären, sondern in erster Linie aus etwa 20 Millionen Kommunisten besteht, die in Industriebetrieben, Kolchosen, Schulen, Krankenhäusern, wissenschaftlichen Instituten etc. arbeiten. Bis zuletzt hat der Exekutivapparat der Parteikomitees praktisch das Monopol gehabt, im Namen der Kommunisten aufzutreten, hat sich ihre Autorität angemaßt und über sie kommandiert. Diese Lage muß sich nun ändern. Der Apparat der Parteikomitees wird, gemäß dem Plan zur Verstärkung der politischen Führung, in einer neuen Etappe der Perestroika umstrukturiert. Seine Neuorganisierung und Reduzierung ist bereits im Gange. Der riesige Parteiapparat muß seine führende Rolle an die Basisorganisationen in den Verwaltungsorganen, Fabriken, Kolchosen und Ämtern abtreten. Im Zentralkomitee der KPdSU und den untergeordneten Parteikomitees werden die spezialisierten Abteilungen, die Parallelarbeit zu den Sowjets leisteten und über Behörden und Betriebe herrschten, aufgelöst. Es wird vorgeschlagen, das territoriale Netz der Parteiorganisationen zu lockern und weitmaschiger zu gestalten und insbesondere die Bezirkskomitees der KPdSU aufzulösen. Insgesamt muß man sich auf eine Reduzierung des Parteiapparats um mindestens 30—50% gefaßt machen. Damit werden die Basisorganisationen und ihre gewählten Organe von der kleinlichen Bevormundung von oben befreit werden und ihrer Arbeit selbständiger und aktiver nachgehen können.

Grundlegend zu verändern ist der Stil der Kaderpolitik in der Partei, unter anderem auch die Aufnahme neuer Mitglieder in die KPdSU. In der Stagnationsperiode unter Breschnew wurde der Mechanismus zur Auffüllung der Parteikader praktisch ad absurdum geführt. Der Apparat sorgte sich weniger um die politischen, sachlichen und moralischen Eigenschaften der Parteimitglieder als um die Aufrechterhaltung der formellen sozialen und demographischen Struktur (nach Alter, Geschlecht, sozialer Herkunft, Bildung, Volkszugehörigkeit etc.). Für Arbeiter gab es, unabhängig von ihren persönlichen Eigenschaften, keine Probleme beim Beitritt zur Partei. Personen mit intellektuellen Berufen mußten aber jahrelang warten, bis ihre Organisationen die Quoten zur Aufnahme in die Partei erhielten, und ließen schließlich von ihrem ursprünglichen Vorhaben ab. Diese Praxis entstellte die Idee von einer Partei als Verband politischer Gesinnungsgenossen.
Heute ist geplant, die Aufnahme in die Partei zu demokratisieren, die zentralisierte Quotenregelung abzuschaffen, den nicht der Partei angehörigen Teil der Aktivgruppen in die Erörterung der Kandidaturen einzubeziehen. Es wurde beschlossen, die maximale Amtszeit in gewählten Funktionen der Partei auf zwei Mandate zu je fünf Jahren einzuschränken, was dem Nomenklaturasystem bei den Kadern einen vernichtenden Schlag versetzen wird. Nach Ablauf dieser zehn Jahre können die Parteifunktionäre entweder ein höheres Amt bekleiden, oder sie müssen wieder in die Arbeitswelt zurückkehren, d.h. am ehesten wieder ihrem ursprünglichen Beruf nachgehen, und das womöglich an ihrem früheren Arbeitsplatz. Somit ist für sie ein Anreiz vorhanden, sich von ihren früheren Kollegen nicht abzusondern und sich demokratischer und bescheidener zu verhalten.
Die angesprochenen Veränderungen sind kein Wunschtraum, sondern gegenwärtige Realität. Die Neuwahlen in den Basisorganisationen sind bereits vorbei, und die Wahlen in den Bezirks-, Stadt- und Gebietskomitees der KPdSU sind in vollem Gange. Wie sie enden werden, ob es gelingen wird, die Funktionstrennung zwischen Partei und Sowjets konsequent genug durchzuführen, wird die Zukunft zeigen. Aber man möchte glauben, daß die Losung „Alle Macht den Räten!“ ihren ursprünglichen, revolutionär-sozialistischen Klang wiedererlangen wird.

Wie werden sich aber die Sowjets verändern, nachdem die Funktionen der direkten Gesellschaftssteuerung an sie übergegangen sein werden, wenn die Partei sie nur mehr über die Tätigkeit ihrer Mitglieder beeinflussen wird und die Ministerien und Behörden ihnen einen guten Teil der wirtschaftlichen Macht abgetreten haben werden? Die Sowjets werden dann die gesetzgeberische Lösung wichtigster staatlicher, wirtschaftlicher und soziokultureller Probleme übernehmen und sich dabei in der Praxis in die Organe einer wahren Volkssouveränität verwandeln.

Was ist dafür konkret notwendig? In erster Linie einmal die radikale Demokratisierung des aktuellen Wahlmodus der Abgeordneten. Über fünfzig Jahre lang haben die Sowjetbürger nur formell an den Wahlen der Machtträger teilgenommen. Die Kandidaturen wurden nicht von unten, durch die Initiative der Wähler, aufgestellt, sondern mit Überzeugung von oben ernannt. Und wehe, wenn eine Belegschaft, der die Ehre zuteil wurde, einen Abgeordnetenkandidaten vorzuschlagen, beschloß, sich in dieser Hinsicht irgendwie selbständig zu machen. Ich erinnere mich, welchen Sturm es vor einigen Jahren im Nowosibirisker Akademgorodok entfesselte, als die Mitarbeiter eines Instituts damit betraut wurden, den Vizepräsidenten der Sibirischen Abteilung der Akademie der Wissenschaften als Kandidaten zum Obersten Sowjet der UdSSR aufzustellen, und sich erdreisteten, an seiner Stelle einen anderen Kandidaten vorzuschlagen. Es ging dabei weniger um die Frage, ob der andere Anwärter besser oder schlechter sei, sondern vor allem um das bisher nicht dagewesene Ausmaß von Ungehorsam, das von der „politischen Unreife" des Kollektivs zeugte. Heute fordern die Wähler ernstlich die Ausübung ihres Wahlrechtes. Sie verlangen, daß für jedes Mandat im Sowjet mehrere Anwärter zur Auswahl stehen und daß diese ihre Programme in einem richtigen Wahlkampf verteidigen. Es soll dabei nicht nur die Wahl selbst, sondern auch die Aufstellung der Kandidaturen in geheimer Abstimmung erfolgen. Durchführung und Ergebnisse der Wahlen sollen zwecks Unterbindung jeglichen Betrugs demokratisch von der Öffentlichkeit kontrolliert werden.

Eine Neuheit im politischen System ist die Wahl eines Drittels der Abgeordneten zum Obersten Sowjet der UdSSR nicht nach dem territorialen Prinzip, sondern unmittelbar aus den gesellschaftlichen Organisationen: KPdSU, Gesamtsowjetischer Leninscher Kommunistischer Jugendverband, Gewerkschafts-, Genossenschafts-, Frauen-, Wissenschafter-, Künstler- und andere Verbände. So erhält z.B. der Zusammenschluß der Künstlerverbände, der die Verbände der Schriftsteller, bildenden Künstler, Filmschaffenden, Komponisten, Theaterschaffenden, Architekten u.a. umfaßt, 11 Mandate im Obersten Sowjet der UdSSR. Um diese Mandate werden sich im Laufe eines Wahlkampfes natürlich um ein Vielfaches mehr Kandidaten bewerben. Man darf also annehmen, daß in der Folge die künstlerische Intelligenzia im höchsten Organ der Staatsmacht durch ihre besten Vertreter repräsentiert sein wird. Bei einem rein territorialen Wahlsystem wäre die Vertretung dieser und anderer gesellschaftlicher Gruppen im Obersten Sowjet viel stärker dem Zufall unterworfen. Wichtig ist nur, daß die gesellschaftlichen Organisationen nicht ihre Funktionäre in die Machtorgane abordnen, wie dies früher meistens der Fall war.

Die zweite Bedingung für die Verwandlung der Sowjets in Organe einer echten Volkssouveränität ist die konsequente Wiederherstellung der führenden Rolle der eigentlichen Repräsentativorgane und ihre Trennung gegenüber den Exekutivorganen. Mehrere Ursachen sind es, die bewirken, daß die Funktionäre des Sowjet-Apparates über weitaus mehr Macht verfügen als die Vertreter der Volksinteressen. Zum ersten ist es so, daß die meisten Abgeordneten ihre Funktionen lediglich während der kurzen Tagungen der Sowjets wahrnehmen, welche drei- bis viermal im Jahr zusammentreten, während die Beamten das ganze Jahr über arbeiten. Die Entwürfe für die im Sowjet zu behandelnden Beschlüsse werden vom Apparat vorbereitet, welcher zu jedem Thema über die kompletten Informationen verfügt und seine Tätigkeit professionell ausübt. Die Volksvertreter haben jedoch in der Regel zu wenig Zeit, um die Informationen zu studieren und über die Entwürfe zu diskutieren. Deswegen können sie die vorbereiteten Dokumente meist nur mehr „abstempeln". Als Abgeordnete zum Gebietssowjet von Nowosibirsk in den Jahren 1968-70 kann ich dies aus eigener Erfahrung bestätigen.

Der zweite Grund für die faktische Unterordnung der Sowjets unter die Exekutivkomitees besteht darin, daß die Führungskräfte der Exekutivkomitees (Vorsitzende, Stellvertretende Vorsitzende, Bereichsleiter und teilweise deren Stellvertreter) bis zuletzt gleichzeitig auch als Volksabgeordnete galten. Man war der Ansicht, daß die Verleihung des Abgeordnetenstatus, d.h. die Möglichkeit, gleichberechtigt an den Sitzungen der Repräsentativorgane teilzunehmen, ihr soziales Prestige erhöhte und die laufende Verwaltungstätigkeit erleichterte. Die Situation des Nomenklatura-Apparates wurde durch dieses System in der Tat konsolidiert. Die Beamten-Volksabgeordneten waren in der Periode zwischen zwei Sowjetwahlen faktisch unabsetzbar und konnten die Machtbefugnisse der Abgeordneten in ihrer täglichen Arbeit ausnützen. Die Kehrseite der Medaille war allerdings eine grundlegende Ungleichheit zwischen den Abgeordneten, die zum Teil ständige Mitarbeiter des Exekutivkomitees waren und zum anderen Teil anderswo arbeiteten. Erstere gaben den Ton in den Sowjets an: sie bereiteten die Entwürfe zu den Beschlüssen vor, legten sie den Tagungen vor, beantworteten die Fragen und konnten natürlich jene Punkte durchbringen, die sie für notwendig erachteten. Die anderen Abgeordneten war verunsichert und hatten zudem Schuldgefühle, da sie keine Zeit hatten, sich auf die Tagungen vorzubereiten. Deswegen schwiegen sie entweder oder stimmten automatisch mit „ja". Die Wortmeldungen der Abgeordneten wurden im voraus von den Mitarbeitern der Exekutivkomitees geplant. Was die Abgeordnetengruppen betrifft, deren Aufgabe es war, die Tätigkeit der Exekutivkomitees in der Periode zwischen den Tagungen zu kontrollieren, so waren sie faktisch in jeder Hinsicht vom Apparat abhängig und konnten ihn nicht kontrollieren.

Es ist da noch eine Frage, die mit der Reorganisierung der politischen Macht zusammenhängt und sowohl in der Sowjetunion als auch im Ausland im Zentrum stürmischer Debatten steht. Warum haben, obwohl doch die Trennung zwischen Partei- und Staatsmacht für unbedingt notwendig erklärt wurde, zuerst die 19. Parteikonferenz und anschließend auch der Oberste Sowjet der UdSSR dennoch den Beschluß gefaßt, für das Amt des Sowjetvorsitzenden in der Regel den Ersten Sekretär des entsprechenden Parteikomitees zu empfehlen? Dies bedeutet ja die Vereinigung der höchsten Staats- und Parteimacht in ein und derselben Person, was der Ausgangsidee auf den ersten Blick geradezu entgegengesetzt erscheint. Diese Idee wurde erstmals in der Rede von Michail Gorbatschow auf der Konferenz ausgesprochen. In den einen Monat zuvor veröffentlichten Thesen des Zentralkomitees der KPdSU schien sie nicht auf, und die meisten Delegierten waren nicht darauf gefaßt. Als Gast der Konferenz wurde ich Zeugin der heißen Diskussionen, die über diesen Punkt der Ansprache in den Gängen entbrannten. Ehrlich gesagt befand auch ich mich in einem „Schockzustand". Denn die Notwendigkeit der Gewaltentrennung zwischen Partei und Staat stand für mich außer Zweifel, und der neue Vorschlag machte diese Idee völlig zunichte. So dachten sehr viele Menschen. Weitsichtige und erfahrene Politiker sagten jedoch schon damals, daß dies nicht nur eine richtige, sondern sogar die einzig mögliche Lösung sei, da sie den realen Weg zur Machtübergabe zwischen Parteiorganen und Sowjets darstelle. Mit der Zeit verstand ich die Richtigkeit dieses Gedankens und kann deshalb auch in diesem Sinne argumentieren.

Der Parteiapparat verfügt heute über praktisch uneingeschränkte Machtbefugnisse. Weder der Machtumfang noch die Vorgangsweise der Parteiorgane werden durch die Gesetzeslage geregelt. Der Parteiapparat kann nach seinem Ermessen alles regeln — oder auch gar nichts. Die Geschichte hat gezeigt, wozu das führen kann und auch geführt hat. Deswegen müssen in das sowjetische Recht Bestimmungen aufgenommen werden, die die Funktionen des Parteiapparates und seine Beziehungen zu Staat und Gesellschaft festschreiben und ihn zwingen, seine Macht mit den Sowjets zu teilen. Wie kann das aber real geschehen, wenn sich die Macht jetzt in den Händen des Parteiapparates befindet? Freiwilliger Verzicht auf Macht ist in der Geschichte in der Tat kaum anzutreffen. Genau daraus entsteht nun die Idee, die Funktionen von Partei und Staat zumindest eine Zeitlang in einer einzigen Machtinstitution zu vereinigen, in der Rechte durch Pflichten ausgeglichen werden und die Regierenden vor den Regierten die politische Verantwortung tragen. In diesem Fall sind die Machtbefugnisse nicht zwischen konkreten gesellschaftlichen Gruppen und Personen umzuverteilen, sondern zwischen politischen Institutionen, gleichzeitig mit der Umbesetzung der Positionen, was sozial gesehen weniger heikel ist.

Dabei werden die Sekretäre der Parteikomitees nicht von den Vorsitzenden der entsprechenden Sowjets ernannt und ebensowenig von einer begrenzten Anzahl von Kommunisten, die das betreffende Komitee bilden, gewählt, sondern sie sollen ihr Abgeordnetenmandat auf der Basis einer direkten Willenskundgebung der Wähler des betreffenden Territoriums erhalten. So muß es auf jeden Fall geschehen. Vorläufig wurde zwar eine Übergangslösung adoptiert: die Vorsitzenden werden durch die Tagungen der entsprechenden Sowjets gewählt, d.h. in indirekter Abstimmung durch die Abgeordneten. Die Öffentlichkeit besteht aber darauf, daß die Vorsitzenden aller Sowjets ohne Ausnahme, von den örtlichen bis zum Obersten, in allgemeinen, gleichen, direkten und geheimen Wahlen mit obligatorischer Aufstellung mehrerer Kandidaten pro Mandat gewählt werden.

Die qualifizierten Parteiführer, die die Achtung des Volkes genießen, werden diese Prüfung in Ehren bestehen und den Status von

Gewählten des Volkes erhalten. Jene, die den Wahlkampf verlieren, werden wahrscheinlich auch ihre Ämter im Parteisystem niederlegen müssen, was die Normalisierung des Kaders fördern wird. Letztendlich wird die Vereinigung von Partei- und Staatsmacht sowohl die eine als auch die andere dem Volk gegenüber rechenschafts- und kontrollpflichtig machen. „Es steht außer Zweifel", schreibt E. Ametistow, „daß eine derartige Veränderung die Position des fortschrittlichsten, perestroika-treuesten und energischesten Teiles des Parteiapparates und seine Rolle in den Staatsorganen verstärken wird. Sie wird der Parteibürokratie den Wind aus den Segeln nehmen, sie praktisch ihrer Basis berauben. Auf diese Weise werden die Lösung des heiklen Themas der Funktionsteilung einerseits und andererseits die Verstärkung des Parteikernes der Sowjets der Volksabgeordneten, der Behörden, Ämter und Betriebe unmittelbar miteinander verbunden."[46]

Soweit zu einigen der wichtigsten Aspekte der politischen Reform in der UdSSR. Nicht in diese Erörterung aufgenommen wurden komplexe und eigenständige Probleme wie z.B. die Schaffung einer Rechtsgesellschaft in der UdSSR, in der das Gesetz eine unverbrüchliche Kraft darstellt und Gesetzesverletzungen unweigerlich eine Bestrafung nach sich ziehen, weiters der Kampf der Öffentlichkeit um Ausweitung der Menschenrechte und -freiheiten auf der Grundlage der entsprechenden Verfassungsbestimmungen und -garantien, und die massive Entwicklung neuer gesellschaftlicher Organisationen, die eine wachsende Rolle in der Perestroika spielen und auf die Veränderung der Tätigkeit traditionsreicher Organisationen wie Komsomol, Gewerkschaften etc. einen wesentlichen Einfluß ausüben.
Die Verwirklichung der politischen und juridischen Reform, ebenso wie die wirtschaftliche Umstrukturierung, erfordert eine dementsprechende soziale Strategie. Dabei ist hier jener Aspekt in den Vordergrund zu stellen, der sich an die Gruppen je nach Einstellung zur Perestroika richtet. Das wichtigste Ziel dieser Strategie ist die allmähliche Verwandlung von Perestroika-Befürwortern in Initiatoren, von Verbündeten in überzeugte Befürworter, von abwartenden Beobachtern in Verbündete, von gegenüber gesellschaftlichen Problemen gleichgültigen Menschen zumindest in interessierte Beobachter und von den Konservativen, die die Pere-

[46] Prof. E. Ametistow: „...Ja, aber es sind die Hände des Volkes", Sowetskaja Kultura, 9. 8. 1988.

stroika aufhalten wollen, in loyal eingestellte Personen. Die politischen Prozesse, die ich vorhin angesprochen habe, tragen zur Durchsetzung dieser Ziele bei. Um aber ihre Wirksamkeit zu erhöhen, müßten einige zusätzliche Maßnahmen getroffen werden. Ich stelle mir insbesondere folgende vor:

1. Völlige Abschaffung des antidemokratischen Nomenklatura-Systems bei der Kaderauswahl, das den natürlichen Wechsel und die Erneuerung des Personals bremst und verzerrt; Bildung der höchsten Machtinstanzen unter Berücksichtigung der demokratischen Willensäußerung des Volkes, ihre rascheste Befreiung von verdorbenen Elementen, Konservativen und Reaktionären. Weitgehende Transparenz bezüglich des politischen Verhaltens der Parteiführer und Politiker, damit die Menschen sich selbständig eine Meinung über die Effizienz ihrer Tätigkeit auf den betreffenden Posten bilden können. Gründliche Beleuchtung der Arbeit von Parteikomitees und Sowjets sowie ihrer Exekutivkomitees durch Presse, Rundfunk und Fernsehen. Übertragung der Plenarsitzungen des ZK der KPdSU, des Obersten Sowjets und des Ministerrats der UdSSR im nationalen Fernsehprogramm, damit zwischen den konsequenten Perestroika-Verfechtern auf der einen Seite und den Quasi-Befürwortern, bei denen auf Worte keine Taten folgen, auf der anderen, klar unterschieden werden kann.

2. Revision der bestehenden Gesetzeslage, Ausmerzen aller widersprüchlichen und zweideutigen Gesetzestext-Passagen, die noch Möglichkeit zu verschiedenen Interpretationen bieten. Strenge Verfolgung aller Fälle, in denen Amtspersonen das Gesetz mißachten, Gerichtsprozesse über Bürokraten, die durch ihre Tätigkeit dem Lande Schaden zufügen. Stärkung des Volksvertrauens in die Zuverlässigkeit der getroffenen Maßnahmen, insbesondere, was die Verpflichtung des Staates zur Unterstützung der genossenschaftlichen und individuellen Wirtschaft, zur Entwicklung des Kollektivleistungsvertrages, der Pacht usw. betrifft. Schaffung rechtlicher Garantien für jene Arbeitskräfte aus der materiellen Produktion, die die Rolle von Vorkämpfern bei der Bildung neuer Gesellschaftsbeziehungen übernehmen und oft so gut wie wehrlos der Übertretung der alten Vorschriften bezichtigt werden.

3. Schaffung günstiger politischer und ideologischer Bedingungen zum organisatorischen Zusammenschluß der Perestroika-Befürworter, unabhängig davon, ob es sich um Kommunisten oder Parteilose handelt. Fundamentale Unterstützung der Volksfronten zur

Förderung der Perestroika, deren Bewegung sich sehr ausgebreitet hat. Aufbauend auf den Fronten der Republiken und Städte, Gründung einer Gesamtsowjetischen Volksfront zur Förderung der Perestroika unter der Leitung von landesweit bekannten Journalisten, Politikern, Wissenschaftern, Autoren sozialer Experimente, fortschrittlichen Arbeitern, Genossenschaftern etc. Ohne auf die Rolle einer zweiten Partei Anspruch zu erheben, und über einen starken Parteikern verfügend, könnte die Volksfront in gewissen Fragen als ernstzunehmender und gesellschaftlich angesehener Gegenspieler der Parteiorgane auftreten. Es müßte ihr gestattet werden, eigene, aus freiwilligen Beiträgen von Personen und Organisationen gespeiste finanzielle Mittel zu besitzen, eigene Periodika zu veröffentlichen und über Sendezeit im Landes- und Regionalfernsehen zu verfügen.

4. Absage an den politischen Argwohn, mit dem die sozialen Initiativen, die in der Regel die aktivsten und gesündesten Kräfte der Jugend vereinigen, von seiten der Macht behaftet sind. Einbindung sozialistisch orientierter Klubs und der sozialen Initiativen in die Volksfront zur Förderung der Perestroika, Erweisung materieller und organisatorischer Hilfe, aber auch moralischer Unterstützung. Bereitstellung der notwendigen Arbeitsräume, Erleichterung gewisser Formen politischer Tätigkeit, wie Durchführung von Massenkundgebungen, Demonstrationen, direkten Begegnungen mit Politikern usw. Herstellung geistiger und ideeller Kontakte zwischen Kommunisten und Kommunistischer Jugend einerseits und Vertretern der sozialen Initiativen andererseits, zwecks Integration aller Tätigkeitsformen, die im Sinne der Perestroika sind.

Ich habe in diesem Kapitel nur einige der Maßnahmen genannt, die zu einer rascheren, radikaleren und wirkungsvolleren Realisierung der Perestroika beitragen können. Es liegt aber nicht nur an den Maßnahmen allein, jeder einzelne ist dazu aufgerufen, das Seine zur revolutionären Veränderung der sowjetischen Gesellschaft beizutragen. Wenn man in der Tat die konkreten Vorschläge von seiten der betroffenen Kreise berücksichtigt, so erscheint auch die Hoffnung auf noch größere Erfolge nicht unberechtigt.

Und ich möchte dieses Buch mit den Worten abschließen, die mein staatsbürgerliches und wissenschaftliches Credo ausdrücken: Die Perestroika ist lebenswichtig, sie wird Wirklichkeit und muß siegen.